Die Analyse von
Wettbewerbsbeziehungen
mit Scannerdaten

Wirtschaftswissenschaftliche Beiträge

Informationen über die Bände 1–99 sendet Ihnen auf Anfrage gerne der Verlag.

Band 100: K. Morasch, Strategische Allianzen, 1994, ISBN 3-7908-0783-4

Band 101: N. Lamar, Makroökonomische Konvergenz und Währungssystem, 1994, ISBN 3-7908-0784-2

Band 102: G.M. Winkler, Entscheidungen und Präferenzen, 1994, ISBN 3-7908-0786-9

Band 104: C. Fantapié Altobelli, Kompensationsgeschäfte im internationalen Marketing, 1994, ISBN 3-7908-0801-6

Band 105: R. Wagner, Die Grenzen der Unternehmung, 1994, ISBN 3-7908-0812-1

Band 106: H. Richter, Marktorientierte Neugestaltung des Einkommensteuersystems, 1995, ISBN 3-7908-0819-9

Band 107: M. Graff, Bildung und technischer Fortschritt als Determinanten wirtschaftlicher Entwicklung, 1995, ISBN 3-7908-0820-2

Band 109: T. Kuhn, Theorie des kommunalen Finanzausgleichs, 1995, ISBN 3-7908-0828-8

Band 110: B. Schaden, Effektive Kapitalsteuerbelastung in Europa, 1995, ISBN 3-7908-0831-8

Band 111: G. Georgi, Job Shop Scheduling in der Produktion, 1995, ISBN 3-7908-0833-4

Band 112: V. Kaltefleiter, Die Entwicklungshilfe der Europäischen Union, 1995, ISBN 3-7908-0838-5

Band 113: B. Wieland, Telekommunikation und vertikale Integration, 1995, ISBN 3-7908-0849-0

Band 114: D. Lucke, Monetäre Strategien zur Stabilisierung der Weltwirtschaft, 1995, ISBN 3-7908-0856-3

Band 115: F. Merz, DAX-Future-Arbitrage, 1995, ISBN 3-7908-0859-8

Band 116: T. Köpke, Die Optionsbewertung an der Deutschen Terminbörse, 1995, ISBN 3-7908-0870-9

Band 117: F. Heinemann, Rationalisierbare Erwartungen, 1995, ISBN 3-7908-0888-1

Band 118: J. Windsperger, Transaktionskostenansatz der Entstehung der Unternehmensorganisation, 1996, ISBN 3-7908-0891-1

Band 119: M. Carlberg, Deutsche Vereinigung, Kapitalbildung und Beschäftigung, 1996, ISBN 3-7908-0896-2

Band 120: U. Rolf, Fiskalpolitik in der Europäischen Währungsunion, 1996, ISBN 3-7908-0898-9

Band 121: M. Pfaffermayr, Direktinvestitionen im Ausland, 1996, ISBN 3-7908-0908-X

Band 122: A. Lindner, Ausbildungsinvestitionen in einfachen gesamtwirtschaftlichen Modellen, 1996, ISBN 3-7908-0912-8

Band 123: H. Behrendt, Wirkungsanalyse von Technologie- und Gründerzentren in Westdeutschland, 1996, ISBN 3-7908-0918-7

Band 124: R. Neck (Hrsg.) Wirtschaftswissenschaftliche Forschung für die neunziger Jahre, 1996, ISBN 3-7908-0919-5

Band 125: G. Bol, G. Nakhaeizadeh/ K.-H. Vollmer (Hrsg.) Finanzmarktanalyse und -prognose mit innovativen quantitativen Verfahren, 1996, ISBN 3-7908-0925-X

Band 126: R. Eisenberger, Ein Kapitalmarktmodell unter Ambiguität, 1996, ISBN 3-7908-0937-3

Band 127: M.J. Theurillat, Der Schweizer Aktienmarkt, 1996, ISBN 3-7908-0941-1

Band 128: T. Lauer, Die Dynamik von Konsumgütermärkten, 1996, ISBN 3-7908-0948-9

Band 129: M. Wendel, Spieler oder Spekulanten, 1996, ISBN 3-7908-0950-0

Band 130: R. Olliges, Abbildung von Diffusionsprozessen, 1996, ISBN 3-7908-0954-3

Band 131: B. Wilmes, Deutschland und Japan im globalen Wettbewerb, 1996, ISBN 3-7908-0961-6

Band 132: A. Sell, Finanzwirtschaftliche Aspekte der Inflation, 1997, ISBN 3-7908-0973-X

Band 133: M. Streich, Internationale Werbeplanung, 1997, ISBN-3-7908-0980-2

Band 134: K. Edel, K.-A. Schäffer, W. Stier (Hrsg.) Analyse saisonaler Zeitreihen, 1997, ISBN 3-7908-0981-0

Band 135: B. Heer, Umwelt, Bevölkerungsdruck und Wirtschaftswachstum in den Entwicklungsländern, 1997, ISBN 3-7908-0987-X

Band 136: Th. Christiaans, Learning by Doing in offenen Volkswirtschaften, 1997, ISBN 3-7908-0990-X

Band 137: A. Wagener, Internationaler Steuerwettbewerb mit Kapitalsteuern, 1997, ISBN 3-7908-0993-4

Fortsetzung auf Seite 280

Daniel Klapper

Die Analyse von Wettbewerbsbeziehungen mit Scannerdaten

Mit 18 Abbildungen
und 66 Tabellen

Springer-Verlag Berlin Heidelberg GmbH

Reihenherausgeber
Werner A. Müller

Autor
Dr. Daniel Klapper
Humboldt-Universität zu Berlin
Fakultät für Wirtschaftswissenschaften
Institut für Marketing II
Spandauer Str. 1
D-10178 Berlin

ISBN 978-3-7908-1072-1

Die Deutsche Bibliothek – CIP-Einheitsaufnahme
Klapper, Daniel: Die Analyse von Wettbewerbsbeziehungen mit Scannerdaten / Daniel Klapper. – Heidelberg: Physica-Verl., 1998
(Wirtschaftswissenschaftliche Beiträge; Bd. 159)
ISBN 978-3-7908-1072-1 ISBN 978-3-642-59005-4 (eBook)
DOI 10.1007/978-3-642-59005-4

Ursprünglich erschienen bei Physica-Verlag Heidelberg 1998

Umschlaggestaltung: Erich Kirchner, Heidelberg

SPIN 10654754 88/2202-5 4 3 2 1 0 – Gedruckt auf säurefreiem Papier

Für Maria und

meine Eltern

Geleitwort

Die scannergestützte Messung von Verkaufsdaten am Point of Sale eröffnet dem Markt- und Handelsforscher umfangreiche Möglichkeiten, Ergebnisse zu prognostizieren und die Wirksamkeit der durchgeführten Marketingmaßnahmen zu kontrollieren oder aber generalisierbare Aussagen über das Kaufverhalten von Konsumenten zu generieren. Ein besonderer Vorteil des Einsatzes der Scannertechnologie ist die Möglichkeit der Messung von Marketing-Mix-Effekten im Wettbewerbskontext. Scannerpaneldaten vereinen kombinierte Quer- und Längsschnittinformationen und liefern die Basis zur markenspezifischen Schätzung differentieller Effekte und Kreuzeffekte der Marketinginstrumente unter Berücksichtigung der generell vorhandenen Wettbewerbsasymmetrien. Die komplexen Wirkungsbeziehungen können mit ökonometrischen Methoden geschätzt und mit Ansätzen aus der Multivariatenanalyse für typische Wettbewerbssituationen quantifiziert und auch visualisiert werden.

Die von Daniel Klapper vorgelegte Arbeit setzt in der methodischen Entwicklung der Analyse von Scannerdaten neue Maßstäbe. Er führt eine Vielzahl von methodischen Ansätzen vor, die es erlauben, die innere Struktur von Scannerdaten aufzudecken und die komplexen Wirkungsmechanismen der Marketinginstrumente auf der Basis von Elastizitäten zu quantifizieren. Eine derart umfassende methodische Darstellung der Marketing-Mix-Analyse unter Einbeziehung von datenverdichtenden Verfahren ist bisher einzigartig. Die dabei zur Illustration verwendeten Datenanalysen sind überzeugend und auch für den mathematisch weniger geschulten Leser verständlich. Die Verbindung von ökonometrischen Modellansätzen mit Methoden aus der Psychometrie, die er in Form von dreimodalen Datenanalysen anwendet, wird den umfangreichen Informationen gerecht, die in Zukunft in den Verkaufsstellen des Handels anfallen und ohne angemessene Aufbereitung nicht verwertbar wären. Für die Probleme des Datenmanagements, der Informationsverdichtung und der Parameterschätzung mit Längsschnittdaten werden umfassende Lösungen erarbeitet.

Die herausragende Leistung der Arbeit Daniel Klappers liegt dann in der Entwicklung eines eigenen Ansatzes, der es erlaubt, Hypothesen über die Wirkungsstruktur der Marketing-Instrumente als Modellrestriktionen explizit in die Datenanalyse mit einzubeziehen. Die statistische Methode wird auf diese Weise zu einem hypothesentestenden Verfahren der Marktforschung. Die Formulierung von Wirkungshypothesen auf der Grundlage des Promotionplans, der hier als a priori Information verwendet wird, kann dabei nur als eine Möglichkeit in der Analyse von Scannerpaneldaten gesehen werden. Der von ihm entwickelte methodische Ansatz ist wesentlich genereller einsetzbar. Auch die Vorinformationen des Managers über das Wettbewerbsumfeld oder das Wissen über die spezielle Wirkungsweise von einzelnen Instrumenten können zur Vorgabe eines Wirkungsmusters dienen.

Die Arbeit ist sowohl in ihrem Ansatz als auch von der methodischen Herangehensweise für die Analyse von Scannerpaneldaten von großem innovativem Gehalt. Mit der Entwicklung der restringierten dreimodalen Faktorenanalyse zur Aufdeckung von Wettbewerbsbeziehungen auf der Grundlage von Scannerpaneldaten werden die Möglichkeiten des Marketing-Mix-Managements beträchtlich verbessert. Die scannerbasierte Marktforschung wird am Einsatz des hier entwickelten methodischen Ansatzes nicht vorbeikommen. Auch die psychometrische Methodenforschung wird nicht unbeeinflußt bleiben.

Professor Dr. Lutz Hildebrandt
Humboldt-Universität zu Berlin

Vorwort

Die vorliegende Arbeit wurde im Februar 1997 von der Wirtschaftswissenschaftlichen Fakultät der Humboldt-Universität zu Berlin als Dissertation angenommen. Sie entstand während meiner Tätigkeit als wissenschaftlicher Mitarbeiter am Lehrstuhl für Betriebswirtschaftslehre und Marketing der Universität Bielefeld und am Institut für Marketing II der Humboldt-Universität zu Berlin.

Zu großem Dank bin ich meinem akademischen Lehrer, Professor Dr. Lutz Hildebrandt, verpflichtet, der nicht nur die Übernahme des Erstgutachtens übernommen hat, sondern durch seine ständige Bereitschaft zur konstruktiven und kritischen Diskussion meiner Arbeit den Erfolg dieser Arbeit maßgeblich beeinflußt hat. Professor Dr. Wolfgang Härdle danke ich herzlich für seinen Einsatz bei der Übernahme des Zweitgutachtens.

Besonderer Dank gilt Professor Dr. Pieter Kroonenberg von der Universität Leiden. Er hat mir in zahlreichen Diskussionen wertvolle Hinweise gegeben und mir den vertieften Einstieg in die Methodik der dreimodalen Datenanalyse erleichtert. Professor Dr. Lee G. Cooper danke ich für die Unterstützung während meines fünfwochigen Aufenthalts an der University of California, Los Angeles. Von diesem Forschungsaufenthalt habe ich stark profitiert.

Der Gesellschaft für Markt, Kommunikation und Absatzforschung in Nürnberg und Herrn Dr. Raimund Wildner bin ich für die Überlassung des für einen Großteil der empirischen Analysen notwendigen Scannerdatenmaterials zu Dank verpflichtet.

Ich danke auch meinen Kollegen, Dipl.-Kfm. Dirk Annacker und Dipl.-Kff. Kerstin Kamlage. Ihre in vielfältiger Weise gewährte Unterstützung weiß ich sehr zu schätzen.

Aufrichtig danken möchte ich schließlich meiner Lebenspartnerin Maria Vitelli, ihr Verständnis und ihre Geduld habe ich bisweilen sehr stark in Anspruch genommen. Zudem möchte ich mich bei meinen Eltern bedanken, meiner Mutter, die mir immer eine große moralische Stütze gewesen ist und meinem Vater, der mit großer Akribie die Korrektur des Manuskripts durchgeführt hat.

Berlin, im Juli 1997 Daniel Klapper

Inhaltsverzeichnis

1 Problemstellung und Aufbau der Arbeit 1

2 Modelle zur Analyse der Wettbewerbsbeziehungen auf Konsumgütermärkten 9

2.1 Marketingdaten zur Wettbewerbsanalyse 10

2.2 Ansätze zur Messung von Wettbewerbsbeziehungen auf Konsumgütermärkten 12

2.2.1 Der Zusammenhang von Marktanteil und Wahlwahrscheinlichkeiten 13

2.2.2 Die Analyse von Wettbewerbsbeziehungen auf der Basis disaggregierter Daten 15

2.2.2.1 Responsemodelle 16

2.2.2.2 Modelle der Marktstrukturanalyse 19

2.2.3 Die Analyse der Wettbewerbsbeziehungen auf der Basis aggregierter Daten 21

2.2.3.1 Absatzresponsemodelle 22

2.2.3.2 Marktanteilsmodelle 24

2.2.3.3 Modelle der Marktstrukturanalyse 27

2.3 Konsequenzen für die Modellierung der Wettbewerbsbeziehungen auf Konsumgütermärkten 29

3 Die Messung der Wettbewerbsbeziehungen auf Konsumgütermärkten 33

3.1 Vorgaben an die Messung der Wettbewerbsbeziehungen . . . 33

3.1.1 Annahmen hinsichtlich des Wettbewerbs 34

3.1.2 Die Datengrundlage 35

3.1.3 Absatzresponsemodelle vs. Marktanteilsmodellen . . . 36

3.1.4 Die Quantifizierung der asymmetrischen Wettbewerbsbeziehungen 37

3.1.5 Die Aggregation der Daten 38

3.1.6 Die Bewertung der dargelegten Befunde 40

3.2 Die Modellierung des asymmetrischen Wettbewerbs 41
3.2.1 Asymmetrische Marktanteilsmodelle 41
3.2.1.1 Das vollständig erweiterte Kreuzeffektmodell 41
3.2.1.2 Das CCHM-Modell 43
3.2.1.3 Das hierarchische Modell 45
3.2.1.4 Das Cluster-Modell 47
3.2.1.5 Das CCA-Modell 49
3.2.1.6 Vergleichende Beurteilung 50
3.2.2 Die Parameterschätzung mit dem CCHM-Modell . . . 54
3.2.2.1 Die Modellkalibrierung 55
3.2.2.2 Die kontextabhängige Variablenkodierung . . 59
3.2.2.3 Die Multikollinearitätsproblematik 61
3.2.2.4 Die Behandlung von Nullmarktanteilen . . . 63
3.2.2.5 Die Schätzung von Marktanteilselastizitäten 64
3.2.3 Die Parameterschätzung mit dem CCA-Modell 67
3.2.3.1 Die Modellkalibrierung 67
3.2.3.2 Weitere Anmerkungen zum Einsatz des CCA-Modells zur Wettbewerbsanalyse 73

4 Die Repräsentation der Wettbewerbsbeziehungen 75
4.1 Die Zielsetzung des Systems 75
4.2 Die Datenstruktur von Marktanteilselastizitäten 76
4.3 Explorative Ansätze zur Analyse von dreimodalen dreidimensionalen Marktanteilselastizitäten 78
4.3.1 Das PCA-SUP-Modell 80
4.3.2 Das Tucker3-Modell 82
4.3.2.1 Die Modellstruktur 82
4.3.2.2 Technische Aspekte 85
4.3.2.2.1 Der Algorithmus nach Tucker 85
4.3.2.2.2 Das TUCKALS3-Modell 86
4.3.2.2.3 Das Nesting der Komponenten . . . 89
4.3.2.2.4 Die Qualität der TUCKALS3-Lösung 91
4.3.2.2.5 Fehlende Werte 92
4.3.2.2.6 Die Bedeutung der Komponenten . 93
4.3.2.3 Die Transformation der Inputdaten 93
4.3.2.4 Die Aufbereitung der TUCKALS3-Standardlösung 94
4.3.2.4.1 Die Skalierung der Outputmatrizen 94
4.3.2.4.2 Die Rotation der Komponentenmatrizen 95

4.3.2.4.3 Die gemeinsame Darstellung der Elemente zweier Modalitäten 96
4.3.3 Das Tucker2-Modell 98
4.3.3.1 Die Modellstruktur 98
4.3.3.2 Die Parameterschätzung des Tucker2-Modells 100
4.3.3.3 Die gemeinsame Darstellung der Elemente zweier Modi 102
4.3.4 Das PARAFAC-Modell 103
4.3.4.1 Die Modellstruktur 103
4.3.4.2 Technische Aspekte 107
4.3.4.2.1 Der PARAFAC-Algorithmus 107
4.3.4.2.2 Das Nesting der Komponenten . . . 110
4.3.4.2.3 Die Qualität der PARAFAC-Lösung 111
4.3.4.2.4 Fehlende Werte 111
4.3.4.3 Die Datenvorverarbeitung 111
4.3.4.4 Die Degenerationsproblematik 112
4.3.4.5 PFCORE: Das PARAFAC-Modell mit einer Kernmatrix 114
4.3.5 Die gewichtete Hauptkomponentenanalyse 115
4.3.6 Das SUMPCA-Modell 117
4.3.7 Vergleichende Beurteilung der Ansätze 118
4.4 Die Repräsentation benutzerdefinierter Wettbewerbsszenarien 123
4.4.1 Begründungen für die Vorgabe spezifischer Wettbewerbsszenarien 123
4.4.2 Methoden zur Repräsentation benutzerdefinierter Wettbewerbsszenarien 128
4.4.2.1 Procrustes-Transformationen 130
4.4.2.1.1 Orthogonale Procrustes-Transformationen 130
4.4.2.1.2 Oblique Procrustes-Transformationen 131
4.4.2.1.3 Kongruenzmaße zur Bewertung der Procrustes-Transformationen . . . 132
4.4.2.1.4 Zur Relevanz von Procrustes-Transformationen mit teilweise spezifizierter Zielmatrix 135
4.4.2.2 Die Constrained TUCKALS3-Analyse 136
4.4.2.2.1 Die orthonormale Beschränkung einer Komponentenmatrix 139
4.4.2.2.2 Die Kleinste-Quadrate-Schätzung mit einer linearen Gleichheitsbedingung 140

4.4.2.2.3 Die Kleinste-Quadrate-Schätzung mit Nicht-Negativitätsbedingungen . . . 142
4.4.2.2.4 Der Constrained TUCKALS3-Algorithmus im Überblick 143
4.4.2.3 Die externe TUCKALS3-Analyse 143
4.4.3 Vergleichende Beurteilung der Ansätze 147
4.4.4 Die Schätzung von idealisierten Marktanteilen 149

5 Die Identifikation, Analyse und Bewertung der Wettbewerbsbeziehungen auf Konsumgütermärkten am Beispiel zweier Produktkategorien 151

5.1 Die Daten der Beispielmärkte 151
5.1.1 Die Scannerdaten aus dem Körperpflegemarkt 151
5.1.2 Die Ketchup-Daten 153
5.2 Die Wettbewerbsanalyse in der Produktkategorie Körperpflege 156
5.2.1 Die Messung der Wettbewerbsbeziehungen 156
5.2.2 Die Repräsentation der Wettbewerbsbeziehungen . . . 166
5.2.2.1 Die Ergebnisse der PCA-SUP-Analyse 166
5.2.2.2 Die Ergebnisse der TUCKALS3-Analyse . . 168
5.2.2.3 Die Ergebnisse der TUCKALS2-Analyse . . 183
5.2.2.4 Die Ergebnisse der PARAFAC-Analyse . . . 189
5.2.2.5 Die Ergebnisse der gewichteten Hauptkomponentenanalyse 196
5.2.2.6 Die Ergebnisse der SUMPCA-Analyse 198
5.2.2.7 Die Beurteilung der Analyseergebnisse der explorativen Ansätze 199
5.2.3 Die Ergebnisse der restringierten Wettbewerbsanalyse 200
5.2.3.1 Die Konstruktion der Designmatrix 201
5.2.3.2 Die Ergebnisse der Procrustes-Analysen . . . 205
5.2.3.3 Die Ergebnisse der Constrained TUCKALS3-Analyse 210
5.2.3.4 Die Ergebnisse der externen TUCKALS3-Analyse 222
5.2.3.5 Die Beurteilung der benutzerdefinierten Analysen 226
5.2.4 Die Ergebnisse der Wettbewerbskomponentenanalyse im Ketchup-Markt 227
5.2.4.1 Die Datenaufbereitung 228
5.2.4.2 Die Berechnung der Komponentenwerte . . . 228
5.2.4.3 Die Ergebnisse der multivariaten Regression auf der Basis der Komponentenwerte 233

6 Zusammenfassung und Ausblick 237

Abbildungsverzeichnis 241

Tabellenverzeichnis 243

Symbolverzeichnis 247

Literaturverzeichnis 257

Kapitel 1

Problemstellung und Aufbau der Arbeit

Die Analyse des Wettbewerbs auf Konsumgütermärkten ist eine seit Jahren aktuelle Problematik im Marketing. Im Zentrum des Interesses stehen Fragestellungen nach den direkten oder indirekten Wettbewerbsbeziehungen zwischen einzelnen Marken in einer Produktkategorie. Dieses Forschungsinteresse korrespondiert mit der verbreiteten Nutzung von Scannerkassen und der elektronischen Datenerfassung am Point-of-Sale (POS) im Handel. Das Scanning hat Möglichkeiten eröffnet, um die Abverkäufe von Gütern des täglichen Bedarfs unmittelbar zu kontrollieren und Informationssysteme zur Steuerung des Angebots zu entwickeln. Die laufend erfaßten Informationen beinhalten echte Kauf- und Kaufverbundsdaten von einzelnen Kaufakten über die Zeit und lassen eine Vielzahl von Analysen zur Wirkung von Marketing-Mix-Maßnahmen zu. Von besonderem Interesse, sowohl aus theoretischer als auch aus praktischer Sicht, sind die Wettbewerbseffekte und Erfolgsbeiträge, die durch eine Marketing-Maßnahme, z. B. eine Preisaktion oder eine Promotionsmaßnahme erzeugt werden. Informationen über die Wettbewerbsintensität zwischen den Marken können der Optimierung des Instrumentaleinsatzes dienen. Grundlage der Entscheidungen des Marketing sind die aggregierten bzw. segmentspezifisch aggregierten Kaufdaten der Konsumenten in einem Produktmarkt.

Kern der vorliegenden Arbeit ist die Identifikation, Analyse und Bewertung der Wettbewerbsbeziehungen auf Konsumgütermärkten. Analysiert werden Konsumgütermarken, die weitgehend standardisiert sind, im wesentlichen also keinen echten technischen oder sonstigen Innovationen unterliegen. Die Beschränkung auf diese Märkte ergibt sich dabei ausschließlich aus den Anforderungen an die Inputdaten, welche die Abverkäufe der Marken über die Zeit sowie die Informationen über die den Absatz bestimmenden Marketing-Instrumente umfassen müssen.

Der Wettbewerb wird auf den oben skizzierten Konsumgütermärkten im wesentlichen durch den Einsatz der Instrumente des Marketing-Mix bestimmt, wobei insbesondere Preis- und Promotionsmaßnahmen sowie Werbeaktionen zur Durchsetzung von Marktanteils-, Umsatz- oder anderen Wettbewerbszielen dominieren. Die Messung der Wettbewerbsbeziehungen zwischen den Marken in Abhängigkeit von den relevanten Marketing-Instrumenten muß die folgenden Determinanten des Wettbewerbs bei der Modellierung berücksichtigen:

1. *Differentielle Effektivitäten der Marketing-Instrumente.* Die Wettbewerbsmarken verfügen über spezifische Effekte bei den Marketing-Instrumenten, weil die Konsumenten verschieden auf die Verkaufsförderungsaktionen der angebotenen Marken reagieren.

2. *Zeitstabile asymmetrische Kreuzeffekte.* Produktpositionierungen und Markenimages führen dazu, daß bei einem Paar von Marken die Wettbewerbseffekte der Marken aufeinander eine unterschiedliche Größenordnung annehmen können. Das bedeutet bezogen bspw. auf das Instrument Preis, daß der Preisdruck der Marke A auf Marke B größer oder schwächer sein kann als der Preisdruck, der von Marke B auf die Marke A ausgeht.

3. *Asymmetrische Wettbewerbsbeziehungen aufgrund von zeitlich begrenzten Unterschieden in den Marketing-Aktionen.* Der periodisch differentielle Einsatz des Marketing-Instrumentariums führt dazu, daß in einer spezifischen Beobachtungsperiode eine Marke eine einzelne Aktion oder aber eine Aktion im Verbund mit Konkurrenzmarken durchführt. Somit hängt die Effektivität einer Aktion auch davon ab, wie sie sich von Marketing-Mix-Maßnahmen der Wettbewerber abhebt.

Die aufgeführten Determinanten des Wettbewerbs sind Ursachen asymmetrischer Wettbewerbsbeziehungen, die sowohl die differentielle Effektivität der Marken im Hinblick auf die Steigerung des eigenen Marktanteils als auch die asymmetrischen Beziehungen zwischen den Marken umfassen. Das Ausmaß der Asymmetrien im Wettbewerb wird anhand empirisch geschätzter Elastizitäten abgeleitet. Letztere sind ein Maß für die Wettbewerbsstärke zwischen konkurrierenden Marken, wobei der Wettbewerb zwischen den Marken auf den Einsatz der Marketing-Instrumente wie z. B. temporäre Preissenkungen oder Display- bzw. Handzettelaktionen zurückgeführt wird. Elastizitäten über die Zeit beinhalten zudem Informationen über die Wettbewerbsbeziehungen der Marken in den einzelnen zugrundeliegenden Beobachtungsperioden. Diese lassen sich typischen Wettbewerbsbedingungen zuordnen, welche besonders charakteristisch und dominant in dem analysierten Markt sind.

Die Realisierung der durch die Zielsetzung vorgegebenen Aufgabenstellung, der Identifikation, Analyse und Bewertung der Wettbewerbsbeziehungen auf Konsumgütermärkten, setzt die Integration verschiedener Verfahren und Analyseschritte voraus:

1. Messung der Wettbewerbsbeziehungen durch die Analyse der Response des Marktanteils auf Marketing-Mix-Maßnahmen.

2. Schätzung von asymmetrischen Marktanteilselastizitäten, welche die Wettbewerbsbeziehungen der analysierten Marken für die jeweilige Beobachtungsperiode quantifizieren.

3. Repräsentation der in den Marktanteilselastizitäten enthaltenen Wettbewerbsbeziehungen durch den Einsatz strukturprüfender Verfahren.

4. Analyse und Quantifizierung von benutzerdefinierten Marktreaktionen und besonders charakteristischen Wettbewerbsbedingungen. Im Zentrum dieser Betrachtung stehen die Wettbewerbseffekte zwischen den Marken in vorgegebenen Wettbewerbsbedingungen sowie die Berechnung zu erwartender Marktanteile bzw. Marktanteilsgewinne und -verluste dieser Wettbewerbsszenarien.

Die Umsetzung des ersten Schrittes, der Messung der Wettbewerbsbeziehungen, stützt sich auf die Schätzung von Responsemodellen, wobei in der vorliegenden Arbeit die Parameter von Marktanteilsmodellen des Attraktionstyps zu schätzen sind. Attraktionsmodelle ermöglichen die robuste Schätzung asymmetrischer Wettbewerbsbeziehungen zwischen den Marken des definierten Marktes. Zu Beginn der Analyse werden zudem keine Restriktionen in Form von Strukturen im Markengefüge unterstellt, und so sind zunächst asymmetrische Wettbewerbsbeziehungen zwischen allen untersuchten Marken möglich.

Im zweiten Analyseschritt bilden die Parameterschätzer eines Marktanteilsmodells schließlich die Grundlage zur Ableitung von Marktanteilselastizitäten spezifischer Marketing-Instrumente, die Indikatoren des Wettbewerbs sind. Die Marktanteilselastizitäten messen sowohl die Eigeneffekte einer Marke, d. h. die Wirkung der Marketing-Aktion auf den eigenen Marktanteil, als auch die Kreuzeffekte der möglichen Konkurrenten, also die Wirkung einer oder mehrerer Wettbewerberaktionen auf den eigenen Marktanteil. Zu beachten ist in diesem Zusammenhang, daß die direkten Elastizitäten und die

Kreuzelastizitäten für jede Marke und für alle Beobachtungsperioden vorliegen. Das Ergebnis ist ein Array von Marktanteilselastizitäten, der die Interaktionen und Wettbewerbsbeziehungen der analysierten Marken über die Zeit erfaßt.

Die Repräsentation der in den Elastizitäten verborgenen Wettbewerbsbeziehungen zwischen den Marken erfolgt in einem dritten Schritt auf der Basis von Ansätzen zur Analyse dreidimensionaler Datenarrays. Mit der Darstellung dieser Techniken wird die Grundlage für die methodische Zielsetzung entwickelt. Es werden einzelne Methoden, die mit ihnen verbundene Vorgehensweise sowie ihre Potentiale in Form von Stärken und Schwächen im Hinblick auf die Analyse der Wettbewerbsbeziehungen differenziert erörtert. Die Präsentation dieser Techniken beruht im wesentlichen auf Vektor- und Matrix-Funktionen. Die Parameterschätzer selber lassen sich auf der Basis der Methode der quadratischen Ergänzung in beschränkten und unbeschränkten Kleinste-Quadrate-Problemen schätzen.

Nach der Repräsentation der Wettbewerbsbeziehungen der Marken bildet die Analyse und Quantifizierung der Wettbewerbsverhältnisse definierter Wettbewerbsszenarien das Hauptproblem, das im vierten Schritt behandelt wird. Die Grundüberlegung dieses Problemkomplexes besteht darin, neben den zuvor erörterten Ansätzen zur Analyse der dreidimensionalen Elastizitätenarrays, Vorinformationen über typische Marktreaktionen und Wettbewerbsbeziehungen als Restriktionen mit in die Analyse einzubeziehen. Das Ziel ist es, bestimmte Marktstrukturen und Wettbewerbsbedingungen a priori zu formulieren und für diese definierten Szenarien die Interaktionen sowie Stärken und Schwächen der analysierten Marken aufzudecken und zu veranschaulichen. Darüber hinaus sollen die Erfolgsbeiträge einer Marketing-Maßnahme in Form von zu erwartenden Marktanteilen sowie korrespondierenden Marktanteilsgewinnen und -verlusten quantifiziert werden, so daß sich letztlich die Gewinner und Verlierer einer definierten Marktbedingung benennen lassen.

Im weiteren wird auf der Grundlage der Techniken zur exploratorischen Analyse dreidimensionaler Elastizitätenarrays der Ansatz der Wettbewerbskomponentenanalyse entwickelt. Er liefert eine neue Schätzmethode für das vollständig erweiterte Kreuzeffektmodell. Die Wettbewerbskomponentenanalyse ermöglicht die Kalibrierung und Schätzung von asymmetrischen Wettbewerbseffekten auf Märkten mit sehr vielen Marken und Marketing-Instrumenten.

Entsprechend der Problemstellung und Zielsetzung gliedert sich die vorliegende Arbeit in sechs Kapitel. Nach der Einführung in die Thematik gibt das zweite Kapitel einen Überblick der im Marketing-Kontext entwickelten Ansätze zur Messung und Analyse der Wettbewerbsbeziehungen auf Konsumgütermärkten. Dabei quantifiziert der überwiegende Teil der erörterten Modelle die Response der Markenwahl oder des Umsatzes bzw. des Marktanteils auf den Einsatz der Instrumente des Marketing-Mix. Die Informationsgrundlage dieser Verfahren bilden i. d. R. Scannerdaten. Sie sind deshalb zunächst Gegenstand der Diskussion. Vor dem Hintergrund der Datenproblematik kann zwischen Analysen auf der Basis von disaggregierten Daten (Individualdaten) und aggregierten Marktdaten unterschieden werden. Darüber hinaus ist es angebracht, reine Responsemodelle von Marktstrukturmodellen abzugrenzen. Responsemodelle beschreiben die Beziehung zwischen einer oder mehreren zu erklärenden Variablen (z. B. Markenwahl, Marktanteil) in Abhängigkeit von einer oder mehreren erklärenden Variablen (z. B. den Instrumenten des Marketing-Mix). Demgegenüber stellt die Modellierung der Response (oder allgemeiner formuliert die Analyse der Wettbewerbsbeziehungen zwischen den Marken) nur ein Element einer Marktstrukturanalyse dar, die auf der Gesamtheit der Beziehungen in einem Markt beruht. Einen zentralen Bestandteil dieser Ansätze bildet die Repräsentation der gefundenen Wettbewerbsbeziehungen zwischen den Marken in einem Raummodell oder in einer hierarchischen Anordnung.

Ausgehend von den Befunden der verfügbaren Ansätze zur Identifikation der Wettbewerbsverhältnisse ergeben sich schließlich im dritten Kapitel Vorgaben an die Messung der Wettbewerbsbeziehungen auf Konsumgütermärkten. Im Zentrum dieser Betrachtung stehen u. a. die allgemeinen Annahmen über den Wettbewerb sowie dessen Quantifizierung. Die Ergebnisse der Erörterung führen zur Klasse der asymmetrischen Marktanteilsmodelle. Fünf alternative Marktanteilsmodelle kommen schließlich zur Diskussion, von denen zwei Ansätze für die differenzierte Wettbewerbsanalyse ausgewählt und näher erörtert werden. Hierzu zählen das Modell von Carpenter, Cooper, Hanssens und Midgley (1988, im weiteren als CCHM-Modell bezeichnet) sowie die neu entwickelte Wettbewerbskomponentenanalyse. Beide Modelle sind Ansätze zur Messung des vollständig erweiterten Kreuzeffektmodells. Die Wettbewerbskomponentenanalyse eignet sich dabei besonders für die Messung des Wettbewerbs auf Konsumgütermärkten mit sehr vielen Marken/Artikeln und Marketing-Instrumenten. Der Zerealienmarkt ist ein typisches Beispiel für einen solchen Markt. Einen Schwerpunkt der Diskussion in diesem Abschnitt bildet die Modellkalibrierung der beiden Ansätze. Darüber hinaus werden insbesondere im Rahmen der Diskussion des CCHM-Modells die Notwendigkeit einer den Wettbewerb berücksichtigenden Variablenkodierung sowie die Behandlung von fehlenden Werten und auch die Multikollinearitätsproblematik bei der Analyse von Scanner-Paneldaten erörtert. Die Parameterschätzer der Marktanteilsmodelle ermöglichen schließlich die Ableitung von Marktanteilselastizitäten.

Das vierte Kapitel bearbeitet Ansätze zur Analyse und Bewertung der Wettbewerbsbeziehungen, welche in den Elastizitätendaten über die Zeit verborgen sind. Im Zentrum der Diskussion stehen Verfahrensalternativen der dreimodalen Datenanalyse, die in der Lage sind, den Elastizitätenarray auf die Kerndeterminanten des Wettbewerbs zu verdichten. Sechs alternative Ansätze (PCA-SUP, TUCKALS3, TUCKALS2, PARAFAC, WPCA, SUMPCA) werden differenziert bewertet, die bis auf das TUCKALS2-Modell in einer Hierarchie unterschiedlich starker Beschränktheit ihrer Modellansätze stehen. Besonderes Gewicht wird auf die Parameterschätzung sowie die Stärken und Schwächen der Ansätze zur Repräsentation des Wettbewerbs gelegt. Die Ergebnisse des Modellvergleichs sowie die Potentiale der Modelle im Hinblick auf die Analyse von Elastizitätenarrays bilden schließlich den Ausgangspunkt für die Entwicklung strukturprüfender Verfahren. Das Ziel dieser Ansätze ist es, a priori Wissen über Marktreaktionen und typische Wettbewerbsbedingungen in Form von Restriktionen in die Modelle mit einzubeziehen. Vor dem Hintergrund dieser Problemstellung werden dem traditionellen Ansatz der Procrustes-Transformation zwei neue bzw. modifizierte Verfahren gegenübergestellt. Die hier entwickelte externe TUCKALS3-Analyse stellt eine Erweiterung gegenüber der ursprünglichen TUCKALS3-Methode mit einer oder mehreren extern vorgegebenen Komponentenmatrizen dar. Die neu konzipierte Constrained TUCKALS3-Methode basiert auf einem weiterentwickelten Algorithmus zur Schätzung des Tucker3-Modells und sie ermöglicht beschränkte Parameterschätzungen. Zu diesem Zwecke werden lineare Gleichheits- bzw. Ungleichheitsbedingungen in die Minimierung der Verlustfunktion für eine oder mehrere Komponentenmatrizen integriert. Auch innerhalb dieses Abschnitts wird ein besonderes Gewicht auf die Parameterschätzung sowie auf die Potentiale der neu entwickelten bzw. erweiterten Methoden zur Analyse und Repräsentation der Wettbewerbsbeziehungen der Marken gelegt.

Das fünfte Kapitel zeigt schließlich Möglichkeiten der Anwendung der zuvor diskutierten Modellansätze, wobei vor allem auf die Stärken und Schwächen der Verfahren bei der Identifikation, Analyse und Repräsentation der

Wettbewerbsbeziehungen der Marken eingegangen wird. Die Datengrundlage der Analysen und der zu entwickelnden Modelle in der konkreten Anwendung bilden Handelspaneldaten, die von der Gesellschaft für Konsum-, Markt- und Absatzforschung (GfK), Nürnberg und der University of California, Los Angeles bereitgestellt wurden. Der von der GfK, Nürnberg übermittelte Datensatz umfaßt die Abverkäufe über 104 Wochen einer Produktkategorie aus dem Körperpflegemarkt, aus der schließlich die Wettbewerbsbeziehungen von neun Marken identifiziert und ausgewertet werden. Die Daten aus den USA enthalten die Abverkäufe von 25 Ketchup-Marken aus vier Geschäften über insgesamt 156 Wochen. Wegen der Fülle von Informationen läßt sich im Rahmen dieser Arbeit nur ein Teil der Ergebnisse detailliert bewerten.

Kapitel 2

Modelle zur Analyse der Wettbewerbsbeziehungen auf Konsumgütermärkten

In der Marketingliteratur findet sich eine Vielzahl von Ansätzen, die sich direkt oder indirekt mit der Analyse der Wettbewerbsbeziehungen zwischen Marken auf Konsumgütermärkten beschäftigen. Analyseobjekte sind u. a. Umsätze oder Marktanteile, Markenwahlen, Zwischenkaufzeitintervalle, Einkaufsstättenwahl oder die Kaufmenge, deren Ausprägungen und Veränderungen über die Zeit zumeist durch den Einsatz der Instrumente des Marketing-Mix erklärbar sein sollen. Insbesondere die Scanning-Technologie und die damit verbundene allgemeine Verfügbarkeit von Kaufdaten hat die Modellentwicklung stark beeinflußt und der Analyse der Wettbewerbsbeziehungen auf Konsumgütermärkten eine Vielzahl neuer Möglichkeiten eröffnet.

In diesem Kapitel werden, aufbauend auf der Diskussion der Datenproblematik bei der Wettbewerbsanalyse, zunächst eingeführte Ansätze zur Messung der Wettbewerbsbeziehungen erörtert. Wie sich aus der Diskussion über die Daten ergeben wird, muß man bei den Analyseverfahren zwischen Ansätzen unterscheiden, die auf Individualdaten basieren und solchen, die auf aggregierten Marktdaten aufbauen. Darüber hinaus ist es angebracht, zwischen Responsemodellen und Modellen der Marktstrukturanalyse innerhalb jeder Modellklasse zu differenzieren. Die Marktstrukturanalyse grenzt sich von den Ansätzen zur Responsemodellierung insofern ab, als daß neben der Messung der Wettbewerbseffekte der Marken die Repräsentation des Wettbewerbs fester Bestandteil der Analyse ist (vgl. Shocker, Stewart & Zahorik 1990). Im Anschluß an diese Diskussion sind die dargelegten Befunde im Hinblick auf die Zielsetzung der Arbeit, nämlich die Identifikation, Analyse und Bewertung von Wettbewerbsbeziehungen zu beurteilen.

2.1 Marketingdaten zur Wettbewerbsanalyse

Auf der Ebene der Daten kann grundsätzlich zwischen Befragungsdaten und instrumentell erhobenen Verhaltensdaten unterschieden werden. Befragungsdaten basieren auf den Wahrnehmungen, Intentionen oder Einstellungen der Konsumenten und werden häufig unter laborartigen Bedingungen erfaßt (vgl. Shocker, Stewart & Zahorik 1990, S. 17). Befragungsdaten haben sich für viele Problemstellungen im Marketing als außerordentlich nützlich erwiesen. Erfolgreiche Anwendungen eröffnen sich u. a. im Rahmen von Prognosen bei der Imagepositionierung (Trommsdorff 1975), der Neuproduktplanung (Urban & Hauser 1980), der Preisfindung bei Neuprodukten (Hildebrandt 1994) oder der Identifikation von Produktnischen (Green & McMennamin 1973). Jedoch können im Rahmen von Befragungen zum Kaufverhalten nur Kaufintentionen oder Aussagen über vergangenes Verhalten, nicht aber das aktuelle Kaufverhalten erfaßt werden. Eine Ausnahme bildet allenfalls das traditionelle Haushaltspanel, welches über Befragung die Marktentnahme der Individuen oder Haushalte aufzeichnet. Allerdings läßt sich in diesem Fall die Beziehung zum Einsatz der Instrumentalvariablen häufig nur unvollständig herstellen. Aus diesen Gründen sind Befragungsdaten eher eingeschränkt für die Analyse der Wirkungen von Marketing-Maßnahmen, hier Preis- und Promotionsmaßnahmen, auf den Umsatz oder Marktanteil nutzbar. Demgegenüber beruhen z. B. scannergestützte Erhebungen von Kaufverhalten auf den tatsächlichen Aktionen der Konsumenten und erlauben eine Zuordnung der Marketing-Maßnahmen zum Markenwahlverhalten. Scannerdaten sind deshalb im Rahmen der Analyse der Wettbewerbsbeziehungen den Befragungsdaten vorzuziehen, obwohl sie immer das bereits vergangene Verhalten repräsentieren.

Die aktuelle Forschung zur Analyse der Wirkungen von Marketing-Mix-Maßnahmen auf den Absatz ist wesentlich von der Bereitstellung elektronisch erfaßter Absatzdaten in Form von Handels- und Konsumentenpanels seit Beginn der 80er Jahre beeinflußt worden. Das elektronische Handelspanel erfaßt die Daten mittels Scannerkassen direkt am Verkaufspunkt. Anschließend werden die Daten durch Informationen über Verkaufsförderungsaktionen und Kommunikationsmaßnahmen in den entsprechenden Wochen ergänzt. Die Registrierung eines Markenkaufs in einem elektronischen Handelspanel basiert auf der EAN, der europäischen Artikelnummer, die eine artikelgenaue Erfassung der Käufe erlaubt. Der Vorzug solcher Daten ist vielfach in der Literatur diskutiert worden (vgl. z. B. Heidel 1990, Simon, Kucher & Sebastian 1982) und soll hier nicht Gegenstand der Betrachtung sein. In Deutschland gibt es gegenwärtig drei Anbieter von elektronischen Handelspaneldaten (vgl. Erichson 1992): MADAKOM von der Centrale für Coorganisation (CCG), Köln, InfoScan von der Gesellschaft für Konsum-, Markt- und Absatzforschung (GfK), Nürnberg sowie ScanTrack von Nielsen, Frankfurt. Neben den aufgezeichneten Daten bieten diese Vertreiber zum Teil auch eigene Problemlösungspakete an, die z. B. Fragen nach der Distribution oder dem prozentualen Absatz eines Produktes aufgrund von Verkaufsaktionen beantworten sollen. Der Einsatz komplexer quantitativer Methoden zur Messung und Bewertung der Wettbewerbsbeziehungen auf Konsumgütermärkten ist dagegen noch wenig verbreitet.

Neben dem elektronischen Handelspanel hat auch das elektronische Haushaltspanel die Datenverfügbarkeit und die Datenqualität entscheidend verbessert. Grundsätzlich sind zwei Methoden auseinanderzuhalten, das POS-Scanning mit ID-Karte und das In-home-Scanning (Erichson 1992). Beim POS-Scanning mit ID-Karte erhält jeder Panelhaushalt eine Identifikationskarte. Durch Vorlage der Karte beim Einkauf am Point-of-Sale werden simultan die eingekauften Waren und die Haushaltsidentifikationsnummern aufgezeichnet. Dieses Vorgehen automatisiert die Erfassung der Einkäufe weitgehend, und demnach entfällt eine Belastung der Panelteilnehmer durch ein umfangreiches Berichtswesen. Allerdings ist das elektronische Haushaltspanel an Geschäfte mit installierten Scannerkassen gebunden. Diese Beschränkung führt zum gegenwärtigen Zeitpunkt noch zu einer unvollständigen Erfassung der Einkäufe. Das In-home-Scanning soll gerade diesen Nachteil beseitigen. Der einzelne Panelteilnehmer registriert seine Warenkäufe nach Beendigung des eigentlichen Einkaufs zu Hause mit einem elektronischen Lesegerät. Obwohl diese Vorgehensweise die Abhängigkeit von Scannergeschäften reduziert, werden andererseits die Panelteilnehmer wie schon bei dem traditionellen Haushaltspanel weiterhin durch ein recht umfangreiches Berichtswesen belastet.

Unabhängig von der Erhebungsmethode eines elektronischen Konsumentenpanels beinhalten die Haushaltspaneldaten jedoch Informationen über die Markenwahl einschließlich Preis, Menge, Produkteigenschaften sowie Einkaufszeitpunkt und Einkaufsstättenwahl. Außerdem erfassen die Anbieter von Haushaltspaneldaten in bestimmten Warengruppen gleichzeitig den Einsatz des Marketing-Instrumentariums (Promotionsmaßnahmen, Werbung), um so eine kausale Zuordnung von Marketing-Maßnahme und Markenwahl zu ermöglichen.

In dem sogenannten Single-Source Konzept erfolgt eine Integration der Konsumenten- und Handelspaneldaten. Das Ziel dieses Ansatzes ist es, zu einer möglichst vollständigen Beschreibung und Erklärung der kausalen Einflußgrößen auf den Absatz von Produkten zu kommen, wobei sowohl die Aktionen als auch die Reaktionen von Hersteller, Handel und Konsumenten an jedem Punkt im Absatzkanal erfaßt werden müssen (Zentes 1992). Eine Übersicht aller potentiellen Ziele und Probleme von Single-Source Ansätzen findet sich bei Curry (1993; vgl. auch Wildner 1994).

Single-Source Systeme sind in Deutschland noch wenig verbreitet. So erheben die GfK und auch Nielsen zwar bereits seit Jahren Single-Source Daten, allerdings ist die Teilnehmerzahl im jeweiligen Haushaltspanel sehr gering. Im GfK-BehaviorScan befinden sich ca. 3000 Panelhaushalte, und im Single-Source von Nielsen sind in Deutschland ca. 8800 Haushalte erfaßt. In den USA ist die Entwicklung auf diesem Gebiet schon sehr viel weiter fortgeschritten. Das Panel von Information Resources Inc. (IRI), Chicago, zeichnet die Einkäufe von ca. 60000 Haushalten auf und das dortige Panel von Nielsen hat ca. 29000 Haushalte (Curry 1993, S. 56).

Bis heute ist allerdings nach dem Kenntnisstand des Autors kein Ansatz entwickelt worden, der die Single-Source Daten unter Ausnutzung aller bereitgestellten Informationen gezielt auswertet. Es bleibt aber festzuhalten, daß die Einführung der Scannertechnologie im Handel die Möglichkeiten der Datengewinnung für das Marketing stark erweitert hat. Ing und Mitchell (1994) sprechen in diesem Zusammenhang von einer Revolution.

2.2 Ansätze zur Messung von Wettbewerbsbeziehungen auf Konsumgütermärkten

Mit der Einführung der Scannertechnologie ist auch die Entwicklung von quantitativen Methoden im Marketing entscheidend beeinflußt worden, von denen in diesem Abschnitt Kernergebnisse zu zeigen sind. Dabei steht die Problematik der Messung von Wettbewerbsbeziehungen auf Konsumgütermärkten im Vordergrund. Die Betrachtung beschränkt sich aufgrund der oben genannten Aspekte auf Verfahren, denen Kaufverhaltensdaten zugrunde liegen. Ansätze hingegen, die im Rahmen von experimentellen Studien über Befragungen die Konsumentenresponse auf den Einsatz des Marketing-Instrumentariums messen (vgl. z. B. Bucklin & Srinivasan 1991), finden keine Berücksichtigung. Bevor die Modelltypen im einzelnen zu erörtern sind, wird zunächst auf den Zusammenhang von individuellen Größen, z. B. die Markenwahl eines Individuums, die sich ausschließlich den Daten eines Haushaltspanels entnehmen lassen und aggregierten Größen, z. B. Umsatz und Marktanteil, die insgesamt nur aus den Daten eines Handelspanels abzuleiten sind, näher eingegangen.

2.2.1 Der Zusammenhang von Marktanteil und Wahlwahrscheinlichkeiten

Die Bewertung alternativer Ansätze zur Analyse der direkten und indirekten Wettbewerbsbeziehungen auf der Basis von Handelspaneldaten (aggregiert) und Konsumentenpaneldaten (disaggregiert) steht in engem Zusammenhang mit der Frage, ob die Marktanteile der aggregierten Daten mit dem Durchschnitt der individuellen Wahlwahrscheinlichkeiten übereinstimmen. Von besonderem Interesse ist hierbei die Problematik der Heterogenität des Kaufverhaltens. Diese kann sich zum einen in unterschiedlichen individuellen Kaufwahrscheinlichkeiten und zum anderen in unterschiedlichen individuellen Kaufhäufigkeiten äußern. Sie wird dann zu einem Problem, wenn die Konsumenten verschieden auf Marketing-Maßnahmen reagieren. In diesem Falle geben die Responseparameter einer aggregierten Analyse nicht die "wahren" Reaktionen der Konsumenten auf Marketing-Aktionen wieder.

Cooper und Nakanishi (1988, S. 38-44) haben die Konsequenzen homogener/heterogener Kaufwahrscheinlichkeiten und homogener/heterogener Kaufhäufigkeiten herausgearbeitet. Die Ergebnisse sind in Tabelle 2.1 zusammengefaßt. Im Falle homogener Wahlwahrscheinlichkeiten der Konsumenten stimmen unabhängig davon, ob die Konsumenten homogen oder heterogen in bezug auf die Kaufhäufigkeit sind, die individuellen Wahlwahrscheinlichkeiten mit dem aggregierten Maß des Marktanteils überein. Unterscheiden sich die Konsumenten im Hinblick auf ihre individuellen Wahlwahrscheinlichkeiten und nicht in bezug auf die Kaufhäufigkeit, so ist der Marktanteil einer Alternative mit dem Mittelwert der korrespondierenden individuellen Auswahlwahrscheinlichkeiten identisch.

Problematischer gestaltet sich die Situation einer Konsumentenheterogenität bei den individuellen Auswahlwahrscheinlichkeiten und den Kaufhäufigkeiten. Unter dieser Prämisse müssen zwei Möglichkeiten untersucht werden. Sind die Kaufhäufigkeiten und die Auswahlwahrscheinlichkeiten der Konsumenten unkorreliert, so erweisen sich der Mittelwert der individuellen Auswahlwahrscheinlichkeiten und der Marktanteil der aggregierten Daten als gleich. Diese Gleichheit bleibt nicht erhalten, wenn die individuellen Wahlwahrscheinlichkeiten der Konsumenten mit den Kaufhäufigkeiten korreliert sind. In diesem Falle ist der Mittelwert der individuellen Wahlwahrscheinlichkeiten nicht mehr mit dem Marktanteil einer aggregierten Analyse identisch.

Tabelle 2.1: Der Zusammenhang von Marktanteil und Wahlwahrscheinlichkeit

Kaufwahr-scheinlichkeit	Kaufhäufigkeit homogen	Kaufhäufigkeit heterogen
homogen	$s_i = p_{ij}$	$s_i = p_{ij}$
heterogen	$s_i = \frac{1}{N}\sum_{k=1}^{N} p_{ij}$	a) unkorreliert $s_i = \frac{1}{N}\sum_{k=1}^{N} p_{ij}$ b) korreliert $s_i = \frac{1}{N}\sum_{k=1}^{N} p_{ij} + COV(\mu, p_{ij})/\bar{\mu}$

s_i	=	Marktanteil der Marke i
p_{ij}	=	Wahlwahrscheinlichkeit des Individuums j für die Marke i
μ	=	Durchschnittliche Kaufhäufigkeit innerhalb der Periode (pro Individuum)
$\bar{\mu}$	=	Mittelwert der Population von μ
N	=	Anzahl der Individuen

Die Situation heterogener Wahlwahrscheinlichkeiten und Kaufhäufigkeiten tritt u. a. dann auf, wenn sich im Markt sogenannte Viel- und Wenigverwender befinden. Cooper (1993) charakterisiert Vielverwender als Familien mit mehreren Kindern, die preissensitiver sind als die sogenannten Wenigverwender. Krishnamurthi und Raj (1991) zeigen in diesem Zusammenhang, daß loyale Konsumenten weniger preissensitiv in der Markenwahlentscheidung sind als nicht-loyale Konsumenten, dafür aber stärker preissensitiv in ihrer Mengenentscheidung reagieren als nicht-loyale Konsumenten. Für die Analyse von Konsumentenpaneldaten bedeuten diese Ergebnisse, daß vor Analysebeginn zunächst die Unabhängigkeit der individuellen Wahlwahrscheinlichkeiten von der Kaufhäufigkeit festzustellen ist. Im Falle einer Abhängigkeit empfiehlt es sich, die entsprechenden Analysen segmentspezifisch durchzuführen. So schlagen u. a. Gensch (1985) sowie Gensch und Javalgi (1987) zunächst eine Segmentierung der Konsumenten vor, z. B. nach deren Entscheidungsprozeß bei der Markenwahl. Andere Ansätze wiederum segmentieren die Konsumenten auf der Basis ihrer Markenwahl im Rahmen der Modellkalibrierung (z. B. Bucklin & Gupta 1992).

Die Überlegungen zur Heterogenität von Kaufhäufigkeiten und individuellen Wahlwahrscheinlichkeiten lassen sich auch auf den Fall der Aggregation der Daten eines Handelspanels übertragen (vgl. Decker 1994, S. 72). Zum einen können die Kaufanteile zwischen den Geschäften variieren, zum anderen können die Umsätze der Geschäfte differieren. Dieser Fall ist sehr realistisch, da die Geschäftsumsätze mit der Größe der Verkaufsflächen positiv korreliert sind. Darüber hinaus beeinflussen geschäftstypische Käuferschaften sowie das Warenangebot in einer Produktkategorie die Kaufanteile in einem Ladenlokal.

Nachdem der Heterogenitätsaspekt in bezug auf die Konsumenten in einem Konsumentenpanel sowie auf die Geschäfte in einem Handelspanel problematisiert worden ist, sollen im folgenden alternative Ansätze zur Messung der Wettbewerbsbeziehungen erörtert werden, die sowohl auf disaggregierten Daten als auch auf aggregierten Daten basieren.

2.2.2 Die Analyse von Wettbewerbsbeziehungen auf der Basis disaggregierter Daten

Die Analyse von (Konsumenten-) Paneldaten im Marketing hat eine lange Tradition. Neben beschreibenden Analysen (Kaufhäufigkeit, Penetration, durchschnittliche Kaufmenge, Markenwechsel, Anteil der Promotionskäufe, u. v. a. m.) sind eine Vielzahl von Responsemodellen entwickelt worden, die Marketing-Wirkungen erklären oder aber die Grundlage eines Entscheidungsmodells bilden (Little 1970, 1994).

Eine bedeutende Entwicklungsrichtung, die in die 50er Jahre zurückgeht, hat den Markenkauf als stochastischen Prozeß modelliert (i. d. R. aber ohne die Berücksichtigung der Marketing-Mix-Aktivitäten) (u. a. Ehrenberg 1959; Chatfield, Ehrenberg & Goodhardt 1966; Massy, Montgomery & Morrison 1970). Grundlage der Modellbildung ist in den meisten Anwendungsfällen die negativ binomiale Verteilung. Basierend auf der Annahme, daß das Kaufverhalten Possion-verteilt ist und die individuellen Kaufraten einer Gamma-Verteilung folgen, liefert dieses Modell im allgemeinen eine hervorragende Anpassung an die Daten und es ermöglicht überzeugende Prognosen[1]. Für die Zielsetzung dieser Arbeit ist der stochastische Modellansatz jedoch nur eingeschränkt verwendbar, da die Veränderungen der Markenwahl nicht direkt durch den Einsatz des Marketing-Mix zu begründen sind.

Im folgenden gilt es deshalb, explizit Responsemodelle auf der Basis disaggregierter Daten zu erörtern, welche die Quantifizierung der Wirkung von

[1] Einen State-of-the-Art Überblick des Negativ-Binomial-Modells einschließlich Diskussion geben Morrison & Schmittlein (1988a, 1988b) sowie Sabavala (1988) und Montgomery (1988).

Marketing-Maßnahmen ermöglichen. Im Anschluß an diese Diskussion sind schließlich Modelle der Marktstrukturanalyse zu bewerten, die neben der Messung des Wettbewerbs auch dessen Repräsentation in den Vordergrund der Analyse stellen.

2.2.2.1 Responsemodelle

Im Rahmen der Modellierung des individuellen Kaufverhaltens hat das multinomiale Logitmodell eine beachtliche Anzahl von Anwendungen vorzuweisen. Diese Methode, die u. a. zur Beantwortung von Fragestellungen der Transportmittelwahl herangezogen wurde (vgl. z. B. McFadden 1974; Ben-Akiva & Lerman 1985), ist von Guadagni und Little (1983) zum ersten Mal zur Analyse von Scannerdaten eingesetzt worden.

Das Modell unterstellt, daß sich der Nutzen der Alternative i für Konsument j aus einem deterministischen Nutzenanteil und einer stochastischen Größe zusammensetzt:

$$U_{ij} = V_{ij} + \varepsilon_{ij} \tag{2.1}$$

mit

U_{ij} = Nutzen der Alternative i für Konsument j

V_{ij} = deterministische Nutzenkomponente

ε_{ij} = stochastische Nutzenkomponente.

Unter der Annahme identisch extremwert-verteilter Störterme erhält man die Basisgleichung des multinomialen Logitmodells:

$$p_{ij} = \frac{exp(V_{ij})}{\sum_{j=1}^{N} exp(V_{ij})} \tag{2.2}$$

mit p_{ij} als Wahrscheinlichkeit, daß Konsument j die Alternative i wählt. Guadagni und Little (1983) haben den deterministischen Teil des Nutzens als eine lineare Funktion der Marketing-Instrumente (Preis und Promotion) modelliert. Zusätzlich werden die Wahlwahrscheinlichkeiten der Konsumenten durch die Markenwahl in den Vorperioden bestimmt und über den Einschluß einer Loyalitätsvariable in das Modell integriert. Guadagni und Little erzielen mit ihrem Modellansatz eine akzeptable Anpassung an die Daten und sie sind auch in der Lage, zukünftiges Kaufverhalten ausreichend präzise zu prognostizieren. Die Integration einer Loyalitätsvariable in das Modell trägt darüber hinaus der Heterogenität des Kaufverhaltens Rechnung.

Obwohl das multinomiale Logitmodell bei zahlreichen Anwendungen gute Erklärungen der Marketing-Umwelt gibt, wird die Validität der Ergebnisse aufgrund der Modellannahme der "Independence from Irrelevant Alternatives" (IIA) kritisiert. Die IIA-Eigenschaft besagt, daß das Verhältnis der Wahlwahrscheinlichkeiten zweier Alternativen unabhängig ist von dem Vorhandensein weiterer Alternativen. Ein klassisches Gegenbeispiel kommt aus dem Transportwesen (Debreu 1960): Die Auswahlwahrscheinlichkeit für ein Taxi betrage 0.8, wenn sich das Individuum zwischen einem Taxi und einem roten Bus oder einem Taxi und einem blauen Bus entscheiden kann. Bei völliger Indifferenz des Individuums zwischen einem roten und einem blauen Bus müßte die Auswahlwahrscheinlichkeit für ein Taxi weiter 0.8 betragen, unabhängig davon, ob das Individuum zwischen dem Taxi und einem Bus oder dem Taxi und zwei Bussen wählen könnte. Entsprechend der IIA-Eigenschaft nehmen aber durch die Hinzunahme einer weiteren Alternative die Auswahlwahrscheinlichkeiten der bisherigen Alternativen proportional ab. Im Beispiel von Debreu sinken die Wahlwahrscheinlichkeiten für ein Taxi auf 0.667 und die des roten oder blauen Busses auf 0.167.

Die IIA-Annahme im multinomialen Logitmodell impliziert einen symmetrischen Wettbewerb. Im Marketing-Kontext bedeutet dies, daß die Änderung der Wahlwahrscheinlichkeit aufgrund des Instrumentaleinsatzes einer Marke zu symmetrisch verteilten Änderungen der Wahlwahrscheinlichkeit aller anderen Marken führt. In realen Marktsituationen muß jedoch häufig von einem asymmetrischen Wettbewerb ausgegangen werden. Marketing-Maßnahmen wirken nicht gleichmäßig auf die Wettbewerber, vielmehr sind einige Marken stärker von Aktionen eines Wettbewerbers betroffen als andere. Das Vorliegen solcher asymmetrischer Wettbewerbsbeziehungen auf Konsumgütermärkten kann in einer Vielzahl von Arbeiten nachgewiesen werden: Allenby & Rossi 1991a; Bemmaor & Mouchoux 1991; Blattberg & Wisniewski 1989; Carpenter, Cooper, Hanssens & Midgley 1988; Cooper 1988; Grover & Srinivasan 1992; Hardie, Johnson & Fader 1993; Hildebrandt & Klapper 1996; Kahneman & Tversky 1979; Kamakura & Russell 1989; Krishnamurthi & Raj 1988, 1991; Mulhern & Leone 1991; Vilcassim & Jain 1991; Walters 1991.

Aufgrund dessen folgern Blattberg, Briesch und Fox (1995), daß die Annahme asymmetrischer Wettbewerbsbeziehungen auf nahezu alle Konsumgütermärkte zu generalisieren ist. Die IIA-Eigenschaft kann deshalb nur in solchen Teilmärkten gelten, in denen die Konsumenten alle Marken als völlig austauschbar ansehen. Die Annahme eines proportionalen Einflusses ist jedoch unzutreffend, falls Produkte in unterschiedlichen Preis- und Qualitätslagen sowie Nischenprodukte existieren oder falls die Konsumenten nach Abwechslung beim Markenkauf suchen (Blattberg & Wisniewski 1989; Kahn, Kalwani & Morrison 1986). Darüber hinaus unterstellt das multinomiale Logitmodell, daß mit steigendem Marktanteil die Absolutwerte der Elastizitäten sinken. Preiselastizitäten sind demnach negativ mit den Marktanteilen korreliert. Diese Wirkungsbeziehung wird jedoch ebenfalls durch eine Vielzahl von empirischen Studien widerlegt (z. B. Allenby 1989; Carpenter, Cooper, Hanssens & Midgley 1988; Cooper 1988; Krishnamurthi, Raj & Sivakumar 1995).

Die Modellforschung zur Analyse individueller Kaufdaten befaßt sich deshalb zentral mit der Überwindung der IIA-Annahme. Eine Möglichkeit, die Konsequenzen der Konsumentenheterogenität im Logitmodell zu berücksichtigen und damit die Auswirkungen der IIA-Annahme abzuschwächen, besteht darin, homogene Konsumentensegmente zu bilden. Gensch (1985, 1987) hat nach einer a priori Segmentierung der Konsumenten separate Logitmodelle für jedes Segment geschätzt. Alternativ kann man die Heterogenität im Logitmodell über die Aufnahme von Markenintercepts und/oder konsumentenspezifischen Marketingparametern modellieren und die Parameter dann über ein Modell mit festen Effekten oder ein Zufallseffektmodell schätzen (vgl. u. a. Chintagunta, Jain & Vilcassim 1991; Gönül & Srinivasan 1993; Jain, Vilcassim & Chintagunta 1994; Rossi & Allenby 1993).

Eine Alternative zur Abschwächung der IIA-Annahme im multinomialen Logitmodell ist McFaddens generalisiertes Extremwertmodell (1978), in welchem die Fehlerterme korreliert sein können. Dieser Ansatz wird dahingehend kritisiert, daß spezielle Annahmen über die Korrelationen zu treffen sind und die Anzahl der zu schätzenden Parameter deutlich größer ist als im multinomialen Logitmodell. Eine Anwendung des Extremwertmodells findet sich bei Dalal und Klein (1988).

Das genestete Logitmodell ist ein Spezialfall des generalisierten Extremwertmodells. Dieser Ansatz unterstellt einen hierarchischen Entscheidungsprozeß des Konsumenten und bildet homogene Untergruppen der Marken. Die IIA-Eigenschaft gilt dann nur noch innerhalb der einzelnen Untergruppen. Zwischen den Untergruppen ist die IIA-Annahme aufgehoben. Die Gruppierung orientiert sich im allgemeinen an bestimmten übergeordneten Eigenschaften (z. B. Markennamen, Inhaltsmengen, Geschmackssorten). Als Nachteil des genesteten Logitmodells gilt die Partitionierung der Marken zu Beginn der Analyse. Anwendungen des genesteten Logitmodells sind u. a. in den

Arbeiten von Buckley (1988) sowie Kannan und Wright (1991) dokumentiert.

Eine echte Möglichkeit, die IIA-Annahme auszuschalten, bietet das Probitmodell, in dem sich die Zufallskomponente des Nutzens für ein Individuum über eine multivariate Normalverteilung mit Kovarianzen ungleich Null modellieren läßt (z. B. Hausman & Wise 1978). Allerdings ist das multinomiale Probitmodell schätztechnisch kaum zu handhaben, da es die Lösung eines Mehrfachintegrals erfordert. Obwohl einige Arbeiten zur Reduktion des Schätzaufwandes veröffentlicht wurden (Chintagunta 1992; McCulloch & Rossi 1994), bleibt festzuhalten, daß das multinomiale Probitmodell noch erhebliche Probleme bei der Bestimmung der Marketing-Mix-Einflüsse auf die Markenwahl bereitet. So kann die Methode der simulierten Momente (McFadden 1989; Chintagunta 1992), bei der die numerische Integration im multinomialen Probitmodell simuliert wird, in praktischen Anwendungen nur für vier oder fünf Marken und zwei Zeitintervalle durchgeführt werden (Elrod & Keane 1995).

Die bisher diskutierten Verfahren messen die Response der Markenwahl auf den Marketing-Instrumentaleinsatz. Darüber hinaus sind in der Marketingliteratur die Mengenentscheidung und die Wahl des Einkaufszeitpunktes häufig Gegenstand von Untersuchungen zum Kaufverhalten. Daneben hat man Ansätze entwickelt, die zwei oder mehr Stufen der Kaufentscheidung gleichzeitig modellieren. Hervorzuheben ist die Arbeit von Gupta (1988), die drei Stufen der Konsumentenentscheidung (Markenwahl, Mengenentscheidung, Wahl des Einkaufszeitpunktes) erfaßt. Damit gelingt es Gupta, die Umsatzzuwächse während einer Promotionsmaßnahme durch Markenwechsel, Kaufbeschleunigung und Lagerhaltung der Konsumenten zu erklären.

Festzustellen ist, daß die Modelle, die mehr als eine Kaufentscheidung in die Modellbildung einbeziehen, die Markenwahl über ein multinomiales Logitmodell wie im Ansatz von Guadagni und Little (1983) modellieren. Demzufolge beinhalten diese Ansätze die IIA-Eigenschaft und sind nicht in der Lage, Asymmetrien im Wettbewerb adäquat zu berücksichtigen.

2.2.2.2 Modelle der Marktstrukturanalyse

Die im vorigen Abschnitt erörterten Ansätze mit individuellen Daten haben eine oder mehrere Entscheidungsstufen des Konsumenten beim Markenkauf sowie auch allgemeine Fragestellungen zum Kaufverhalten erfaßt. Darüber hinaus existieren in der Marketingliteratur Ansätze, die explizit den Aspekt der Marktstruktur in den Mittelpunkt der Analyse stellen. Die Marktstruktur legt dabei das Ausmaß der Wettbewerbsintensität zwischen den Marken fest. Innerhalb dieser Modellansätze bildet neben der Messung der Wettbewerbsbeziehungen die Visualisierung dieser Beziehungen einen grundlegenden Forschungsschwerpunkt. Im allgemeinen unterscheidet man bei der graphischen Repräsentation zwischen räumlichen und hierarchischen Ansätzen (vgl. Shocker, Stewart & Zahorik 1990, S. 28-37). Marktstrukturanalysen lassen sich des weiteren nach der Art der Responsedaten für die Messung des Wettbewerbs klassifizieren, wobei zwischen Markenwechseldaten, (binär kodierten) Markenwahlen, Kaufhäufigkeiten und Zwischenkaufzeitintervallen unterschieden wird.

Markenwechseldaten sind die Grundlage der Modelle von Grover und Srinivasan (1987, 1989) sowie von Jain, Bass und Chen (1990). Die Ableitung von Marktstrukturen korrespondiert mit der Identifikation von Konsumentensegmenten, die homogen in bezug auf die Markenwahl sind. Obwohl die Ergebnisse dieser Modelle überzeugend erscheinen, lassen sich die daraus resultierenden Marktstrukturen nicht aus dem Einsatz von Marketing-Maßnahmen ableiten. Zudem ist die Schätzung von Marketing-Mix-Elastizitäten nicht möglich.

Vergleichbare Schwierigkeiten hinsichtlich der Erfassung von Wirkungen des Marketing-Instrumentaleinsatzes auf den Absatz bzw. auf die Markenwahl treten sowohl bei der Verwendung von binär kodierten Markenwahlen (vgl. hierzu u. a. die Modellansätze von DeSarbo & Hoffman 1987 sowie Jedidi & DeSarbo 1991), dem Einsatz von Kaufhäufigkeitsdaten (vgl. hierzu u. a. die Ansätze von Elrod 1988a, 1988b und Ramaswamy & DeSarbo 1990) als auch bei der Analyse von Zwischenkaufzeitintervallen (vgl. hierzu u. a. die Ansätze von Grover & Rao 1988 sowie Fraser & Bradford 1983) auf. Somit ist es nicht möglich, die Elastizitäten zur Quantifizierung der Wettbewerbsbeziehungen der untersuchten Marken auf der Basis der Ergebnisse der zuvor genannten Modelle zu schätzen.

Die Markenwahlen eines Konsumentenpanels bilden die Datengrundlage der Marktstrukturansätze von Chintagunta (1994) sowie von Elrod und Keane (1995). Die Schätzung der Modellparameter in Chintaguntas Modell basiert auf einer Verknüpfung des Latent-Class-Ansatzes mit heterogenen Logitmodellen. Die Marktstruktur wird den segmentspezifischen Markenintercepts entnommen. Sie läßt sich dann in einem niedrig dimensionierten Wettbewerbsraum abtragen. Das Modell von Elrod und Keane (1995) ist dem von Chintagunta strukturell ähnlich. Im Unterschied zu Chintagunta beruht der Ansatz von Elrod und Keane auf einem Probitmodell, wobei die Konsumentenheterogenität über eine Faktorstruktur der Intercepts modelliert wird. Neben schätztechnischen Schwierigkeiten sind die genannten Marktstrukturansätze auf der Basis von Markenwahlmodellen mit dem grundsätzlichen Problem konfrontiert, wie Mehrfachkäufe eines Individuums bei einer Kaufgelegenheit zu behandeln sind.

Elrod und Keane (1995) haben außerdem die Ergebnisse ihres faktoranalytischen Probitmodells und die der Modelle von Chintagunta (1994), Elrod (1988a, 1988b) und Ramaswamy und DeSarbo (1990) den Ergebnissen des Dirichlet-Modells (vgl. z. B. Goodhardt, Ehrenberg & Chatfield 1984) gegenübergestellt. Das Dirichlet-Modell ist ein stochastisches Modell, das einen stationären und nicht segmentierten Markt voraussetzt. Es läßt sich als Maßstab verwenden, um die aufgedeckten Marktstrukturen der alternativen Ansätze zu bewerten. Falls die Prognosevalidität oder aber die Modellerklärung insgesamt schlechter ausfallen als die des Dirichlet-Modells, sind die Ergebnisse der Marktstrukturanalyse in Frage zu stellen. Die Befunde von Elrod und Keane zeigen, daß das Dirichlet-Modell bei drei von acht Gütekriterien bessere Ergebnisse vorweisen kann als das faktoranalytische Probitmodell. Außerdem erzielt das Dirichlet-Modell mit Ausnahme des Log-Likelihood-Wertes bessere Ergebnisse als die Modelle von von Chintagunta (1994), Elrod (1988a, 1988b) und Ramaswamy und DeSarbo (1990). Somit erscheint kein Marktstrukturansatz auf der Basis von disaggregierten Daten zum gegenwärtigen Zeitpunkt für die Aufdeckung der Wettbewerbsstrukturen im untersuchten Markt geeignet.

2.2.3 Die Analyse der Wettbewerbsbeziehungen auf der Basis aggregierter Daten

Im Zentrum der Analyse von aggregierten Daten stehen - wie schon bei der Analyse von disaggregierten Daten - wiederum Responsemodelle, welche in diesem Fall die Marktreaktion (z. B. Umsatz-, Mengen- oder Marktanteilsänderungen) durch Marketing-Aktionen mit Hilfe von Scannerdaten modellieren. Aufgrund des Zeitreihen- und Querschnittscharakters der Scannerdaten kann im Rahmen der Analyse der Wettbewerbsbeziehungen auf das Instrumentarium der Ökonometrie und der Zeitreihenanalyse zurückgegriffen werden (vgl. u. a. Hanssens, Parsons & Schultz 1990).

Im Kontext dieser Arbeit wird die Darstellung auf einige grundlegende Modelltypen beschränkt, die die Marktresponse in Abhängigkeit von den Marketing-Instrumenten messen. Der Schwerpunkt wird dabei auf Ansätze zur Quantifizierung von Preis- und Promotionsmaßnahmen gelegt. Keine Berücksichtigung finden Ansätze, die sich primär mit der Messung der Werberesponse auseinandersetzen. Letztere kann Bestandteil der Analyse der Wettbewerbsbeziehungen sein, sie ist aber nicht von zentraler Bedeutung für die Analysen dieser Arbeit. Die Modellierung der Werberesponse wird zudem stark von den Annahmen über den Wirkungsverlauf der Werbung beeinflußt. Anders als bei den Instrumenten Preis und Promotion, die eine kurzfristige direkte und selten periodenübergreifende Wirkung haben, müssen valide Werberesponsemodelle auch zeitverzögerte Effekte berücksichtigen (z. B. Little 1979; Hanssens, Parsons & Schultz 1990; Lodish, Abraham, Livelsberger, Lubetkin, Richardson & Stevens 1995).

Die Marktresponse auf Preis- und Promotionsmaßnahmen läßt sich auf der Basis einer Vielzahl alternativer Responseverläufe modellieren. Es haben sich jedoch einige Standardansätze etabliert, bei denen es zudem zweckmäßig ist, zwischen Absatzresponse- und Marktanteilsmodellen zu unterscheiden. Im Anschluß an die Diskussion der beiden Modellklassen werden, ähnlich wie bei der Erörterung der Modellansätze auf der Basis disaggregierter Daten, Verfahren zur Marktstrukturanalyse vorgestellt.

2.2.3.1 Absatzresponsemodelle

Blattberg und Wisniewski (1988) erörtern alternative Modellspezifikationen, die zur Analyse der Wirkung von Preis- und Promotionsmaßnahmen auf die Absatzmenge heranzuziehen sind. Drei funktionale Modelltypen, das lineare, das log-log und das semi-log-Modell kommen zur Diskussion.

Das lineare Modell unterstellt einen linearen Zusammenhang zwischen den Marketing-Variablen und der Responsevariablen (meist Verkaufsmenge in Gewichts- oder Volumeneinheiten). In praktischen Anwendungen kann man mit diesem Modell häufig gute Ergebnisse erzielen, auch wenn der unterstellte Modellzusammenhang selten theoretisch zu begründen ist. Als problematisch erweist sich das lineare Modell jedoch bei Optimierungsaufgaben. Das log-log-Modell geht von einem konkaven Verlauf zwischen Absatz und Marketing-Instrument aus. Dieses Modell wird häufig in praktischen Anwendungen eingesetzt, da die Responseparameter direkt die Elastizitäten der Marketing-Instrumente repräsentieren. Einen s-förmigen Zusammenhang zwischen dem Marketing-Instrument und der Responsevariablen postuliert das semi-log-Modell. Dieser Responseverlauf konnte zuvor erst in wenigen empirischen Studien nachgewiesen werden (Saunders 1987), und dennoch hat die Hypothese einer s-förmigen Response eine hohe inhaltliche Attraktivität bei der Modellierung von Promotionsmaßnahmen. Eine s-förmige Response basiert auf der Annahme, daß eine gegebene Marketing-Variable (z. B. Ausgaben für Promotion) einen Schwellenwert (im idealtypischen Fall der Wendepunkt der Funktion) überschreiten muß, bevor eine nennenswerte Wirkung der Marketing-Variablen auf die Responsevariable gemessen werden kann. Zusätzlich besitzt das semi-log-Modell die Eigenschaft abnehmender Grenzerträge nach Überschreiten des Wendepunktes der Responsefunktion. Auch diese Annahme ist theoretisch gut begründbar. Die Umsatzzuwächse nehmen z. B. dann unterproportional zu, wenn die Lagerhaltungskosten der Konsumenten steigen oder wenn die Waren verderblich sind. Blattberg und Neslin (1993) schlagen das folgende semi-log-Modell zur Modellierung von Preis- und Promotionsmaßnahmen vor:

$$\begin{aligned} Q_{it} &= \exp(\beta_1 - \beta_2 R_{it} + \beta_3 D_{it} + \sum_{j \neq i} \gamma_{ij} CP_{jt} + \beta_4 DP_{it} + \beta_5 F_{it} \\ &\quad + \beta_6 L_{it} + \beta_7 M_{it} + \beta_8 E9_{it}) \end{aligned} \tag{2.3}$$

mit

Q_{it} = Absatz der Marke i in Periode t in Volumen- oder Gewichtseinheiten

R_{it} = Regulärer Preis der Marke i in Periode t

CP_{jt} = Aktueller Preis der Marke j bzw. des Wettbewerbers j in Periode t

D_{it} = Preisaktion der Marke i in Periode t definiert als $(R_{it} - CP_{it})/R_{it}$

$$DP_{it} = \begin{cases} 1 & \text{falls Displayaktion bei Marke } i \text{ in Periode } t \\ 0 & \text{sonst} \end{cases}$$

$$F_{it} = \begin{cases} 1 & \text{falls Featureaktion bei Marke } i \text{ in Periode } t \\ 0 & \text{sonst} \end{cases}$$

L_{it} = Variable zur Erfassung der nachlassenden Wirkung aufeinanderfolgender Promotionswochen, $L_{it} = k^{j-1}$, j erfaßt die Dauer der Aktion, $0 < k < 1$

$$M_{it} = \begin{cases} 1 & \text{falls Marke } i \text{ in Periode } t \text{ durch eine N-für Aktion beworben wird} \\ 0 & \text{sonst} \end{cases}$$

$$E9_{it} = \begin{cases} 1 & \text{falls der Preis der Marke } i \text{ in Periode } t \text{ mit 9 endet} \\ 0 & \text{sonst} \end{cases}$$

β_1 = Markenintercept

$\beta_2, \cdots, \beta_8$ = Responseparameter der Marketing-Instrumente

γ_{ij} = Preiswirkung der Marke j auf den Absatz der Marke i.

Das Modell hat eine große Flexibilität bei der Modellierung der Response des Umsatzes auf Promotionsaktionen bewiesen, und es kann gegebenenfalls um weitere Komponenten wie z. B. Werbung ergänzt werden.

Als weiterer Ansatz hat sich neben dem Modell von Blattberg und Wisniewski das sog. SCAN*PRO Modell zur aggregierten Responsemessung von Promotionsmaßnahmen auf der Basis von Scannerdaten etabliert (Wittink, Addona, Hawkes & Porter 1988). SCAN*PRO mißt die Response der Absätze über eine multiplikative Funktion der Marketing-Mix-Variablen. SCAN*PRO hat insgesamt weniger Marketing-Variablen als das Modell von Blattberg und Wisniewski und eignet sich deshalb auch für Problemstellungen des Herstellers, wohingegen das Modell von Blattberg und Wisniewski primär für den Einsatz im Handel konzipiert wurde. Darüber hinaus haben Wittink, Addona, Hawkes und Porter ihren Modellansatz so ausgelegt, daß er über die Geschäfte gepoolte Daten fordert. Um der Heterogenität der Geschäfte aber Rechnung zu tragen, nehmen sie geschäftsspezifische Indikatoren in ihre Modellspezifikation auf. Diese Art der Modellierung ermöglicht es wiederum, geschäftsstättenspezifische Elastizitäten der Marketing-Instrumente zu bestimmen.

2.2.3.2 Marktanteilsmodelle

Marktanteilsmodelle messen die Response des Marktanteils auf Marketing-Maßnahmen. Der Vorteil dieser Modellierung besteht darin, daß der Wettbewerbskontext bei der Responsemessung explizit berücksichtigt wird. Zusätzlich kann diese Modellklasse einen wertvollen Beitrag zur Beschreibung und Erklärung der Wettbewerbsbeziehungen auf den untersuchten Märkten und zur Ableitung von Strategien über Gewinn- oder Marktanteilsziele (Cooper 1993) leisten.

Allgemein werden vier alternative Marktanteilsmodelle unterschieden (vgl. Cooper & Nakanishi 1988):

Lineares Modell:

$$s_{it} = \alpha_i + \sum_{k=1}^{K} \beta_k X_{kit} + \epsilon_{it} \qquad (2.4)$$

Multiplikatives Modell:

$$s_{it} = \exp(\alpha_i) \cdot \prod_{k=1}^{K} X_{kit}^{\beta_k} \cdot \epsilon_{it} \tag{2.5}$$

Exponentielles Modell:

$$s_{it} = \exp(\alpha_i + \sum_{k=1}^{K} \beta_k X_{kit} + \epsilon_{it}) \tag{2.6}$$

Attraktionsmodell:

$$\begin{aligned} s_{it} &= \frac{A_{it}}{\sum_{j=1}^{m} A_{jt}} \\ A_{it} &= \exp(\alpha_i + \epsilon_{it}) \prod_{k=1}^{K} f_{kt}(X_{kit})^{\beta_k} \end{aligned} \tag{2.7}$$

mit

s_{it}	=	Marktanteil der Marke i in Periode t
A_{it}	=	Attraktion der Marke i in Periode t
X_{kit}	=	Ausprägung der k-ten Marketing-Instruments der Marke i in Periode t
$f_{kt}(\cdot)$	=	Monotone Transformationsfunktion des k-ten Marketing-Instruments in Periode t
α_i	=	Zeitkonstante Attraktion der Marke i
β_k	=	Responseparameter des k-ten Marketing-Instruments
ϵ_{it}	=	Stochastische Störgröße der Marke i in Periode t.
m	=	Anzahl der Marken
K	=	Anzahl der Marketing-Instrumente

Das Attraktionsmodell läßt sich alternativ als MCI (Multiplicative Competitive Interaction)- oder als MNL (Multinomiales Logit)-Modell spezifizieren. Das MCI-Modell ergibt sich für den Fall, daß $f_{kt}(\cdot)$ eine Identitätstransformation ist, wohingegen das MNL (Multinomiales Logit)-Modell aus einer Exponentialtransformation resultiert.

Die Marktanteilsmodelle 2.4 bis 2.7 unterstellen einen über alle Marken identischen Responseparameter für jedes Marketing-Instrument (β_k). Sie werden deshalb auch als einfache Effektmodelle bezeichnet (vgl. Cooper & Nakanishi 1988, S. 103). Eine Erweiterung der Marktanteilsmodelle um markenspezifische Responseparameter der Marketing-Instrumente führt zur Klasse der differentiellen Effektmodelle. Die Berücksichtigung sämtlicher Wettbewerbsbeziehungen zwischen den Wettbewerbsmarken ist im vollständigen Kreuzeffektmodell möglich. Dieses Modell zeichnet sich im allgemeinen durch eine höhere Erklärungskraft aus, obwohl es den einfacheren Modellen nicht unbedingt im Hinblick auf die Prognosegüte überlegen ist. Das vollständig erweiterte Kreuzeffektmodell ermöglicht im Gegensatz zu dem Modell mit einfachen oder differentiellen Effekten die Darstellung von asymmetrischen Wettbewerbsbeziehungen zwischen allen Marken.

In der Literatur findet sich eine umfangreiche Diskussion darüber, wie Marktanteilsmodelle zu spezifizieren sind. Im Zentrum der Diskussion steht die Prognosefähigkeit der Modelle, wobei alternative Marktanteilsmodelle auch mit einfachen Prognosemodellen ohne erklärende Marketing-Variablen (sog. naive Modelle) im Hinblick auf die Prognosegüte verglichen werden (vgl. u. a. Brodie & Bonfrer 1994; Brodie & de Kluyver 1984, 1987; Chen, Kanetkar & Weiss 1994; Danaher 1994; Foekens, Leeflang & Wittink 1994; Ghosh, Neslin & Shoemaker 1984; Kumar 1994; Kumar & Heath 1990; Leeflang & Reuyl 1984; Naert & Weverbergh 1981, 1985; Wittink 1987). Die zuvor genannten Quellen liefern sich zum Teil widersprechende Befunde darüber, welche Modellspezifikation insgesamt vorzuziehen ist. Diese Widersprüche können damit begründet werden, daß sich die Studien u. a. in der Aggregation der Daten, der Berücksichtigung differentieller Effekte und der Bestimmung des zukünftigen Marketing-Instrumentaleinsatzes unterscheiden. In der Arbeit von Naert und Weverbergh (1981) mit zwei Produktkategorien, sieben bzw. drei Marken und 35 vierteljährlichen bzw. 28 jährlichen Daten erzielt das Attraktionsmodell bessere Prognoseergebnisse als naive, lineare und multiplikative Modelle, während in der Studie von Brodie und de Kluyver (1984) mit drei Produktkategorien, drei, fünf bzw. sieben Marken und 28 zweimonatlichen Daten keine signifikanten Unterschiede zwischen den genannten Modellen gefunden werden.

Die Verfügbarkeit von Scannerdaten hat jedoch eine neue Bewertung der alternativen Modellspezifikationen ermöglicht. Kumar und Heath (1990) analysieren zwei Produktkategorien mit drei bzw. fünf Marken sowie 52 bzw. 44 wöchentlichen Daten. Der Datensatz von Chen, Kanetkar und Weiss (1994) umfaßt eine Produktkategorie mit Beobachtungen von sechs Marken über 104 Wochen aus drei Geschäften einer Ladenkette. Beide Studien zeigen, daß Attraktionsmodelle auf der Basis wöchentlicher Scannerdaten bei gleichzeitiger

Berücksichtigung aller verfügbaren Instrumentalvariablen und der Modellierung differentieller Effekte den naiven Modellen überlegen sind und auch konsistent bessere Ergebnisse liefern als lineare oder multiplikative Modellspezifikationen. Im Kern lassen sich ihre Befunde wie folgt zusammenfassen:

- Nur Analysen auf der Basis von wöchentlichen Daten ermöglichen eine eindeutige Messung der Marktresponse.
- Gute Prognoseergebnisse setzen die Aufnahme aller verfügbaren Promotionsinstrumente bei der Modellbildung voraus.
- GLS-Schätzungen sind OLS-Schätzungen vorzuziehen.
- Differentielle Effektmodelle führen zu inhaltlich überzeugenderen Parameterschätzungen.
- Gepoolte Daten erzielen tendenziell bessere Parameterschätzer als aggregierte Daten, während über die Geschäftsstätten aggregierte Daten bessere Prognosewerte ergeben.

Zudem diskutieren zahlreiche Arbeiten die allgemeine Vorteilhaftigkeit der Attraktionsmodelle, da diese Modellklasse das sog. "logical consistency requirement" erfüllt (Naert & Bultez 1973), wonach die geschätzten Marktanteile größer als Null und kleiner als Eins sind und sich zu Eins aufsummieren. Diese Bedingung wird von den Marktanteilsmodellen 2.4, 2.5 und 2.6 nicht eingehalten. Die Attraktionsmodelle erfüllen jedoch aufgrund der Normalisierung der geschätzten Marktanteile in jedem Falle diese Bedingung. In der Literatur findet sich trotzdem das häufig vorgebrachte Argument, daß lineare sowie multiplikative und exponentielle Modelle einfach zu schätzen seien, die Parameterisierung eines Attraktionsmodells sei indes mit einem wesentlich höheren Aufwand verbunden. Dazu muß angemerkt werden, daß sich die Attraktionsmodelle über eine sogenannte Log-Zentrierung relativ einfach linearisieren lassen (vgl. Nakanishi & Cooper 1974).

2.2.3.3 Modelle der Marktstrukturanalyse

Neben den verschiedenen Ansätzen zur Modellierung der Marktresponse mit aggregierten Daten sind auch eine Reihe von Verfahren entwickelt worden, die sich explizit mit der Messung der Marktstruktur in den untersuchten Märkten auseinandersetzen. Die Datengrundlage dieser Modelle bilden meist die Marktanteile der analysierten Marken. Die Marktstruktur selber wird aus den empirisch geschätzten Marktanteilselastizitäten abgeleitet. Zur Diskussion kommen in diesem Abschnitt das DEFENDER-Modell sowie die Arbeiten von Cooper (1988) und Allenby (1989).

Shugan (1987) hat die Anwendung des DEFENDER-Modells (Hauser & Shugan 1983) auf Scannerdaten übertragen. Unter der Annahme, daß alle Marken in den Evoked Sets der Konsumenten enthalten sind und die Verteilung der Konsumentenpräferenzen a priori bekannt ist, lassen sich die Marken in einem zweidimensionalen Raum auf Basis einer Dollarmetrik positionieren. Dazu werden lediglich die Marktanteile und die Preise der untersuchten Marken benötigt. Nachteilig wirkt sich aber die Annahme einer bekannten Verteilung der Konsumentenpräferenzen aus. An diesem Kritikpunkt knüpfen Waarts, Carree und Wierenga in ihrer Modellerweiterung (1991) an, indem sie die Verteilung der Konsumentenpräferenzen aus den Daten schätzen. Man muß jedoch kritisch anmerken, daß sich Marktstrukturen mit dem DEFENDER-Modell nur für zweidimensionale Wettbewerbsräume und nur für das Marketing-Instrument Preis folgern lassen.

Die Ansätze von Cooper (1988) und Allenby (1989) leiten Marktstrukturen aus Marktanteilselastizitäten ab. Die Elastizitätenschätzungen basieren auf Responsemodellen, die markenspezifische Effekte enthalten. Damit unterscheiden sich diese beiden Modelle von den Marktstrukturansätzen von Chintagunta (1994) sowie von Elrod und Keane (1995), welche die Marktstrukturen aus den Markenintercepts bestimmen. Cooper schlägt in seinem Ansatz eine zweistufige Prozedur zur Ableitung der Ergebnisse vor. In einem ersten Schritt werden aufgrund der Parameterschätzungen eines vollständig erweiterten Kreuzeffektmodells Marktanteilselastizitäten über die Zeit berechnet, die sich mit Hilfe der dreimodalen Hauptkomponentenanalyse in ihre charakteristischen Wettbewerbsdimensionen zerlegen lassen und die dann zur Bestimmung von Wettbewerbsräumen dienen. Jede Marke wird in dem Wettbewerbsraum durch zwei Vektoren repräsentiert. Ein Vektor gibt die Stärke der Marke gegenüber den Wettbewerbsmarken an, der andere Vektor spezifiziert die Verwundbarkeit durch Wettbewerberaktionen. Die Länge der Vektoren ist ein Maß für die Stärke und Verwundbarkeit. Die Wettbewerbsverhältnisse zwischen den analysierten Marken lassen sich aus den Winkeln der Markenvektoren berechnen.

Allenby (1989) leitet seinen Ansatz ohne Beschränkung der allgemeinen Gültigkeit für das Marketing-Instrument Preis ab. Danach wird der Markt in Cluster ähnlicher Marken partitioniert. Die Kreuzpreiselastizitäten innerhalb eines Clusters genügen der IIA-Annahme, wonach sich Preisänderungen proportional auf die Wettbewerber auswirken. Ausgangspunkt der Analyse sind die unrestringierten Kreuzpreiselastizitäten einer multivariaten Regression. Danach werden alternative Markencluster vorgegeben, in denen bestimmte Kreuzpreiselastizitäten der Proportionalitätsannahme genügen müssen. Die Marktstrukturen werden schließlich durch eine mehrdimensionale Skalierung der restringierten Elastizitätenmatrix sichtbar gemacht. Kritisch ist anzumerken, daß Allenby nicht die Möglichkeit überlappender Markencluster berücksichtigt. Eine Marke kann danach nur zu einem Segment gehören. Diese Annahme ist in Studien auf der Basis disaggregierter Daten allerdings widerlegt worden (vgl. z. B. Jain, Vilcassim & Chintagunta 1994; Grover & Srinivasan 1989).

2.3 Konsequenzen für die Modellierung der Wettbewerbsbeziehungen auf Konsumgütermärkten

Die bisherige Diskussion hat gezeigt, daß Haushaltspaneldaten Informationen hoher Qualität bereitstellen. Die Daten sind disaggregiert, d. h. sie enthalten Informationen über die individuellen Haushalte und beziehen sich i. d. R. auf einen Wochentag. Im Rahmen der Analyse der Wettbewerbsbeziehungen auf Konsumgütermärkten sind Haushaltspaneldaten jedoch nur eingeschränkt zu verwenden. Die Modellierung des Wettbewerbs in Abhängigkeit vom Marketing-Instrumentaleinsatz setzt die Anwendung eines Markenwahlmodells voraus. Folglich wird in der Mehrheit der vorliegenden Studien auf das multinomiale Logitmodell zurückgegriffen. Nachteilig wirkt sich in diesem Zusammenhang die Modelleigenschaft der IIA-Annahme aus, die lediglich symmetrische Wettbewerbsbeziehungen zuläßt. Obwohl eine Reihe von alternativen Lösungsansätzen zur Reduzierung der Konsequenzen aus der IIA-Annahme entwickelt worden ist, muß festgehalten werden, daß der Modellrahmen des Logitmodells bisher noch keine Möglichkeiten zur umfassenden Modellierung asymmetrischer Wettbewerbsbeziehungen eröffnet.

Am tragfähigsten erscheint das Probitmodell zur Analyse der Wettbewerbsbeziehungen, wenn disaggregierte Daten vorliegen, da innerhalb dieser Modellklasse asymmetrische Beziehungen zwischen den Marken zugelassen werden können. Allerdings erweist sich die Schätzung des Probitmodells immer noch als außerordentlich aufwendig. Die neu entwickelten Ansätze der simulierten Momente sind i. d. R. nur für Daten mit begrenztem Umfang (Marken & Wochen) einsetzbar. Bei praktischen Anwendungen wird man aus diesem Grunde häufig mit der Situation konfrontiert, daß die Komplexität der Daten die schätztechnischen Möglichkeiten bei weitem überschreitet. Eine Ausnahme bildet der Ansatz von Keane (1994), der von Elrod und Keane (1995) auf einen Datensatz mit acht Marken und 100 Haushalten übertragen wurde. Hier zeigt sich aber auch ein generelles Problem der Markenwahlmodelle. Die Parameterschätzungen dieser Ansätze beruhen häufig nur auf Stichproben mit 100 bis 200 Haushalten aus dem gesamten Haushaltspanel. Obwohl sich derartige Stichprobengrößen als tragfähig für die Erklärung der Markenwahl erwiesen haben (z. B. Guadagni & Little 1983), muß deren Eignung zur Messung von asymmetrischen Wettbewerbsbeziehungen kritisch beurteilt werden. Die Gültigkeit der Ergebnisse für den Gesamtmarkt ist nur eingeschränkt gegeben. Darüber hinaus entstehen bei der Kalibrierung von Logit- und Probitmodellen Probleme dahingehend, auf welche Weise Mehrfachkäufe in der analysierten Produktkategorie eines Individuums bei einer Kaufgelegenheit zu modellieren sind.

Die Berücksichtigung asymmetrischer Wettbewerbseffekte in Responsemodellen setzt deshalb die Verwendung von Handelspaneldaten voraus. Nur dieser Datentyp stellt eine ausreichend große Anzahl an Beobachtungen bereit, welche es ermöglicht, die komplexen Interaktionen zwischen den Marken empirisch valide zu schätzen. Allgemein beziehen sich die Daten eines Handelspanels auf eine Region oder eine Handelskette. Auf der Grundlage dieser Populationsdaten können die Wirkungen der Marketing-Aktivitäten zwischen den Wettbewerbern analysiert und quantifiziert werden. Problematisch gestaltet sich der Fall lediglich, wenn sich der Gesamtmarkt aus unterschiedlichen Konsumentensegmenten zusammensetzt, die sich im Hinblick auf Kaufhäufigkeit und Kaufwahrscheinlichkeit unterscheiden (vgl. Kapitel 2.2.1). In diesem Fall reagieren die Segmente unterschiedlich auf die Marketing-Aktionen, und die aggregierten Parameterschätzer spiegeln die wahren Wettbewerbsverhältnisse nicht mehr wider. Falls neben den Handelspaneldaten auch Konsumentenpaneldaten zur Analyse der Wettbewerbsbeziehungen zur Verfügung stehen, läßt sich die Konsumentenheterogenität bei der Schätzung der Wettbewerbseffekte berücksichtigen.

Russell und Kamakura (1994) haben hierzu einen Ansatz entwickelt, der gleichzeitig die Informationen aus Haushaltspanel- und Handelspaneldaten nutzt. Auf der Grundlage einer Latent-Class-Analyse von Haushaltspaneldaten werden Konsumentenpräferenzsegmente identifiziert. In die anschließende Schätzung des Marktresponsemodells gehen die segmentspezifischen Informationen ein. Ein differentielles Effektmodell kommt dann bei der Responsemessung zur Anwendung, das markenspezifische Parameter für die einzelnen Instrumentalvariablen schätzt. Dieses Modell berücksichtigt damit keine Asymmetrien im Wettbewerb, es modelliert diesen vielmehr unter der IIA-Annahme. Prinzipiell ist es jedoch möglich, das zugrundegelegte Marktanteilsmodell um Kreuzeffekte der Wettbewerbsmarken zu erweitern.

Einen alternativen Vorschlag zur Integration von Haushaltspaneldaten und Handelspaneldaten bei der Messung der Wettbewerbsbeziehungen hat Cooper (1993) gemacht. Ausgangspunkt seiner Überlegungen ist der Befund, daß die Parameterschätzungen in aggregierten Marktanteilsmodellen nicht mit den individuellen Kaufentscheidungsprozessen übereinstimmen, falls sich im Markt sogenannte Vielverwender befinden, die sich in ihren Kaufwahrscheinlichkeiten und Kaufhäufigkeiten systematisch von den sogenannten Wenigverwendern unterscheiden (Cooper 1993, S. 300). Entsprechend werden die Daten des Haushaltspanels zur Identifikation von Viel- und Wenigverwendern herangezogen, und anschließend bestimmt man die Gewichtungsparameter für die Marktanteile der Handelsdaten. Die gewichteten Marktanteile bilden dann die Responsevariablen in einem Kreuzeffektmodell vom Attraktionstyp. Diese Vorgehensweise berücksichtigt zum einen die Heterogenität der Konsumenten, zum anderen werden Asymmetrien im Wettbewerb explizit modelliert. Als nachteilig ist jedoch zu bewerten, daß die Segmentierung der Konsumenten aufgrund einer a priori gegebenen Hypothese erfolgt. Obwohl diese Hypothese empirisch belegt ist, könnte die Bestimmung von Segmenten innerhalb eines Wahlmodells tiefergehende Erkenntnisse über die Wettbewerbsbeziehungen der Marken in den Segmenten ergeben.

Vor dem Hintergrund der Problemstellung dieser Arbeit, der Identifikation, Analyse und Bewertung der Wettbewerbsbeziehungen auf Konsumgütermärkten, läßt sich zusammenfassend feststellen, daß lediglich Markenwahlmodelle und Absatz- bzw. Marktanteilsmodelle in der Lage sind, die Wettbewerbsbeziehungen der Marken aus dem Einsatz des Marketing-Instrumentariums abzuleiten. Darüber hinaus müssen die Modelle entsprechend den Ausführungen in Kapitel eins in der Lage sein, asymmetrische Wettbewerbsbeziehungen zwischen den untersuchten Marken zu modellieren. Die hier erörterten Markenwahlmodelle basieren überwiegend auf dem Logitmodell, welches sich als wenig tragfähig herausgestellt hat, Asymmetrien im Wettbewerb adäquat zu berücksichtigen. Lediglich das Probitmodell eröffnet Möglichkeiten zur Modellierung asymmetrischer Wettbewerbsbeziehungen. Allerdings ist dieser Modelltyp immer noch mit großen Schätzproblemen behaftet. Problematisch ist ferner, daß sowohl die Parameterschätzer eines Logit- als auch die eines Probitmodells zumeist auf kleineren Stichproben mit 100 bis 200 Personen beruhen. Die valide Schätzung asymmetrischer Wettbewerbsbeziehungen der Marken ist jedoch abhängig von der Zahl der zugrundeliegenden Kaufakte im Datensatz. Eine größere Zahl von Kaufakten/Beobachtungen kann in einem Haushaltspanel höchsten für eine Stichprobe von Vielverwendern oder für Produktkategorien mit sehr kurzen Zwischenkaufzeitintervallen erzielt werden. Zudem können Logit- und Probitmodelle Mehrfachkäufe eines Individuums zu demselben Zeitpunkt nicht angemessen in die Bewertung einbeziehen. Die Berücksichtigung von Asymmetrien im Wettbewerb bei der Modellkalibrierung setzt deshalb Absatzresponse- oder auch Marktanteilsmodelle auf der Basis von Handelspaneldaten zur Messung der Wettbewerbsbeziehungen zwischen den untersuchten Marken voraus. Die Analyse existierender Ansätze zur Marktstrukturanalyse zeigt weiterhin, daß insbesondere der Ansatz von Cooper (1988) umfassende Möglichkeiten zur Messung und Repräsentation asymmetrischer Wettbewerbsbeziehungen eröffnet.

Kapitel 3

Die Messung der Wettbewerbsbeziehungen auf Konsumgütermärkten

In diesem Kapitel werden Verfahren diskutiert, die auf der Grundlage von elektronischen Handelspaneldaten asymmetrische Wettbewerbsbeziehungen zwischen den Marken modellieren. Nach der Abwägung, welche Anforderungen bei der Messung von Wettbewerbsbeziehungen erfüllt sein müssen, kommen fünf alternative asymmetrische Marktanteilsmodelle zur Diskussion. Das Modell von Carpenter, Cooper, Hanssens und Midgley (1988) und die Wettbewerbskomponentenanalyse werden schließlich tiefergehend erörtert.

3.1 Vorgaben an die Messung der Wettbewerbsbeziehungen

Im Rahmen der Modellierung der Wettbewerbsbeziehungen auf Konsumgütermärkten sind Anforderungen an die Auswahl der Methoden zur Messung der Wettbewerbsbeziehungen auf Konsumgütermärkten zu benennen. Entsprechend dem Anliegen dieser Arbeit sollen die Interaktionen der Marken im Wettbewerb identifiziert und auf den Einsatz der Instrumente des Marketing-Mix zurückgeführt werden können. Von besonderer Relevanz für die Messung der Wettbewerbsbeziehungen sind dabei:

- Annahmen hinsichtlich des Wettbewerbs,
- die Datengrundlage,
- Absatz- vs. Marktanteilsresponsemodelle,
- die Quantifizierung von asymmetrischen Wettbewerbsbeziehungen,
- die Aggregation der Daten.

Die Erörterung der oben aufgelisteten Punkte wird wesentlich durch die Ergebnisse der in Kapitel zwei aufgezeigten Entwicklungen auf dem Gebiet der Wettbewerbsanalyse und Responsemodellierung beeinflußt.

3.1.1 Annahmen hinsichtlich des Wettbewerbs

Ausgangspunkt der folgenden Diskussion ist die Hypothese, daß asymmetrische Wettbewerbsbeziehungen zwischen den Marken auf Konsumgütermärkten bestehen[1]. Asymmetrien im Wettbewerb besagen, daß in einem Paar von Marken die relative Wirkung der Marketing-Instrumente zwischen den Konkurrenten unterschiedlich sein kann. Das bedeutet bspw. für das Instrument Preis, daß eine temporäre Preissenkung bei Marke A zu stärkeren oder schwächeren Wettbewerbswirkungen (z. B. Umsatz- oder Marktanteilsänderungen) bei Marke B führen kann als im umgekehrten Fall Preissenkungen der Marke B die Wettbewerbsstellung der Marke A betreffen (vgl. hierzu Carpenter, Cooper, Hanssens & Midgley 1988).

Im wesentlichen sind die folgenden Ursachen für Asymmetrien im Wettbewerb zu identifizieren:

1. Die Marken haben spezifische Eigenschaften, die sie gegenüber den Aktionen der Wettbewerber besonders schützen oder besonders angreifbar machen. Diese Eigenschaften sind i. d. R. zeitlich stabil (zumindest für eine begrenzte Anzahl an Perioden).

2. Der periodisch differentielle Einsatz der Marketing-Instrumente der Marken verursacht Asymmetrien im Wettbewerb.

Ein charakteristisches Beispiel für die zuerst genannte Ursache bildet die Preislagen-Hypothese von Blattberg und Wisniewski (1989). Danach üben die Preisaktionen nationaler Hochqualitätsmarken einen stärkeren Wettbewerbsdruck auf Niedrigpreismarken aus als diese ihn umgekehrt auszuüben in der Lage sind. Die Preislagen-Hypothese ist auch in weiteren Studien belegt worden (u. a. Kamakura & Russell 1989). Diese zeitstabilen Asymmetrien im Wettbewerb lassen sich im wesentlichen auf Produktpositionierungen und Markenimages zurückführen. Allenby und Rossi (1991a) haben die

[1] Asymmetrien im Wettbewerb werden u. a. in den folgenden Arbeiten nachgewiesen: Allenby & Rossi 1991a; Bemmaor & Mouchoux 1991; Blattberg & Wisniewski 1989; Carpenter, Cooper, Hanssens & Midgley 1988; Cooper 1988; Grover & Srinivasan 1992; Hardie, Johnson & Fader 1993; Hildebrandt & Klapper 1996; Kahneman & Tversky 1979; Kamakura & Russell 1989; Krishnamurthi & Raj 1988, 1991; Mulhern & Leone 1991; Vilcassim & Jain 1991; Walters 1991.

Argumente zum asymmetrischen Wettbewerb aufgegriffen und ein ökonomisches Modell spezifiziert, in welchem Einkommenseffekte die Asymmetrien verursachen. Die zweite Quelle einer Asymmetrie läßt sich damit begründen, daß in bestimmten Perioden nur eine Marke eine Aktion, in anderen Perioden jedoch mehrere Marken Aktionen durchführen. Hierbei muß man davon ausgehen, daß eine einzelne Aktion wirksamer ist, als wenn gleichzeitig mehrere Wettbewerber ähnliche Aktionen durchführen. Der periodisch differentielle Einsatz verursacht damit asymmetrische Wettbewerbsbeziehungen. Asymmetrien im Wettbewerb sind darüber hinaus auch meist mit differentiellen Effekten der Marketing-Instrumente verbunden. Sie besagen, daß die Marken über eine eigenständige Effektivität zur Absatzsteigerung bei ihren Marketing-Instrumenten verfügen, welche sich von der der Wettbewerber unterscheidet. Die Ursachen sind im wesentlichen in den Unterschiedlichkeiten zu sehen, mit denen die Konsumenten auf Verkaufsförderungsaktionen der einzelnen Marken reagieren. Diese Reaktionen lassen sich wiederum auf Images und Positionierungen der analysierten Marken zurückführen.

Die im Rahmen der vorliegenden Arbeit geforderten asymmetrischen Wettbewerbsbeziehungen unterstellen a priori keine Marktstruktur, und somit sind zunächst alle möglichen Wirkungsbeziehungen zwischen den Marken zugelassen. Im Unterschied dazu würde eine vorab definierte Marktstruktur bestimmte Annahmen über die Wettbewerbsbeziehungen zwischen den einzelnen Marken treffen, die sich z. B. in symmetrischen Beziehungen bei einer Teilmenge der Marken äußern könnte.

3.1.2 Die Datengrundlage

Den Ausführungen im vorangegangenen Kapitel folgend, setzt die Identifikation und Analyse von asymmetrischen Wettbewerbsbeziehungen das Vorhandensein von elektronischen Handelspaneldaten voraus. Somit kommen die Modellansätze auf der Basis disaggregierter Daten (Haushaltspaneldaten) nicht zum Einsatz. Die Hauptargumente gegen diesen Datentyp zur Analyse asymmetrischer Wettbewerbsbeziehungen lassen sich wie folgt zusammenfassen:

- Die Familie der Logitmodelle modelliert den Wettbewerb unter der IIA-Annahme und berücksichtigt somit keine Asymmetrien. Auch die diskutierten Modellerweiterungen zur Überwindung der IIA-Eigenschaft sind nicht in der Lage, diese Beschränkung vollständig aufzuheben. Die verschiedenen Modellvarianten unterstellen a priori eine Marktstruktur, die nur innerhalb bestimmter Segmente des Marktes asymmetrische

Wettbewerbsbeziehungen zuläßt. Allerdings widerspricht diese Modellannahme der in Kapitel 3.1.1 zuvor getroffenen Hypothese über die Wettbewerbsbeziehungen.

- Die Modellklasse der Probitmodelle erlaubt die Spezifikation von Asymmetrien durch die Modellierung der Kovarianzmatrix der Fehlerterme. Das Probitmodell ist jedoch zum gegenwärtigen Zeitpunkt schätztechnisch noch schwer handhabbar und damit für Analysen auf Konsumgütermärkten mit sehr vielen Marken sowie Marketing-Instrumenten und Beobachtungsperioden wenig geeignet.

Darüber hinaus treten bei der Kalibrierung von Logit- und Probitmodellen Probleme dahingehend auf, wie Mehrfachkäufe eines Individuums bei einer Kaufgelegenheit zu modellieren sind. Zur Anwendung kommen deshalb Handelspaneldaten. Diese Daten sind im allgemeinen repräsentativ, sie enthalten meist die gesamten Abverkäufe einer Warengruppe in einer Region oder in einer Handelskette. Ein bisher noch nicht angesprochener Vorteil der Handelspaneldaten gegenüber den Konsumentenpaneldaten hängt mit der geringeren Größe der Konsumentenpanels zusammen. Je kleiner die Stichprobe ist, desto größer wird die Varianz der ermittelten Größen. Handelspaneldaten eignen sich deshalb besser zur Aufdeckung der allgemeinen Wettbewerbsstrukturen im Gesamtmarkt.

3.1.3 Absatzresponsemodelle vs. Marktanteilsmodellen

Bei der Analyse von Handelspaneldaten muß man festlegen, ob Absatz- oder Marktanteilsresponsemodelle zur Messung der asymmetrischen Wettbewerbsbeziehungen verwendet werden sollen. Differentielle Effekte und Kreuzeffekte der Wettbewerber lassen sich sowohl über Absatzresponsemodelle als auch über Marktanteilsmodelle schätzen. Die Einbeziehung dieser Effekte reduziert allerdings die Anzahl der Freiheitsgrade, so daß asymmetrische Wettbewerbsbeziehungen in Absatzresponsemodellen häufig nur für ein Marketing-Instrument modellierbar sind. Im Modell von Blattberg und Wisniewski (1988, vgl. Gleichung 2.3) sind bei 10 Marken bereits 17 Parameter zu kalibrieren. Die Schätzung setzt deshalb das Vorhandensein einer relativ langen Zeitreihe von Daten voraus, um mit einer größeren Anzahl von Freiheitsgraden arbeiten zu können. Demgegenüber können Marktanteilsmodelle vom Attraktionstyp problemlos auch mit einer großen Anzahl von Parametern geschätzt werden. Dieser Funktionstyp ermöglicht es, vollständig erweiterte Kreuzeffektmodelle mit mehreren Marketing-Variablen zu messen. Darüber hinaus wirken sich externe Faktoren, z. B. in Form von Saisonschwankungen, in weitaus geringerem Umfang auf die Marktanteile aus als auf das Absatzvolumen einer Marke.

Ein möglicher Nachteil der Marktanteilsmodelle ist die Notwendigkeit, den relevanten Markt a priori zur Marktanteilsberechnung zu definieren. Absatzresponsemodelle hingegen können für eine Marke spezifiziert werden, ohne daß man ein Set von Wettbewerbsmarken festlegt. Die Definition des zu untersuchenden Marktes ist ein Kernelement der Marktstrukturanalysen (Day, Shocker & Srivastava 1979; Shocker, Stewart & Zahorik 1990). Die vorliegende Arbeit bestimmt die Marktgrenzen durch Angebotspreise, Produkteigenschaften, Verwendungszweck, Produktähnlichkeit und Produktsubstituierbarkeit. Eine umfassende Diskussion des Problemkomplexes der Marktabgrenzung findet sich bei Bauer (1989).

Zu beachten ist, daß sowohl Marktanteils- als auch Absatzresponsemodelle falsche Parameterschätzer ergeben, wenn der Umsatz der gesamten Produktkategorie durch Promotionsmaßnahmen beeinflußt wird. So kann eine Verdoppelung des Marktanteils einer Vervierfachung des Umsatzes entsprechen, wenn die Umsätze in der Kategorie sich verdoppeln. Andererseits gilt, daß einer Verdoppelung des Umsatzes weniger Bedeutung zukommt als einer Verdoppelung des Marktanteils, wenn gleichzeitig die Umsätze in der Produktkategorie wachsen.

Vor dem Hintergrund der Modellierung asymmetrischer Wettbewerbsbeziehungen erscheint jedoch insgesamt die Gruppe der Marktanteilsmodelle überlegen, insbesondere dann, wenn der Einsatz von mehreren Marketing-Instrumenten für die Änderungen der Marktresponse verantwortlich ist.

3.1.4 Die Quantifizierung der asymmetrischen Wettbewerbsbeziehungen

Die Messung der asymmetrischen Wettbewerbsbeziehungen erfolgt auf der Basis von Marktanteilsmodellen. Die Wettbewerbseffekte zwischen den Marken sollen schließlich mit Hilfe von Elastizitäten quantifiziert werden. Marktanteilselastizitäten sind ein Maß für die Wettbewerbsstärke zwischen konkurrierenden Marken. Darüber hinaus bieten Elastizitäten die Möglichkeit, zwischen komplementären Gütern und Substitutionsgütern zu unterscheiden. Der Grad der Substituierung wird allgemein als Grad der Wettbewerbsintensität angesehen (vgl. Shocker, Stewart & Zahorik 1990, S. 14). Der Bezug der Elastizitäten auf die Zielgröße Marktanteil macht diese außerdem direkt operational für das Marketing-Management. Ein weiterer Vorteil der Messung der Wettbewerbsbeziehungen auf der Basis von Elastizitäten besteht darin, daß sich Elastizitäten - insbesondere die des Instruments Preis - auf ihre Plausibilität hin überprüfen lassen, indem man ihre Größe und Richtung den Ergebnissen alternativer Studien gegenüberstellt (vgl. hierzu z. B. Blattberg & Wisniewski 1988; Bolton 1989; Lattin & Bucklin 1989; Wittink, Addono, Hawkes & Porter 1988). Auf der Grundlage der abgeleiteten Elastizitäten lassen sich darüber hinaus Gewinn- und Verlustanalysen der Marken für bestimmte Wettbewerbssituationen durchführen. Nicht zuletzt stellen Elastizitäten den Bezug zur mikroökonomischen Theorie (z. B. Dorfman & Steiner 1954) her.

Neben den Elastizitäten werden in der Literatur auch andere Größen zur Erfassung der Wettbewerbsbeziehungen erörtert (vgl. hierzu Shocker, Stewart & Zahorik 1990; Srivastava, Alpert & Shocker 1984; Srivastava, Leone & Shocker 1981). Dort finden vor allem Markenwechseldaten, Ähnlichkeiten in den Zwischenkaufzeiten oder Daten über Abwechslungskäufe Erwähnung. Markenwechseldaten bilden die Datenbasis in einer Reihe von Arbeiten, welche die Marktstrukturen aufdecken sollen (z. B. Grover & Srinivasan 1987, 1989; Jain, Bass & Chen 1990). Allerdings haben alle zuletzt genannten Indikatoren den Nachteil, daß sie Daten eines Konsumentenpanels benötigen. Außerdem können die Markenwechseldaten nicht mehr spezifischen Marketing-Aktionen zugeordnet werden, so daß deren Relevanz zur Analyse der Wettbewerbseffekte von Marketing-Maßnahmen eingeschränkt bleibt.

3.1.5 Die Aggregation der Daten

Die Aggregation der Daten betrifft verschiedene Aspekte, die getrennt zu diskutieren sind:

- Aggregation über die Zeit,
- Aggregation über die Geschäfte,
- Aggregation über Packungsgrößen/Geschmacksrichtungen/Ausführungen.

Die Aggregation der Daten über die Zeit erweist sich im allgemeinen nicht als Problem. Die Erhebungseinheiten eines elektronischen Handelspanels sind die Abverkäufe der Marken in einem Geschäft bezogen auf eine Woche, so daß eine Aggregation bisher nur über die Wochentage stattgefunden hat. Da sich die Promotionsmaßnahmen im Handel jedoch während einer Woche i. d. R. nicht ändern, lassen sich die Marketing-Aktionen eindeutig den Abverkaufsmengen zuordnen. Eine weitere Zusammenfassung der wöchentlichen

Daten, bspw. zu Monatsdaten, würde allerdings die direkte Zuordnung von Promotionsmaßnahmen und Absatzmenge nicht mehr gewährleisten und die exakte Messung der Wettbewerbsbeziehungen auf den untersuchten Märkten verhindern (Blattberg & Neslin 1990; Leone 1995). Die Aggregation der Promotionen unterschiedlicher Wochen wirkt wie eine Glättung der Daten, so daß sich die inkrementelle Wirkung einer Aktion nur schwer aus den Daten identifizieren läßt. Zudem verkürzt jede Aggregation der Wochendaten die zur Modellschätzung benötigte Zeitreihe, und dadurch tritt neben einem Verlust an Freiheitsgraden eine Erhöhung der Kollinearitäten in den erklärenden Promotionsmaßnahmen ein. Aus diesen Gründen ist eine Aggregation der wöchentlichen Daten nicht sinnvoll.

Problematischer gestaltet sich die Behandlung unterschiedlicher Geschäfte in den Daten eines elektronischen Handelspanels. Die CCG in Köln erhebt für das Instrument MADAKOM beispielsweise in 250 Scannergeschäften (82 Verbrauchermärkte, 26 Kauf- und Warenhäuser, 67 Supermärkte, 49 Discounter, 29 Drogeriemärkte) ihre Abverkaufsdaten und bietet sie kommerziellen Marktforschungsinstituten und Unternehmen zum Selbstkostenpreis an. Die Schwierigkeit liegt in der Behandlung der unterschiedlichen Geschäfte. Prinzipiell stehen dem Anwender drei Optionen offen. Zum einen können die Daten auf dem Niveau der Geschäftsstätten analysiert werden (disaggregierte Analyse), andererseits besteht auch die Möglichkeit zu einem Pooling der Daten. Dies bedeutet, daß die Beobachtungen jeder Geschäftsstätte als zusätzliche Beobachtungen gelten. Darüber hinaus lassen sich aggregierte Daten analysieren, indem man für die Beobachtungen aller Geschäfte in einer Periode das (gewichtete) arithmetische Mittel berechnet.

Im Verlaufe der disaggregierten Analyse wird für jede Geschäftsstätte ein separates Set von Parametern geschätzt. Demgegenüber unterstellen die Analysen auf der Basis von gepoolten und aggregierten Daten homogene Parameter der Marketing-Instrumente für die analysierten Geschäfte. Pooling oder Aggregation setzen jedoch voraus, daß die Geschäfte in ihren Markenangeboten und dem Einsatz der Promotionsmaßnahmen homogen sind. Bei einer Heterogenität der Geschäftsstätten in bezug auf Warenangebot, Preispositionierung (Dauertiefpreise vs. Aktionen mit Produktverkäufen unter Einstandspreisen), Geschäftsgröße und Gesamtumsätze stimmen die Parameterschätzungen der Analysen mit disaggregierten, gepoolten oder aggregierten Daten nicht mehr überein. Eine Reihe von neueren Studien hat sich dieser Thematik angenommen und die Effekte der Datenaggregation auf die Parameterstruktur untersucht (z. B. Allenby & Rossi 1991b; Krishnamurthi,

Raj & Selvam 1989; Wittink, Porter & Gupta 1993).

Nach Allenby und Rossi (1991b) müssen drei Bedingungen erfüllt sein, damit keine Aggregationsfehler auftreten:

1. Alle Konsumenten sind mit dem gleichen Marketing-Instrumentaleinsatz konfrontiert.

2. Die Marken ähneln sich und gelten damit als Substitute.

3. Die Verteilung der Preise konzentriert sich nicht in extremen Bereichen.

Für die Schätzung von Marktanteilsmodellen hat die erste dieser Bedingungen die größte Bedeutung, da sie nur innerhalb eines Geschäfts oder in einer Geschäftskette einer Region eingehalten wird. Wittink, Porter und Gupta (1993) zeigen in diesem Zusammenhang, daß die Aggregation der Daten verschiedener Geschäfte zu verzerrten Schätzern führt. Je weniger Geschäfte eine Marke in einer Woche in der Aktion haben, desto größer wird der Fehler. Daraus folgt, daß Analysen auf der Basis aggregierter Daten keine Rückschlüsse auf einzelne Geschäfte erlauben. Obendrein sind auch die Parameter einer Analyse auf der Basis von gepoolten Daten verzerrt, wenngleich Blattberg und George (1991) mit gepoolten Daten sehr gute Prognosevaliditäten erzielen. Insgesamt muß man aber Wittink, Porter und Gupta darin zustimmen, daß nach Möglichkeit disaggregierte Daten die Grundlage der Analyse bilden sollten und zwar separat für jedes Geschäft oder jede Geschäftskette.

Die oben skizzierte Thematik ist eng verknüpft mit dem Problem der Behandlung von unterschiedlichen Packungsgrößen, Geschmackssorten oder sonstigen Varianten einer Marke. Betroffen sind vor allem Produktkategorien mit sehr großer Artikelvielfalt, wie z. B. der Zerealienmarkt. Die Analyse sollte sich nach Möglichkeit auf disaggregierte Marken, also die EANs, beziehen. Allerdings kann die Analyse auf der EAN-Ebene in umsatzschwachen Geschäften Parameterwerte ergeben, die theoretisch kaum zu begründen sind.

3.1.6 Die Bewertung der dargelegten Befunde

Die Erörterung der Modellvorgaben hat einige Kriterien festgelegt, die im Rahmen der Identifikation, Analyse und Bewertung der Wettbewerbsbeziehungen auf Konsumgütermärkten erfüllt sein müssen. Die Wettbewerbsbeziehungen zwischen den einzelnen Marken sollen keiner a priori definierten Marktstruktur unterliegen, vielmehr müssen Asymmetrien im Wettbewerb zwischen allen Marken zulässig sein. Die Messung der asymmetrischen

Wettbewerbseffekte kann ausschließlich auf der Grundlage von Handelspaneldaten erfolgen, da bis zum heutigen Tag nur diese Erhebungsmethode eine ausreichend große Datenmenge für eine valide Messung der Wettbewerbseffekte bereitstellt. Die Modellierung des Wettbewerbs soll dabei innerhalb des Modellrahmens von Marktanteilsmodellen erfolgen. Diese Modellklasse ist insgesamt am wenigsten anfällig gegenüber saisonalen Einflüssen, die häufig bei der Analyse von Zeitreihen auftreten können. Darüber hinaus sind Marktanteilsmodelle geeignet, die Asymmetrien im Wettbewerb adäquat zu modellieren. Bei der Schätzung der Marktanteilsmodelle sollen nach Möglichkeit keine Aggregationen über die Zeit, die Geschäfte oder die EANs vorgenommen werden. Die Parameterschätzer der Marktanteilsmodelle dienen schließlich dazu Marktanteilselastizitäten abzuleiten, welche die Wettbewerbsbeziehungen zwischen den analysierten Marken quantifizieren und einer weitergehenden Analyse zugänglich machen.

3.2 Die Modellierung des asymmetrischen Wettbewerbs

Entsprechend den vorangegangenen Ausführungen sind in diesem Abschnitt Marktanteilsmodelle zur Modellierung des asymmetrischen Wettbewerbs vorzustellen und zu bewerten. Vor dem Hintergrund dieser Befunde werden zwei alternative Modellansätze ausgewählt und deren Modellkalibrierung differenziert erörtert.

3.2.1 Asymmetrische Marktanteilsmodelle

Bei der Analyse von asymmetrischen Wettbewerbsbeziehungen auf der Basis von Scannerdaten des Handels stellen sich im wesentlichen vier Ansätze als diskussionswürdig heraus: das vollständig erweiterte Kreuzeffektmodell, das CCHM-Modell, das hierarchische Modell und das Cluster-Modell. Außerdem ist die Wettbewerbskomponentenanalyse zu entwickeln und zu bewerten.

3.2.1.1 Das vollständig erweiterte Kreuzeffektmodell

Das vollständig erweiterte Kreuzeffektmodell ist ein Attraktionsmodell, in dem alle differentiellen Effekte und Kreuzeffekte explizit spezifiziert sind (vgl. Cooper & Nakanishi 1988). Bei insgesamt m Marken muß man für jedes Marketing-Instrument m differentielle Effekte und $m \cdot (m-1)$ Kreuzeffekte schätzen. Die mathematische Formulierung des vollständig erweiterten Kreuzeffektmodells ergibt sich durch

$$
\begin{aligned}
s_{it} &= \frac{A_{it}}{\sum_j A_{jt}} \\
A_{it} &= \exp(\alpha_i + \epsilon_{it}) \prod_{k=1}^{K} \prod_{j=1}^{m} f_{kt}(X_{kjt})^{\beta_{kij}}
\end{aligned}
\tag{3.1}
$$

mit

s_{it}	=	Marktanteil der Marke i in Periode t
A_{it}	=	Attraktion der Marke i in Periode t
X_{kjt}	=	Ausprägung des k-ten Marketing-Instruments der Marke j in Periode t
$f_{kt}(\cdot)$	=	Monotone Transformationsfunktion des k-ten Marketing-Instruments in Periode t
α_i	=	Zeitkonstante Attraktion der Marke i
β_{kij}	=	Marketing-Responseparameter des k-ten Instruments der Marke j auf die Attraktion der Marke i
ϵ_{it}	=	Stochastische Störgröße der Marke i in Periode t
m	=	Anzahl der Marken
K	=	Anzahl der Marketing-Instrumente.

Das Modell in Gleichung 3.1 liegt als MCI-Modell (Multiplicative Competitive Interaction) vor, wenn $f_{kt}(\cdot)$ eine Identitätstransformation ist. Bei einer Exponentialtransformation für $f_{kt}(\cdot)$ ergibt sich ein MNL-Model (multinomiales Logitmodell). Die Parameter des vollständig erweiterten Kreuzeffektmodells können nach einer Log-Center-Transformation mit Hilfe der linearen Regressionsanalyse geschätzt werden (McGuire, Weiss & Houston 1977):
MCI-Modell:

$$
\ln\left(\frac{s_{it}}{\tilde{s}_t}\right) = \alpha_1 + \sum_{j=2}^{m} \alpha_j' d_j + \sum_{j=1}^{m} \sum_{k=1}^{K} \sum_{h=1}^{m} \beta_{kij}^{*} d_h \ln X_{kjt} + \epsilon_{it}
\tag{3.2}
$$

MNL-Modell:

$$
\ln\left(\frac{s_{it}}{\tilde{s}_t}\right) = \alpha_1 + \sum_{j=2}^{m} \alpha_j' d_j + \sum_{j=1}^{m} \sum_{k=1}^{K} \sum_{h=1}^{m} \beta_{kij}^{*} d_h X_{kjt} + \epsilon_{it}.
\tag{3.3}
$$

$\tilde{s}_t$ ist das geometrische Mittel der Marktanteile in Periode t. d_j ist eine Dummy-Variable, die 1 ist, falls $j = i$ und sonst Null ist. Die Dummy-Variable d_h ist 1, falls $h = j$ und sonst Null. Die zu schätzenden Parameter geben in diesem Modell allerdings nur die Abweichung von den Instrumentspezifischen Mittelwerten an ($\beta^*_{kij} = \beta_{kij} - \bar{\beta}_{k.j}$). Hierbei zeigen Cooper & Nakanishi (1988) jedoch, daß die Parameterschätzer β^*_{kij} ausreichend sind, um Marktanteilselastizitäten zu bestimmen. Damit eignet sich das vollständig erweiterte Kreuzeffektmodell zur Messung der Wettbewerbsbeziehungen auf Konsumgütermärkten. Die Parameterschätzer lassen sich zwar nicht direkt zur Interpretation der Wettbewerbsbeziehungen verwenden, erst die daraus abgeleiteten Elastizitäten identifizieren den Wettbewerb zwischen den Marken.

Trotz seiner allgemeinen Anwendbarkeit wird dieser Ansatz kritisiert. Das Hauptproblem dieses Ansatzes besteht in der hohen Anzahl zu schätzender Parameter (insgesamt: $m^2 \cdot K + m$ Parameter). In einem Markt mit 10 Marken und drei Instrumenten sind 310 Parameter zu schätzen, eine Aufgabe, die problemlos mit jedem neueren Personal Computer zu lösen ist. Allerdings steigt die Anzahl der Parameter mit der Zunahme der Marken und Marketing-Instrumente überproportional an. Ein empirischer Datensatz, der im weiteren Verlauf der Arbeit noch zur Analyse kommt, setzt sich aus 25 Artikeln und sieben Instrumenten zusammen, so daß in diesem Fall bereits 4400 Parameter zu schätzen wären. Eine solche Aufgabe ist extrem rechenaufwendig und für Anwendungen im Produkt-Management nicht mehr praktikabel. Zudem ist das Modell systematisch mit Multikollinearität behaftet, welche durch die Zulassung aller potentiellen Kreuzeffekte auftritt. Die Ableitung von zuverlässigen Marketingstrategien auf der Grundlage dieser Parameterschätzer ist deshalb nur sehr eingeschränkt möglich.

3.2.1.2 Das CCHM-Modell

Carpenter, Cooper, Hanssens und Midgley (1988, von nun an CCHM genannt) formulieren ein asymmetrisches Modell, in dem die Attraktion einer Marke von einer Teilmenge der eigenen und der der Wettbewerber Marketing-Instrumente abhängt. Das CCHM-Modell basiert auf dem Modellrahmen des vollständig erweiterten Kreuzeffektmodells. Hierbei werden alle potentiellen Wettbewerbsbeziehungen zugelassen und gleichzeitig der zu schätzende Parameterraum eingeschränkt. Die allgemeine Modellstruktur ergibt sich durch

$$
\begin{aligned}
s_{it} &= \frac{A_{it}}{\sum_j A_{jt}} \\
A_{it} &= \exp(\alpha_i + \epsilon_{it}) \prod_{k=1}^{K} [f_{kt}(X_{kit})]^{\beta_{ki}} \prod_{(k^* j^*) \epsilon C_i} [f_{kt}(X_{k^* j^* t})]^{\beta_{k^* i j^*}} \qquad (3.4)
\end{aligned}
$$

mit

$$\begin{aligned}
s_{it} &= \text{Marktanteil der Marke } i \text{ in Periode } t \\
A_{it} &= \text{Attraktion der Marke } i \text{ in Periode } t \\
X_{kjt} &= \text{Ausprägung des } k\text{-ten Marketing-Instruments der Marke } j \\
&\quad \text{in Periode } t \\
f_{kt}(\cdot) &= \text{Monotone Transformationsfunktion des } k\text{-ten Marketing-} \\
&\quad \text{Instruments in Periode } t \\
\alpha_i &= \text{Zeitkonstante Attraktion der Marke } i \\
\beta_{ki} &= \text{Differentieller Effekt des } k\text{-ten Marketing-Instruments der} \\
&\quad \text{Marke } i \\
\beta_{k^*ij^*} &= \text{Kreuzeffektparameter des } k^*\text{-ten Marketing-Instruments der} \\
&\quad \text{Marke } j^* \text{auf die Attraktion der Marke } i \\
\epsilon_{it} &= \text{Stochastische Störgröße der Marke } i \text{ in Periode } t \\
C_i &= \text{Menge potentieller Kreuzeffekte} \\
m &= \text{Anzahl der Marken} \\
K &= \text{Anzahl der Marketing-Instrumente.}
\end{aligned}$$

Das Ziel der Parameterreduktion des vollständig erweiterten Kreuzeffektmodells verwirklicht das CCHM-Modell über einen zweistufigen Ansatz. Zunächst wird ein differentielles Effektmodell geschätzt, welches in diesem Stadium der Analyse ausschließlich symmetrische Wettbewerbsbeziehungen zwischen den Marken unterstellt:

$$\begin{aligned}
s_{it} &= \frac{A_{it}}{\sum_j A_{jt}} \\
A_{it} &= \exp(\alpha_i + \epsilon_{it}) \prod_{k=1}^{K} [f_{kt}(X_{kit})]^{\beta_{ki}}. \qquad (3.5)
\end{aligned}$$

Das differentielle Effektmodell wird log-zentriert und dann mit Hilfe der linearen Regressionsanalyse parameterisiert. Danach kann man das Modell um mögliche asymmetrische Wettbewerbseffekte ergänzen. Die Aufgabe besteht hierbei darin, die systematischen oder fundamentalen Quellen der Asymmetrien von den Effekten zu unterscheiden, die sehr klein sind und sich ohne Verlust an Informationen gleich Null setzen lassen. Entscheidende Bedeutung kommt im Rahmen der Modellkalibrierung den Fehlertermen des differentiellen Effektmodells zu. Die Residuen der Marken werden mit allen Marketing-Instrumenten der Wettbewerber korreliert. Die signifikanten Korrelationen geben einen Hinweis auf mögliche Kreuzeffekte und bilden den Indikator zur

Aufnahme weiterer Variablen in das CCHM-Modell. In der zweiten Stufe wird dann das erweiterte Kreuzeffektmodell nach Gleichung 3.4 geschätzt.

3.2.1.3 Das hierarchische Modell

Das hierarchische Modell von Foekens, Leeflang und Wittink (1992) ist zur Messung asymmetrischer Wettbewerbseffekte in Attraktionsmodellen entwickelt worden. Dieser Ansatz soll einige der Probleme des vollständig erweiterten Kreuzeffektmodells, des CCHM-Modells sowie des noch zu diskutierenden Cluster-Modells beheben. Als besonders kritisch wird die Schätzung von Kreuzeffekten des Wettbewerbs erachtet, wenn die Menge der zugrundeliegenden Marken relativ groß ist, da in dieser Situation die Zahl der möglichen Kreuzeffekte sehr schnell ansteigt und die Multikollinearitäten in den Daten einen bedenklichen Wert erreichen können. In praktischen Anwendungen kommt es deshalb häufig zu Parameterschätzern, die nach logischen Gesichtspunkten "falsche" Vorzeichen haben (insbesondere negative Kreuzpreiskoeffizienten).

Das Modell postuliert eine hierarchische Marktstruktur, die auf der Grundlage bekannter Produkteigenschaften, wie z. B. dem Markennamen, der Packungsgröße oder der Produktvariante a priori festgelegt wird. Jede Eigenschaft begründet eine Wahlsituation und dient der Bildung einer Verzweigung in der Hierarchie. Dahinter steht die Annahme, daß der Wettbewerb auf einer niedrigeren Stufe der Hierarchie stärker ist als auf einer höheren.

Die Parameterschätzung durchläuft verschiedene Stufen. Zunächst schätzt man alternative hierarchische Modelle, die noch keine Kreuzeffekte des Wettbewerbs enthalten und der Struktur des genesteten Logitmodells von McFadden (1978) entsprechen. Der zweite Schritt umfaßt die Bestimmung von potentiellen Kreuzeffekten in den einzelnen Verzweigungen der Produkthierarchie auf der Basis von Kausalitätstests (vgl. hierzu Haugh 1976, Pierce & Haugh 1977). Daran schließt sich im dritten Schritt die Schätzung des asymmetrischen hierarchischen Modells an.

Der Grundgedanke der Parameterschätzung läßt sich an dem folgenden Modell verdeutlichen. Die Marktstruktur wird durch Markenname und Packungsgröße bestimmt, wobei in diesem Beispiel die Konsumenten zuerst die Markenwahl und danach die Packungswahl treffen. Die allgemeine Modellformulierung (vgl. Foekens, Leeflang & Wittink 1992) ergibt sich folglich durch

$$s_{sb,t} = s_{b,t} \cdot s_{s|b,t} \quad (3.6)$$

$$s_{s|b,t} = \frac{A_{s|b,t}}{\sum_{j=1}^{S_b} A_{j|b,t}} \quad (3.7)$$

$$A_{s|b,t} = \exp(\beta_{sb} + \sum_{r=1}^{M_b} \sum_{k=1}^{K_{rb}} \beta_{krsb} X_{krb,t} + \epsilon_{s|b,t}) \quad (3.8)$$

$$s_{b,t} = \frac{A_{b,t}}{\sum_{n=1}^{m} A_{n,t}} \quad (3.9)$$

$$A_{b,t} = \exp[\alpha_b + \sum_{c=1}^{m} \sum_{l=1}^{L_b} \alpha_{lbc} Y_{lc,t} + (1-\sigma_b) IV_{b,t} + \epsilon_{b,t}] \quad (3.10)$$

$$IV_{b,t} = \ln(\sum_{j=1}^{S_b} A_{j|b,t}) \quad (3.11)$$

mit

$s_{sb,t}$ = Marktanteil der Marke b in der Packungsgröße s in Periode t

$s_{b,t}$ = Marktanteil der Marke b in allen Packungsgrößen in Periode t mit $b = 1, \ldots, m$

$s_{s|b,t}$ = Konditionaler Marktanteil der Packungsgröße s, gegeben die Marke b in Periode t mit $s = 1, \ldots, M_b$

$A_{s|b,t}$ = Attraktion der Packungsgröße s, gegeben die Marke b in Periode t

$A_{b,t}$ = Attraktion der Marke b in allen Packungsgrößen in Periode t

$X_{krb,t}$ = Ausprägung des k-ten Marketing-Instruments für Packungsgröße r der Marke b in Periode t mit $k = 1, \ldots, K_{rb}$

$Y_{lc,t}$ = Ausprägung des l-ten Marketing-Instruments der Marke c in Periode t mit $l = 1, \ldots, L_c$

$IV_{b,t}$ = Gesamte Attraktion der Marke b in allen Packungsgrößen in Periode t

α, β, σ = Responseparameter

$\epsilon_{s|b,t}$ = Stochastische Störgröße für die Packungsgröße s gegeben die Marke b in Periode t

$\epsilon_{b,t}$ = Stochastische Störgröße der Marke b in allen Packungsgrößen in Periode t

m = Anzahl der Marken

M_b = Anzahl der Packungsgrößen bei Marke b

K_{rb} = Anzahl der Marketing-Instrumente bei Marke b in der Packungsgröße r

L_b = Anzahl der Marketing-Instrumente bei Marke b.

Die Variable $IV_{b,t}$ mißt den Einfluß der Entscheidung einer späteren Hierarchie (Größenwahl) auf die aktuelle Entscheidung (Markenwahl). Der Term $(1 - \sigma_b)$ spezifiziert den Effekt der gesamten Attraktion der Packungsgröße von Marke b auf den Marktanteil. Falls $(1 - \sigma_b)$ Null ist, liegt das Modell in den Gleichungen 3.6 bis 3.11 als MNL-Modell vor, falls $(1-\sigma_b)$ Eins ist, ergibt sich ein Attraktionsmodell, in dem die beiden Wahlsituationen unabhängig voneinander sind. Ein Wert zwischen Null und Eins für $(1 - \sigma_b)$ spezifiziert das Modell in den Gleichungen 3.6 bis 3.11 als genestetes multinomiales Logitmodell.

β_{ksrb} mißt den Kreuzeffekt des Marketing-Instruments X_k der Marke b in der Größe r auf die Attraktion der Marke b in der Größe s. β_{kssb} gibt folglich den direkten Effekt des k-ten Instruments an. Entsprechend erfaßt α_{lbc} die Kreuzwirkung des l-ten Marketing-Instruments der Marke c auf die Attraktion der Marke b und α_{lbb} gibt den direkten Effekt an. Die Parameterschätzung basiert auf den gleichen Prozeduren wie im CCHM-Modell. Dabei werden zunächst die alternativen Modellgleichungen über eine Log-Zentrierung linearisiert und dann mit Hilfe der Regressionsanalyse geschätzt (vgl. hierzu Nakanishi & Cooper 1974, 1982; Foekens 1995).

3.2.1.4 Das Cluster-Modell

Eine weitere Methode, Asymmetrien im Wettbewerb zu modellieren, ist der Ansatz von Vanden Abeele, Gijsbrechts und Vanhuele (1990). Sie entwickeln ein asymmetrisches Cluster-Attraktionsmodell (im folgenden Cluster-Modell genannt), das ebenso wie das hierarchische Modell in seiner Grundstruktur auf dem genesteten Logitmodell beruht. Der Markt kann a priori anhand einiger Kriterien, z. B. Markenname, Produktform oder Packungsgröße strukturiert werden. Jedes Kriterium führt zu einer endlichen Anzahl von Marktstrukturen. Innerhalb eines Clusters von Marken, d. h. einer bestimmten Marktstruktur, ist der Wettbewerb größer als zwischen den Clustern. Die nach den Kriterien abgeleiteten Marktstrukturen sind lediglich hypothetischer Natur und bedürfen der Datenüberprüfung.

Ausgangspunkt der Modellschätzung ist ein symmetrisches Attraktionsmodell wie es in Gleichung 3.5 auf Seite 44 vorliegt. Die asymmetrischen Wettbewerbsbeziehungen zwischen den Marken sind unter Einbeziehung eines Korrekturfaktors zu modellieren, der die Clusterzugehörigkeit erfaßt. Die Kreuzeffekte beziehen sich auf die Kriterien der Marktstruktur und nicht auf die Wirkungen des Instrumentaleinsatzes. Im Cluster-Modell ist die Anzahl der zu schätzenden Parameter deshalb relativ klein, da das symmetrische Modell lediglich um die Determinanten der Marktstruktur zu ergänzen ist. Vanden Abeele, Gijsbrechts und Vanhuele verdeutlichen die Modellkalibrierung ihres Ansatzes anhand der Kriterien Packungsgröße und Markenname. Die Marke (sb) wird durch den Markennamen b und die Packungsgröße s gekennzeichnet (mit $b = 1, \ldots, B$ und $s = 1, \ldots, M$). Jede Marke hat eine intrinsische, d. h. vom Kontext unabhängige Attraktion $A_{sb,t}$, die durch die eigenen Instrumente $X_{ksb,t}$ festgelegt wird:

$$A_{sb,t} = \prod_{k=1}^{K} X_{ksb,t}^{\beta_{ksb}}. \tag{3.12}$$

Die Parameterschätzer β_{ksb} geben die kontextunabhängige Attraktion der Marken an. Der Marktanteil einer Marke ist durch folgende Gleichung definiert:

$$s_{sb,t} = \frac{A_{sb,t} \cdot AB_{sb,t}^{\beta_B} \cdot AS_{sb,t}^{\beta_S}}{\left(\sum_{j=1}^{B} \sum_{i=1}^{M} A_{ij,t} \cdot AB_{ij,t}^{\beta_B} \cdot AS_{ij,t}^{\beta_S}\right)}. \tag{3.13}$$

$AB_{sb,t}$ korrigiert die kontextunabhängige Attraktion $A_{sb,t}$ um den Einfluß des Markenclusters, während $AS_{sb,t}$ der Korrekturfaktor der Packungsgröße ist. Die Parameter β_B und β_S messen die Wirkung des Markenclusters und der Packungsgröße auf die Attraktion der Marke (sb). Die Schätzung des Modells in Gleichung 3.13 ist allerdings erst möglich, wenn die Variablen $AB_{sb,t}$ und $AS_{sb,t}$ bestimmt sind. In Anlehnung an die Modellstruktur des genesteten Logitmodells zeigen Vanden Abeele, Gijsbrechts und Vanhuele, daß die Korrekturfaktoren $AB_{sb,t}$ und $AS_{sb,t}$ bspw. aus den durchschnittlichen kontextunabhängigen Attraktionen spezifiziert werden können:

$$AB_{sb,t} = \frac{1}{n_{B_i}} \sum_{j=1}^{n_{B_i}} A_{sj,t} \tag{3.14}$$

$$AS_{sb,t} = \frac{1}{n_{M_j}} \sum_{i=1}^{n_{M_j}} A_{ib,t} \tag{3.15}$$

mit

$$n_{B_i} = \text{Anzahl der Marken im Markencluster } B_i$$
$$n_{M_j} = \text{Anzahl der Marken im Packungsgrößencluster } M_j.$$

Die Problematik des Cluster-Modells besteht nun in der Schätzung der Parameter, da die asymmetrischen Korrekturfaktoren eine Funktion der kontextunabhängigen Attraktion sind. Es bietet sich an, die Modellparameter in diesem Fall über die folgende iterative Prozedur zu schätzen:

1. Bestimmung der Responseparameter β_{ksb} durch die symmetrische Attraktionsfunktion 3.12.

2. Berechnung der kontextunabhängigen Attraktion $A_{sb,t}$, gegeben die Parameter β_{ksb}.

3. Berechnung der asymmetrischen Variablen für den Markennamen $AB_{sb,t}$ und für die Packungsgröße $AS_{sb,t}$, gegeben die kontextunabhängigen Attraktionen $A_{sb,t}$.

4. Berechnung der Parameterwerte β_{ksb}, β_B und β_S, gegeben $AB_{sb,t}$ und $AS_{sb,t}$.

5. Falls die Parameterschätzer noch nicht konvergiert sind, weiter mit Schritt 2.

In einer Vorstudie weisen Gijsbrechts und Vanden Abeele (1988) nach, daß dieser Algorithmus zu stabilen, unverzerrten Parameterschätzern führt.

3.2.1.5 Das CCA-Modell

Cooper, Klapper und Inoue (1996) formulieren mit der Wettbewerbskomponentenanalyse (*Competitive Component Analysis* im folgenden auch mit CCA-Modell bezeichnet) einen Modellansatz, der über ein mehrstufiges Verfahren das vollständig erweiterte Kreuzeffektmodell (vgl. Kapitel 3.2.1.1) schätzt. Der Anwendungsschwerpunkt des CCA-Ansatzes beruht auf der Analyse der Wettbewerbsbeziehungen in Produktkategorien mit sehr vielen Marken (EANs) und der Analyse mehrerer Marketing-Instrumente. Marktanteilsanalysen auf der Grundlage von Attraktionsmodellen sind in diesen Märkten bisher nur dann möglich, wenn einzelne EANs gestrichen oder aggregiert werden. Sehr häufig läßt sich bei dokumentierten Studien beobachten, daß die EANs eines Herstellers zu einer "Dachmarke" zusammengefaßt sind, weil man so die Anzahl zu analysierender Marken deutlich reduzieren möchte.

Eine differenzierte Wettbewerbsanalyse, welche sich auf nach Geschmacksrichtungen und/oder Packungsgrößen unterschiedene Marken (EANs) bezieht, ist dann nicht mehr möglich. Dadurch wird aber der Aufbau einer an den konkreten Wettbewerbsbedingungen orientierten Markenstrategie erschwert bzw. unmöglich gemacht. So faßt Cooper (1993) bei einer Schätzung des CCHM-Modells 18 UPCs (EANs) zu drei Dachmarken zusammen. Analysen auf der EAN/UPC-Ebene sind dagegen fast gar nicht dokumentiert. Eine Ausnahme bildet lediglich die Arbeit von Fader, Hardie und Walsh (1994) mit 58 UPCs.

Ein weiteres Problem, welches sich im CCA-Ansatz aufwirft, ist die Modellkalibrierung bei mehreren Marketing-Instrumenten. Insbesondere im amerikanischen Konsumgütermarkt sind die von unterschiedlichen Anbietern bereitgestellten Scannerdaten von einer hohen Detailliertheit. So ist bspw. die Information über Display-Aktionen dahingehend aufgeschlüsselt, in welcher Position sich das Display im Warenhaus befindet. Das Problem besteht dabei primär nicht in der Anzahl von beobachteten Instrumenten, sondern darin, daß einige dieser Marketing-Maßnahmen nur sehr selten und/oder nur von einigen wenigen Marken eingesetzt werden. Zum gegenwärtigen Zeitpunkt ist noch nicht abschließend geklärt, ob es aus schätztechnischen Gründen angebracht ist, diese Instrumente aus der Analyse zu streichen, zusammenzufassen oder einzeln zu modellieren.

Die Wettbewerbskomponentenanalyse setzt a priori keine Hypothesen für den Wettbewerbsmarkt. Das bedeutet, daß zunächst keine Marken aggregiert bzw. keine Marketing-Instrumente gestrichen werden. Vielmehr wird die Datenmatrix, welche den Instrumentaleinsatz der Marken über die Zeit enthält, mit Hilfe der dreimodalen Faktorenanalyse (vgl. Tucker 1966; Kroonenberg 1983 und Kapitel 4.3.2) in ihre Basiskomponenten zerlegt. Die geschätzten Komponentenmatrizen bilden schließlich die Grundlage zur Berechnung sogenannter Komponentenwerte, die wiederum der Input einer reduzierten multivariaten Regression sind. Auf der Grundlage inverser Transformationen lassen sich schließlich die Parameter und die Standardfehler des vollständig erweiterten Kreuzeffektmodells aus Gleichung 3.1 (vgl. Seite 42) berechnen.

3.2.1.6 Vergleichende Beurteilung

Nachdem vier unterschiedliche Ansätze zur Modellierung des asymmetrischen Wettbewerbs auf der Basis von aggregierten Daten vorgestellt worden sind, sollen in diesem Abschnitt die Alternativen verglichen und anhand verschiedener Kriterien bewertet werden. Die Diskussion orientiert sich an dem Kriterienkatalog von Vanden Abeele, Gijsbrechts und Vanhuele und umfaßt die folgenden Punkte:

- a priori-Strukturierung des Marktes,
- Anzahl der Hierarchien,
- Identifikation potentieller Kreuzeffekte,
- Anzahl der Modellparameter und der entsprechende Rechenaufwand,
- Modellschätzung,
- Interpretation der Modellparameter,
- Ausmaß der Asymmetrie.

Die a priori-Strukturierung des Marktes
Die genannten Modelle unterscheiden sich in ihren Hypothesen zur Marktstruktur deutlich voneinander. Das vollständig erweiterte Kreuzeffektmodell, das CCHM-Modell und das CCA-Modell unterstellen keine Struktur. Demgegenüber basieren die beiden Konkurrenzansätze, das hierarchische Modell und das Cluster-Modell, auf einer vorgegebenen Marktstruktur. Die Festlegung einer Marktstruktur im hierarchischen oder im Cluster-Modell soll den Schätzaufwand reduzieren. Dennoch stehen die beiden Ansätze in der Kritik, weil eine Marktstruktur in Form einer Produkthierarchie nicht unbedingt angebracht sein muß. Die Modelle, die eine Marktstruktur zu Beginn der Analyse voraussetzen, gelten als zu restriktiv. Das Kreuzeffektmodell, das CCHM-Modell und das CCA-Modell scheinen in dieser Hinsicht allgemeiner und sind damit als Modellansätze vorzuziehen.

Die Anzahl der Hierarchien
Die hier erörterten Modelle berücksichtigen - mit Ausnahme des hierarchischen Modells - die Marktanteile aller Marken bei der Bestimmung der modell-spezifischen Attraktion. Das bedeutet, daß sämtliche Marken in einer Wahlsituation miteinander im Wettbewerb stehen und Veränderungen in der Attraktion einer Marke sich auf die Attraktion aller anderen Marken auswirken. Diese Annahme erweist sich jedoch in Märkten mit sehr vielen Produkten als problematisch. Demgegenüber postuliert das hierarchische Modell als einziges der hier vorgestellten Modelle einen hierarchischen Auswahlprozeß der Konsumenten, in dem sie bspw. zuerst die Marke und dann die Produktform wählen. Allerdings kann man diesen Auswahlprozeß lediglich als Approximation einer wirklichen Entscheidungssituation der Konsumenten verstehen. Hinzu kommt, daß mit jeder weiteren Entscheidungsstufe

die Anzahl der gegeneinander zu testenden Modelle steigt und somit der Rechenaufwand überproportional wächst.

Die Identifikation potentieller Kreuzeffekte

Die empirische Bestimmung der im Rahmen der Modellschätzung zu berücksichtigenden potentiellen Kreuzeffekte entfällt im vollständig erweiterten Kreuzeffektmodell und im CCA-Modell, da diese Modelle grundsätzlich alle möglichen Kreuzeffekte zulassen. Deren Signifikanz wird im Verlauf der Modellanwendung anhand statistischer Kriterien überprüft. Das CCHM-Modell identifiziert die Kreuzeffekte auf der Grundlage einer Residuenanalyse des differentiellen Effektmodells. Im hierarchischen Modell hingegen basiert die Identifikation der Kreuzeffekte auf einem Kausalitätstest. Keine dieser Methoden scheint überlegen zu sein, obwohl Foekens, Leeflang und Wittink (1992, S. 18) die Residuenanalyse dahingehend kritisieren, daß die Prozedur leicht zu einer falschen Parameterisierung des Modells führen könne. Eine Reihe von empirischen Studien hat jedoch inhaltlich überzeugende Ergebnisse mit dem CCHM-Modell erzielt. Im Cluster-Modell finden Kreuzeffekte nur über die zu Beginn definierten Cluster Berücksichtigung. Die asymmetrischen Wettbewerbsbeziehungen werden deshalb nicht durch Marketing-Aktionen der Wettbewerber erklärt, sondern durch die Marktstruktur. Somit sind die Ergebnisse des Cluster-Modells nur eingeschränkt operational für das Management der Marken.

Die Anzahl der Modellparameter und der entsprechende Rechenaufwand

Die Anzahl der Modellparameter wird maßgeblich durch die Anzahl der identifizierten Kreuzeffekte bestimmt. Das vollständig erweiterte Kreuzeffektmodell läßt alle möglichen Effekte zu. Somit werden sowohl die Anzahl der Parameter als auch der Rechenaufwand sehr groß. Wettbewerbsanalysen auf Märkten mit vielen Marken und mehreren Marketing-Instrumenten sind deshalb häufig nicht mehr durchführbar. Auch im CCA-Ansatz sind alle potentiell möglichen Effekte spezifiziert. Allerdings reduziert dieser Ansatz durch die Faktorisierung und anschließende Regression der gewichteten Marktanteile auf die Komponentenwerte den Rechenaufwand sehr stark. Eine deutlich geringere Anzahl von Parametern als im vollständig erweiterten Kreuzeffektmodell muß in dem CCHM-Modell und in dem hierarchischen Modell geschätzt werden, obwohl in letzterem die Anzahl der Parameter überproportional mit der Anzahl der Hierarchieebenen steigen kann. Das Cluster-Modell berücksichtigt die wenigsten Parameter, indes hängt der Rechenaufwand hierbei zusätzlich von den Konvergenzeigenschaften des Algorithmus ab.

Die Modellschätzung
Die Modellschätzung basiert in allen Modellen auf log-linearen Schätztechniken. Dies bedeutet, daß die Modelle zuerst mit Hilfe einer Log-Zentrierung linearisiert werden, bevor man die Parameter mit Hilfe der Regressionsanalyse bestimmt. Hervorzuheben ist, daß die Parameterschätzung des Cluster-Modells über eine iterative Prozedur erfolgt und daß im CCA-Ansatz zuerst Komponentenwerte über eine dreimodale Faktorenanalyse zu bestimmen sind.

Die Interpretation der Modellparameter
Das vollständig erweiterte Kreuzeffektmodell, das CCHM-Modell, das CCA-Modell und das hierarchische Modell legen direkte Effekte und Kreuzeffekte fest, die den Einfluß der Marketing-Instrumente auf die Marktanteile der Wettbewerber spezifizieren. Die Interpretation der Parameter ist damit eindeutig. Beim vollständig erweiterten Kreuzeffektmodell verursacht jedoch die große Anzahl der zu schätzenden Koeffizienten Multikollinearitäten in den Daten, so daß in vielen Fällen die Wirkungsrichtung eines Kreuzeffekts ökonomisch nicht sinnvoll zu interpretieren ist. Im Cluster-Modell geben zwar die direkten Effekte den Einfluß der Marketing-Instrumente auf den Marktanteil der korrespondierenden Marke wieder, die Interpretation der Kreuzeffekte bleibt aber unklar. Diese sind Korrekturfaktoren, welche die Asymmetrien im Wettbewerb aus der Clusterzugehörigkeit einer Marke erklären und somit eine Interpretation wie in den anderen Modellansätzen unmöglich machen.

Das Ausmaß der Asymmetrie
Das Cluster-Modell modelliert den Wettbewerb derart, daß innerhalb eines Clusters symmetrische Wettbewerbsbeziehungen zwischen den Marken herrschen. Die Parameter erweisen sich als homogen, wodurch sich asymmetrische Wettbewerbsbeziehungen, die zweifelsfrei auch innerhalb eines Clusters von Marken existieren können, nicht erklären lassen. Die übrigen Modellansätze sind nicht beschränkt und erlauben prinzipiell alle möglichen Wettbewerbsbeziehungen.

Schlußfolgerungen
Die vorangegangene Diskussion hat deutlich gemacht, daß alle Modelle Stärken und Schwächen haben. Die Kernbefunde zu diesen Modellen sind in der umseitigen Tabelle 3.1 zusammengefaßt. Vor dem Hintergrund der Identifikation und Analyse der Wettbewerbsbeziehungen erweisen sich sowohl das CCHM-Modell als auch das CCA-Modell als am flexibelsten. Diese Modelle stellen prinzipiell keine vereinfachenden Anforderungen an die Marktstruk-

Tabelle 3.1: Bewertung der asymmetrischen Marktanteilsmodelle

	Vollständiges Kreuzeffektmodell	CCHM-Modell	Hierarchisches Modell	Cluster-Modell	CCA-Modell
A priori-Strukturierung des Marktes	keine a priori-Strukturierung	keine a priori-Strukturierung	hierarische Strukturierung	Strukturierung nach Clustern	keine a priori-Strukturierung
Anzahl der Hierarchien	1 Wahlsituation	1 Wahlsituation	Hierarchie	1 Wahlsituation	1 Wahlsituation
Identifikation potentieller Kreuzeffekte	Alle möglichen Effekte	Residuen Analyse	Kausalitätstests	Definiert durch Cluster	Alle möglichen Effekte
Anzahl der Kreuzeffekte	sehr groß	groß	groß	relativ klein	sehr groß
Rechenaufwand	sehr hoch	hoch/mittel	hoch	hoch/mittel	niedrig
Modellschätzung	log-linear	log-linear	log-linear	iterativ log-linear	Komponentenanalyse & Regression
Interpretation d. Ergebnisse	eindeutig	eindeutig	eindeutig	unklar	eindeutig
Ausmaß der Asymmetrie	unbeschränkt	unbeschränkt	unbeschränkt	keine Asymmetrien innerhalb d. Cluster	unbeschränkt

tur. Es stehen zu Beginn der Analyse alle Marken miteinander im Wettbewerb. Darüber hinaus sind die Modelle schätztechnisch problemlos auf Scannerdaten anwendbar. Die Interpretationsmöglichkeit der Parameter sowie die Möglichkeit der Erklärung von Asymmetrien im Wettbewerb lassen diese Modelle für die Analyse der Wettbewerbsbeziehungen auf Konsumgütermärkten als besonders geeignet erscheinen.

3.2.2 Die Parameterschätzung mit dem CCHM-Modell

Das CCHM-Modell (Carpenter, Cooper, Hanssens & Midgley 1988) basiert auf einer zweistufigen Schätzung des vollständig erweiterten Kreuzeffektmodells. Der erste Schritt der Analyse umfaßt die Kalibrierung eines differentiellen Effektmodells, in welchem jede Marke über einen eigenen Wirkungskoeffizienten der Marketing-Instrumente verfügen kann. Auf der Grundlage einer Residuenanalyse werden potentielle Kreuzeffekte identifiziert, die anhand eines erweiterten Modells empirisch zu überprüfen sind. Alle potentiellen Kreuzeffekte, die bei der Residuenanalyse keinen signifikanten Einfluß haben, setzt man im erweiterten Kreuzeffektmodell a priori auf Null.

Die folgenden Abschnitte diskutieren die Parameterschätzung des CCHM-Modells, wobei verschiedene Problemgebiete, die in einem direkten Zusammenhang mit der Schätzung stehen, erörtert werden. Der Gesamtabschnitt schließt mit einer Diskussion über die Berechnung von Kreuzelastizitäten der Marketing-Instrumente. Diese sind die Voraussetzung zur Messung der Wettbewerbsbeziehungen auf Konsumgütermärkten und bilden den Input der weiteren Analyseschritte.

3.2.2.1 Die Modellkalibrierung

Ausgangspunkt des CCHM-Modells ist ein differentielles Effektmodell vom Attraktionstyp. Ohne Einschränkung der allgemeinen Gültigkeit kann man an dieser Stelle die Transformationsfunktion $f_{kt}(\cdot)$ als Identitätstransformation annehmen, so daß sich folgendes Modell ergibt:

$$\begin{aligned} s_{it} &= \frac{A_{it}}{\sum_j A_{jt}} \\ A_{it} &= \exp(\alpha_i + \epsilon_{it}) \prod_{k=1}^{K} X_{kit}^{\beta_{ki}} \end{aligned} \tag{3.16}$$

mit

s_{it} = Marktanteil der Marke i in Periode t

A_{it} = Attraktion der Marke i in Periode t

X_{kjt} = Ausprägung des k-ten Marketing-Instruments der Marke j in Periode t

α_i = Zeitkonstante Attraktion der Marke i

β_{ki} = Differentieller Effekt des k-ten Marketing-Instruments d. Marke i

ϵ_{it} = Stochastische Störgröße der Marke i in Periode t

m = Anzahl der Marken

K = Anzahl der Marketing-Instrumente.

Das differentielle Effektmodell in Gleichung 3.16 läßt sich über eine Log-Zentrierung linearisieren und mit Hilfe der linearen Regressionsanalyse schätzen (Nakanishi & Cooper 1974):

$$\ln(\frac{s_{it}}{\tilde{s}_t}) = \sum_{j=2}^{m} \alpha_j (d_j - \frac{1}{m}) + \sum_{k=1}^{K}\sum_{j=1}^{m} \beta_{kj}(d_j - \frac{1}{m})\ln X_{kit} + (\epsilon_{it} - \bar{\epsilon}_t). \quad (3.17)$$

$\tilde{s}_t$ ist das geometrische Mittel der Marktanteile der Periode t und $\bar{\epsilon}_t$ ist das arithmetische Mittel von ϵ_{it}. Die Dummyvariable d_j nimmt den Wert 1 an, falls $j = i$ ist und ist Null in den anderen Fällen. Die Parameterwerte von $\alpha_2, \ldots, \alpha_m$ sind Differenzenwerte von $(\alpha_i - \alpha_1)$, wobei α_1 willkürlich für eine Marke ausgewählt werden kann.

Eine weitere Vereinfachung der Schätzprozedur, die die gleichen Parameterschätzer für β_{kj} ergibt, ist über ein Modell mit festen Effekten für die Perioden zu erreichen (Nakanishi & Cooper 1982):

$$\ln(s_{it}) = \alpha_1 + \sum_{j=2}^{m} \alpha'_j d_j + \sum_{t'=2}^{T} \gamma_t c_{t'} + \sum_{k=1}^{K}\sum_{j=1}^{m} \beta_{kj} d_j \ln X_{kit} + \epsilon_{it}. \quad (3.18)$$

Im Modell 3.18 entsprechen die Variablendefinitionen denen des Modells 3.17. Die zusätzliche Variable $c_{t'}$ nimmt den Wert 1 an, falls $t = t'$ ist und ist Null in den anderen Fällen. γ_t mißt den Einfluß der t-ten Beobachtungsperiode. α_1 ist das Intercept der Marke 1, während $\alpha_2, \ldots, \alpha_m$ die Abweichungen der anderen Marken von dem generellen Einfluß sind, welcher in dem Intercept der Marke eins enthalten ist.

Nachdem der allgemeine Modellrahmen des differentiellen Effektmodells diskutiert worden ist, muß an dieser Stelle der Wettbewerbsanalyse festgelegt werden, welche differentiellen Effekte und welche weiteren Kreuzeffekte in das Modell zu integrieren sind. Die differentiellen Effekte, die in den Parametern α_i und β_{ki} erfaßt sind, muß man zunächst daraufhin prüfen, ob sie sich ohne signifikanten Informationsverlust durch homogene Parameter repräsentieren lassen. Es müssen damit die Hypothesen $\alpha_i = \alpha \forall i$ und $\beta_{ki} = \beta_k \forall i$ empirisch untersucht werden. Carpenter, Cooper, Hanssens und Midgley schlagen folgendes Procedere vor: Zunächst unterstellt man homogene Parameter für alle Markenintercepts und Marketing-Instrumente. Danach sind zuerst die Markenintercepts auf Heterogenität zu überprüfen sowie sukzessive die Einflüsse der Marketing-Instrumente daraufhin, ob die Berücksichtigung von heterogenen Marketingparametern zu einer signifikanten Erhöhung des Erklärungszusammenhanges führt. Carpenter, Cooper, Hanssens und Midgley empfehlen, die Marketing-Instrumente entsprechend der Ordnung ihrer a priori postulierten Einflußgrößen zu testen (z. B. zunächst Preis, dann Display und dann

Handzettel). Der Test selber kann über den folgenden F-Test (vgl. Johnston 1991, S. 505) beantwortet werden:

$$F = \frac{(e_*'e_* - e'e)/q}{e'e/(n-k)} \sim F(q, n-k) \tag{3.19}$$

mit $e_*'e_*$ als Fehlerquadratsumme des restringierten Modells, $e'e$ als Fehlerquadratsumme des unrestringierten Modells sowie $n - k$ Freiheitsgraden des unrestringierten Modells und q weggelassenen Variablen im restringierten Modell.

Die Identifikation der Kreuzeffekte gründet sich schließlich auf einer Residuenanalyse. Zuerst müssen die Parameter des endgültigen differentiellen Effektmodells geschätzt und die Residuen für jede Marke aus den Daten herausgelesen werden. Die Grundidee der Residuenanalyse läßt sich an dem Beispiel von Hanssens, Parsons und Schultz (1990, S. 301-302) verdeutlichen.

Unter Vernachlässigung des Subskripts t seien b_1, b_2, c_1, c_2, c_3 zu schätzende Parameter der Variablen a_1 (Werbung der Marke 1) und a_2 (Werbung der Marke 2) sowie p_1 (Preis der Marke 1). Die differentielle Modellspezifikation der Marke 1 ergibt sich dann wie folgt:

$$s_1 = b_1 a_1 + b_2 p_1 + u_1 \tag{3.20}$$

mit u_1 als Fehlerterm des Modells 3.20. Falls die Werbung der Marke 2 einen direkten Einfluß auf den Marktanteil der Marke 1 hat, der von dem symmetrischen Effekt abweicht, dann müßte die korrekte Modellspezifikation für den Marktanteil der Marke 1 folgendermaßen lauten:

$$s_1 = c_1 a_1 + c_2 p_1 + c_3 a_2 + v_1. \tag{3.21}$$

v_1 ist der Fehlerterm des Modells 3.21. Das Vorzeichen des Parameters c_3 muß negativ sein, da die Werbung der Marke 2 reduzierend auf den Marktanteil der Marke 1 wirkt. Die Kovarianz zwischen der Variablen a_2 und dem Residuum in Gleichung 3.20 bestimmt sich unter der Bedingung $E(v_1 a_2) = 0$ über die nachfolgende Gleichung:

$$\begin{aligned} E(u_1 a_2) &= E(s_1 - b_1 a_1 - b_2 p_1) a_2 \\ &= E(c_1 a_1 + c_2 p_1 + c_3 a_2 + v_1 - b_1 a_1 - b_2 p_1) a_2 \\ &= (c_1 - b_1) E(a_1 a_2) + (c_2 - b_2) E(p_1 a_2) + c_3 E a_2^2. \end{aligned} \tag{3.22}$$

Die Haupteinflußgrößen der Kovarianz sind der Kreuzeffekt c_3 und die Varianz der Werbung von Marke 2. Folglich kann man die Kovarianz oder die

Korrelation zwischen der Marketing-Variablen und dem Residuum verwenden, um mögliche Asymmetrien im Wettbewerb zu entdecken und weitere Variablen mit in die Modellspezifikation aufzunehmen. Das Aufnahmekriterium ist jedoch nicht die Höhe der Kovarianz oder Korrelation, vielmehr ist es die Signifikanz des potentiellen Kreuzeffekts.

Entsprechend korreliert man im CCHM-Modell die Residuen der Marken mit allen Marketing-Instrumenten der Wettbewerber. Die signifikanten Korrelationen geben einen Hinweis auf mögliche Kreuzeffekte und bilden den Indikator zur Aufnahme weiterer Variablen in das CCHM-Modell. Das differentielle Effektmodell wird jetzt um die möglichen Kreuzeffekte erweitert und erneut geschätzt. Die allgemeine Modellformulierung ist in Gleichung 3.4 spezifiziert. Die Parameter des MCI-Modells lassen sich dann über die folgende Schätzfunktion bestimmen:

$$\begin{aligned}\ln(s_{it}) &= \alpha_0 + \sum_{i \in C_i} \alpha_i' d_i + \sum_{t'=2}^{T} \gamma_t' c_{t'} + \sum_{k \in C_i} \beta_{ki} \ln X_{kit} \\ &\quad + \sum_{k^\bullet j^\bullet \in C_i} \beta_{k^\bullet ij^\bullet} \ln X_{k^\bullet j^\bullet t} + \epsilon_{it}. \qquad (3.23)\end{aligned}$$

Das CCHM-Modell als multinomiales Logitmodell ergibt sich durch die folgende Schätzfunktion:

$$\begin{aligned}\ln(s_{it}) &= \alpha_0 + \sum_{i \in C_i} \alpha_i' d_i + \sum_{t'=2}^{T} \gamma_t' c_{t'} + \sum_{k \in C_i} \beta_{ki} X_{kit} \\ &\quad + \sum_{k^\bullet j^\bullet \in C_i} \beta_{k^\bullet ij^\bullet} X_{k^\bullet j^\bullet t} + \epsilon_{it} \qquad (3.24)\end{aligned}$$

mit

$i \in C_i$	=	Marke i hat im differentiellen Effektmodell einen von Null verschiedenen Intercept
$k \in C_i$	=	Marketing-Instrument k der Marke i hat im differentiellen Effektmodell einen signifikanten Effekt
$k^* j^* \in C_i$	=	Marketing-Instrument k der Marke j hatte in der Residualanalyse einen signifikanten Kreuzeffekt auf die Marke i

Die nicht explizit definierten Variablen entsprechen denen der Modelle 3.4 (vgl. Seite 43) und 3.17 (vgl. Seite 56) bzw. 3.18 (vgl. Seite 56). Die Parameter der Modelle 3.23 und 3.24 sind mit Hilfe der linearen Regressionsanalyse zu berechnen. Allerdings haben Bultez und Naert (1975) gezeigt, daß die

Varianz-Kovarianzmatrix der Residuen heteroskedastisch ist, da im allgemeinen die Fehler ϵ_{it} und ϵ_{jt} für $i \neq j$ periodisch korrelieren. Aus diesem Grund sind die Parameter einer OLS-Schätzung nicht mehr beste linear unverzerrte Schätzer. Die Modelle in 3.23 oder 3.24 stellen ein System scheinbar unverbundener Gleichungen (seemingly unrelated equations) dar, so daß sich die Parameter mit Zellners Ansatz (1962) schätzen lassen. Die Gleichungen kann man als ein verallgemeinertes lineares Ein-Gleichungsmodell auffassen, bei dem über eine GLS-Schätzung beste linear unverzerrte Parameterwerte geschätzt werden können (vgl. Frohn 1995, S. 205). Bultez und Naert (1975) schlagen andererseits eine iterative generalisierte Kleinste-Quadrate-Schätzung der Parameter des Modells 3.23 oder des Modells 3.24 vor. Demgegenüber empfehlen Cooper und Nakanishi (1988) eine nicht-iterative generalisierte Kleinste-Quadrate-Schätzung. Gaver, Horsky und Narasimhan (1988) haben in diesem Zusammenhang die Auswirkungen alternativer Schätzprozeduren (OLS, GLS, iterative GLS) auf die Güte der Modellspezifikationen von Marktanteilsmodellen untersucht. Ihre Ergebnisse legen die Anwendung einer nicht-iterativen GLS-Prozedur zur Kalibrierung des CCHM-Modells nahe (Modelle in den Gleichungen 3.23 bzw. 3.24).

3.2.2.2 Die kontextabhängige Variablenkodierung

Im Zuge der Kalibrierung des CCHM-Modells besteht die Notwendigkeit, Unterschiede in den Marketing-Aktivitäten der einzelnen Wettbewerber zu berücksichtigen. Die zugrundeliegende Überlegung ist, daß Asymmetrien im Wettbewerb auch durch den zeitlich begrenzten und periodisch differentiellen Einsatz der Marketing-Maßnahmen verursacht werden. Die Preis-Promotion-Aktion eines Wettbewerbers hat eine andere Marktanteilswirkung, wenn sie die einzige innerhalb einer bestimmten Periode ist, als wenn noch weitere Wettbewerber in der gleichen Zeit eine Aktion durchführen. Daraus folgt, daß sich Marketing-Aktivitäten von denen der Wettbewerber unterscheiden müssen, weil sie nur so eine substantielle Marktanteilswirkung hervorrufen können.

Cooper und Nakanishi (1988, S. 70-72) haben nachgewiesen, daß die Variablen im MCI- oder MNL-Modell auch als Abweichungen von dem Mittel aller Marken in einer Periode in die Schätzung eingehen können, ohne die Modelleigenschaften des Attraktionsmodells zu verletzen. Die Marketing-Variablen X_{kit} lassen sich in der folgenden Art transformieren:

$$X^*_{kit} = \frac{X_{kit}}{\bar{X}_{kt}} \tag{3.25}$$

$$X^*_{kit} = X_{kit} - \bar{X}_{kt}. \tag{3.26}$$

$\tilde{X}_{kt}$ stellt das geometrische Mittel von X_{kit} über $i = 1, \ldots, m$ dar und $\bar{X}_{kt}$ ist das arithmetische Mittel von X_{kit} über $i = 1, \ldots, m$. Problematisch wirken sich diese Transformationen jedoch aus, wenn das MCI-Modell zu schätzen ist, da die Abweichung von dem Durchschnitt des Instrumentaleinsatzes auch negative Werte annehmen kann. Darüber hinaus lassen sich die Variablen $\tilde{X}_{kt}$ bei binär (anwesend/abwesend) kodierten Promotionsvariablen nicht direkt bestimmen. Vor diesem Hintergrund entwickelten Nakanishi, Cooper und Kassarjian 1974 einen *index of distinctiveness*, der die binären Variablen derart transformiert, daß sie in MCI-Modellen verwendbar sind.

Mit τ_t sei der Anteil der Marken festgelegt, die eine Promotionsaktion (z. B. ein Display) in einer bestimmten Woche t durchführen. So erhält τ_t den Wert 0.2, falls zwei von 10 Marken eine Displayaktion in der gleichen Woche anbieten. Der *index of distinctiveness* berechnet sich nun wie folgt:

$$
\begin{aligned}
X_{kit} &= 1/\tau_t, && \text{falls Marke } i \text{ die geforderte Eigenschaft in Woche } t \text{ erfüllt,} \\
X_{kit} &= 1 - \tau_t, && \text{falls Marke } i \text{ die geforderte Eigenschaft in Woche } t \text{ nicht erfüllt.}
\end{aligned}
$$

Im obigen Beispiel bekommen die beiden Marken mit der geforderten Eigenschaft den Wert 5 zugewiesen und die anderen Marken den Wert 0.8. Der Index bewirkt außerdem, daß die Transformationsvariablen sich im Falle einer umgekehrten Kodierung der Variablen symmetrisch verhalten. Falls dann die verlangte Eigenschaft erfüllt ist, muß $\tau_t = 0.8$ betragen, wodurch die Variable X_{kit} den Wert 1.25 (= 1/0.8) annimmt, andererseits erhält die Variable, welche die Eigenschaft jetzt nicht erfüllt, den Wert von 0.2 (= 1 − 0.8).

Der *index of distinctiveness* transformiert binäre Variablen derart, daß man sie direkt im MCI-Modell verwenden kann. Nach Cooper und Nakanishi (1983) ist der *index of distinctiveness* ein Spezialfall der allgemeinen z-Transformation. Es gilt:

$$
\begin{aligned}
z_{kit}^2 &= (1 - \tau_t)/\tau_t, && \text{falls Marke } i \text{ die Eigenschaft in Woche } t \text{ erfüllt,} \\
z_{kit}^2 &= \tau_t/(1 - \tau_t), && \text{falls Marke } i \text{ die Eigenschaft in Woche } t \text{ nicht erfüllt.}
\end{aligned}
$$

Z-Werte eignen sich dazu, differentielle Ausprägungen im Instrumentaleinsatz zu spezifizieren. Standardisierte Werte sind allerdings sowohl positiv als auch negativ, so daß sie im MNL-Modell, nicht aber im MCI-Modell einsetzbar sind. Diese Problematik läßt sich durch die exp(z) oder Zeta-Transformation lösen. Zeta-Werte berechnen sich über folgende Gleichung:

$$\zeta_{kit} = (1 + z_{kit}^2)^{\frac{1}{2}}, \quad \text{falls } z_{kit} \geq 0$$
$$\zeta_{kit} = (1 + z_{kit}^2)^{-\frac{1}{2}}, \quad \text{falls } z_{kit} \leq 0.$$

Die Zeta-Variablen nehmen nur positive Werte an und zeigen symmetrische Eigenschaften, falls die Ordnung der Originalvariablen invertiert wird. In dem vorherigen Beispiel sind 2 von 10 Marken in einer Aktion, so daß die Zeta-Variable den Wert $\sqrt{5}$ bei den Aktionsvariablen und $\frac{1}{\sqrt{1.25}}$ bei den Nichtaktionsvariablen erhält. Falls demgegenüber 8 anstatt 2 Marken eine Aktion durchführen, ergibt sich für Zeta der Wert von 1.25 bei einer Aktion und $\frac{1}{\sqrt{5}}$ bei einer nicht erfolgten Aktion.

Der *index of distinctiveness* wiederum ist ein Spezialfall der Zeta-Transformation. Es gilt:

$$\sqrt{\textit{index of distinctiveness}} = \zeta.$$

Sowohl die z- als auch die Zeta-Transformationen sind damit in der Lage, die Skalen der Variablen in den Wettbewerbskontext zu rücken. Die Marken, die eine Aktion durchführen, werden "unterschiedlich" zu den Marken, die in der analysierten Periode keine Aktion durchführen. Hierbei hängt die Unterschiedlichkeit einer Marke zu den Wettbewerbern von der Anzahl der Aktionsmarken in einer Periode ab.

Falls $f_{kt}(\cdot)$ in Modell 3.4 auf der Seite 43 als exp(z)-Transformation vorliegt, wird das CCHM-Modell als MNL-Modell spezifiziert, bei einer Zeta-Transformation für $f_{kt}(\cdot)$ ergibt sich ein MCI-Modell. Zum Abschluß der Diskussion über eine kontextabhängige Variablenkodierung stellt sich die Frage, welche Transformation vorzuziehen ist. Eine Antwort läßt sich jedoch nur vor dem Hintergrund ihrer Auswirkungen auf die Marktanteilselastizitäten geben, welche die Grundlage der Quantifizierung der Wettbewerbsbeziehungen bilden (vgl. hierzu Kapitel 3.2.2.5).

3.2.2.3 Die Multikollinearitätsproblematik

Ein grundsätzliches Problem bei der Schätzung des CCHM-Modells besteht in den potentiellen Kollinearitäten der erklärenden Marketing-Variablen. Die Multikollinearität in Marktanteilsmodellen basiert im wesentlichen auf drei Ursachen:

1. Promotionsaktionen umfassen häufig den simultanen Einsatz mehrerer Marketing-Instrumente. So wird bspw. eine Preisreduzierung mit einer Handzettelwerbung und einer Zweitplazierung im Geschäft verknüpft. Im Einsatz und im Ergebnis sind die Instrumente dann hoch miteinander korreliert.

2. In der Datenmatrix des Responsemodells haben die Spalten der Marketing-Instrumente einer Marke in den gleichen Zeilen eine "Null" als Eintrag, wodurch sie zwangsläufig miteinander korrelieren müssen. Angenommen, die Instrumente Preis und Display werden in einem Markt mit m Marken über T Wochen differentiell modelliert, so weisen in dem Falle die Spalten für Preis und Display bei einer Marke - unter der Annahme keiner fehlenden Werte - in $(m-1) \cdot T$ identischen Zeilen eine "Null" auf und in T identischen Zeilen einen Wert auf, der die Promotionsaktivitäten spezifiziert.

3. In vielen Warengruppen ist i. d. R. eine Marke pro Woche in der Aktion (Blattberg & Neslin 1990, S. 196), so daß sich das Wettbewerbsszenarium einer Woche aus den Informationen von $m-1$ Marken voraussagen läßt. Die Kenntnis der Promotionsaktionen der m-ten Marke führt lediglich zur Erhöhung der Kollinearität.

Aufgrund von Kollinearitäten in den Daten ist es nahezu unmöglich, die Wirkungen der einzelnen Promotionsvariablen auf den Marktanteil voneinander zu trennen (vgl. z. B. Judge, Hill, Griffiths, Lütkepohl & Lee 1988). Je größer der Grad an Multikollinearität, um so größer sind die Varianzen der Schätzfunktion für die Koeffizienten. Die Parameterschätzungen bekommen damit breite Konfidenzintervalle zugewiesen, so daß ein breites Spektrum an Hypothesen über die Koeffizienten mit den Daten vereinbar wird (Hübler 1989, S. 91). Die Hinzunahme weiterer oder aber die Streichung vorhandener Variablen kann sich bei Multikollinearitäten dann besonders kritisch auf die Parameterschätzer des CCHM-Modells auswirken.

In der Literatur finden sich zahlreiche Maße zur Identifikation von Multikollinearitäten. Ihre Diskussion ist aber nicht Gegenstand dieser Arbeit (ein Überblick alternativer Tests findet sich z. B. bei Belsley 1991 sowie Belsley, Kuh & Welsch 1980). Im Rahmen der vorliegenden Untersuchung wird der Konditionsindex von Belsley, Kuh und Welsch (1980, S. 104-105) zur Prüfung von Kollinearität benutzt. Der Index basiert auf dem Verhältnis von maximalem und minimalem Singulärwert der Regressionsmatrix. Die Grundidee ist, daß mit zunehmender Kollinearität eine größere Anzahl von Singulärwerten gegen Null tendiert. Das Verhältnis vom größten zum kleinsten Singulärwert ist damit ein Indikator für das Ausmaß der vorhandenen Multikollinearität. Belsley, Kuh und Welsch (1980, S. 105) haben in einer Serie von Analysen unterschiedlich kollinearer Datensätze den Einfluß der Kollinearität auf den Konditionsindex untersucht. Danach signalisiert ein Indexwert zwischen 5 und 10 die Abwesenheit von Multikollinearität, während ein Index zwischen 30 und 100 moderate bis sehr starke Abhängigkeiten anzeigt.

Eine Hauptaufgabe bei der Schätzung des CCHM-Modells besteht darin, den Einfluß der Multikollinearität auf die Schätzergebnisse zu reduzieren, wobei auf alternative Schätzverfahren wie z. B. Ridge-, Stein- oder Equity-Schätzer (vgl. z. B. Hoerl & Kennard 1976; Krishnamurthi & Rangaswamy 1987) zurückgegriffen werden könnte. Allerdings läßt sich die Multikollinearitätsproblematik auf einem wesentlich pragmatischeren Weg überwinden. Die Verwendung von z- oder Zeta-Werten der Marketing-Variablen stellt die Instrumente nämlich nicht nur in den Wettbewerbskontext, sondern reduziert gleichzeitig auch die gegenseitigen Abhängigkeiten in den Daten. Cooper und Nakanishi (1988, S. 141-143) analysieren den Einfluß von Rohdaten sowie z- und Zeta- Werten auf den o. g. Konditionsindex. In ihrem empirischen Beispieldatensatz sinkt der Index von 627 bei Rohdaten auf Werte unter 30 bei z- und Zeta-Werten. Die Variablentransformationen sind somit auch wirkungsvolle Maßnahmen gegen die systemimmanente Kollinearität im CCHM-Modell.

3.2.2.4 Die Behandlung von Nullmarktanteilen

Ein weiteres Problem, welches bei der Schätzung des CCHM-Modells auftritt, stellen Null-Verkäufe in einzelnen Perioden dar, die aufgrund der Logarithmierung des Marktanteils in den Modellen 3.23 und 3.24 zunächst nicht zu berücksichtigen sind. Eine Möglichkeit, dieses Problem zu vermeiden besteht darin, die entsprechenden Fälle, in denen eine Marke keine Abverkäufe erzielt, aus der Analyse zu streichen. Alternativ kann ein EM-Ansatz (vgl. Dempster, Laird und Rubin 1977) verwendet werden, der speziell für Probleme mit fehlenden Daten entwickelt worden ist. Der EM-Algorithmus sucht nach einer Maximum-Likelihood-Lösung, indem in einem iterativen Prozeß die fehlenden Werte auf der Basis der zuvor geschätzten Parameter bestimmt werden. Allerdings konvergiert der Algorithmus nur langsam, ein Problem, das sich insbesondere bei vielen fehlenden Werten bemerkbar macht. Darüber hinaus setzen die bisher entwickelten Regressionsansätze zumeist entweder eine vollständig spezifizierte Matrix der Marketing-Instrumentalvariablen (vgl. z. B. Malhotra 1987) oder aber alle Informationen auf Seiten der zu erklärenden Variablen (vgl. z. B. Cooper, de Leeuw & Sogomonian 1991) voraus.

Fehlende Werte bei Scannerdaten beziehen sich indes immer auf alle Erhebungseinheiten, so daß neben den Absatzdaten automatisch auch die Informationen über die Marketing-Instrumente fehlen. Im allgemeinen kann man zwar davon ausgehen, daß Null-Verkäufe nur in aktionslosen Wochen auftreten, so daß die qualitativen Promotionsinstrumente, wie z. B. Display und Handzettel, mit einer Null zu kodieren sind. Problematischer wirkt sich allerdings das Fehlen des Preises aus, der nur auf der Basis der Vorperiodenpreise abzuleiten ist.

3.2.2.5 Die Schätzung von Marktanteilselastizitäten

Entsprechend der vorangegangenen Diskussion sind die Marktanteilselastizitäten ein Maß für die Wettbewerbsbeziehungen zwischen den Marken. Ihre Berechnung für jedes einzelne Marketing-Instrument und jede Beobachtungsperiode im CCHM-Modell ergibt sich durch:

$$\begin{aligned} x_{ijt}^{(k)} &= \overbrace{\beta_{ki} v_{ijt}^{(k)} - \sum_{i'=1}^{m} s_{i't} \beta_{ki'} v_{i'jt}^{(k)}}^{\text{Direkter Effekt}} \\ &\quad + \overbrace{\sum_{(kj^*) \epsilon C_i} \beta_{kij^*} v_{j^*jt}^{(k)} - \sum_{i'=1}^{m} s_{i't} \sum_{(kj') \epsilon C_{i'}} \beta_{ki'j'} v_{j'jt}^{(k)}}^{\text{Kreuzeffekt}} \qquad (3.27) \end{aligned}$$

$$v_{ijt}^{(k)} = \frac{\delta f_{kt}(X_{kit})}{\delta X_{kjt}} \times \frac{X_{kjt}}{f_{kt}(X_{kit})}. \qquad (3.28)$$

Die Elastizitäten in Gleichung 3.27 bestehen aus zwei separaten Wettbewerbseffekten (vgl. Carpenter, Cooper, Hanssens & Midgley 1988, S. 397). Der direkte Effekt enthält die Wirkung, welche die Marketing-Aktion von Wettbewerber i auf den Marktanteil der Marke i ausübt. Die Stärke der Wirkung wird über die Abweichung von der durchschnittlichen Stärke der Eigeneffekte der Wettbewerber, gewichtet mit dem Marktanteil, erfaßt. Der Kreuzeffekt gibt den kombinierten Einfluß aller Wettbewerber wieder, die einen potentiellen Einfluß auf die Marke i haben. Auch in diesem Falle wird die Wirkung des Kreuzeffektes als Abweichung von der durchschnittlichen Wirkung gemessen. Die Variable $v_{ijt}^{(k)}$ mißt den relativen Einfluß von $f_{kt}(X_{kit})$ auf X_{kjt}, so daß sich die Elastizitäten in Gleichung 3.27 nicht auf die exp(z) oder Zeta-Werte, sondern auf die Rohdaten beziehen. Diese Transformation ist deshalb zwingend notwendig, da die Elastizitäten sonst nicht durch das Marketing-Management zu interpretieren sind.

Desweiteren ist bei der Diskussion der Marktanteilselastizitäten zu erörtern, ob das MCI-Modell dem MNL-Modell vorzuziehen ist und welche Auswirkungen die in Kapitel 3.2.2.2 angesprochenen Variablentransformationen auf die Elastizitätenstruktur haben. Ohne Einschränkung der allgemeinen

Abbildung 3.1: Marktanteilselastizitäten des MCI- & MNL-Modells (aus Cooper & Nakanishi 1988, S. 35)

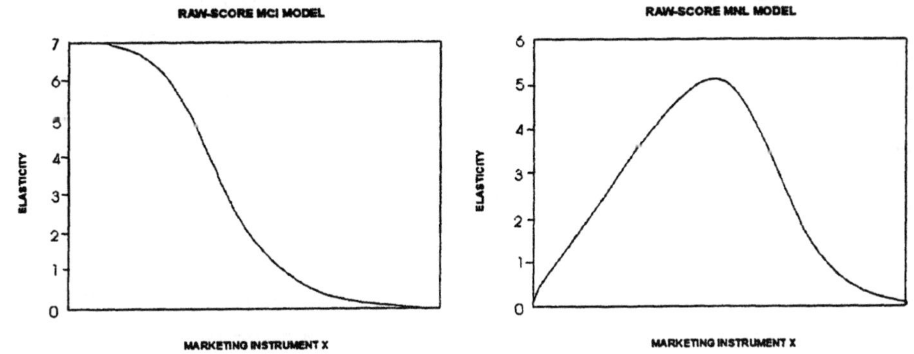

Gültigkeit kann sich die Diskussion auf das differentielle Effektmodell beschränken, wobei $f_{kt}(\cdot)$ eine Identitätstransformation oder eine Exponentialtransformation darstellt. Die Elastizitäten des MCI-Modells ergeben sich dann durch

$$x_{iit} = \beta_{ki}(1 - s_{it})$$

und die des MNL-Modells durch

$$x_{iit} = \beta_{ki}(1 - s_{it})X_{kit}.$$

Abbildung 3.1 stellt den Funktionszusammenhang von Elastizitäten und dem Marketing-Instrumentaleinsatz graphisch dar. Im MCI-Modell sind geringe Ausprägungen bei einem Marketing-Instrument mit den höchsten Elastizitäten verbunden. Eine derartige Spezifikation kann für das Instrument Preis unterstellt werden. Demgegenüber läßt sich bei dem MNL-Modell ein Schwellenwerteffekt feststellen. Erst nach dem Überschreiten der Schwelle kommt es zu größeren Marktanteilswirkungen. Das MNL-Modell eignet sich deshalb besonders für die Modellierung von Werbemaßnahmen. Im Zuge der Analyse von Preis- und Promotionsaktionen erscheint jedoch das MCI-Modell zur Ableitung von Marktanteilselastizitäten überlegen.

Die Frage, ob besser Zeta-Werte oder exp(z)-Werte verwendet werden sollen, kann anhand des dargestellten Funktionsverlaufs in Abbildung 3.2 beantwortet werden. Die Diskussion der Zeta-Transformation soll auf der Basis des Instruments Preis erfolgen. Eine Preissenkung von ca. einer halben Standardabweichung unter den Durchschnittspreis der Produktkategorie ist mit starken Marktanteilsgewinnen verbunden. In dieser Wettbewerbssituation unter-

Abbildung 3.2: Marktanteilselastizitäten bei Zeta- und exp(z)-Transformationen (aus Cooper & Nakanishi 1988, S. 77)

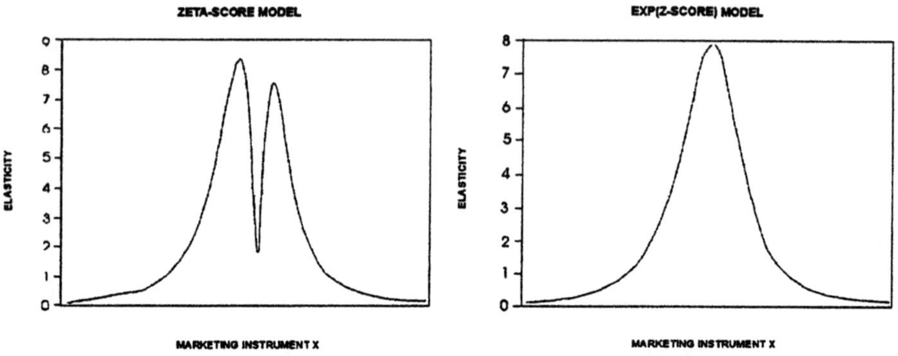

scheidet sich der Preis des angebotenen Produktes von dem der Wettbewerber. Falls der Preis weiter gesenkt wird, wachsen die Marktanteile auf einem insgesamt niedrigeren Niveau weiter. Markenwechselkäufer haben ihre Nachfrage im wesentlichen bereits getätigt, so daß über die bisherigen Preissenkungen hinausgehende Maßnahmen kaum noch Konsumenten zum Kauf stimulieren können. Andererseits verursachen Preiserhöhungen zunächst größere Marktanteilsverluste, weitergehende Preissteigerungen sind dann aber nur noch mit geringen Verlusten verbunden. Innerhalb der Mittelposition bleiben dagegen kleinere Preisvariationen ohne Marktanteilswirkung. Hier wird deutlich, daß sich Marketing-Aktionen von den Wettbewerberaktivitäten abheben müssen, um im Markt von den Konsumenten bemerkt zu werden.

Der Verlauf der Elastizitäten auf der Basis von exp(z)-transformierten Daten läßt sich gut am Beispiel der Ausgaben für Werbung verdeutlichen. Werbeausgaben, die den durchschnittlichen Werbeausgaben in der Produktkategorie entsprechen, erzielen insgesamt die höchste Wirkung. Bei einer Unterschreitung dieses Niveaus wird die Werbung nicht ausreichend durch die Konsumenten wahrgenommen, um einen Kaufimpuls auszulösen. Das Überschreiten der durchschnittlichen Werbeanstrengungen einer Produktkategorie ist dagegen häufig nur mit einem unterproportionalen Zuwachs verbunden.

Für die Analyse von Preis- und Promotionsaktionen im Rahmen des CCHM-Modells wird aufgrund der vorangegangenen Diskussion die Zeta-Transformation innerhalb des MCI-Modells bevorzugt.

3.2.3 Die Parameterschätzung mit dem CCA-Modell

Das CCA-Modell (Cooper, Klapper & Inoue 1996) basiert auf einer Hintereinanderschaltung mehrerer Prozeduren zur Schätzung der Parameter des vollständig erweiterten Kreuzeffektmodells. Der erste Schritt der Analyse umfaßt die Schätzung von Komponentenwerten auf der Basis einer dreimodalen Faktorenanalyse bevor im nächsten Schritt Regressionsparameter für die Komponentenwerte berechnet werden. Auf der Grundlage der bisher ermittelten Werte lassen sich schließlich die Parameter des vollständig erweiterten Kreuzeffektmodells über Rücktransformationen ermitteln. Die beiden folgenden Kapitel diskutieren die Parameterschätzung des CCA-Ansatzes und geben entsprechend den Ausführungen zum CCHM-Modell einen Überblick über die Relevanz einer kontextabhängigen Variablenkodierung, das Vorhandensein von Multikollinearitäten, der Behandlung von fehlenden Daten sowie die Schätzung von Marktanteilselastizitäten.

3.2.3.1 Die Modellkalibrierung

Ausgangspunkt des CCA-Modells bildet das vollständig erweiterte Kreuzeffektmodell. Die Modellkalibrierung von

$$\begin{aligned} s_{it} &= \frac{A_{it}}{\sum_j A_{jt}} \\ A_{it} &= \exp(\alpha_i + \epsilon_{it}) \prod_{k=1}^{K} \prod_{j=1}^{m} f_{kt}(\dot{X}_{kjt})^{\gamma_{kij}} \end{aligned} \tag{3.29}$$

erfolgt über die folgende multivariate Regression (vgl. Cooper & Nakanishi 1988, S. 149)[2]:

$$\mathbf{Y} = \dot{\mathbf{X}}\boldsymbol{\Gamma} + \mathbf{EE} \tag{3.30}$$

mit

s_{it} = Marktanteil der Marke i in Periode t

$\tilde{s}_t$ = geometrisches Mittel von s_{it} über i mit $i = 1, \ldots, m$

$\mathbf{Y}$ = $(T \times m)$-dimensionale Matrix der Elemente $\{\ln \frac{s_{it}}{\tilde{s}_t}\}$

[2] Das im weiteren Verlauf verwendete Modell der dreimodalen Faktorenanalyse wird sowohl bei der Schätzung des asymmetrischen Marktanteilsmodells als auch zur Dekomponierung der Marktanteilselastizitäten eingesetzt. Um eine einheitliche Nomenklatur sicherzustellen, sind die für beide Modellansätze verwendeten Variablenbezeichnungen im CCA-Modell mit einem • gekennzeichnet. Entsprechend wird die Variable X_{kit} durch $\dot{X}_{ikt}$ ersetzt. Außerdem sind die Responseparameter β_{kij} jetzt mit γ_{kij} benannt.

$\mathbf{j}$	=	$(T \times 1)$-dimensionaler Vektor mit Einsen
$\dot{X}_{ikt}$	=	Ausprägung des k-ten Marketing-Instruments der Marke i in Periode t
$\dot{\mathbf{X}}_k$	=	$(T \times m)$-dimensionale Matrix der Elemente $\{\ln[f_{kt}(\dot{X}_{jkt})]\}$
$\dot{\mathbf{X}}$	=	$(T \times [1 + m \cdot K])$-dimensionale Matrix mit $(\mathbf{j}\vert\dot{\mathbf{X}}_1\vert\dot{\mathbf{X}}_2\vert\cdots\vert\dot{\mathbf{X}}_K)$
α_i	=	Zeitkonstante Attraktion der Marke i
γ_{kij}	=	Responseparameter des k-ten Marketing-Instruments der Marke j auf die Attraktion der Marke i
$\underline{\gamma_i}$	=	$([1 + m \cdot K] \times 1)$-dimensionaler Vektor mit $(\alpha_i\vert\gamma_{1i1}\cdots\gamma_{1im}\vert\cdots\vert\gamma_{Ki1}\cdots\gamma_{Kim})'$
$\mathbf{\Gamma}$	=	$([1 + m \cdot K] \times m)$-dimensionale Matrix mit den Vektoren $(\underline{\gamma_1}\vert\underline{\gamma_2}\vert\cdots\vert\underline{\gamma_m})$
$\mathbf{EE}$	=	$(T \times m)$-dimensionale Matrix der Zufallsfehler
$f_{kt}(\cdot)$	=	Monotone Transformationsfunktion des k-ten Marketing-Instruments in Periode t
m	=	Anzahl der Marken
K	=	Anzahl der Marketing-Instrumente.

Der erste Schritt bei der Anwendung des CCA-Modells besteht in einer dreimodalen Faktorenanalyse des Datenarrays (Marken, Instrumente, Wochen). Auf der Grundlage der ermittelten Komponentenmatrizen lassen sich sogenannte Komponentenwerte für jede einzelne Woche berechnen, die dann den Input einer reduzierten multivariaten Regression bilden.

Im folgenden wird die Vorgehensweise des CCA-Ansatzes detailliert erörtert, wobei die theoretischen Grundlagen der dreimodalen Faktorenanalyse ausgeklammert bleiben, da diese in Kapitel 4.3.2 diskutiert werden. Den Dateninput der dreimodalen Faktorenanalyse im CCA-Ansatz bilden hier die beobachteten Wettbewerbsmaßnahmen der einzelnen Marken bei den zugrundeliegenden Instrumenten über eine bestimmte Anzahl von Wochen. Zu beachten ist in diesem Zusammenhang, daß sich die auf der EAN-Ebene gemessenen Marken hinsichtlich Packungsgrößen/Inhaltsmengen, Geschmacksrichtungen und anderen Merkmalen unterscheiden. Die EANs, Instrumente und Wochen bilden einen dreidimensionalen und dreimodalen Datenarray. Der Modus korrespondiert mit den Entitäten, die den dreidimensionalen Datenarray bestimmen. Die Dimensionalität wiederum hängt von der Anzahl der Indizes ab, die den Array formen. Dieser Datenarray enthält die Marketingstrategien der einzelnen EANs über die Wochen und stellt die notwendige Information darüber bereit, ob die EANs eines Herstellers zu einer übergeordneten Marke zusammengefaßt werden dürfen oder ob Marketing-Instrumente, welche relativ selten zum Einsatz kommen, besser aus der Analyse zu streichen sind.

Die dreimodale Faktorisierung der Daten identifiziert Gemeinsamkeiten der einzelnen EANs in ihrem Instrumentaleinsatz (z. B. Coupons für große Packungen sowie Werbung und Preisreduzierungen für die kleine Packungen des gleichen Herstellers) und ermöglicht somit eine Analyse der komplexen Interaktionen des Marketing-Instrumentaleinsatzes der EANs über die Zeit. Das Modell zur Schätzung der dreimodalen Faktorenanalyse basiert auf einer Generalisierung der Hauptkomponentenanalyse für dreimodale Daten (vgl. Tucker 1966) und wurde von Kroonenberg und de Leeuw (1980) als Tucker3-Modell eingeführt. Es hat die folgende algebraische Struktur:

$$\dot{X}_{ikt} = \sum_{p=1}^{\dot{P}} \sum_{q=1}^{\dot{Q}} \sum_{r=1}^{\dot{R}} \dot{a}_{ip} \dot{b}_{kq} \dot{c}_{tr} \dot{g}_{pqr} + \dot{e}_{ikt}, \qquad (3.31)$$

wobei $\dot{X}_{ikt}$ ein Eintrag des dreimodalen Datenarrays ist mit $i = 1, \ldots, m$ EANs, $k = 1, \ldots, K$ Instrumente und $t = 1, \ldots, T$ Wochen. $\dot{e}_{ikt}$ ist der Fehler, falls $\dot{X}_{ikt}$ nicht in alle möglichen Komponenten zerlegt wird. Der Koeffizient $\dot{a}_{ip}$ mißt den Zusammenhang der i-ten EAN mit dem p-ten Wettbewerbsfaktor der EANs. EANs, welche eine vergleichbare Promotionsstrategie über die Zeit verfolgen, sind in einer Markenkomponente zusammengefaßt. Das Element $\dot{b}_{kq}$ zeigt die Beziehung zwischen dem k-ten Instrument und der q-ten Wettbewerbskomponente der Instrumente an. Hierbei summiert das Modell diejenigen Instrumente in einer Komponente, welche durch die EANs in vergleichbarer Art und Weise eingesetzt werden. Entsprechend der vorangegangenen Diskussion repräsentiert $\dot{c}_{tr}$ den Zusammenhang der t-ten Woche mit der r-ten Komponente der Wochen. $\dot{g}_{pqr}$ ist ein Element der sogenannten Kernmatrix, welche die Interaktionen zwischen den Komponenten unterschiedlicher Modalitäten spezifiziert.

Die Schätzung des Modells beruht auf dem TUCKALS3-Algorithmus (Kroonenberg & de Leeuw 1980), der im Kapitel 4.3.2.2.2 erörtert wird. Die Beziehung des Tucker3-Modells zur Schätzung von differentiellen Effekten und Kreuzeffekten des Wettbewerbs zeigt sich, wenn das Modell in Matrixnotation dargestellt wird:

$$\dot{\mathbf{X}}_t = \dot{\mathbf{A}} \left(\sum_{r=1}^{\dot{R}} \dot{c}_{tr} \dot{\mathbf{G}}_r \right) \dot{\mathbf{B}}' + \dot{\mathbf{E}}_t. \tag{3.32}$$

$\dot{\mathbf{X}}_t$ ist die t-te Scheibe des dreidimensionalen Datenarrays und repräsentiert den Marketing-Instrumentaleinsatz aller EANs in der Woche t. $\dot{\mathbf{G}}_r$ ist die r-te Scheibe der Kernmatrix und spezifiziert den Zusammenhang der $(m \times \dot{P})$- und der $(K \times \dot{Q})$-dimensionalen Komponentenmatrizen $\dot{\mathbf{A}}$ und $\dot{\mathbf{B}}$ für die r-te Wettbewerbskomponente der Wochen. Das Tucker3-Modell läßt sich dann wie folgt formulieren:

$$\dot{\mathbf{X}}_t = \dot{\mathbf{A}}\dot{\mathbf{H}}_t\dot{\mathbf{B}}' + \dot{\mathbf{E}}_t \tag{3.33}$$

mit

$$\dot{\mathbf{H}}_t = \sum_{r=1}^{\dot{R}} \dot{c}_{tr} \dot{\mathbf{G}}_r. \tag{3.34}$$

$\dot{\mathbf{H}}_t$ enthält die Linearkombination der mit den Komponentenladungen der Wochen gewichteten frontalen Kernmatrixscheiben $\dot{\mathbf{G}}_r$ der Woche t. Tucker (1972) bezeichnet diese Matrix im Rahmen der Analyse von individuellen Differenzen mit der mehrdimensionalen Skalierung als *individual characteristic matrix*. $\dot{\mathbf{H}}_t$ kennzeichnet die Stärke der Interaktionen zwischen den $\dot{P}$ EAN-Komponenten und den $\dot{Q}$ Instrumente-Komponenten in der t-ten Woche. Falls man die Elemente von $\dot{\mathbf{H}}_t$ zu einem Zeilenvektor aufreiht, läßt sich dieser Vektor als t-te Beobachtung in einem reduzierten multivariaten Regressionsmodell verwenden. Auf diese Weise ist es möglich, die Anzahl der Parameter im Modell 3.30 von $(m^2 \times K + m)$ auf $(\dot{P}^2 \times \dot{Q} + \dot{P})$ zu senken, wobei im allgemeinen $\dot{P} \ll m$ und $\dot{Q} \ll K$ sind. Die vektorisierten Matrizen werden untereinander gestellt, um ein Markenintercept ergänzt und in der $(T \times [1 + \dot{P} \cdot \dot{Q}])$-dimensionalen Matrix $\dot{\mathbf{H}}$ festgehalten.

Da jetzt die Komponentenwerte die unabhängigen Variablen repräsentieren, muß man die Matrix der abhängigen Variablen zur Komponentenmatrix $\dot{\mathbf{A}}$ in Beziehung setzen:

$$\mathbf{Y}^* = \mathbf{Y}\dot{\mathbf{A}} \tag{3.35}$$

mit $\mathbf{Y}$ als $(T \times m)$-dimensionale Matrix der Marktanteile und $\dot{\mathbf{A}}$ als $(m \times \dot{P})$-dimensionale Komponentenmatrix der EANs. Damit ergibt sich das folgende reduzierte multivariate Regressionsmodell:

$$\mathbf{Y}^* = \dot{\mathbf{H}}\mathbf{\Gamma}_{\dot{P}\dot{Q}} + \mathbf{E}\mathbf{E}^*. \tag{3.36}$$

Das Subskript $\dot{P}\dot{Q}$ indiziert die Anzahl der Parameter, die mit dem Modell in 3.36 geschätzt werden. Zu beachten ist allerdings, daß der Rang der Matrix $\dot{\mathbf{H}}$ dem Rang der Matrix $\dot{\mathbf{C}}$ plus Eins für das hinzugefügte Intercept entspricht (vgl. Tucker 1966, S. 289). Daraus folgt, daß sich die Parameter $\mathbf{\Gamma}_{\dot{P}\dot{Q}}$ nicht direkt berechnen lassen. Dieses Problem ist auf der Basis einer Singulärwertzerlegung der Matrix $\dot{\mathbf{H}}$ zu lösen:

$$\dot{\mathbf{H}} = \mathbf{U}\mathbf{\Lambda}\mathbf{V}'. \tag{3.37}$$

Man verwendet dann die ersten $(\dot{R}+1)$ Singulärvektoren der Matrix $\mathbf{U}$ zur Schätzung der Matrix $\mathbf{\Gamma}^*_{\dot{P}\dot{Q}}$:

$$\begin{aligned} \mathbf{\Gamma}^*_{\dot{P}\dot{Q}} &= \left(\mathbf{U}'_{(\dot{R}+1)}\mathbf{U}_{(\dot{R}+1)}\right)^{-1}\mathbf{U}'_{(\dot{R}+1)}\mathbf{Y}^* \\ &= \mathbf{U}'_{(\dot{R}+1)}\mathbf{Y}^*. \end{aligned} \tag{3.38}$$

Die unverzerrten Schätzer der Matrix $\mathbf{\Gamma}_{\dot{P}\dot{Q}}$ berechnen sich über

$$\mathbf{\Gamma}_{\dot{P}\dot{Q}} = \mathbf{V}_{(\dot{R}+1)}\mathbf{\Lambda}^{-1}_{(\dot{R}+1)}\mathbf{\Gamma}^*_{\dot{P}\dot{Q}}. \tag{3.39}$$

Die Varianz-Kovarianzmatrix der Residuen und die Varianz der $\mathbf{\Gamma}$-Koeffizienten ergeben sich durch:

$$\begin{aligned} \mathbf{\Sigma}_{\dot{P}\dot{Q}} &= \frac{1}{T}(\mathbf{Y}^* - \dot{\mathbf{H}}\mathbf{\Gamma}_{\dot{P}\dot{Q}})'(\mathbf{Y}^* - \dot{\mathbf{H}}\mathbf{\Gamma}_{\dot{P}\dot{Q}}) \\ &= \frac{1}{T}(\mathbf{Y}^* - \mathbf{U}_{(\dot{R}+1)}\mathbf{\Lambda}_{(\dot{R}+1)}\mathbf{V}'_{(\dot{R}+1)}\mathbf{V}_{(\dot{R}+1)}\mathbf{\Lambda}^{-1}_{(\dot{R}+1)}\mathbf{\Gamma}^*_{\dot{P}\dot{Q}})' \\ &\quad (\mathbf{Y}^* - \mathbf{U}_{(\dot{R}+1)}\mathbf{\Lambda}_{(\dot{R}+1)}\mathbf{V}'_{(\dot{R}+1)}\mathbf{V}_{(\dot{R}+1)}\mathbf{\Lambda}^{-1}_{(\dot{R}+1)}\mathbf{\Gamma}^*_{\dot{P}\dot{Q}}) \\ &= \frac{1}{T}(\mathbf{Y}^* - \mathbf{U}_{(\dot{R}+1)}\mathbf{\Gamma}^*_{\dot{P}\dot{Q}})'(\mathbf{Y}^* - \mathbf{U}_{(\dot{R}+1)}\mathbf{\Gamma}^*_{\dot{P}\dot{Q}}) \end{aligned} \tag{3.40}$$

und

$$\mathrm{Var}(\mathbf{\Gamma}_{\dot{P}\dot{Q}}) = \mathrm{Diag}(\dot{\mathbf{H}}'\dot{\mathbf{H}})^{-1} \otimes \mathbf{\Sigma}_{\dot{P}\dot{Q}} \tag{3.41}$$

mit $\otimes$ als Kronecker-Produkt. Die Subskripte an den Matrizen $\mathbf{\Sigma}_{\dot{P}\dot{Q}}$ und $\mathbf{\Gamma}_{\dot{P}\dot{Q}}$ indizieren wiederum, daß sich die Varianz-Kovarianzmatrix der Fehler und die Matrix der Regressionskoeffizienten auf die Lösung mit $\dot{P}$ EAN- und $\dot{Q}$ Instrumente-Komponenten beziehen.

Obwohl diese Lösung direkt interpretierbar ist, scheint es sinnvoll, die Regressionskoeffizienten und Standardfehler des vollständig erweiterten Kreuzeffektmodells mit m EANs und K Instrumenten zu berechnen. Zur Realisierung dieser Zielsetzung muß man die Matrix $\mathbf{\Gamma}_{\dot{P}\dot{Q}}$ im ersten Schritt zu den m

EANs in Beziehung setzen, wobei die Komponentenmatrix $\dot{\mathbf{A}}$ die Information dafür bereitstellt. Mit $\mathbf{I}_{\dot{Q}}$ als $\dot{Q}$-dimensionaler Identitätsmatrix und $\dot{\mathbf{A}}^{+}$ als generalisierte Inverse der Matrix $\dot{\mathbf{A}}$ berechnen sich die Regressionskoeffizienten der m EANs auf den $\dot{Q}$ Instrumente-Komponenten durch:

$$\mathbf{\Gamma}_{m\dot{Q}} = (\mathbf{I}_{\dot{Q}} \otimes \dot{\mathbf{A}})\mathbf{\Gamma}_{\dot{R}\dot{P}\dot{Q}}\dot{\mathbf{A}}^{+}. \tag{3.42}$$

Das Subskript $\dot{R}$ bei der Matrix der Regressionskoeffizienten $\mathbf{\Gamma}_{\dot{R}\dot{P}\dot{Q}}$ indiziert, daß die markenspezifischen Koeffizienten durch Streichung der ersten Spalte von $\mathbf{\Gamma}_{\dot{P}Q}$ entfernt worden sind. Zur Berechnung der Varianz-Kovarianzmatrix von $\mathbf{\Gamma}_{m\dot{Q}}$ muß man zunächst die Spalte der Markenintercepts aus der Matrix $\dot{\mathbf{H}}$ streichen. Diese Matrix wird mit $\dot{\mathbf{H}}_{\dot{R}}$ bezeichnet. Die Regressionsmatrix bezüglich der originalen m EANs ist dann:

$$\dot{\mathbf{X}}_{\dot{Q}} = \dot{\mathbf{H}}_{\dot{R}}(\mathbf{I}_{\dot{Q}} \otimes \dot{\mathbf{A}}^{+}) \tag{3.43}$$

und die korrespondierende Varianz-Kovarianzmatrix bestimmt sich über

$$\mathbf{\Sigma}_{m\dot{Q}} = \frac{1}{T}(\mathbf{Y} - \dot{\mathbf{X}}_{\dot{Q}}\mathbf{\Gamma}_{m\dot{Q}})'(\mathbf{Y} - \dot{\mathbf{X}}_{\dot{Q}}\mathbf{\Gamma}_{m\dot{Q}}) \tag{3.44}$$

mit

$$\mathrm{Var}(\mathbf{\Gamma}_{m\dot{Q}}) = \mathrm{Diag}(\dot{\mathbf{X}}'_{\dot{Q}}\dot{\mathbf{X}}_{\dot{Q}})^{-1} \otimes \mathbf{\Sigma}_{m\dot{Q}}. \tag{3.45}$$

Das Subskript $\dot{Q}$ zeigt an, daß sich die Regressionsmatrix auf die $\dot{Q}$ Komponenten der Instrumente bezieht.

In einem weiteren Schritt können die Regressionsparameter der m EANs für die K Instrumente berechnet werden. Die notwendige Information für diese Rücktransformation enthält die Komponentenmatrix $\dot{\mathbf{B}}$:

$$\mathbf{\Gamma}_{mK} = (\dot{\mathbf{B}} \otimes \mathbf{I}_m)\mathbf{\Gamma}_{m\dot{Q}} \tag{3.46}$$

mit $\mathbf{I}_m$ als m-dimensionale Identitätsmatrix. $\mathbf{\Gamma}_{mK}$ ist die $(m \times [m \cdot K])$-dimensionale Matrix der Regressionsparameter der m EANs und K Marketing-Instrumente. Die korrespondierende Regressionsmatrix $\dot{\mathbf{X}}_K$ berechnet sich durch:

$$\dot{\mathbf{X}}_K = \dot{\mathbf{X}}_{\dot{Q}}(\dot{\mathbf{B}}^{+} \otimes \mathbf{I}_m) \tag{3.47}$$

mit $\dot{\mathbf{B}}^{+}$ als generalisierte Inverse der Matrix $\dot{\mathbf{B}}$ und dem Subskript K als Indikator für die originalen Marketing-Instrumente. Die Standardfehler des vollständig erweiterten Kreuzeffektmodells können schließlich wie folgt bestimmt werden:

$$\mathbf{\Sigma}_{mK} = \frac{1}{T}(\mathbf{Y} - \dot{\mathbf{X}}_K \mathbf{\Gamma}_{mK})'(\mathbf{Y} - \dot{\mathbf{X}}_K \mathbf{\Gamma}_{mK}) \tag{3.48}$$

sowie durch

$$\mathrm{Var}(\mathbf{\Gamma}_{mK}) = \mathrm{Diag}(\dot{\mathbf{X}}_K' \dot{\mathbf{X}}_K) \otimes \mathbf{\Sigma}_{mK}. \tag{3.49}$$

Zu beachten ist in diesem Zusammenhang, daß die Standardfehler möglicherweise die vorgegebene Sicherheit der Parameter überschätzen. Die Standardfehler sind nur gültig, wenn die Marktresponse unkorreliert mit den aus den Daten entfernten Komponenten ist. Aus diesem Grunde empfiehlt es sich, auch eine Analyse mit den $(m - \dot{P})$, $(K - \dot{Q})$ und $(T - \dot{R})$ ausgeschlossenen Komponenten durchzuführen.

3.2.3.2 Weitere Anmerkungen zum Einsatz des CCA-Modells zur Wettbewerbsanalyse

Nachdem die Parameterschätzung des CCA-Ansatzes erörtert worden ist, müssen im folgenden noch einige Anmerkungen in bezug auf die Variablenkodierung, die Fehlerterme, die Multikollinearitätsproblematik, das Vorhandensein von Nullmarktanteilen sowie die Schätzung von Marktanteilselastizitäten gemacht werden.

Die im Rahmen der Parameterschätzung des CCHM-Modells zur kontextabhängigen Variablenkodierung vorgebrachten Argumente gelten ebenfalls für den CCA-Ansatz. Auch hier erweist es sich als erforderlich, die Unterschiedlichkeit der Marken im Wettbewerb zu modellieren, um so den Marketing-Instrumentaleinsatz der einzelnen EANs in den Wettbewerbskontext einordnen zu können. Daher kann wiederum die exp(z)- oder Zeta-Transformation Verwendung finden. Die so transformierten Daten bilden dann den Input für das Tucker3-Modell.

Bezüglich der Eigenschaften des Fehlerterms im Modell 3.30 läßt sich feststellen, daß die OLS-Schätzung sogenannte beste linear unverzerrte Parameterschätzer ergibt (vgl. Cooper & Nakanishi 1988, S. 149).

Die im Rahmen des CCHM-Modells diskutierte systemimmanente Multikollinearität von Attraktionsmodellen stellt im CCA-Ansatz kein Problem dar. Die Regressionsmatrix wird mit dem Tucker3-Modell in ihre Basiskomponenten zerlegt, wodurch lediglich die ersten P, Q und R-Komponenten erhalten bleiben, so daß sich die Kollinearitäten in der Regressionsmatrix reduzieren. Falls darüber hinaus exp(z)- oder Zeta-transformierte Daten den Input der Paramaterschätzung bilden, kann man durch die dreimodale Faktorenanalyse das Ausmaß der Kollinearität weiter verringern.

Problematischer für die Durchführung des CCA-Modells ist das Vorhandensein von Nullmarktanteilen. Das multivariate Regressionsmodell und auch das Tucker3-Modell setzen jeweils eine vollständig spezifizierte Datenmatrix mit Einträgen für jede (i, k, t)-Kombination voraus. Für die Schätzung der Komponentenwerte bedeutet dies, daß die fehlenden Werte vor Beginn der Analyse oder im Rahmen der Schätzung des Tucker3-Modells zu berechnen sind.

Die Berechnung von Marktanteilselastizitäten erfolgt entsprechend den Ausführungen des CCHM-Modells. Sowohl der CCA-Ansatz als auch das CCHM-Modell sind Verfahren, welche das vollständig erweiterte Kreuzeffekt-Modell zur Grundlage haben. Somit ergeben sich die Elastizitäten nach Gleichung 3.27.

Kapitel 4

Die Repräsentation der Wettbewerbsbeziehungen

4.1 Die Zielsetzung des Systems

Die Aufgabe dieses Kapitels ist es, alternative Lösungsansätze zur Repräsentation der Wettbewerbsbeziehungen zu erörtern. Im Zentrum der Analyse stehen die Marktanteilselastizitäten der Wettbewerbsmarken, welche ein Maß für die Richtung und Stärke der Wirkungsbeziehungen sind (zur Berechnung der Marktanteilselastizitäten vgl. Kapitel 3.2.2.5). Die Schätzung der Elastizitäten für mehrere Marken und spezifische Wochen führt zu einer dreidimensionalen Datenmatrix, die durch eine außerordentlich hohe Komplexität gekennzeichnet ist. Die in diesen Daten bereitgestellten Informationen sind so detailliert, daß die Kerndeterminanten des Wettbewerbs nicht unmittelbar sichtbar werden. Diese Problematik kann man an dem hypothetischen Fall verdeutlichen, daß Scannerdaten für 10 Marken, 52 Wochen und das Marketing-Instrument Preis zur Auswertung zur Verfügung stehen. Es lassen sich jetzt insgesamt 520 direkte Elastizitäten und 4680 Kreuzelastizitäten berechnen, deren unmittelbare Interpretation sich einer Bewertung entzieht.

Die grundlegende Aufgabe im Rahmen der Analyse von Marktanteilselastizitäten besteht somit darin, ein Instrumentarium zu entwickeln, welches die Möglichkeit schafft, die in den Daten enthaltenen Informationen über die Wettbewerbsbeziehungen der einzelnen Marken herauszufiltern und einer Bewertung durch das Marketing-Management zugänglich zu machen. Dazu müssen die Elastizitäten auf die Basisinformationen verdichtet werden. Dieses Ziel läßt sich mit datenreduzierenden Verfahren realisieren, wobei die Grundidee dazu Cooper (1988) liefert, der die dreimodale Faktorenanalyse nach Tucker (1966) zur Dekomponierung der Elastizitäten einsetzt. Darüber hinaus ist es erforderlich, den rein explorativen Charakter der Analyse um strukturprüfende Elemente zu erweitern. In diesem Zusammenhang sind Verfahren zu entwickeln, welche die Wettbewerbsbeziehungen für komplexe und a priori vorgegebene Wettbewerbsstrukturen und Marktreaktionen testen. Im Zentrum dieser Analysen steht die Bewertung der Wettbewerbsbeziehungen für benutzerdefinierte Wettbewerbsszenarien.

Vor dem Hintergrund der aufgezeigten Problemstellung werden die bestehenden datenreduzierenden Verfahren um die Möglichkeit ergänzt, den zu schätzenden Parameterraum einzuschränken um damit quasi strukturprüfende Analysen durchzuführen. Bevor in diesem Zusammenhang auf die alternativen Lösungsansätze und Methoden eingegangen wird, muß zunächst die Datenstruktur der Elastizitätenmatrizen näher betrachtet werden.

4.2 Die Datenstruktur von Marktanteilselastizitäten

Die Marktanteilselastizitäten aller Marken über die Zeit bilden einen dreidimensionalen Datenquader wie ihn Abbildung 4.1 darstellt. Das Verständnis der inhaltlichen Bedeutung der einzelnen Dimensionen des Datenarrays läßt sich erhöhen, wenn man die Betrachtung zunächst auf eine Scheibe des Elastizitätenarrays konzentriert. Die t-te Scheibe enthält die Wettbewerbsbeziehungen der Marken (gemessen über die direkten Elastizitäten und die Kreuzelastizitäten) für die t-te Beobachtungsperiode. Das Element x_{ijt} gibt den relativen Einfluß des Marketing-Instruments der Marke j in der Periode t auf den Marktanteil der Marke i an. Die Koeffizienten der i-ten Zeile der t-ten Scheibe des Elastizitätenarrays spezifizieren damit den Wettbewerbsdruck, dem die Marke i in der t-ten Woche durch die Wettbewerber ausgesetzt ist. Das Element an der Stelle $i = j$ mißt den direkten Effekt auf den eigenen Marktanteil. Die Elemente einer Zeile i dieser Elastizitäten enthalten die Verwundbarkeit des Marktanteils der Marke i durch Maßnahmen der Wettbewerber. Entsprechend diesen Ausführungen summiert eine Spalte der Marktanteilselastizitäten die Stärke oder auch die Schlagkraft, welche eine Marke auf die Wettbewerber ausübt. In der amerikanischen Literatur hat sich der Begriff *receptivity* für die Verwundbarkeit der Marken und *clout* für die Bezeichnung der Stärke der Marken etabliert (vgl. u. a. Cooper 1988; Allenby 1989; Russell & Kamakura 1994).

In diesem Sinne wird der dreidimensionale Array der Marktanteilselastizitäten durch drei verschiedene Modalitäten charakterisiert: die Verwund-

Abbildung 4.1: Der dreidimensionale Elastizitätenarray

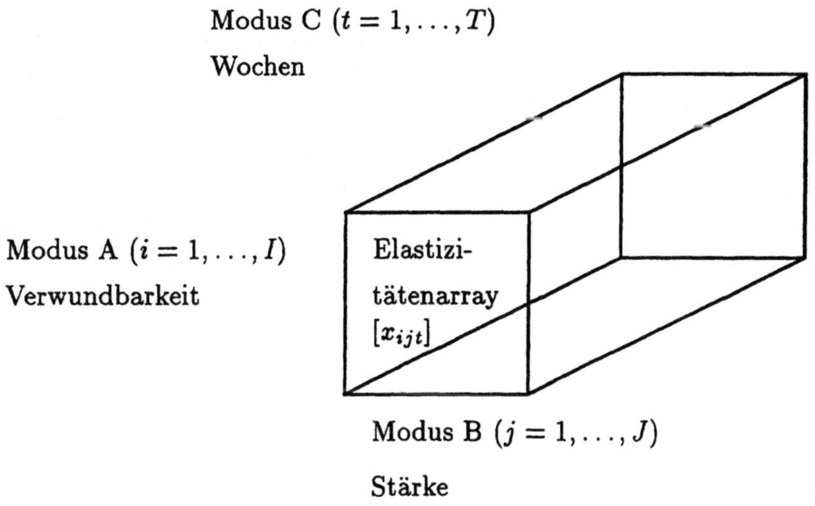

barkeit der Marken, die Stärke der Marken und die Wochen. Die Modalität eines Arrays betrifft die verschiedenen Entitäten, die einen Array beschreiben, also die inhaltlich verschiedenen Bestimmungsgrößen eines Datenarrays. Der Begriff der Modalität ist vom Begriff der Dimensionalität zu unterscheiden. Die Dimensionalität eines Arrays korrespondiert mit der Anzahl der Indizes, welche ein Element dieses Arrays festlegen. Ein dreidimensionaler Datenarray hat demzufolge drei Indizes, die hier mit i, j und t bezeichnet werden. Dimensionalität und Modalität muß man voneinander abgrenzen, da die Kombinationen von Modalität und Dimensionalität den Einsatz der potentiellen Analysetechniken determinieren. Eine Korrelationsmatrix beispielsweise ist zweidimensional, aber nur einmodal und damit eine einmodale zweidimensionale Datenmatrix. Ähnlichkeitsdaten wie sie im Rahmen der mehrdimensionalen Skalierung analysiert werden, sind ebenfalls einmodal und zweidimensional. Eine umfassende Diskussion möglicher Datentypen (Kombinationen von Modalität und Dimensionalität) findet sich bei Carroll und Arabie (1980). Entsprechend diesen Ausführungen bilden die Marktanteilselastizitäten einen dreimodalen und dreidimensionalen Datenarray[1].

[1] Cooper (1988) spricht demgegenüber von asymmetrischen zweimodalen dreidimensionalen Daten. Er legt die Modalität anhand der die Daten bestimmenden Marken fest.

4.3 Explorative Ansätze zur Analyse von dreimodalen dreidimensionalen Marktanteilselastizitäten

Bevor alternative Modelle zur Analyse dreimodaler dreidimensionaler Daten zu diskutieren sind, muß die hier verwendete Notation dargelegt werden. Der erste Modus der dreimodalen Elastizitäten, Modus A, hat den Index i. Er bezieht sich auf die vertikale Achse des Datenquaders und charakterisiert die Verwundbarkeit der Marken. Modus B erfaßt die Stärke der Marken und hat den Index j. Er wird auf der horizontalen Achse des Datenquaders abgetragen. Die Wochen bilden den dritten Modus (C) und stellen die Tiefendimension dar. Das Element x_{ijt} ist der Eintrag des dreimodalen Datenarrays

$$\mathbf{X} = \{x_{ijt}\} \tag{4.1}$$

mit $i = 1, \ldots, I$, $j = 1, \ldots, J$ und $t = 1, \ldots, T$. Die Matrix $\mathbf{X}_t$ enthält die Elastizitäten der t-ten Woche. Darüber hinaus kann der Datenquader in zweidimensionale Matrizen unterschiedlicher Kombinationen der Modalitäten zerlegt werden. Harshman und Lundy (1984b, S. 230ff) differenzieren diesbezüglich zwischen horizontalen, lateralen und frontalen Scheiben (vgl. Abbildung 4.2). Außerdem ist es möglich, die dreidimensionale Matrix in eindimensionale Vektoren oder auch Fasern zu zerlegen, welche Harshman und Lundy als Zeilen, Spalten und Röhren (rows, columns, tubes) bezeichnen (vgl. Abbildung 4.2).

In der Literatur finden sich zahlreiche Ansätze zur Analyse dreidimensionaler Datenarrays. Das methodische Fundament bilden die Arbeiten von Tucker (1963, 1964, 1966, 1972), welche die Grundlage der dreimodalen Faktoren- bzw. Hauptkomponentenanalyse sowie der Skalierung individueller Differenzen in der mehrdimensionalen Skalierung sind. Ausgehend von unterschiedlichen Techniken in der Faktorenanalyse lassen sich zwei Forschungsrichtungen unterscheiden. Die eine Forschungsrichtung basiert auf der direkten Erweiterung der Analyse von Kovarianzstrukturen auf dreimodale Daten, in denen die Daten des dritten Modus, meist Individualdaten, als stochastisch aufgefaßt werden. Zu nennen sind hier vor allem die Arbeiten von Bentler und Lee (1978, 1979) sowie von Bloxom (1968) und Bentler, Poon und Lee (1988). Die Kompliziertheit dieser Methoden und die Ungeklärtheit von Identifikationsproblemen bei der Schätzung haben jedoch zu einer nur geringen Akzeptanz bei Forschungsaufgaben geführt, so daß bisher keine weiteren Veröffentlichungen vorliegen. Darüber hinaus steht bis heute kein ausgereiftes Programmsystem bereit, das die Schätzung der Modelle ermögli-

Abbildung 4.2: Fasern und Scheiben einer dreidimensionalen Datenmatrix (aus Harshman & Lundy 1984b, S. 231)

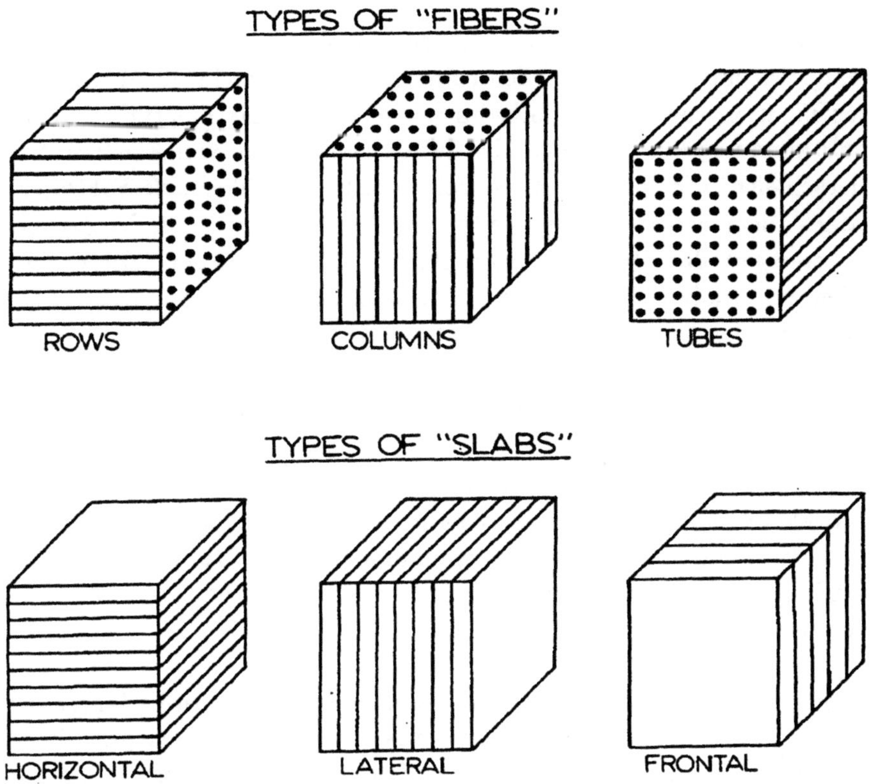

chen könnte. Problematisch wirkt sich weiter aus, daß der dritte Modus als stochastisch angesehen wird, das heißt, die Objekte werden im Rahmen einer Zufallsauswahl der Grundgesamtheit entnommen. Das Anwendungsspektrum dieser Verfahren konzentriert sich somit im Prinzip auf die Analyse von solchen Personendaten, die der Grundgesamtheit entstammen und in denen die einzelnen Subjekte als Datengeneratoren aufzufassen sind.

Die zweite Forschungsrichtung ist praktikabler und basiert im wesentlichen auf einer Erweiterung der Hauptkomponentenanalyse. Hier werden die Modi als nicht stochastisch betrachtet. Seit Tuckers Arbeiten sind in dieser Forschungsrichtung eine Vielzahl von Methoden entwickelt worden, u. a. von Harshman (1970), Carroll & Chang (1970), Kroonenberg & de Leeuw (1980), Kiers, Kroonenberg & ten Berge (1992), Carlier & Kroonenberg (1996). Eine Reihe von Arbeiten stellen darüber hinaus Zusammenhänge und Unterschiede der einzelnen Methoden dar. Zu nennen sind hier die Arbeiten von Hildebrandt und Klapper (1994), Kiers (1991), Snyder (1988) sowie Snyder, Law und Hattie (1984).

In der vorliegenden Arbeit werden Ansätze diskutiert, die auf der zweiten Forschungsrichtung beruhen. Im Zentrum der Analysen steht die Möglichkeit der Identifikation von Wettbewerbsdimensionen bzw. die Identifikation der Kerndeterminanten des Wettbewerbs auf der Grundlage von Elastizitäten. Diese lassen sich, wie später noch zu zeigen sein wird, über eine Faktorisierung oder - allgemeiner formuliert - über eine Verdichtung der in der Zeitmodalität bereitgestellten Informationen ableiten. Die Diskussion alternativer Methoden zur Analyse dreimodaler Daten muß deshalb die Möglichkeit zur Faktorisierung der Zeitdimension besonders kritisch diskutieren.

Des weiteren beschränkt sich die hier vorgestellte Erörterung auf Verfahren, die einen direkten Fit des Modells auf die Daten erlauben. Sie sind damit von denjenigen Ansätzen abzugrenzen, die abgeleitete Daten untersuchen. Unter abgeleiteten Daten sind z. B. Ähnlichkeits- bzw. Unähnlichkeitsdaten oder Skalarprodukte zu verstehen. Harshman und Lundy (1984a, S. 137-139) sprechen innerhalb dieses Problemkomplexes von einem "indirect fitting" anstatt von der Analyse abgeleiteter Daten.

Entsprechend den vorangegangenen Ausführungen kommen Verfahren der dreimodalen Datenanalyse zum Einsatz, welche die Daten direkt, das heißt ohne vorherige Transformation analysieren. In diesem Zusammenhang werden die Methoden PCA-SUP, Tucker3 bzw. TUCKALS3, Tucker2 bzw. TUCKALS2, CANDECOMP/PARAFAC, WPCA und SUMPCA differenziert erörtert. Kiers (1991) zeigt, daß die Methoden mit Ausnahme von TUCKALS2 in einer Hierarchie unterschiedlicher Modellbeschränktheit stehen.

4.3.1 Das PCA-SUP-Modell

Das Grundprinzip des PCA-SUP-Modells basiert auf der Anwendung der Hauptkomponentenmethode (PCA) auf eine aus den Ursprungsdaten gebildete zweidimensionale Supermatrix (SUP) (vgl. Kiers 1991, S. 451-452). Die Anwendung des PCA-SUP-Modells wird hier für die Analyse der Wochenmodalität gezeigt. Die einzelnen Scheiben der dreidimensionalen Matrix werden vektorisiert und als Spalten nebeneinander gehängt, so daß die Datenmatrix die Dimension $(IJ \times T)$ erhält. Die Spalten der Supermatrix korrespondieren mit den T Wochen. Die PCA-SUP-Methode hat das Ziel, die in den Spalten bereitgestellte Information über die Stärken und die Verwundbarkeiten der Marken in bestimmten Marktkonstellationen zusammenzufassen und auf die Kernkomponenten zu reduzieren. In diesem Sinne kann man von einer Hauptkomponentenanalyse der Zeit (PCA over occasions, vgl. Kiers 1991, S. 451) sprechen. Mathematisch läßt sich das Modell wie folgt darstellen:

$$x_{ijt} = \hat{x}_{ijt} + e_{ijt} \tag{4.2}$$

$$\hat{x}_{ijt} = \sum_{r=1}^{R} k_{ijr} c_{tr}. \tag{4.3}$$

Gesucht sind in diesem Falle die Projektionskoordinaten der Wochen (c_{tr}) auf die R Hauptkomponenten, wobei k_{ijr} das Element (i, j) der Matrix $\mathbf{K}_r$ ist. Die Parameter des PCA-SUP-Modells können über die Minimierung der folgenden Verlustfunktion

$$\begin{aligned} \text{PCA-SUP}(\mathbf{C}, \mathbf{K}_1, \ldots, \mathbf{K}_R) &= \sum_{i=1}^{I} \sum_{j=1}^{J} \sum_{t=1}^{T} \left(x_{ijt} - \sum_{r=1}^{R} k_{ijr} c_{tr} \right)^2 \\ &= \sum_{t=1}^{T} \|\text{Vec}(\mathbf{X}_t) - \sum_{r=1}^{R} c_{tr} \text{Vec}(\mathbf{K}_r)\|^2 \end{aligned} \tag{4.4}$$

bestimmt werden. $\|\cdot\|^2$ gibt die quadrierte euklidische Distanz zwischen den Originaldaten und den auf der Grundlage der Parametermatrizen geschätzten Daten an. Die Minimierung erfolgt über die willkürlichen Matrizen $\mathbf{C}$ und $\mathbf{K}_1, \ldots, \mathbf{K}_R$, wobei $\mathbf{C}$ eine $(T \times R)$-dimensionale Matrix der Komponentenladungen für die jeweiligen Wochen ist. $\mathbf{K}_1, \ldots, \mathbf{K}_R$ sind $(I \times J)$-dimensionale Matrizen, welche die Koordinaten der Kombination von Verwundbarkeit und Stärke aller $I \cdot J$ Kombinationen enthält. Die Verlustfunktion 4.4 vereinfacht sich, wenn die vektorisierten Matrizen $\mathbf{X}_t$ in der Supermatrix $\mathbf{X}$ mit der Dimension $(IJ \times T)$ und die einzelnen Matrizen $\mathbf{K}_r$ vektorisiert in der $(IJ \times R)$-dimensionalen Matrix $\mathbf{K}$ zusammengefaßt werden:

$$\text{PCA-SUP}(\mathbf{C}, \mathbf{K}) = \|\mathbf{X} - \mathbf{K}\mathbf{C}'\|^2. \tag{4.5}$$

Die Minimierung dieses Problems korrespondiert mit einer Hauptkomponentenanalyse der Supermatrix $\mathbf{X}$. Darüber hinaus ist dieses Vorgehen vergleichbar mit der Methode Statisl von L'Hermier des Plantes (1976, vgl. auch Lavit, Escoufier, Sabatier & Traissac 1994), die im allgemeinen aber auf Kreuzproduktmatrizen angewendet wird. Die Güte der Anpassung des PCA-SUP-Modells an die Daten berechnet sich aus der Relation der erklärten Varianz $\sum \text{Diag}(\mathbf{C}\mathbf{K}'\mathbf{K}\mathbf{C}')$ zur Gesamtvarianz der Daten $\sum \text{Diag}(\mathbf{X}'\mathbf{X})$. Das PCA-SUP-Modell eignet sich aufgrund seiner einfachen Parameterisierung hervorragend dazu, einen ersten Einblick in die einer Modalität unterliegende Struktur zu erhalten. Durch die Analyse der Wochenmodalität kann man die Anzahl an bedeutenden Wettbewerbsdimensionen in dem analysierten Markt feststellen. Nachteilig wirkt sich jedoch aus, daß eine Reduktion in den beiden anderen Modi nicht stattfindet, so daß sich die Interpretation auf die Komponentenmatrix **C** beschränkt, bzw. - wie noch später zu zeigen sein wird - auf die erklärte Varianz alternativer Lösungen. Eine Analyse der Verwundbarkeiten und der Stärken der untersuchten Marken erfolgt aufgrund der Komponentenwerte, die in der Matrix **K** summiert sind. Allerdings ist die Interpretation dieser Matrix außerordentlich problematisch, da die Modi A und B noch in ihrer Originaldimensionalität vorliegen und nicht faktorisiert sind.

4.3.2 Das Tucker3-Modell

4.3.2.1 Die Modellstruktur

Tucker war der erste, der den klassischen Ansatz der Faktorenanalyse (i. e. S. den der Hauptkomponentenanalyse) auf den Fall dreimodaler Daten erweitert hat. Sein Modell basiert auf der Singulärwertzerlegung (z. B. Eckart & Young 1936) und einer Generalisierung dieser Zerlegung für den dreimodalen Fall mit Hilfe des Kronecker-Produktes. Das dreimodale Hauptkomponentenmodell nach Tucker (1966) wird Tucker3-Modell genannt und hat die folgende Grundstruktur:

$$x_{ijt} = \hat{x}_{ijt} + e_{ijt} \tag{4.6}$$

$$\hat{x}_{ijt} = \sum_{p=1}^{P}\sum_{q=1}^{Q}\sum_{r=1}^{R} a_{ip} b_{jq} c_{tr} g_{pqr}. \tag{4.7}$$

Die Koeffizienten a_{ip}, b_{jq} and c_{tr} sind Elemente der Komponentenmatrizen **A**, **B** und **C**. g_{pqr} ist ein Element der sogenannten Kernmatrix **G**. Die Kernmatrix enthält die Informationen darüber, wie die einzelnen Komponenten der Matrizen **A**, **B** und **C** miteinander verknüpft sind. Die Dimension der Kernmatrix **G** ergibt sich entsprechend über die Anzahl der Komponenten der Modi **A**, **B** und **C**. e_{ijt} zeigt die Abweichung bei der Anpassung von x_{ijt} durch die drei Komponentenmatrizen und die Kernmatrix an.

Im allgemeinen wird die Datenmatrix nicht in die maximale Anzahl an Komponenten I, J und T, sondern nur in P, Q und R Komponenten mit $P < I$, $Q < J$ und $R < T$ dekomponiert. Die Festlegung der Größen von P, Q und R erfolgt unter dem Gesichtspunkt der Bedeutsamkeit der Komponenten und der erklärten Varianz in den Daten. Die Struktur des Tucker3-Modells ist in Abbildung 4.3 wiedergegeben.

Abbildung 4.3: Die Struktur des Tucker3-Modells

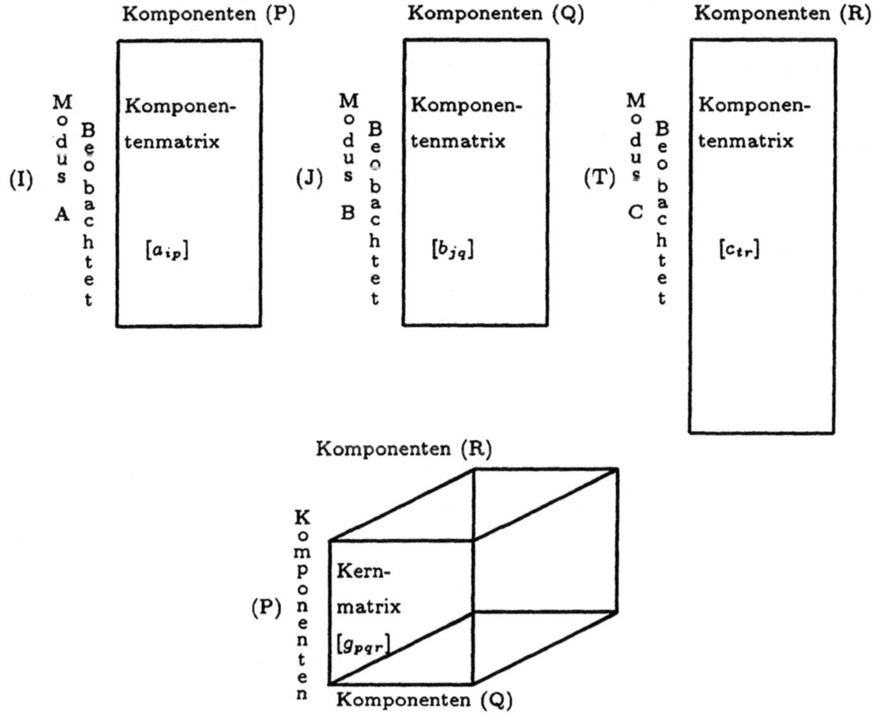

Die Matrix **A** enthält die *P* Komponenten, welche die Basisinformationen über die Verwundbarkeit der Marken zusammenfassen. Ähnliche Komponentenladungen zweier Marken in einer Komponente der Matrix **A** belegen, daß die Marken einem vergleichbaren Wettbewerbsdruck ausgesetzt sind. Dabei wird an dieser Stelle noch nicht deutlich, welche Marke oder welche Marken den Wettbewerbsdruck auslösen. Entsprechend der vorangegangenen Diskussion enthält die Matrix **B** alle Informationen über die relevanten Dimensionen in bezug auf die Wettbewerbsstärken der Marken. Jene Marken, die einen vergleichbaren Wettbewerbsdruck auf den Umsatz oder den Marktanteil der Wettbewerber ausüben, formen die sogenannten Stärkekomponenten der Matrix **B**.

Von besonderem Interesse für die späteren Analysen ist jedoch die Komponentenmatrix **C**. Die einzelnen Spalten dieser Matrix korrespondieren mit charakteristischen Wettbewerbsdimensionen. Dieser Sachverhalt kann wie folgt verdeutlicht werden. Die Elastizitäten einer Woche sind das Resultat des Marketing-Instrumentaleinsatzes. Dadurch läßt sich eine Woche nicht nur als Zeitintervall interpretieren, sondern vielmehr als eine spezifische Wettbewerbskonstellation. Hierunter können - bezogen beispielsweise auf den Instrumentaleinsatz Preis - sogenannte Normalpreiswochen, Zeiten der Preisreduktionen eines Wettbewerbers oder die Kombination von Preisreduktionen mehrerer Anbieter verstanden werden. Eine Woche entspricht demzufolge dem Einsatz oder Nicht-Einsatz eines Marketing-Instruments einer oder mehrerer Marken. Die Matrix **C** repräsentiert deshalb jene Wochen in einer Komponente, welche sich in dem Einsatz des Marketing-Instrumentariums ähneln und eine vergleichbare Wirkung auf die Elastizitätenstruktur haben. So ist es denkbar, daß die Wochen, in denen der Marktführer eine Aktion durchführt, eine Komponente der Matrix **C** bilden. Eine Spalte der Matrix wird also deutlich von Null abweichende Werte für die Wochen aufweisen, die charakteristisch für diese Komponente und dominierend in dem analysierten Markt sind.

Nachdem die inhaltliche Bedeutung der drei Komponentenmatrizen **A**, **B** und **C** diskutiert worden ist, muß noch die Bedeutung der Kernmatrix **G** spezifiziert werden. Ihre Dimensionalität entspricht der des ursprünglichen Datenkörpers. Die Anzahl der Komponenten der Matrizen **A**, **B** und **C** bestimmt dabei die Größe der Kernmatrix als eine $(P \times Q \times R)$-dimensionale Matrix. Hieraus wird unmittelbar ersichtlich, daß jede Spalte einer Komponentenmatrix mit einer Entität der Kernmatrix zusammenhängt. Das Element der Kernmatrix g_{pqr} mißt demzufolge den Zusammenhang zwischen der p-ten Komponente der Matrix **A**, der q-ten Komponente der Matrix **B** und der r-ten Komponente der Matrix **C**. Die Interpretation der Kernmatrix vereinfacht sich, wenn man berücksichtigt, daß die Summe der quadrierten Kernmatrixelemente gleich der erklärten Varianz (SS(Fit)) in den Beobachtungen ist (vgl. Kroonenberg 1983, S. 35). Der Wert g_{pqr}^2 gibt demzufolge an, welchen Beitrag die Kombination der p-ten Komponente des ersten Modus mit der q-ten Komponente des zweiten Modus und der r-ten Komponente des dritten Modus an der gesamten Varianzerklärung des Modells hat. Die Interpretation der quadrierten Kernmatrixelemente als Varianzerklärungsanteile gilt jedoch ausschließlich bei orthonormal beschränkten Komponentenmatrizen **A**, **B** und **C**.

Die mathematische Struktur des Tucker3-Modells läßt sich weiter veranschaulichen, wenn das Modell in die Matrixschreibweise überführt wird. Unter der Verwendung des Kroneckerproduktes (vgl. hierzu z. B. Henderson & Searle 1981) kann das Tucker3-Modell wie folgt spezifiziert werden:

$$\mathbf{X} = \mathbf{AG}(\mathbf{C}' \otimes \mathbf{B}') + \mathbf{E}. \tag{4.8}$$

X, **G** und **E** sind hier die Matrizen der Ausgangsdaten, der Kernmatrix und der Fehler im Modell mit den Dimensionalitäten $(I \times TJ)$, $(P \times RQ)$ und $(I \times TJ)$ und $\otimes$ kennzeichnet das Kroneckerprodukt. **A**, **B** und **C** sind die Komponentenmatrizen der Stärken und Verwundbarkeiten der Marken sowie charakteristische Wettbewerbsdimensionen. Bei Verwendung des Kroneckerproduktes muß man nicht speziell zwischen drei- und zweidimensionalen Datenarrays unterscheiden, da sich die Dimensionalität aus der Modellgleichung ergibt. Alternativ kann das Tucker3-Modell in Matrixnotation folgendermaßen dargestellt werden:

$$\mathbf{X}_t \quad = \quad \mathbf{A}\left(\sum_{r=1}^{R} c_{tr}\mathbf{G}_r\right)\mathbf{B}' + \mathbf{E}_t. \tag{4.9}$$

Matrix $\mathbf{X}_t$ enthält die Elastizitäten der t-ten Woche, $\mathbf{E}_t$ ist die Matrix der Fehler der t-ten Woche und $\mathbf{G}_r$ ist die Kernmatrixscheibe der r-ten Komponente.

4.3.2.2 Technische Aspekte

Nachdem das allgemeine Tucker3-Modell diskutiert und die inhaltliche Bedeutung der Komponentenmatrizen erörtert worden ist, sollen nun technische Aspekte des Modells dargestellt werden, wobei insbesondere die Bestimmung der Parameterschätzer den Gegenstand einer differenzierteren Betrachtung bilden.

4.3.2.2.1 Der Algorithmus nach Tucker

Tuckers Ansatz basiert auf einer Generalisierung des klassischen Konzepts der Hauptkomponentenanalyse zweidimensionaler Kovarianz- oder Korrelationsmatrizen auf die Analyse von Daten mit drei Dimensionen und Modalitäten. Im Zentrum des Vorgehens von Tucker (1966) steht die Singulärwertzerlegung von Produktmomentmatrizen:

$$\mathbf{M}_I \quad = \quad \{m_{ii'}\}, \quad m_{ii'} = \sum_{j=1}^{J}\sum_{t=1}^{T} x_{ijt}x_{i'jt} \tag{4.10}$$

$$\mathbf{M}_J \quad = \quad \{m_{jj'}\}, \quad m_{jj'} = \sum_{i=1}^{I}\sum_{t=1}^{T} x_{ijt}x_{ij't} \tag{4.11}$$

$$\mathbf{M}_T \quad = \quad \{m_{tt'}\}, \quad m_{tt'} = \sum_{i=1}^{I}\sum_{j=1}^{J} x_{ijt}x_{ijt'}. \tag{4.12}$$

Die Komponentenmatrizen **A**, **B** und **C** werden mit Hilfe einer Singulärwertzerlegung der Produktmomentmatrizen bestimmt, wobei lediglich die ersten

P, Q bzw. R Komponenten der entsprechenden Eigenvektoren erhalten bleiben:

$$\mathbf{M}_I = \mathbf{A}\mathbf{\Lambda}_i\mathbf{A}' \tag{4.13}$$
$$\mathbf{M}_J = \mathbf{B}\mathbf{\Lambda}_j\mathbf{B}' \tag{4.14}$$
$$\mathbf{M}_T = \mathbf{C}\mathbf{\Lambda}_t\mathbf{C}'. \tag{4.15}$$

Die Festlegung der relevanten Komponenten für die Lösungsmatrizen **A**, **B** und **C** kann anhand der Singulärwerte erfolgen, die auf der Diagonalen der Diagonalmatrizen $\mathbf{\Lambda}_i$, $\mathbf{\Lambda}_j$ und $\mathbf{\Lambda}_t$ stehen. Tucker (1966) empfiehlt in diesem Zusammenhang einen Scree-Test der Singulärwerte. Alternative Verfahren zur Bestimmung der Komponentenanzahl, die im Rahmen der klassischen Faktoren- oder Hauptkomponentenanalyse entwickelt wurden, lassen sich jedoch nicht direkt übertragen, da die Ausgangsdaten im allgemeinen nicht Kovarianz- oder Korrelationsmatrizen entsprechen.

Im Anschluß an die Ableitung der Komponentenmatrizen muß noch die Kernmatrix bestimmt werden. Unter der Annahme, daß die Matrizen **A**, **B** und **C** das Ergebnis einer Singulärwertzerlegung sind und damit spaltenweise orthonormal vorliegen, bestimmt sich die Kernmatrix über folgende Gleichung:

$$g_{pqr} = \sum_{i=1}^{I}\sum_{j=1}^{J}\sum_{t=1}^{T} a_{ip}b_{jq}c_{tr}x_{ijt}. \tag{4.16}$$

In Matrixschreibweise ergibt sich die $(P \times RQ)$-dimensionale Kernmatrix durch:

$$\mathbf{G} = \mathbf{A}'\mathbf{X}(\mathbf{C} \otimes \mathbf{B}). \tag{4.17}$$

Die Orthonormalität der Lösungsmatrizen **A**, **B** und **C** ist nicht zwingend und läßt sich jederzeit durch nicht-singuläre Transformationen mit dem entsprechenden Rang aufheben, sofern die Kernmatrix mit der inversen Transformation gegenrotiert wird. Die Parameterschätzer nach Tucker sind jedoch nicht optimal im Sinne der Minimierung des Kleinste-Quadrate-Kriteriums, sondern nur eine gute Approximation der optimalen Lösung.

4.3.2.2.2 Das TUCKALS3-Modell

Kroonenberg und de Leeuw (1980) haben einen Algorithmus entwickelt, der die Parametermatrizen **A**, **B**, **C** und **G** derart bestimmt, daß eine Verlustfunktion einen minimalen Wert erreicht. Der Algorithmus minimiert die euklidische Distanz zwischen den Inputdaten und den auf der Basis der Parameterschätzungen approximierten Daten. Das zugrundeliegende mathematische

Modell und der zugehörige Algorithmus sowie das Computerprogrammsystem heißen TUCKALS3. Es steht für die alternierende Kleinste-Quadrate-Schätzung des Tucker3-Modellansatzes. Die TUCKALS3-Verlustfunktion (T3) ergibt sich nach Kroonenberg und de Leeuw (1980) durch:

$$\begin{aligned} \mathrm{T3}(\mathbf{A},\mathbf{B},\mathbf{C},\mathbf{G}_1,..,\mathbf{G}_R) &= \sum_{i=1}^{I}\sum_{j=1}^{J}\sum_{t=1}^{T}\left(x_{ijt}-\sum_{p=1}^{P}\sum_{q=1}^{Q}\sum_{r=1}^{R}a_{ip}b_{jq}c_{tr}g_{pqr}\right)^2 \\ &= \sum_{t=1}^{T}\|\mathbf{X}_t-\mathbf{A}\sum_{r=1}^{R}c_{tr}\mathbf{G}_r\mathbf{B}'\|^2 \\ &= \|\mathbf{X}-\mathbf{A}\mathbf{G}(\mathbf{C}'\otimes\mathbf{B}')\|^2 \end{aligned} \tag{4.18}$$

mit $\|\cdot\|$ als euklidischer Norm.

Da das Modell unteridentifiziert ist (die Komponentenmatrizen können mit beliebigen nicht-singulären Matrizen transformiert werden), muß die Verlustfunktion beschränkt werden, um eine Lösung zu erhalten. Im allgemeinen restringiert man die Lösungsmatrizen **A**, **B** und **C** während der Schätzung auf spaltenweise Orthonormalität. Kroonenberg und de Leeuw haben dann gezeigt, daß sich unter der Orthonormalitätsannahme der Komponentenmatrizen das Minimum der Verlustfunktion ohne explizite Schätzung der Kernmatrix erreichen läßt.
Es gilt:

$$\mathbf{G} = \mathbf{A}'\mathbf{X}(\mathbf{C}\otimes\mathbf{B}). \tag{4.19}$$

Damit kann die TUCKALS3-Verlustfunktion in Gleichung 4.18 wie folgt ausgedrückt werden:

$$\mathrm{T3}(\mathbf{A},\mathbf{B},\mathbf{C}) = \|\mathbf{X}-\mathbf{A}\mathbf{A}'\mathbf{X}(\mathbf{C}\otimes\mathbf{B})(\mathbf{C}'\otimes\mathbf{B}')\|^2. \tag{4.20}$$

Die Schätzung der Parametermatrizen erfolgt nun sukzessive für die Matrix **A** bei Vorgabe der Matrizen **B** und **C**, dann für die Matrix **B** bei Vorgabe der Matrizen **A** und **C** und dann für die Matrix **C** bei Vorgabe der Matrizen **A** und **B**. Die Kernmatrix **G** wird allerdings implizit mitgeschätzt, so daß prinzipiell von der folgenden alternierenden Reihe gesprochen werden muß: $(\mathbf{A},\mathbf{G})$, $(\mathbf{B},\mathbf{G})$ und $(\mathbf{C},\mathbf{G})$ (vgl. ten Berge, de Leeuw & Kroonenberg 1987). Eine weitere Eigenschaft, die mit der Orthonormalität der Komponentenmatrizen verbunden wird, ist die Orthogonalität der Kernmatrix in jeder Richtung (vgl. Weesie & van Houwelingen 1983, S. 7).

Das Grundprinzip eines Schrittes des alternierenden Kleinste-Quadrate-Ansatzes von TUCKALS3 kann anhand der Schätzung der Parametermatrix

A verdeutlicht werden (vgl. Kroonenberg & de Leeuw 1980, S. 72). Innerhalb eines Iterationsschrittes des TUCKALS3-Algorithmus sind dann noch die Parametermatrizen **B** und **C** zu bestimmen:

$$\begin{aligned} \mathrm{T3}(\mathbf{A},\mathbf{B},\mathbf{C}) &= \|\mathbf{X}-\mathbf{AG}(\mathbf{C}'\otimes\mathbf{B}')|^2 \\ &= \|\mathbf{X}-\mathbf{AA}'\mathbf{X}(\mathbf{C}\otimes\mathbf{B})(\mathbf{C}'\otimes\mathbf{B}')\|^2 \\ &= (\mathbf{X}-\mathbf{AA}'\mathbf{X}(\mathbf{C}\otimes\mathbf{B})(\mathbf{C}'\otimes\mathbf{B}'))\cdot \\ &\quad (\mathbf{X}-\mathbf{AA}'\mathbf{X}(\mathbf{C}\otimes\mathbf{B})(\mathbf{C}'\otimes\mathbf{B}'))' \\ &= \mathrm{tr}\mathbf{XX}' - 2\mathrm{tr}\mathbf{AA}'\mathbf{X}(\mathbf{CC}'\otimes\mathbf{BB}')\mathbf{X}' \\ &\quad + \mathrm{tr}\mathbf{A}'\mathbf{X}(\mathbf{CC}'\otimes\mathbf{BB}')\mathbf{X}'\mathbf{A} \\ &= \mathrm{tr}\mathbf{XX}' - \mathrm{tr}\mathbf{A}'\mathbf{X}(\mathbf{CC}'\otimes\mathbf{BB}')\mathbf{X}'\mathbf{A}. \end{aligned} \tag{4.21}$$

Die Minimierung von 4.21 entspricht der Maximierung von

$$\begin{aligned} f(\mathbf{A},\mathbf{B},\mathbf{C}) &= \mathrm{tr}\mathbf{A}'\mathbf{X}(\mathbf{CC}'\otimes\mathbf{BB}')\mathbf{X}'\mathbf{A} \\ &= \mathrm{tr}\mathbf{A}'\mathbf{PA} \end{aligned} \tag{4.22}$$

mit

$$\mathbf{P} = \mathbf{X}(\mathbf{CC}'\otimes\mathbf{BB}')\mathbf{X}'. \tag{4.23}$$

Unter der Annahme, daß die Matrix **A** spaltenweise orthonormal ist, läßt sich tr**A′PA** maximieren, indem die Eigenvektoren von **P** berechnet werden. Allerdings würde dieses Vorgehen die Eigendekomposition der $(I \times I)$-dimensionalen Matrix **P** in jeder Stufe des Algorithmus erfordern. Ein solch enormer Rechenaufwand ist aber im Sinne einer schnellen Parameterkonvergenz nicht zu rechtfertigen. Kroonenberg und de Leeuw (1980, S. 74-75) ersetzen aus diesem Grunde die Eigendekomposition durch den ersten Schritt der Bauer-Rutishauser-Prozedur (vgl. Schwartz, Rutishauser & Stiefel 1968), so daß nur für die P a priori festgelegten Komponenten die Eigenvektoren zu bestimmen sind. Der Update der Matrix **A** nach α Iterationen ergibt sich dann durch

$$\mathbf{A}_{\alpha+1} = \mathbf{P}_\alpha\mathbf{A}_\alpha\ddot{\mathbf{V}}_\alpha\ddot{\mathbf{W}}_\alpha^{-\frac{1}{2}} \tag{4.24}$$

mit $\ddot{\mathbf{V}}_\alpha$ als Eigenvektormatrix von $\mathbf{A}'_\alpha\mathbf{P}^2_\alpha\mathbf{A}_\alpha$ und $\ddot{\mathbf{W}}_\alpha$ als Diagonalmatrix der korrespondierenden Eigenwerte. Falls die Anzahl der Komponenten genügend klein gewählt wird, läßt sich immer sicherstellen, daß die Eigenwerte von $\ddot{\mathbf{W}}_\alpha$ positiv sind. Nunmehr muß nicht die Eigendekomposition der $(I \times I)$-großen Matrix **P**, sondern nur die der $(P \times P)$-dimensionalen Matrix $\mathbf{A}'_\alpha\mathbf{P}^2_\alpha\mathbf{A}_\alpha$ vorgenommen werden.

In einer späteren Arbeit von Kroonenberg, ten Berge, Brouwer und Kiers (1989) wurde der erste Schritt der Bauer-Rutishauser-Prozedur durch die Gram-Schmidt-Orthogonalisierung ersetzt und damit die Rechengeschwindigkeit leicht verbessert.

$$\mathbf{A}^*_{\alpha+1} = \mathrm{GS}(\mathbf{P}_\alpha \mathbf{A}_\alpha) \tag{4.25}$$

Zu beachten ist hierbei, daß zu Beginn der Minimierung der Verlustfunktion 4.18 $\mathbf{A}^*_{\alpha+1}$ eine rotierte Version von $\mathbf{A}_{\alpha+1}$ aus Gleichung 4.24 ist. Allerdings konvergieren die Parameter der Gram-Schmidt-Orthogonalisierungsprozedur zu der Eigenvektorlösung nach der Bauer-Rutishauser-Methode, so daß nach der Minimierung der TUCKALS3-Verlustfunktion 4.18 $\mathbf{A}_{\alpha+1}$ und $\mathbf{A}^*_{\alpha+1}$, mit der Ausnahme möglicher Reflektionen, welche in der Kernmatrix ausgeglichen werden, identisch sind.

Nachdem das Grundprinzip des TUCKALS3-Algorithmus Gegenstand der Diskussion gewesen ist, läßt sich jetzt der vollständige Programmablauf darstellen. Der Algorithmus muß zunächst durch die Matrizen $\mathbf{A}_0$, $\mathbf{B}_0$ und $\mathbf{C}_0$ initialisiert werden. Hierbei ist es zur Erzielung einer schnellen Konvergenz günstig mit der suboptimalen Lösung nach Tucker (1966) zu beginnen (vgl. z. B. Kroonenberg 1994). Kroonenberg und de Leeuw (1980) zeigen weiter, daß der in Tabelle 4.1 (Seite 90) skizzierte Algorithmus im allgemeinen in das globale Minimum konvergiert.

Eine interessante Alternative zur bisher beschriebenen Vorgehensweise stellt der Ansatz von Kiers, Kroonenberg und ten Berge (1992) dar. Auf der Grundlage einer Reorganisation der Schätzprozedur zeigen Kiers und seine Kollegen, daß die Parameter in der alternierenden Folge **G**, **A**, **G**, **B**, **G** und **C** zu schätzen sind. Der wesentliche Vorteil dieser Reorgansiation des Schätzalgorithmus ist, daß sich nach einer weiteren Umstellung des Algorithmus die explizite Schätzung einer Komponentenmatrix unterdrücken läßt. Diese Möglichkeit ist vor allem dann von Bedeutung, wenn ein Modus über eine sehr große Zahl unterschiedlicher Objekte verfügt (z. B. bei der Analyse von Individualdaten), da in diesem Fall die Rechenzeit durch die Restrukturierung entscheidend verkürzt werden kann.

4.3.2.2.3 Das Nesting der Komponenten

Eine wichtige mit der Parameterschätzung verbundene Eigenschaft besagt, daß die einzelnen Komponenten einer Matrix nicht "genestet" sind. Eine Veränderung der vorgegebenen Anzahl von Komponenten, z. B. im Modus

Tabelle 4.1: Der TUCKALS3-Algorithmus

1. Schritt	$\alpha = 0$
2. Schritt	Initialisierung der Matrizen $\mathbf{A}_0$, $\mathbf{B}_0$ und $\mathbf{C}_0$ mit Hilfe der Methode von Tucker (1966) und Berechnung von $\text{T3}_\alpha = \|\mathbf{X}\|^2$
3. Schritt	Bestimmung der Komponentenmatrix **A** Fixiere $\mathbf{B}_\alpha$ und $\mathbf{C}_\alpha$ und bestimme $\mathbf{A}_{\alpha+1} = \text{GS}(\mathbf{P}_\alpha \mathbf{A}_\alpha)$ mit $\mathbf{P}_\alpha = \mathbf{X}(\mathbf{C}_\alpha \mathbf{C}'_\alpha \otimes \mathbf{B}_\alpha \mathbf{B}'_\alpha)\mathbf{X}'$, $\mathbf{X} : (I \times TJ)$-Matrix
4. Schritt	Bestimmung der Komponentenmatrix **B** Fixiere $\mathbf{A}_{\alpha+1}$ und $\mathbf{C}_\alpha$ und bestimme $\mathbf{B}_{\alpha+1} = \text{GS}(\mathbf{Q}_\alpha \mathbf{B}_\alpha)$ mit $\mathbf{Q}_\alpha = (\mathbf{C}_\alpha \mathbf{C}'_\alpha \otimes \mathbf{A}_{\alpha+1} \mathbf{A}'_{\alpha+1})\mathbf{X}'$, $\mathbf{X} : (J \times TI)$-Matrix
5. Schritt	Bestimmung der Komponentenmatrix **C** Fixiere $\mathbf{A}_{\alpha+1}$ und $\mathbf{B}_{\alpha+1}$ und bestimme $\mathbf{C}_{\alpha+1} = \text{GS}(\mathbf{R}_\alpha \mathbf{C}_\alpha)$ mit $\mathbf{R}_\alpha = \mathbf{X}(\mathbf{A}_{\alpha+1} \mathbf{A}'_{\alpha+1} \otimes \mathbf{B}_{\alpha+1} \mathbf{B}'_{\alpha+1})\mathbf{X}'$ $\mathbf{X} : (T \times IJ)$-Matrix
6. Schritt	$\alpha = \alpha + 1$
7. Schritt	Bestimmung von $\text{T3}_\alpha = \|\mathbf{X}\|^2 - \|\hat{\mathbf{X}}\|^2$ Falls $\text{T3}_{\alpha-1} - \text{T3}_\alpha$ kleiner als ein vorher festgelegter Abbruchwert: Programm beenden, sonst weiter mit Schritt 3

A, wirkt sich deshalb auch auf die Parameterschätzer der Komponentenmatrizen **B** und **C** aus (vgl. Kroonenberg 1983). Dieser Sachverhalt läßt sich auch an dem Ablaufplan des TUCKALS3-Algorithmus (vgl. Tabelle 4.1) verdeutlichen. Die Parametermatrix **A** wird sowohl im Teilschritt zur Bestimmung der Matrix **B** (4. Schritt) als auch im Teilschritt zur Bestimmung der Matrix **C** (5. Schritt) benötigt.

Da die Lösungen der einzelnen Komponentenmatrizen nicht "genestet" sind, muß - im Gegensatz zur klassischen Hauptkomponentenanalyse - für jede Änderung in der Dimensionalität der Lösung eine neue TUCKALS3-Lösung berechnet werden. Die Festlegung der Anzahl der als relevant erachteten Komponenten ist jetzt auch nicht mehr wie im Sinne Tuckers (1966) über einen Scree-Test der Singulärwerte der Produktmomentmatrizen möglich, sie orientiert sich vielmehr an den erklärten Varianzbeiträgen der einzelnen Komponentenmatrizen und am Gesamtfit des Modells.

4.3.2.2.4 Die Qualität der TUCKALS3-Lösung

Die Gesamtvarianz des TUCKALS3-Modells kann in die erklärte und die nicht-erklärte Varianz zerlegt werden:

$$\begin{aligned} SS(Tot) &= SS(Fit) + SS(Res) & (4.26) \\ ||\mathbf{X}||^2 &= ||\hat{\mathbf{X}}||^2 + ||\mathbf{X} - \hat{\mathbf{X}}||^2. & (4.27) \end{aligned}$$

Die Qualität der Lösung ergibt sich dann unmittelbar aus der Relation von erklärter Varianz zur Gesamtvarianz:

$$\text{Fit} = \frac{SS(Fit)}{SS(Tot)} = \frac{||\hat{\mathbf{X}}||^2}{||\mathbf{X}||^2}. \quad (4.28)$$

Darüber hinaus läßt sich diese Bedingung auch auf einzelne Elemente eines Modus übertragen (vgl. ten Berge, de Leeuw & Kroonenberg 1987). Die erklärte Varianz der t-ten Woche der Datenmatrix $\mathbf{X}$ kann man wie folgt partitionieren:

$$||\mathbf{X}_t||^2 = ||\hat{\mathbf{X}}_t||^2 + ||\mathbf{X}_t - \hat{\mathbf{X}}_t||^2. \quad (4.29)$$

Somit wird durch diese Berechnungen eine differenzierte Überprüfung des Fits für jeden Level eines Modus möglich und es wird damit ersichtlich, welche Elemente einen hohen Beitrag zur Erklärung des Modells leisten und welche nicht, oder anders ausgedrückt, welche Elemente gut bzw. schlecht durch das Modell repäsentiert werden.

Außerdem läßt sich eine Obergrenze für den Gesamtfit des TUCKALS3-Modells festlegen. Den Ausführungen von ten Berge, de Leeuw und Kroonenberg (1987) folgend soll gelten, daß der Gesamtfit einer TUCKALS3-Analyse nie größer sein kann als der Fit einer PCA-SUP-Analyse einer der drei möglichen Supermatrizen bei gleicher Komponentenzahl. In dem Falle, daß separate P-, Q- und R-dimensionale Hauptkomponentenanalysen der Matrizen $\mathbf{XX}'$ mit $\mathbf{X}$ als $(I \times TJ)$- bzw. $(J \times IT)$- bzw. $(T \times IJ)$-dimensionale Matrix durchgeführt werden und λ_{pI}, λ_{qJ}, λ_{rT} die Eigenwerte der Lösungen angeben, hat die folgende Beziehung Gültigkeit:

$$T3(\mathbf{A}, \mathbf{B}, \mathbf{C}) \leq \min\left(\sum_{p=1}^{P} \lambda_{pI}, \sum_{q=1}^{Q} \lambda_{qJ}, \sum_{r=1}^{R} \lambda_{rT}\right). \quad (4.30)$$

Drei einfache PCA-SUP-Analysen der Supermatrizen gestatten es somit, die Obergrenze des Fit-Wertes einer TUCKALS3-Lösung festzustellen und zu überprüfen, welcher Modus kritisch für den Gesamtfit des Modells sein kann.

Außerdem gibt bei spaltenweiser Orthonormalität der Komponentenmatrizen ein quadriertes Kernmatrixelement (g_{pqr}^2) an, welchen Beitrag die (p, q, r)-Kombination von Komponenten zum Gesamtfit der Lösung leistet (vgl. Seite 84). Neben der inhaltlichen Verknüpfung der einzelnen Komponenten unterschiedlicher Modi spezifiziert ein Kernmatrixelement deshalb auch deren relative Bedeutung für den Gesamterklärungsbeitrag der Lösung.

4.3.2.2.5 Fehlende Werte

Das Tucker3-Modell setzt eine vollständig besetzte Datenmatrix voraus, die Datenpunkte müssen also für jede (i, j, t)-Kombination vorliegen. Im Rahmen von empirischen Untersuchungen fehlen jedoch häufig Werte in der Datenmatrix, so daß der allgemeine TUCKALS3-Algorithmus nicht mehr direkt auf die Daten angewendet werden kann. Der alternierende Algorithmus läßt sich jedoch relativ einfach um die Möglichkeit fehlender Werte erweitern. Die fehlenden Datenpunkte sind zunächst durch willkürliche Werte zu initialisieren. Nach jeder Iteration können dann auf der Grundlage der aktuellen Parameterschätzer die fehlenden Werte berechnet und für die alten Werte eingesetzt werden. Im Kern entspricht dieser Vorgang einem EM-Algorithmus (vgl. Dempster, Laird & Rubin 1977), wobei man allerdings die Parameter nicht über eine Maximum-Likelihood-Schätzung bestimmt. Jedoch passen sich bei diesem Vorgehen sowohl die Daten an das Modell als auch das Modell an die Daten an (Kroonenberg & Brouwer 1993). Die fehlenden Werte sind optimal im Sinne der geschätzten Parameterstruktur, so daß es bei einem Vorhandensein von fehlenden Werten zu einem Anstieg an erklärter Varianz kommt. Falls sehr viele Werte fehlen, kann regelrecht von einer Inflation des Fitwertes gesprochen werden (Kroonenberg & Brouwer 1993, S. 15). Darüber hinaus wirkt sich die Anzahl fehlender Werte negativ auf die Konvergenzeigenschaften aus. Untersuchungen des Verfassers ergeben, daß der Algorithmus bei einer Zunahme fehlender Werte wesentlich langsamer zu seinem Optimum findet. Die Rechenzeit wird darüber hinaus auch noch durch mögliche Zentrierungen und Standardisierungen bei fehlenden Werten beeinflußt (vgl. Kapitel 4.3.2.3). In diesem Falle sind nach jeder Iteration die Transformationen zurückzubilden, neue Schätzer für die fehlenden Daten zu berechnen und wiederum die Transformationen durchzuführen, bevor die nächste Iteration beginnen kann.

Im Zuge der Analyse von Elastizitäten treten jedoch i. d. R. keine fehlenden Werte auf. Nur wenn eine Marke ganz auf den Einsatz eines Marketing-Instruments verzichtet, wäre es denkbar, die Spalte für die Elastizitätenmatrix, welche die Stärke der Marke widerspiegelt, durch fehlende Werte zu besetzen und schließlich die hypothetische Stärke im Rahmen einer TUCKALS3-Analyse zu bestimmen.

4.3.2.2.6 Die Bedeutung der Komponenten

Die Komponentenmatrizen **A**, **B** und **C** der TUCKALS3-Analyse sind nach Konvergenz des Algorithmus zunächst orthonormal beschränkt, so daß die Länge der Komponenten eines Modus gleich eins ist. Hieraus ergibt sich, daß im Unterschied zur Hauptkomponenten- oder Faktorenanalyse von Korrelationsmatrizen nunmehr die Spaltenlänge der Ladungsmatrix nicht mehr mit der Bedeutung der Komponenten korrespondiert. Ihre Bedeutung kann jedoch, wie bereits oben diskutiert, den quadrierten Elementen der Kernmatrix entnommen werden, da g^2_{pqr} die Wichtigkeit der (p, q, r)-Kombination von Komponenten zum Gesamtfit spezifiziert. Die Bedeutung der Komponente eines Modus errechnet sich aus der Relation der Summe der quadrierten Kernmatrixelemente der korrespondierenden Komponente und der Gesamtvarianz in den Daten. Beispielhaft kann dies hier für die r-te Komponente der Matrix **C** verdeutlicht werden:

$$\text{Bedeutung der } r\text{-ten Komponente von } \mathbf{C} \;=\; \frac{\sum\limits_{p=1}^{P}\sum\limits_{q=1}^{Q} g^2_{pqr}}{\sum\limits_{i=1}^{I}\sum\limits_{j=1}^{J}\sum\limits_{t=1}^{T} x^2_{ijt}}. \tag{4.31}$$

Die hier genannten Argumente gelten jedoch nur bei Orthogonalität der Komponentenmatrizen.

4.3.2.3 Die Transformation der Inputdaten

Die Transformation der Inputdaten bildet einen zentralen Aspekt des TUCKALS3-Ansatzes. Er ist besonders kritisch im Hinblick auf die erzielten Ergebnisse zu werten, da die Schätzung des TUCKALS3-Modells mindestens intervallskalierte Daten voraussetzt. Die möglichen Transformationen der Daten betreffen sowohl Zentrierungen als auch Standardisierungen. Eine Zentrierung der Daten verlangt, daß die Werte als Abweichungen von ihrem Datenmittel dargestellt werden. Intervallskalierte Daten sind aufgrund ihres willkürlichen Nullpunktes vor Analysebeginn zu zentrieren. Standardisierungen betreffen andererseits wiederum die den Daten zugrundeliegende Varianz. Häufig transformiert man intervallskalierte Daten derart, daß die Summe der Quadrate einen festen Wert, z. B. eins, in jeder Spalte ergibt.

Zentrierungen und Standardisierungen sind voneinander unabhängige Prozesse, obwohl sie häufig zusammen auftreten (vgl. hierzu auch ten Berge

& Kiers 1989). Ein typisches Beispiel für die Analyse von zentrierten und standardisierten Daten ist die Hauptkomponenten- oder Faktorenanalyse einer Korrelationsmatrix. In diesem Falle werden die Rohdaten zunächst zentriert und dann auf die Varianz von eins standardisiert. Hieran wird auch unmittelbar die Problematik der Analyse von dreimodalen Daten deutlich. Während bei der Hauptkomponenten- oder Faktorenanalyse einer Korrelationsmatrix die Zentrierung und Standardisierung automatisch durchgeführt werden, stehen dem Anwender des TUCKALS3-Modells zu Beginn der Analyse eine Vielzahl möglicher Optionen offen, zu denen auch die Analyse der Rohdaten gehört. Neben der Zentrierung und Standardisierung einer der drei Modi sind Kombinationen von Zentrierungen und Standardisierungen über zwei Modi denkbar.

Als Regel gilt, daß im Falle von intervallskalierten Daten zu Beginn der Analyse eine Transformation durchzuführen ist. Diese hat sich zum einen an dem Analyseziel zu orientieren, etwa welche Unterschiede in den Daten herausgestellt werden sollen. Zum anderen hängt es von der spezifischen Struktur der Inputdaten (Daten eines semantischen Differentials sind anders zu transformieren als Profildaten) ab. Eine umfassende Diskussion der möglichen Transformationsstrategien soll an dieser Stelle nicht erfolgen. Die hier analysierten Inputdaten sind rational skaliert, d. h. sie haben einen natürlichen Ursprung (eine Elastizität von Null hat eine inhaltliche Bedeutung). Aus diesem Grunde erübrigt sich eine Zentrierung bzw. Standardisierung der Daten. Obendrein verändert eine Transformation der Elastizitäten die inhaltliche Bedeutung, so daß ein derartiges Vorgehen vor dem Hintergrund der möglichen Konsequenzen für die Interpretation genau zu überprüfen ist. Falls jedoch Transformationen durchgeführt werden müssen, wird der Leser auf die umfangreiche Diskussion bei Kroonenberg (1983, S. 128-151) sowie Harshman und Lundy (1984b) verwiesen.

4.3.2.4 Die Aufbereitung der TUCKALS3-Standardlösung

Die Ergebnisse einer TUCKALS3-Analyse lassen zahlreiche Transformationen zu, die eine bessere Interpretierbarkeit der Lösung ermöglichen oder bestimmte Aspekte der Lösung besser herausarbeiten. Hierzu gehören ebenso wie die Skalierung der Outputmatrizen und die Rotation der Komponentenmatrizen auch die gemeinsame Darstellung der Elemente zweier Modalitäten.

4.3.2.4.1 Die Skalierung der Outputmatrizen

Nach Konvergenz des TUCKALS3-Algorithmus sind die Komponentenmatrizen zunächst orthonormal beschränkt, die Länge jeder Komponente beträgt somit eins. Diese Normierung auf Einheitslänge wirkt sich nachteilig auf die Interpretierbarkeit aus, insbesondere wenn die Ladungen unterschiedlicher Komponentenmatrizen miteinander vergleichbar sein sollen, diese sich aber aufgrund der Anzahl zugrundeliegender Objekte in ihrer Größe stark voneinander unterscheiden. Damit die Ladungen der Matrizen über alle drei Modi hinweg besser zu vergleichen sind, skaliert man die Länge der Komponenten auf die Anzahl der Elemente in den entsprechenden Modi:

$$\begin{aligned} a^*_{ip} &= a_{ip}\sqrt{I} \\ b^*_{jq} &= b_{jq}\sqrt{J} \\ c^*_{tr} &= c_{tr}\sqrt{T}. \end{aligned}$$

Diese Vorgehensweise wird auch im empirischen Teil angewandt. Sie ist dort besonders angebracht, da die Anzahl der Elemente im dritten Modus, dem der Wochen, relativ gesehen sehr viel größer ist als die Anzahl der untersuchten Marken.

4.3.2.4.2 Die Rotation der Komponentenmatrizen

Entsprechend den vorangegangenen Ausführungen lassen sich die Komponentenmatrizen nach Konvergenz des Algorithmus bzgl. eines Zielkriteriums rotieren. Die Modellgleichung des Tucker3-Modells bleibt erhalten, sofern die Kernmatrix mit der inversen Transformation gegenrotiert wird. Es gelten $\mathbf{T}_A\mathbf{T}'_A = \mathbf{I}_A$, $\mathbf{T}_B\mathbf{T}'_B = \mathbf{I}_B$ und $\mathbf{T}_C\mathbf{T}'_C = \mathbf{I}_C$ mit $\mathbf{I}_A$, $\mathbf{I}_B$ und $\mathbf{I}_C$ als Identitätsmatrizen der Größe $(I \times I)$, $(J \times J)$ und $(T \times T)$. Danach sind folgende Transformationen zulässig:

$$\mathbf{A}^* = \mathbf{A}\mathbf{T}_A \tag{4.32}$$

$$\mathbf{B}^* = \mathbf{B}\mathbf{T}_B \tag{4.33}$$

$$\mathbf{C}^* = \mathbf{C}\mathbf{T}_C \tag{4.34}$$

$$\mathbf{G}^* = \mathbf{T}'_A\mathbf{G}(\mathbf{T}_B \otimes \mathbf{T}_C). \tag{4.35}$$

Die Frage, welche Transformation besonders geeignet ist, die Struktur in den Daten aufzudecken, ist verwandt mit der Frage nach dem Rotationsprinzip in der einfachen Faktorenanalyse. Im Rahmen dieser Diskussion muß jedoch beachtet werden, daß die Komponentenmatrizen **A**, **B** und **C** orthonormal beschränkt sind. Eine VARIMAX-Rotation der Matrizen stimmt dann mit der ortho-obliquen Rotation nach Harris und Kaiser (1964) überein. Sie erweist sich als besonders geeignet, um Ladungsmatrizen niedriger Komplexität zu erzielen (Hakstian 1971, Kiers & ten Berge 1994). Falls eine oblique Lösung geeigneter erscheint, ist entsprechend den Ergebnissen bei Hakstian auch eine direkte OBLIMIN-Rotation (Jennrich & Sampson 1966) anzuwenden.

Es muß allerdings deutlich herausgestellt werden, daß die Rotation der Komponentenmatrizen die Interpretation der Kernmatrix erschweren kann. Die Rotation der Matrizen **A**, **B** und **C** auf Einfachstruktur korrespondiert nicht mit einer Einfachstruktur der Kernmatrix. Aus diesem Grunde schlägt Kroonenberg (1984, S. 77) vor, die Kernmatrix nach einem Zielkriterium zu rotieren. Sie weist dann eine Einfachstruktur auf, wenn die Nichtraumdiagonalelemente ($p \neq q \neq r$) nahe Null sind und lediglich die Raumdiagonalelemente ($p = q = r$) deutlich von Null abweichende Ladungen aufweisen. In einer Arbeit von Kiers (1992) werden alternative Methoden für die Rotation der Kernmatrix diskutiert sowie die Möglichkeit erörtert, einige Elemente des Kernmatrix während der Parameterschätzung auf Null zu fixieren. Die Anwendung dieser beschränkten TUCKALS3-Methode auf Persönlichkeitsdaten zeigt, wie sich bei einem minimalen Informationsverlust die Interpretation der Lösung stark vereinfachen läßt. Eine weitere Arbeit zur Rotation der Kernmatrix auf Einfachstruktur liegt von Kiers (1996) vor, welche die SIMPLIMAX-Methode auf diesen Problemkomplex überträgt.

4.3.2.4.3 Die gemeinsame Darstellung der Elemente zweier Modalitäten

Neben der separaten Darstellung der Komponentenmatrizen ist es für viele Fragestellungen sehr aufschlußreich zu untersuchen, wie sich die beurteilten Objekte zweier Modalitäten zueinander verhalten. Vor diesem Hintergrund wird eine Transformationsprozedur gesucht, die den Zusammenhang zwischen Entitäten unterschiedlicher Modi herstellt. Aus Gründen einer übersichtlicheren Darstellungsweise bleibt die Diskussion auf den Fall beschränkt, daß die Elemente der Modalitäten **A** und **B** gemeinsam abgebildet werden sollen. Die Ergebnisse sind aber durch einen Variablentausch auf jede mögliche Zweierkombination der Matrizen **A**, **B** und **C** übertragbar.

Bei der Analyse der Elastizitäten steht die Bewertung der Interaktionen von Verwundbarkeiten und Stärken der Marken im Mittelpunkt des Interesses, die Wettbewerbsverhältnisse zwischen den Marken sollen folglich dargestellt werden. Falls eine Marke i unter den Wettbewerbsdruck der Marke j gerät, muß in einem gemeinsamen Plot von Verwundbarkeit und Stärke der Marken die Verwundbarkeit der Marke i nahe der Stärke der Marke j sein.

Die Lösung des Problems, die Elemente von **A** und **B** in einem gemeinsamen Raum zu veranschaulichen, basiert auf einer Zerlegung der in der

Kernmatrix enthaltenen Informationen. Jede Scheibe der Kernmatrix **G** korrespondiert mit genau einer Komponente der Matrix **C**. Dieser Zusammenhang folgert sich aus der Modellgleichung des Tucker3-Ansatzes:

$$\mathbf{X}_t \;=\; \mathbf{A}\,(c_{t1}\mathbf{G}_1 + \cdots + c_{tR}\mathbf{G}_R)\,\mathbf{B}'. \tag{4.36}$$

Die r-te Kernmatrixscheibe verdeutlicht, wie die Elemente der Modalitäten **A** und **B** für diese Komponente zusammenhängen. Mit anderen Worten, die Kernmatrixscheibe $\mathbf{G}_r$ mißt den Zusammenhang von Stärke und Verwundbarkeit für die r-te Wettbewerbsdimension. In diesem Sinne ist es möglich, die Stärken und Schwächen der Marken für spezifische Wettbewerbssituationen darzustellen. Die Vorgehensweise wird als die Konstruktion eines Joint Plots bezeichnet. Sie ist dabei der Technik des Biplots verwandt (vgl. Gabriel 1971, 1981). Grundlage der Joint Plot-Technik bildet eine Singulärwertzerlegung der Kernmatrixscheibe $\mathbf{G}_r$. Anschließend werden die Komponentenmatrizen **A** und **B** mit den linken bzw. rechten Eigenvektoren und der Quadratwurzel der Singulärwerte gewichtet. Zusätzlich sind die Eigenvektormatrizen mit der Anzahl der Objekte in jedem Modus und der Anzahl der Komponenten zu gewichten. Algebraisch läßt sich das Vorgehen wie folgt beschreiben (vgl. Kroonenberg 1983, S. 164):

$$\begin{aligned}
\mathbf{IP}_r &= \mathbf{A}\mathbf{G}_r\mathbf{B}' \\
&= \mathbf{A}(\mathbf{U}_r\mathbf{\Lambda}_r\mathbf{V}_r')\mathbf{B}' \\
&= (\frac{I}{J})^{\frac{1}{4}}(\mathbf{A}\mathbf{U}_r\mathbf{\Lambda}_r^{\frac{1}{2}}) \cdot (\frac{J}{I})^{\frac{1}{4}}(\mathbf{B}\mathbf{V}_r\mathbf{\Lambda}_r^{\frac{1}{2}})' \\
&= \tilde{\mathbf{A}}_r\tilde{\mathbf{B}}_r'
\end{aligned} \tag{4.37}$$

$$\tilde{\mathbf{A}}_r = (\frac{I}{J})^{\frac{1}{4}}(\mathbf{A}\mathbf{U}_r\mathbf{\Lambda}_r^{\frac{1}{2}}) \tag{4.38}$$

$$\tilde{\mathbf{B}}_r = (\frac{J}{I})^{\frac{1}{4}}(\mathbf{B}\mathbf{V}_r\mathbf{\Lambda}_r^{\frac{1}{2}}). \tag{4.39}$$

$\tilde{\mathbf{A}}_r$ und $\tilde{\mathbf{B}}_r$ sind die Joint Plot-Koordinatenmatrizen für die Elemente der Modi **A** und **B** für die r-te Komponente der Matrix **C** und sie geben die Lage der Elemente der beiden Modalitäten in einem gemeinsamen Raum an. Dadurch wird der Bezug der realen Objekte/Elemente zu der r-ten Komponente der Matrix **C** hergestellt. Im allgemeinen ist es möglich, die Information in einem zwei- oder dreidimensionalen Raum adäquat, d. h. ohne größeren Informationsverlust zu repräsentieren. Darüber hinaus löst ein Joint Plot häufig die Interpretationsschwierigkeiten der Kernmatrix, da sich die Interpretation auf reale Elemente bezieht.

Die Matrix $\mathbf{IP}_r$ wird in diesem Zusammenhang als Matrix der inneren Produkte bezeichnet. Sie enthält die Information der Joint Plot-Koordinatenmatrizen in Skalarproduktform. Im Rahmen der Analyse von Elastizitätenmatrizen sind die inneren Produkte ($\mathbf{IP}_r$) Prototyp-Elastizitäten für spezifische Wettbewerbsdimensionen, die damit die Interaktionen der Marken für bestimmte Marktgegebenheiten quantifizieren.

Die real zu erwartenden Elastizitäten einer Wettbewerbsdimension können berechnet werden, indem das Konzept der "idealisierten Individuen" - oder in diesem Falle der "idealisierten Elastizitäten" - nach Tucker und Messick (1963) auf den vorliegenden Problemkomplex übertragen wird. Demzufolge ergeben sich die idealisierten Elastizitäten für eine Woche oder einen Verbund von Wochen über die Summe der mit den entsprechenden Elementen der Matrix **C** gewichteten inneren Produkte:

$$\mathbf{X}_{t^*} = \sum_{r=1}^{R} c_{t^*r} \mathbf{IP}_r. \qquad (4.40)$$

$\mathbf{X}_{t^*}$ sind dabei die idealisierten Elastizitäten der Wettbewerbssituation t^* (vgl. hierzu auch Cooper 1988). Die relativ komplexe Information der Matrix kann man jetzt wiederum mit Hilfe der Technik des Biplots veranschaulichen. Dazu wird die Matrix der idealisierten Elastizitäten in ihre Basisstruktur zerlegt und mit den Singulärvektoren und der Quadratwurzel der Singulärwerte gewichtet:

$$\mathbf{X}_{t^*} = \mathbf{U\Lambda V}' \qquad (4.41)$$

$$\mathbf{A}_{t^*} = \mathbf{U}_s\mathbf{\Lambda}_s^{\frac{1}{2}} \qquad (4.42)$$

$$\mathbf{B}_{t^*} = \mathbf{V}_s\mathbf{\Lambda}_s^{\frac{1}{2}}. \qquad (4.43)$$

$\mathbf{A}_{t^*}$ und $\mathbf{B}_{t^*}$ sind dann die Koordinatenmatrizen der idealisierten Elastizitäten, wobei $\mathbf{A}_{t^*}$ die Verwundbarkeit der Marken und $\mathbf{B}_{t^*}$ die Stärke der Marken in der Wettbewerbssituation/Woche t^* darstellen. Der Index s soll zum Ausdruck bringen, daß nur die ersten s-Komponenten - zumeist zwei oder drei - zur Repräsentation der idealisierten Elastizitäten in einem Wettbewerbsraum verwendet werden.

4.3.3 Das Tucker2-Modell

4.3.3.1 Die Modellstruktur

Eine wichtige Vereinfachung des Tucker3-Modells ergibt sich, wenn man eine Komponentenmatrix (z. B. die Matrix **C**) als Identitätsmatrix annimmt. Das bedeutet, daß der dritte Modus nicht in seine Basisdimensionen zerlegt

Abbildung 4.4: Die Struktur des Tucker2-Modells

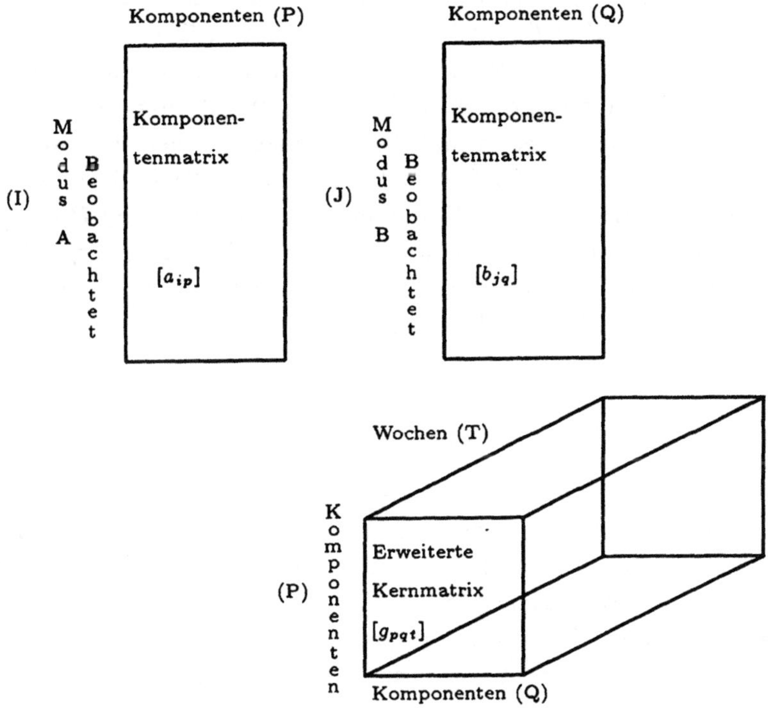

wird, sondern elementweise erhalten bleibt. Entsprechend dieser Spezifikation liegt die Kernmatrix jetzt als erweiterte Kernmatrix vor, die ebenso viele Scheiben/Lagen hat wie die dritte Modalität an Ausprägungen aufweist. Diese diskutierte Modellstruktur schlagen mehrere Autoren vor (u. a. Israelsson 1969, Jennrich 1972, Carroll & Chang 1970, Kroonenberg & de Leeuw 1977). Algebraisch ergibt sich dieses Modell, auch Tucker2-Modell genannt, durch

$$x_{ijt} = \hat{x}_{ijt} + e_{ijt} \tag{4.44}$$

$$\hat{x}_{ijt} = \sum_{p=1}^{P} \sum_{q=1}^{Q} a_{ip} b_{jq} g_{pqt}, \tag{4.45}$$

oder in Matrixnotation

$$\mathbf{X}_t = \mathbf{A}\mathbf{G}_t\mathbf{B}' + \mathbf{E}_t. \tag{4.46}$$

Die Struktur des Tucker2-Modells ist in Abbildung 4.4 wiedergegeben. Entsprechend der vorangegangenen Diskussion, wie die Modellparameter im Tucker3-Ansatz zu interpretieren sind, enthält die Komponentenmatrix **A** die Ausprägung der Verwundbarkeiten der Marken auf den Schwächekomponenten und die Matrix **B** die Information über die Ausprägung der Stärken der Marken. Eine Reduktion im dritten Modus findet nicht statt, so daß die Matrix **C** des Tucker3-Modells entfällt. Die Kernmatrix **G** verdeutlicht, wie die Stärken und Schwächen der Marken zusammenhängen. Allerdings bezieht sich die Information jetzt nicht mehr auf die dem Markt zugrundeliegenden Wettbewerbsdimensionen, sondern auf die einzelnen Wochen. Die Kernmatrix hat somit die Dimension $(P \times Q \times T)$. Ebenso wie im Tucker3-Modell gibt unter der Annahme orthonormaler Komponentenmatrizen **A** und **B** ein quadriertes Kernmatrixelement g^2_{pqt} an, welchen Varianzbeitrag die spezifische Kombination der p-ten Komponente des Modus **A** mit der q-ten Komponente des Modus **B** in der t-ten Woche leistet.

4.3.3.2 Die Parameterschätzung des Tucker2-Modells

Nachdem die Grundstruktur des Tucker2-Modells diskutiert worden ist, soll es das Anliegen dieses Kapitels sein, die Parameterschätzung im Tucker2-Modell zu verdeutlichen. Die Vorgehensweise der Parameterschätzung korrespondiert mit der des Tucker3-Modells. Wiederum hat man die Möglichkeit, die Parameterwerte der Komponentenmatrizen **A** und **B** über eine Singulärwertzerlegung der Produktmomentmatrizen aus den Gleichungen 4.10 und 4.11 zu bestimmen. Die Anzahl der Komponenten kann dann mit Hilfe eines Scree-Tests der Singulärwerte festgelegt und die erweiterte Kernmatrix über die folgende Gleichung geschätzt werden:

$$g_{pqt} = \sum_{i=1}^{I}\sum_{j=1}^{J} a_{ip} b_{jq} x_{ijt}. \tag{4.47}$$

Allerdings gilt auch in diesem Fall, daß die Ergebnismatrizen nicht optimal im Sinne der Minimierung eines Zielkriteriums sind. Kroonenberg und de Leeuw (1977, 1980) haben einen alternierenden Kleinste-Quadrate Algorithmus für das Tucker2-Modell entwickelt, der in dem Programmsystem TUCKALS2 implementiert ist (Kroonenberg & Brouwer 1985). Das Programm minimiert die TUCKALS2-Verlustfunktion im Hinblick auf das Kleinste-Quadrate-Kriterium:

$$\begin{aligned} \mathrm{T2}(\mathbf{A},\mathbf{B},\mathbf{G}_1,\ldots,\mathbf{G}_T) &= \sum_{i=1}^{I}\sum_{j=1}^{J}\sum_{t=1}^{T}\left(x_{ijt} - \sum_{p=1}^{P}\sum_{q=1}^{Q} a_{ip} b_{jq} g_{pqt}\right)^2 \\ &= \sum_{t=1}^{T} \|\mathbf{X}_t - \mathbf{A}\mathbf{G}_t\mathbf{B}'\|^2. \end{aligned} \tag{4.48}$$

Ein solches Modell ist unteridentifiziert, so daß die Komponentenmatrizen **A** und **B** während der Parameterschätzung orthonormal beschränkt werden müssen, um eine eindeutig identifizierte Lösung zu finden. Dadurch kann man die TUCKALS2-Verlustfunktion ausschließlich mit den Matrizen **A** und **B** spezifizieren, und sie hat für den Fall der Parameterschätzung der Matrix **A** dann folgende Gestalt:

$$
\begin{aligned}
\mathrm{T2}(\mathbf{A},\mathbf{B}) &= \sum_{t=1}^{T} \|\mathbf{X}_t - \mathbf{A}\mathbf{G}_t\mathbf{B}'\|^2 \\
&= \sum_{t=1}^{T} \|\mathbf{X}_t - \mathbf{A}\mathbf{A}'\mathbf{X}_t\mathbf{B}\mathbf{B}'\|^2 \\
&= \mathrm{tr}\sum_{t=1}^{T} \mathbf{X}_t{}'\mathbf{X}_t - \mathrm{tr}\mathbf{A}'\left(\sum_{t=1}^{T}\mathbf{X}_t\mathbf{B}\mathbf{B}'\mathbf{X}_t'\right)\mathbf{A} \\
&= \mathrm{tr}\sum_{t=1}^{T} \mathbf{X}_t{}'\mathbf{X}_t - \mathrm{tr}\mathbf{A}'\mathbf{P}\mathbf{A} \qquad (4.49)
\end{aligned}
$$

mit

$$
\begin{aligned}
\mathbf{G}_t &= \mathbf{A}'\mathbf{X}_t\mathbf{B} \qquad (4.50) \\
\mathbf{P} &= \sum_{t=1}^{T}\mathbf{X}_t\mathbf{B}\mathbf{B}'\mathbf{X}_t'. \qquad (4.51)
\end{aligned}
$$

Entsprechend läßt sich die TUCKALS2-Verlustfunktion für die Schätzung der Parametermatrix **B** formulieren. tr$\mathbf{A}'\mathbf{P}\mathbf{A}$ kann mit Hilfe der Eigenvektoren von **P** maximiert werden. Dazu stehen der erste Schritt der Bauer-Rutishauser-Methode oder die Gram-Schmidt-Orthogonalisierungsprozedur zur Auswahl. Der TUCKALS2-Algorithmus führt im Falle der Anwendung der Gram-Schmidt-Orthogonalisierungsprozedur zu den in Tabelle 4.2 (Seite 102) aufgelisteten Schritten.

Kroonenberg und de Leeuw (1977) haben gezeigt, daß dieser Algorithmus im allgemeinen in das globale Minimum der Verlustfunktion konvergiert. Darüber hinaus haben sämtliche Aussagen Gültigkeit, die zum Nesting der Komponenten, zur Berechnung der Qualität der Lösung, zur Transformation der Inputdaten, zur Behandlung von fehlenden Werten sowie zur Aufbereitung der Standardlösung im Rahmen der Diskussion des Tucker3-Modells gemacht worden sind.

Tabelle 4.2: Der TUCKALS2-Algorithmus

1. Schritt	$\alpha = 0$
2. Schritt	Initialisierung der Matrizen $\mathbf{A}_0$ und $\mathbf{B}_0$ mit Hilfe der Methode von Tucker (1966) und Berechnung von $T2_\alpha = \|\mathbf{X}\|^2$
3. Schritt	Bestimmung der Komponentenmatrix **A** Fixiere $\mathbf{B}_\alpha$ und bestimme $\mathbf{A}_{\alpha+1} = GS(\mathbf{P}_\alpha \mathbf{A}_\alpha)$ mit $\mathbf{P}_\alpha = \sum_{t=1}^{T} \mathbf{X}_t \mathbf{B}_\alpha \mathbf{B}'_\alpha \mathbf{X}_t{}'$
4. Schritt	Bestimmung der Komponentenmatrix **B** Fixiere $\mathbf{A}_{\alpha+1}$ und bestimme $\mathbf{B}_{\alpha+1} = GS(\mathbf{Q}_\alpha \mathbf{B}_\alpha)$ mit $\mathbf{Q}_\alpha = \sum_{t=1}^{T} \mathbf{X}'_t \mathbf{A}_{\alpha+1} \mathbf{A}'_{\alpha+1} \mathbf{X}_t$
5. Schritt	$\alpha = \alpha + 1$
6. Schritt	Bestimmung von $T2_\alpha = \|\mathbf{X}\|^2 - \|\hat{\mathbf{X}}\|^2$ Falls $T2_{\alpha-1} - T2_\alpha$ kleiner als ein vorher festgelegter Abbruchwert: Programm beenden, sonst weiter mit Schritt 3

4.3.3.3 Die gemeinsame Darstellung der Elemente zweier Modi

Ein konzeptioneller Unterschied zwischen dem Tucker2- und dem Tucker3-Modell tritt im Hinblick auf die Möglichkeit zur Konstruktion von Joint Plots, der gemeinsamen Darstellung der Stärken und Schwächen der Marken in einem Wettbewerbsraum auf. Im Tucker3-Modell repräsentieren die Komponenten des dritten Modus typische Wettbewerbsdimensionen. Die Schätzung der Komponentenmatrix **C** entfällt jedoch im Tucker2-Modell. Vielmehr wird eine erweiterte Kernmatrix bestimmt, bei der jede Scheibe mit einer Woche korrespondiert. So ist es jetzt möglich, die Ausprägungen der Matrizen **A** und **B** separat für jede Woche in einem Joint Plot darzustellen:

$$
\begin{aligned}
\mathbf{IP}_t &= \mathbf{A}\mathbf{G}_t\mathbf{B}' \\
&= \mathbf{A}(\mathbf{U}_t\mathbf{\Lambda}_t\mathbf{V}'_t)\mathbf{B}' \\
&= (\frac{I}{J})^{\frac{1}{4}}(\mathbf{A}\mathbf{U}_t\mathbf{\Lambda}_t^{\frac{1}{2}}) \cdot (\frac{J}{I})^{\frac{1}{4}}(\mathbf{B}\mathbf{V}_t\mathbf{\Lambda}_t^{\frac{1}{2}})' \\
&= \tilde{\mathbf{A}}_t\tilde{\mathbf{B}}'_t \qquad (4.52) \\
\tilde{\mathbf{A}}_t &= (\frac{I}{J})^{\frac{1}{4}}(\mathbf{A}\mathbf{U}_t\mathbf{\Lambda}_t^{\frac{1}{2}}) \qquad (4.53) \\
\tilde{\mathbf{B}}_t &= (\frac{J}{I})^{\frac{1}{4}}(\mathbf{B}\mathbf{V}_t\mathbf{\Lambda}_t^{\frac{1}{2}}). \qquad (4.54)
\end{aligned}
$$

$\tilde{\mathbf{A}}_t$ und $\tilde{\mathbf{B}}_t$ sind die Koordinatenmatrizen für die Elemente der Modi A und B der t-ten Woche. In diesem Sinne kann man von einem Wettbewerbsmonitor auf wöchentlicher Grundlage sprechen. Die Basiskräfte - sowohl der Stärken als auch der Schwächen - der Marken lassen sich so für jede Woche visualisieren. Dem Markenmanagement ist es hierdurch möglich, die strukturellen Unterschiede, verursacht durch den wechselnden Einsatz des Marketing-Instrumentariums in den Wochen, genau zu verfolgen und die Konsequenzen im Hinblick auf die Wettbewerbsstärken der relevanten Marken zu bewerten.

Die Matrix $\mathbf{IP}_t$ ist die Matrix der inneren Produkte der t-ten Woche. Sie enthält die um Zufallseinflüsse bereinigten idealisierten Elastizitäten. Eine hohe Übereinstimmung zwischen den idealisierten Elastizitäten des Tucker2 und des Tucker3-Modells kann erwartet werden, falls die Lösungen beider Ansätze sehr gute Anpassungen an die Daten darstellen und die idealisierten Elastizitäten des Tucker3-Modells sich auf eine spezifische Woche beziehen.

Außerdem lassen sich die Joint Plot-Koordinaten auf der Basis der durchschnittlichen Kernmatrix berechnen. Sie repräsentieren dann die Wettbewerbsstrukturen der Marken für das durchschnittliche Marktgeschehen, d. h. nicht mehr speziell für eine einzelne Woche, aber auch nicht wie beim Tucker3-Modell für charakteristische Wettbewerbsdimensionen. Der Joint Plot auf der Basis der durchschnittlichen Kernmatrix stellt folglich die allgemeinen Stärken und Schwächen der Marken dar, ohne den direkten Bezug zum Einsatz eines Instruments des Marketing-Mix herzustellen.

4.3.4 Das PARAFAC-Modell

4.3.4.1 Die Modellstruktur

Das PARAFAC-Modell steht für PARAllel FACtor analysis und basiert auf den Entwicklungen von Harshman (1970). Dieser Modellansatz ist eine direkte Erweiterung der klassischen Faktorenanalyse zweimodaler zweidimensionaler Datenmatrizen auf dreimodale dreidimensionale Datenarrays. PARAFAC überträgt das Prinzip der *parallel proportional profiles* nach Cattell (1944) in ein mathematisches Modell. Danach behalten die Faktoren verschiedener Meßzeitpunkte ihre Struktur bei und unterscheiden sich nur durch proportionale Änderungen voneinander. Nach Cattell (1944; Cattell & Cattell 1955) kann man ähnliche Faktoren, die in zwei Stichproben gefunden werden und lediglich in dem relativen Anteil erklärter Varianz voneinander abweichen, durch einen einzigen ("unique") Satz von Faktoren/Achsen beschreiben.

Das Prinzip der *parallel proportional profiles* läßt sich an dem folgenden Beispiel verdeutlichen. Ausgehend davon, daß die gleichen Variablen in zwei Stichproben bewertet werden und die eine Stichprobe sehr heterogen, die andere aber sehr homogen ist, läßt sich in jeder Stichprobe eine separate Faktorenanalyse durchführen. Die Korrelationen der Variablen in der heterogenen Stichprobe sollten insgesamt höher sein als in der homogenen Stichprobe. Dies wird sich dann auch in höheren Faktorladungen der heterogenen Stichprobe im Vergleich zur homogenen Stichprobe niederschlagen. Die Faktoren können jedoch so rotiert werden, daß die Ladungen der Variablen in den zwei Stichproben einander proportional sind (höher in der heterogenen Stichprobe, niedriger in der homogenen Stichprobe).

Cattell hat das Prinzip der *parallel proportional profiles* insbesondere vor dem Hintergrund der Undeterminiertheit der Faktoren einer klassischen Hauptkomponenten- bzw. Faktorenanalyse entwickelt. Er sieht darin eine Möglichkeit, "wahre" Faktoren zu bestimmen. Harshman überträgt das Cattellsche Prinzip in ein trilineares Modell und leitet damit einen faktorenanalytischen Ansatz für dreimodale Daten ab, welcher einen einzigen Satz von Faktoren identifiziert.

Unabhängig von Harshmans Entwicklung des PARAFAC-Modells haben Carroll und Chang (1970) ein mathematisch identisches Modell aufgestellt, indem sie Horans Ansatz (1969) zur Analyse individueller Differenzen in der mehrdimensionalen Skalierung generalisieren. Carroll und Chang nennen ihr Modell CANDECOMP, was für CANonical DECOMPosition steht. Der CANDECOMP-Modellansatz ist nicht auf die Analyse dreidimensionaler Daten beschränkt, sondern gilt für n-dimensionale Datenarrays. Der allgemeine Modellrahmen des CANDECOMP-Modells dient Carroll und Chang dann hauptsächlich zur theoretischen Fundierung des INDSCAL-Ansatzes.

Algebraisch kann das CANDECOMP/PARAFAC-Modell wie folgt beschrieben werden:

$$x_{ijt} = \hat{x}_{ijt} + e_{ijt} \qquad (4.55)$$

$$\hat{x}_{ijt} = \sum_{s=1}^{S} a_{is} b_{js} c_{ts}, \qquad (4.56)$$

bzw. in Matrixnotation

$$\hat{\mathbf{X}}_t = \mathbf{A}\mathbf{\Lambda}_t\mathbf{B}'. \qquad (4.57)$$

Die Koeffizienten a_{is}, b_{js} and c_{ts} sind Elemente der Komponentenmatrizen

A, **B** und **C** mit der Dimension $(I \times S)$, $(J \times S)$ und $(T \times S)$. Die Matrix $\mathbf{\Lambda}_t$ ist die Diagonalmatrix der t-ten Zeile der Matrix **C**. Komponentenmatrix **A** enthält - vergleichbar der Interpretation der Tucker-Modelle - die Basisdimensionen für die Verwundbarkeiten der Marken. Matrix **B** repräsentiert die Basisstärken der Marken, wohingegen die Matrix **C** den Einfluß der Wochen auf die Struktur der Lösung angibt. Jeder Modus muß aufgrund der Proportionalitätsannahme auf die gleiche Anzahl von Komponenten reduziert werden, wobei im Gegensatz zu den Tucker-Modellen die Schätzung einer Kernmatrix entfällt. Aus diesem Grunde sind auch keine Interaktionen zwischen unterschiedlichen Komponenten verschiedener Modalitäten zugelassen.

Der Modellansatz läßt nur proportionale Unterschiede zwischen den Komponenten der einzelnen Modalitäten zu. Es ändert sich nicht die relative Position der Marken auf den Komponenten von Periode zu Periode, sondern nur die Wichtigkeit der Komponenten für diese Periode. Die Proportionalität des PARAFAC-Modells läßt sich einsichtig machen, wenn man das Modell mit dem der zweimodalen Faktorenanalyse vergleicht (siehe Harshman & Berenbaum 1981). Letzteres hat die folgende algebraische Struktur:

$$x_{ij} \quad = \quad a_{i1}b_{j1} + \cdots + a_{is}b_{js} + \cdots + a_{iS}b_{jS} + e_{ij}. \qquad (4.58)$$

Das Element a_{is} stellt die Ladung der i-ten Variable auf dem s-ten Faktor dar. Entsprechend repräsentiert das Element b_{js} die Ladung der j-ten Variable auf dem s-ten Faktor. Bei einer klassischen Faktorenanalyse von Individualdaten entspricht das Element b_{js} dem Faktorwert der Person j auf dem Faktor s. Das dreimodale PARAFAC-Modell gewichtet jetzt die einzelnen Ladungen jeweils mit einem Element c_{ts}:

$$x_{ijt} \quad = \quad a_{i1}b_{j1}c_{t1} + \cdots + a_{is}b_{js}c_{ts} + \cdots + a_{iS}b_{jS}c_{tS} + e_{ijt}. \qquad (4.59)$$

Die Interpretation von c_{ts} erfolgt analog zur Interpretation der beiden zuvor erörterten Elemente a_{is} und b_{js}, wobei c_{ts} die Bedeutung der t-ten Variable (Woche) auf dem s-ten Faktor angibt. Die Proportionalität des Modells zeigt sich darin, daß die a_{is}, b_{js} und c_{ts} Komponentenkoordinaten den Stärken und Verwundbarkeiten der Marken sowie den Wochen auf der s-ten PARAFAC-Komponente entsprechen. Im PARAFAC-Modell wird deshalb nur ein Satz von Komponenten identifiziert, der über alle Modi hinweg gilt. Aus diesem Grunde bezieht sich die Interpretation der Lösung auf die s-te Komponente aller drei Komponentenmatrizen **A**, **B** und **C**. Das PARAFAC-Modell läßt sich folglich auch als ein Ansatz charakterisieren, der die Ausprägungen der Elemente der drei Modalitäten in einem eindimensionalen Raum repräsentiert. Abbildung 4.5 veranschaulicht die Struktur des PARAFAC-Modells.

Abbildung 4.5: Die Struktur des PARAFAC-Modells

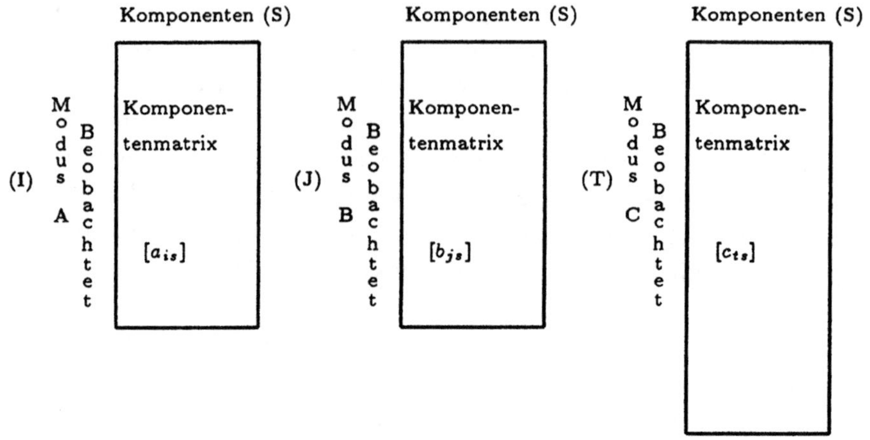

Die Kerneigenschaft des PARAFAC-Modells ist die eindeutig determinierte Struktur der einzelnen Komponentenmatrizen **A**, **B** und **C**. Harshman (1970) bezeichnet diese Eigenschaft als *intrinsic axis property* bzw. *uniqueness property* und interpretiert die Faktoren als reale, der Wirklichkeit entsprechende Faktoren, die bei Gültigkeit der Proportionalitätsannahme des PARAFAC-Modells eindeutig determiniert sind. Ein mathematischer Beweis der *uniqueness*-Eigenschaft findet sich bei Kruskal (1976, 1977). Aufgrund der *uniqueness*-Eigenschaft läßt sich eine Rotation, wie sie im Rahmen der Hauptkomponenten- und Faktorenanalyse oder im Tucker3- und Tucker2-Modell möglich ist, in diesem Ansatz nicht mehr ohne eine Reduktion der erklärten Varianz durchführen. Die Eindeutigkeit der Faktoren zeigt sich darin, daß die Komponentenmatrizen **A**, **B** und **C** jeweils nur mit der Permutationsmatrix $\ddot{\mathbf{P}}$ und einer Diagonalmatrix $(\mathbf{\Lambda}_A, \mathbf{\Lambda}_B, \mathbf{\Lambda}_C)$ multipliziert werden dürfen. Mit Hilfe der Diagonalmatrizen lassen sich die einzelnen Komponenten stauchen oder dehnen, sofern die Transformation in einer der beiden anderen Modi ausgeglichen wird. Es sollen gelten:

$$\mathbf{A}^* = \mathbf{A}\mathbf{\Lambda}_A\ddot{\mathbf{P}} \quad (4.60)$$

$$\mathbf{B}^* = \mathbf{B}\mathbf{\Lambda}_B\ddot{\mathbf{P}} \quad (4.61)$$

$$\mathbf{C}^* = \mathbf{C}\mathbf{\Lambda}_C\ddot{\mathbf{P}} \quad (4.62)$$

$$\mathbf{\Lambda}_t^* = \ddot{\mathbf{P}}'\mathbf{\Lambda}_t\mathbf{\Lambda}_C\ddot{\mathbf{P}} \quad (4.63)$$

mit

$$\ddot{\mathbf{P}}\ddot{\mathbf{P}}' = \mathbf{I} \quad (4.64)$$

$$\mathbf{\Lambda}_A\mathbf{\Lambda}_B\mathbf{\Lambda}_C = \mathbf{I}. \quad (4.65)$$

Daraus folgt:

$$\begin{aligned}\mathbf{A}^*\mathbf{\Lambda}_t^*\mathbf{B}'^* &= \mathbf{A}\mathbf{\Lambda}_A\ddot{\mathbf{P}}\ddot{\mathbf{P}}'\mathbf{\Lambda}_t\mathbf{\Lambda}_C\ddot{\mathbf{P}}(\mathbf{B}\mathbf{\Lambda}_B\ddot{\mathbf{P}})' \\ &= \mathbf{A}\mathbf{\Lambda}_A\ddot{\mathbf{P}}\ddot{\mathbf{P}}'\mathbf{\Lambda}_t\mathbf{\Lambda}_C\ddot{\mathbf{P}}\ddot{\mathbf{P}}'\mathbf{\Lambda}_B\mathbf{B}' \\ &= \mathbf{A}\mathbf{\Lambda}_t\mathbf{\Lambda}_A\mathbf{\Lambda}_B\mathbf{\Lambda}_C\mathbf{B}' \\ &= \mathbf{A}\mathbf{\Lambda}_t\mathbf{B}'. \end{aligned} \tag{4.66}$$

Im PARAFAC-Modell sind nach der Parameterkonvergenz deshalb nur Operationen zugelassen, welche die Orientierung der Achsen unverändert lassen. Zu beachten ist jedoch, daß die mathematische Eigenschaft der eindeutig identifizierten Lösung (*uniqueness*) nicht mit problemrelevanten Faktoren zu korrespondieren braucht. Harshman hat aus diesem Grunde zusätzlich drei Prinzipien für die Eindeutigkeit der Lösung festgelegt, die erfüllt sein sollen, um neben der mathematischen auch eine inhaltliche Eindeutigkeit der Lösung abzusichern (vgl. u. a. Harshman & Lundy 1994, S. 44-45). Die Lösungen müssen

1. empirisch begründet und

2. testbar (z. B. mit split-half-Reliabilitäten) sein sowie

3. eben eine eindeutige Interpretation ergeben.

4.3.4.2 Technische Aspekte

Nachdem das PARAFAC-Modell in seinen Grundzügen diskutiert und auch insbesondere die Bedeutung der Komponentenmatrizen sowie die Eindeutigkeit der Lösung erörtert worden sind, sollen im folgenden technische Aspekte, allen voran die Parameterschätzung und das Problem einer Degeneration der Lösung problematisiert werden.

4.3.4.2.1 Der PARAFAC-Algorithmus

Die Parameterschätzung des PARAFAC-Modells basiert auf einem alternierenden Kleinste-Quadrate-Ansatz, welcher die PARAFAC-Verlustfunktion (vgl. Harshman 1970, S. 30-33)

$$\begin{aligned}\mathrm{PF}(\mathbf{A},\mathbf{B},\mathbf{\Lambda}_1,\ldots,\mathbf{\Lambda}_T) &= \sum_{i=1}^{I}\sum_{j=1}^{J}\sum_{t=1}^{T}\left(x_{ijt} - \sum_{s=1}^{S} a_{is}b_{js}c_{ts}\right)^2 \\ &= \sum_{t=1}^{T} ||\mathbf{X}_t - \mathbf{A}\mathbf{\Lambda}_t\mathbf{B}'||^2 \end{aligned} \tag{4.67}$$

minimiert. Die Schätzung der Parameter erfolgt für willkürliche Matrizen **A**, **B** und **C**, indem innerhalb einer Iteration die Matrix **A** bei Vorgabe der Matrizen **B** und **C**, die Matrix **B** bei Vorgabe der Matrizen **A** und **C** sowie die Matrix **C** bei Vorgabe der Matrizen **A** und **B** geschätzt werden. Die Updates der Komponentenmatrizen lassen sich mit Hilfe der Regressionsanalyse berechnen:

$$\mathbf{A} = \sum_{t=1}^{T} \mathbf{X}_t \mathbf{B} \mathbf{\Lambda}_t \left(\sum_{t=1}^{T} \mathbf{\Lambda}_t \mathbf{B}' \mathbf{B} \mathbf{\Lambda}_t \right)^{-1} \tag{4.68}$$

$$\mathbf{B} = \sum_{t=1}^{T} \mathbf{X}_t' \mathbf{A} \mathbf{\Lambda}_t \left(\sum_{t=1}^{T} \mathbf{\Lambda}_t \mathbf{A}' \mathbf{A} \mathbf{\Lambda}_t \right)^{-1} \tag{4.69}$$

$$\mathbf{c}_t = (\mathbf{A}'\mathbf{A} \odot \mathbf{B}'\mathbf{B})^{-1} [\mathrm{Diag}(\mathbf{A}'\mathbf{X}_t\mathbf{B})], \tag{4.70}$$

wobei $\odot$ das Hadamard Produkt (elementweise Multiplikation) bezeichnet (vgl. z. B. Carroll & Chang 1970, Kroonenberg 1983, S. 116). $\mathbf{c}_t$ ist der Vektor der t-ten Zeile der Komponentenmatrix **C**. Der Prozeß des sukzessiven Updates der Matrizen **A**, **B** und **C** wird solange fortgesetzt, bis ein Konvergenzkriterium erfüllt ist. Zu Beginn des Iterationsprozesses müssen die Komponentenmatrizen durch beliebige Werte initialisiert werden. Allerdings ist im Rahmen der alternierenden Schätzung nicht sichergestellt, daß der PARAFAC-Algorithmus in das globale Minimum der Verlustfunktion 4.67 konvergiert. Bei praktischen Anwendungen empfiehlt es sich deshalb, eine Serie von Analysen mit unterschiedlichen Startmatrizen durchzuführen (vgl. z. B. Harshman & DeSarbo 1984). Harshman und Lundy (1994) schlagen mindestens sechs Programmstarts vor, da bei Übereinstimmung dieser sechs Lösungen die Wahrscheinlichkeit, daß eine Lösung mit einem besseren Funktionswert existiert, kleiner als 0.05 ist. Die Festlegung der Anzahl als relevant erachteter Komponenten erfolgt im PARAFAC-Modell vor dem Hintergrund der Varianzerklärung sowie unter dem Gesichtspunkt einer interpretierbaren Lösung, welche sehr stark von der Abwesenheit einer möglichen Degeneration abhängt (vgl. Kapitel 4.3.4.4).

Kiers und Krijnen (1991) diskutieren eine interessante Verbesserung des Algorithmus. Danach benötigt der modifizierte Algorithmus lediglich die Kovarianzen von zwei Dimensionen, wodurch der Modus mit den meisten Elementen während der Parameterschätzung eliminiert werden kann. Diese Vorgehensweise bietet sich für Daten an, bei denen ein Modus als stochastisch aufgefaßt wird. Nach der Parameterkonvergenz lassen sich die Parameterwerte der Komponentenmatrix berechnen, deren explizite Schätzung während der Minimierung des Lösungsalgorithmus unterdrückt wird. Der modifizierte

Algorithmus reduziert die Rechenzeit bis zur Parameterkonvergenz, was sich insbesondere dann positiv bemerkbar macht, wenn der eliminierte Modus sehr viele Elemente enthält (typischerweise bei der Analyse von Personendaten).

Darüber hinaus muß man zur Interpretation der Ergebnisse häufig den zulässigen Parameterraum der Lösung beschränken. Diese Beschränkungen umfassen zum einen die spaltenweise Orthonormalität für eine oder mehrere Komponentenmatrizen und zum anderen die Nicht-Negativität der geschätzten Parameter (vgl. z. B. Krijnen & ten Berge 1992). Carroll, Pruzansky und Kruskal (1980) sowie Carroll und Pruzansky (1984) haben außerdem Lösungsansätze entwickelt, bei denen die zu schätzenden Parameter in einer linearen Beziehung zu vorab spezifizierten Variablen stehen. Carroll, DeSoete und Pruzansky (1989) stellen einen gewichteten Kleinste-Quadrate-Ansatz für das PARAFAC-Modell vor, der die Parameter über einen iterativen Prozeß bei gleichzeitiger Nicht-Negativitäts-Bedingung schätzt.

Die inhaltliche Bedeutung orthonormaler/orthogonaler Beschränkungen einer oder mehrerer Komponentenmatrizen steht im Blickpunkt der Arbeit von Harshman und Lundy (1984a). Das Vorgehen bei einer orthonormal restringierten Parameterschätzung wird aufgrund der zentralen Bedeutung für die Degenerationsproblematik (vgl. Kapitel 4.3.4.4 auf Seite 112ff) am Beispiel der Komponentenmatrix $\mathbf{A}$ erläutert. Die PARAFAC-Verlustfunktion 4.67 muß jetzt unter der Bedingung $\mathbf{A'A} = \mathbf{I}$ minimiert werden. Die Lösung für dieses Problem stellt sich wie folgt dar (vgl. z. B. Kroonenberg 1983, S. 112; Kiers & Krijnen 1991):

$$\begin{aligned} \mathrm{PF}(\mathbf{A}, \mathbf{B}, \mathbf{\Lambda}_1, \ldots, \mathbf{\Lambda}_T) &= \sum_{t=1}^{T} \|\mathbf{X}_t - \mathbf{A}\mathbf{\Lambda}_t\mathbf{B}'\|^2 \\ &= \sum_{t=1}^{T} \mathrm{tr}\mathbf{X}'_t\mathbf{X}_t - 2\mathrm{tr}\sum_{t=1}^{T} \mathbf{X}'_t\mathbf{A}\mathbf{\Lambda}_t\mathbf{B}' \\ &\quad + \mathrm{tr}\sum_{t=1}^{T} \mathbf{\Lambda}_t\mathbf{B}'\mathbf{B}\mathbf{\Lambda}_t. \end{aligned} \tag{4.71}$$

Hieraus ergibt sich unmittelbar, daß die Minimierung von 4.71 für $\mathbf{A}$ unter der Bedingung $\mathbf{A'A} = \mathbf{I}$ äquivalent zur Maximierung von

$$g(\mathbf{A}) = \mathrm{tr}\sum_{t=1}^{T} \mathbf{X}_t\mathbf{B}\mathbf{\Lambda}_t\mathbf{A}' \tag{4.72}$$

ist. Die Lösung dieses Problems kann man u. a. Cliff (1966) entnehmen:

$$\mathbf{A} \;=\; \left(\sum_{t'=1}^{T} \mathbf{X}_{t'}\mathbf{B}\mathbf{\Lambda}_{t'}\right)\left(\sum_{t'=1}^{T}\sum_{t=1}^{T} \mathbf{\Lambda}_{t'}\mathbf{B}'\mathbf{X}_{t'}\mathbf{X}_{t}\mathbf{B}\mathbf{\Lambda}_{t}\right)^{-\frac{1}{2}} . \qquad (4.73)$$

Das erörterte Vorgehen zur Schätzung der orthonormal beschränkten Komponentenmatrix **A** läßt sich entsprechend auf die Schätzung orthonormaler Komponentenmatrizen **B** und/oder **C** übertragen.

Die Berechnung von Komponenten unter einer Nicht-Negativitätsbedingung korrespondiert mit der Suche nach sogenannten Nicht-Kontrast-Komponenten. Deren Schätzung kann relativ einfach in den bestehenden Algorithmus (vgl. Gleichung 4.67 auf der Seite 107) integriert werden, und sie wird wiederum für die Parameterschätzung der Matrix **A** verdeutlicht. Nach Krijnen und ten Berge (1992) bzw. Krijnen (1993) basiert die Schätzung einer Zeile der Matrix **A** auf dem NNLS-Algorithmus (*non-negative least squares*) nach Lawson und Hanson (1974, S. 158 ff). Entsprechend läßt sich dieser Algorithmus bei der Schätzung der Matrizen **B** und/oder **C** anwenden.

Eine orthonormale oder eine Nicht-Negativitäts-Beschränkung haben eine entgegengesetzte Wirkung auf die Interpretation der Komponentenmatrizen. Die Nicht-Negativitäts-Bedingung ist zwangsläufig mit schiefwinkeligen Komponenten verbunden. Auf der anderen Seite bedingt eine orthonormale Beschränkung, daß unipolare Faktoren, d. h. Faktoren, die im wesentlichen nur positive oder nur negative Ladungen haben, nur für maximal eine oder zwei Achsen einer Komponentenmatrix möglich sind. Eine orthonormale Beschränkung löst danach nicht-negative Komponenten auf, und demzufolge entstehen sogenannte Kontrastkomponenten innerhalb einer Komponentenmatrix.

4.3.4.2.2 Das Nesting der Komponenten

Im Rahmen der Diskussion, ob sich die PARAFAC-Komponenten einer niedrig-dimensionalen Lösung auch in einer höher-dimensionalen Lösung wiederfinden lassen, gelten die gleichen Argumente wie bei den Tucker-Modellen. Die einzelnen Komponenten einer Matrix sind nicht "genestet", da die Komponentenmatrizen innerhalb eines Iterationszyklus des alternierenden Kleinste-Quadrate-Ansatzes zur Bestimmung der Matrizen verwendet werden, so daß sich jede Änderung in der Dimensionalität der Lösung auch auf die Struktur der Lösung auswirkt.

4.3.4.2.3 Die Qualität der PARAFAC-Lösung

Die Gesamtvarianz des PARAFAC-Modells läßt sich ebenso wie in den Tucker-Modellen in erklärte und nicht erklärte Varianzen zerlegen. Dabei bestimmt sich die Güte der erzielten Lösung aus der Relation von erklärter Varianz zur Gesamtvarianz (vgl. Gleichung 4.28, Seite 91).

Weitere Aufschlüsse über die Bedeutung einer Komponente kann man allerdings nur ableiten, wenn mindestens eine der Komponentenmatrizen orthonormal beschränkt ist. Angenommen, die Matrix $\mathbf{A}$ ist spaltenweise orthonormal und die Spalten der Matrix $\mathbf{B}$ werden auf Einheitslänge skaliert, dann geben die quadrierten Elemente der Matrizen $\mathbf{\Lambda}_t$ die erklärte Varianz der t-ten Woche an (vgl. Harshman & Lundy 1984a, S. 199; Krijnen 1993, S. 8-9). Es gelten $\mathbf{A}'\mathbf{A} = \mathbf{I}$ und $\text{Diag}(\mathbf{B}'\mathbf{B}) = \mathbf{I}$, so daß nach Parameterkonvergenz die PARAFAC-Verlustfunktion wie folgt separiert werden kann:

$$\begin{aligned}
\|\mathbf{X}_t - \mathbf{A}\mathbf{\Lambda}_t\mathbf{B}'\|^2 &= \text{tr}\mathbf{X}_t{}'\mathbf{X}_t - 2\text{tr}\mathbf{X}_t{}'\mathbf{A}\mathbf{\Lambda}_t\mathbf{B}' + \text{tr}\mathbf{\Lambda}_t^2\mathbf{B}'\mathbf{B} \\
&= \|\mathbf{X}_t\|^2 - 2\text{trDiag}(\mathbf{A}'\mathbf{X}_t\mathbf{B})\mathbf{\Lambda}_t + \text{tr}\mathbf{\Lambda}_t^2\text{Diag}(\mathbf{B}'\mathbf{B}) \\
&= \|\mathbf{X}_t\|^2 - 2\text{tr}\mathbf{\Lambda}_t^2 + \text{tr}\mathbf{\Lambda}_t^2 \\
&= \|\mathbf{X}_t\|^2 - \text{tr}\mathbf{\Lambda}_t^2 = \|\mathbf{X}_t\|^2 - \sum_{s=1}^{S} c_{ts}^2. \qquad (4.74)
\end{aligned}$$

Da $\|\mathbf{X}_t\|^2$ die Gesamtvarianz der t-ten Woche mißt und $\|\mathbf{X}_t\|^2 - \text{tr}\mathbf{\Lambda}_t^2$ den Anteil der nicht erklärten Varianz repräsentiert, bezeichnet $\sum_{s=1}^{S} c_{ts}^2$ folglich den Fit der t-ten Woche. Analog berechnet sich die Varianzerklärung für Komponentenmatrix $\mathbf{A}$, indem man die Spalten der Matrix $\mathbf{B}$ orthogonal beschränkt und die Spalten der dritten Modalität auf Einheitslänge normiert ($\mathbf{B}'\mathbf{B} = \mathbf{I}, \text{Diag}(\mathbf{C}'\mathbf{C}) = \mathbf{I}$).

4.3.4.2.4 Fehlende Werte

Das PARAFAC-Modell setzt ebenso wie die Tucker-Modelle einen vollständig gekreuzten Datenarray voraus, es müssen also Beobachtungen für jede (i, j, t)-Kombination vorliegen. Fehlende Werte können im Rahmen des PARAFAC-Algorithmus in einer mit dem TUCKALS3- bzw. TUCKALS2-Modellansatz vergleichbaren Vorgehensweise geschätzt werden, indem man die Ausprägungen der fehlenden Daten iterativ auf der Basis der aktuellen Parameterwerte bestimmt.

4.3.4.3 Die Datenvorverarbeitung

Datentransformationen zu Beginn einer PARAFAC-Analyse stellen einen elementaren Bestandteil des Modells dar (vgl. auch die Diskussion im Rahmen des Tucker3-Modells in Kapitel 4.3.2.3). PARAFAC ist nur für die Analyse von rational skalierten Daten ausgelegt, und die Mißachtung dieser Annahme kann zu nicht interpretierbaren Lösungen führen (siehe auch die Ausführungen zur Degenerationsproblematik in Kapitel 4.3.4.4; vgl. Harshman & Lundy 1984b; Harshman & DeSarbo 1984). Von daher muß man zu Beginn einer Analyse alle für den Erklärungsgegenstand für unwesentlich erachteten konstanten Effekte und/oder zweidimensionalen Interaktionen aus den Daten entfernen.

Harshman und Lundy (1984b) diskutieren alternative Strategien zur Durchführung der Transformationen. Generell stehen dem Anwender Zentrierungen und Standardisierungen zur Auswahl, die sowohl auf nur einen Modus als auch auf Kombinationen von zwei oder drei Modi angewendet werden können. Auf eine Diskussion dieser möglichen Transformationen im Hinblick auf die Analyse unterschiedlicher Datentypen im PARAFAC-Modell wird hier verzichtet. Zu beachten ist jedoch, daß z. B. die Anwendung des PARAFAC-Algorithmus auf intervallskalierte Daten eine sorgfältige Auswahl der Transformationsprozedur zu Beginn der Analyse voraussetzt, wenn man die Inputdaten in rational skalierte Daten "umwandeln" möchte. Nur so kann sichergestellt werden, daß die im Modellansatz unterstellte Proportionalität auch in den Daten vorhanden ist und der PARAFAC-Ansatz insgesamt zur Schätzung verwendet werden darf. Marktanteilselastizitäten sind indes rational skaliert, d. h. sie haben einen natürlichen Ursprung, so daß eine Datentransformation zu Beginn der Analyse unterbleiben kann.

4.3.4.4 Die Degenerationsproblematik

Unter Degeneration versteht man, daß die Komponenten einer oder mehrerer Modalitäten hoch miteinander korreliert sind. Die Interpretation der Komponentenmatrizen führt somit zu inhaltlich nicht mehr voneinander differenzierbaren Lösungen. Degeneration läßt sich dabei auch durch die Wahl unterschiedlicher Startkonfigurationen nicht vermeiden. Sie tritt relativ häufig bei der Anwendung von PARAFAC-Analysen auf, insbesondere wenn es sich dabei um ein sogenanntes "direct fitting" handelt. Man spricht von einem "direct fitting", wenn die Anzahl der unterschiedlichen Modalitäten der Ausgangsdaten im Verlauf der Datenanalyse erhalten bleibt (vgl. hierzu auch die Ausführungen auf der Seite 80). PARAFAC-Analysen von abgeleiteten Daten sind andererseits relativ immun gegenüber der Degenerationsproblematik (Harshman & Lundy 1994). Bei einem "direct fitting" muß die Lösung deshalb zunächst sehr sorgfältig auf das Vorhandensein einer potentiellen Degeneration überprüft werden, und gegebenenfalls ist die Degeneration zuerst zu beseitigen. Nach Harshman und Lundy (1984b) lassen sich im wesentlichen folgende Ursachen für das Auftreten von Degeneration identifizieren:

- Es wurden mehr Faktoren/Komponenten extrahiert, als überhaupt als Faktoren dem Datengenerierungsprozeß zugrundeliegen.
- Die Daten wurden nicht "korrekt" für eine PARAFAC-Analyse transformiert.

Die erste Ursache kann man relativ einfach durch die Wahl einer anderen Dimensionalität der Lösung beseitigen. Problematischer gestaltet sich die Situation, wenn trotz einer problemadäquaten Datentransformation (vgl. Kapitel 4.3.4.3) die Degeneration nicht zu beheben ist. In diesem Fall muß mindestens eine Komponentenmatrix orthogonal beschränkt werden. Die Orthogonalität einer Matrix führt zu einem Satz unabhängiger Komponenten, wodurch die Interpretation über alle drei Modalitäten inhaltlich unterscheidbare Lösungen ergibt.

Das Ausmaß der Degeneration läßt sich durch Bestimmung der Korrelationen zwischen den einzelnen Komponenten und auch an folgendem Kriterium festmachen (Krijnen 1993):

$$\cos(\mathbf{f}_s, \mathbf{f}_{s'}) = \cos(\mathbf{a}_s, \mathbf{a}_{s'})\cos(\mathbf{b}_s, \mathbf{b}_{s'})\cos(\mathbf{c}_s, \mathbf{c}_{s'}) \qquad (4.75)$$

mit

$$\mathbf{f}_s = \mathbf{a}_s \otimes \mathbf{b}_s \otimes \mathbf{c}_S. \qquad (4.76)$$

Dabei ist $\mathbf{a}_s$ die s-te Komponente der Matrix $\mathbf{A}$, $\mathbf{b}_s$ die s-te Komponente der Matrix $\mathbf{B}$ und $\mathbf{c}_s$ die s-te Komponente der Matrix $\mathbf{C}$ und $\cos(\mathbf{f}_s, \mathbf{f}_{s'})$ gibt den Kosinus zwischen den Vektoren $\mathbf{f}_s$ und $\mathbf{f}_{s'}$ an. Degeneration liegt vor, wenn $\cos(\mathbf{f}_s, \mathbf{f}_{s'})$ mit zunehmender Anzahl von Iterationen gegen den Wert -1 konvergiert. Für Anwendungen hat es sich jedoch als hinreichend praktikabel herausgestellt, den Prozeß nicht bis zur Konvergenz ablaufen zu lassen, sondern Degeneration festzustellen, wenn $\cos(\mathbf{f}_s, \mathbf{f}_{s'}) < -0.85$ ist und der Wert sich bei der nächsten Iteration weiter reduziert. Anhand des Degenerationsmaßes wird auch deutlich, daß die orthogonale Beschränkung einer Komponentenmatrix ausreicht, $\cos(\mathbf{f}_s, \mathbf{f}_{s'})$ auf den Wert Null zu setzen, um damit eine degenerierte Lösung zu vermeiden. Kürzlich führten Krijnen und Kroonenberg (1995) eine erweiterte Methodik zur Aufdeckung von Degeneration ein, die auf einer Singulärwertanalyse der Kosinusse zwischen den Komponenten basiert.

4.3.4.5 PFCORE: Das PARAFAC-Modell mit einer Kernmatrix

An dieser Stelle soll noch auf eine Modellerweiterung des PARAFAC-Ansatzes eingegangen werden, deren Relevanz bis heute noch nicht eindeutig geklärt ist. Lundy, Harshman und Kruskal (1989) haben das PARAFAC-Modell um eine Kernmatrix erweitert und als PFCORE-Methode vorgestellt. In diesem Modellansatz schätzt man zunächst eine vollständige PARAFAC-Lösung, wobei i. d. R. mindestens eine der drei Komponentenmatrizen orthogonal beschränkt ist. Im Anschluß daran wird auf der Basis der generalisierten invertierten Komponentenmatrizen die Kernmatrix berechnet:

$$\text{Datenmodell 1. Stufe: } x_{ijt} = \sum_{s=1}^{S} a_{is} b_{js} c_{ts} \tag{4.77}$$

$$\text{Datenmodell 2. Stufe: } x_{ijt} = \sum_{p=1}^{S} \sum_{q=1}^{S} \sum_{r=1}^{S} a_{ip} b_{jq} c_{tr} g_{pqr} \tag{4.78}$$

$$\text{Kernmatrix: } g_{pqr} = \sum_{t=1}^{T} c_{tr}^{+} \left(\sum_{j=1}^{J} b_{jq}^{+} \left(\sum_{i=1}^{I} a_{ip}^{+} x_{ijt} \right) \right) . \tag{4.79}$$

a_{ip}^{+}, b_{jq}^{+} und c_{tr}^{+} sind hier Elemente der generalisierten Inversen der Komponentenmatrizen **A**, **B** und **C**.

Das PFCORE-Modell ist strenggenommen ein zweistufiger Ansatz zur Schätzung des Tucker3-Modells. Lundy, Harshman und Kruskal (1989) behaupten, daß ihr Modell die Vorteile des PARAFAC-Modells mit denen des Tucker3-Modells vereinigt. Die Eindeutigkeit der Lösung (PARAFAC) soll mit der Möglichkeit, Wechselwirkungen zwischen den Komponenten unterschiedlicher Modalitäten zu erfassen (Tucker3) verbunden werden. Im PFCORE-Modellansatz lassen sich dann die Komponenten rotieren und Joint Plot-Koordinatenwerte sowie idealisierte Elastizitäten für bestimmte Wettbewerbssituationen berechnen. Das zweistufige Vorgehen des PFCORE-Modells erbringt aber keine optimale Lösung. Diese kann niemals besser sein als eine TUCKALS3-Lösung, da die Kernmatrix im PFCORE-Ansatz nicht Gegenstand der Minimierung der Verlustfunktion ist, sondern erst im Datenmodell der zweiten Stufe ermittelt wird. Es stellt sich deshalb insgesamt die Frage, worin der eigentliche Vorteil des PFCORE-Ansatzes begründet liegt. Zunächst wird ein Modell geschätzt, welches in jedem Falle der Proportionalitätsannahme des PARAFAC-Ansatzes genügen muß. Nachdem dieses Modell gefittet hat, hebt man die strengen Anforderungen des Modellansatzes wieder auf und schätzt die Kernmatrix des Tucker3-Modells. Es kann deshalb gefolgert werden, daß zur Schätzung des Tucker3-Modells sinnvollerweise der TUCKALS3-Algorithmus und nicht der PFCORE-Ansatz zu verwenden ist.

4.3.5 Die gewichtete Hauptkomponentenanalyse

Eine beschränkte Version des PARAFAC-Modells ergibt sich, wenn die Komponenten in jeder Woche die gleiche relative Bedeutung aufweisen und sich nur die gemeinsame Bedeutung von Woche zu Woche ändert. Diese Methode wird gewichtete Hauptkomponentenanalyse (Weighted Principal Components Analysis, im folgenden auch mit WPCA bezeichnet) genannt, und sie hat die folgende algebraische Form:

$$x_{ijt} = \hat{x}_{ijt} + e_{ijt} \quad (4.80)$$

$$\hat{x}_{ijt} = c_t \sum_{s=1}^{S} a_{is} b_{js}, \quad (4.81)$$

bzw. in Matrixnotation

$$\hat{\mathbf{X}}_t = c_t \mathbf{A}\mathbf{B}'. \quad (4.82)$$

Die Komponentenmatrizen **A** und **B** sind $(I \times S)$- und $(J \times S)$-dimensionale Matrizen. Im Unterschied zum PARAFAC-Modell wird der Modus C über einen t-dimensionalen Vektor **c** spezifiziert, in welchem das Element c_t die Bedeutung der t-ten Woche für die Lösung angibt. Die Komponenten der gewichteten Hauptkomponentenanalyse berechnen sich über die Minimierung der folgenden Verlustfunktion:

$$\text{WPCA}(\mathbf{A}, \mathbf{B}, \mathbf{c}) = \sum_{t=1}^{T} \|\mathbf{X}_t - c_t \mathbf{A}\mathbf{B}'\|^2. \quad (4.83)$$

Ohne daß die Allgemeingültigkeit der Lösung beschränkt wird, kann $\mathbf{A}'\mathbf{A} = \mathbf{I}$ und $\mathbf{c}'\mathbf{c} = 1$ angenommen werden, da die Beschränkungen in Form von Transformationen und Skalierungen durch die inversen Operationen in der Matrix **B** auszugleichen sind. Somit genügt dieses Modell nicht mehr der *intrinsic axis property* des PARAFAC-Modells, die Lösung ist ohne weitere Beschränkungen also nicht eindeutig determiniert. Diese Eigenschaft der gewichteten Hauptkomponentenanalyse wird ersichtlich durch:

$$c_t \mathbf{A}\mathbf{B}' = c_t \mathbf{A}\mathbf{T}\mathbf{T}^{-1}\mathbf{B}' = c_t \mathbf{A}^* \mathbf{B}'^* \quad (4.84)$$

mit $\mathbf{A}^* = \mathbf{A}\mathbf{T}$ und $\mathbf{B}^* = \mathbf{B}\mathbf{T}'^{-1}$ für eine beliebige nicht-singuläre Transformationsmatrix **T**.

Van IJzendoorn und Kroonenberg (1990) verwenden zur Minimierung der WPCA-Verlustfunktion den TUCKALS3-Algorithmus, indem sie die Anzahl der Komponenten im Modus A und B gleichsetzen ($P = Q$) und nur eine Komponente im Modus C schätzen. In diesem Fall ist die Kernmatrix eine zweidimensionale Matrix, wodurch sich die WPCA- bzw. TUCKALS3-Verlustfunktion wie folgt ergibt:

$$\text{WPCA/T3}(\mathbf{A}^*, \mathbf{B}^*, \mathbf{c}^*, \mathbf{G}^*) = \sum_{t=1}^{T} ||\mathbf{X}_t - c_{t1}^* \mathbf{A}^* \mathbf{G}_1^* \mathbf{B}^{*\prime}||^2, \qquad (4.85)$$

mit $\mathbf{A} = \mathbf{A}^*$, $\mathbf{B} = \mathbf{B}^* \mathbf{G}_1^{*\prime}$ und $c_t = c_{t1}^*$.

Dieser Algorithmus ist allerdings, gemessen an der zu lösenden Aufgabenstellung, relativ rechenintensiv, so daß Krijnen (1993) sowie Krijnen und Kiers (1995) einen vereinfachten Algorithmus zur Minimierung von 4.83 entwickelt haben, der insgesamt weniger Gleitkommaoperationen benötigt. Für den Einsatz der gewichteten Hauptkomponentenanalyse im Rahmen der Auswertung von Marktanteilselastizitäten reicht es jedoch aus, auf den bereits diskutierten TUCKALS3-Algorithmus zurückzugreifen, so daß die Methodik nach Krijnen nicht näher erörtert werden muß.

Obendrein entspricht die gewichtete Hauptkomponentenanalyse einer Hauptkomponentenanalyse der gewichteten Datenmatrix $\sum_{t=1}^{T} c_t \mathbf{X}_t$, falls der Parametervektor $\mathbf{c}$ auf Einheitslänge normiert ist. Für $\mathbf{c}'\mathbf{c} = 1$ gilt:

$$\begin{aligned} \text{WPCA}(\mathbf{A}, \mathbf{B}, \mathbf{c}) &= \sum_{t=1}^{T} ||\mathbf{X}_t - c_t \mathbf{A}\mathbf{B}'||^2 \\ &= \sum_{t=1}^{T} ||\mathbf{X}_t||^2 - 2\text{tr} \sum_{t=1}^{T} c_t \mathbf{X}_t' \mathbf{A}\mathbf{B}' + ||\mathbf{A}\mathbf{B}'||^2 \qquad (4.86) \\ &= ||\sum_{t=1}^{T} c_t \mathbf{X}_t - \mathbf{A}\mathbf{B}'||^2 + \sum_{t=1}^{T} ||\mathbf{X}_t||^2 - ||\sum_{t=1}^{T} c_t \mathbf{X}_t||^2. \end{aligned}$$

Da die Länge von $\mathbf{c}$ fixiert wird, ist $\sum_{t=1}^{T} ||\mathbf{X}_t||^2 - ||\sum_{t=1}^{T} c_t \mathbf{X}_t||^2$ konstant, so daß ausschließlich $\mathbf{A}$ und $\mathbf{B}$ die Verlustfunktion minimieren. $\mathbf{A}\mathbf{B}'$ repräsentiert jetzt $\sum_{t=1}^{T} c_t \mathbf{X}_t$. Von daher kann von einer Hauptkomponentenanalyse von $\sum_{t=1}^{T} c_t \mathbf{X}_t$ gesprochen werden.

Für die Analyse von Elastizitätenarrays eignet sich die WPCA-Methode zur Repäsentation des durchschnittlichen Marktgeschehens. Die Stärken und Schwächen der Marken im Gesamtmarkt - über alle Beobachtungsperioden hinweg - lassen sich mit einem Joint Plot auf der Basis der durchschnittlichen inneren Produkte darstellen. Die Datengrundlage bilden die Parametermatrizen der WPCA/TUCKALS3-Lösung.

$$\begin{aligned}
\tilde{\mathbf{IP}} &= \mathbf{A}^{*}\mathbf{G}_1^{*}\mathbf{B}^{*\prime} \\
&= \mathbf{A}(\mathbf{U}_1\mathbf{\Lambda}_1\mathbf{V}_1')\mathbf{B}' \\
&= (\frac{I}{J})^{\frac{1}{4}}(\mathbf{A}\mathbf{U}_1\mathbf{\Lambda}_1^{\frac{1}{2}}) \cdot (\frac{J}{I})^{\frac{1}{4}}(\mathbf{B}\mathbf{V}_1\mathbf{\Lambda}_1^{\frac{1}{2}})' \\
&= \tilde{\mathbf{A}}^{*}\tilde{\mathbf{B}}^{*\prime} \qquad (4.87)\\
\tilde{\mathbf{A}}^{*} &= (\frac{I}{J})^{\frac{1}{4}}(\mathbf{A}\mathbf{U}_1\mathbf{\Lambda}_1^{\frac{1}{2}}) \qquad (4.88)\\
\tilde{\mathbf{B}}^{*} &= (\frac{J}{I})^{\frac{1}{4}}(\mathbf{B}\mathbf{V}_1\mathbf{\Lambda}_1^{\frac{1}{2}}) \qquad (4.89)
\end{aligned}$$

$\tilde{\mathbf{A}}^{*}$ und $\tilde{\mathbf{B}}^{*}$ sind die Koordinatenmatrizen für die Elemente der Modi **A** und **B** für das durchschnittliche Marktszenarium. Die hierfür geltenden idealisierten Elastizitäten berechnen sich dann über

$$\mathbf{X}^{*} = (\frac{1}{T}\mathbf{c}^{*\prime}\mathbf{j})\tilde{\mathbf{IP}} \qquad (4.90)$$

mit $\mathbf{X}^{*}$ als idealisierten Elastizitäten des durchschnittlichen Marktgeschehens sowie mit $\mathbf{j}$ als $(T \times 1)$-dimensionalem Vektor mit Einsen.

4.3.6 Das SUMPCA-Modell

Der SUMPCA-Ansatz kann dem Ansatz von Levin (1966) zur gleichzeitigen Faktorenanalyse mehrerer Korrelationsmatrizen zugeordnet werden. Seine generalisierte Methode der Hauptkomponentenanalyse basiert auf der durchschnittlichen Korrelationsmatrix. Kiers (1991) hat diese Methode zur Analyse von dreimodalen Daten herangezogen und mit SUMPCA bezeichnet. Dabei handelt es sich um eine Hauptkomponentenanalyse der Summe aller Scheiben der dreidimensionalen Matrix $\mathbf{X}_1, \ldots, \mathbf{X}_T$. Die SUMPCA-Verlustfunktion stellt sich wie folgt dar:

$$\text{SUMPCA}(\mathbf{A}, \mathbf{B}, \mathbf{\Lambda}) = \|\sum_{t=1}^{T}\mathbf{X}_t - \mathbf{A}\mathbf{\Lambda}\mathbf{B}'\|^2 \qquad (4.91)$$

mit **A** und **B** als $(I \times S)$- und $(J \times S)$-dimensionale Matrizen sowie der Diagonalmatrix $\mathbf{\Lambda}$ der Größe $(S \times S)$. Auch in diesem Ansatz sind die Komponentenmatrizen **A** und **B** nicht eindeutig determiniert, so daß sie beliebigen nicht-singulären Transformationen unterzogen werden dürfen.

Der Zusammenhang des SUMPCA-Modells mit den anderen Ansätzen wird deutlich, wenn man das Modell in Beziehung zu dem PCA-SUP-Modell setzt. Die Verlustfunktion von SUMPCA läßt sich ebenfalls wie folgt darstellen:

$$\begin{aligned} \mathrm{SUMPCA}^*(\mathbf{A},\mathbf{B},\mathbf{\Lambda}) &= \sum_{t=1}^{T} \|\mathbf{X}_t - \mathbf{A}\mathbf{\Lambda}^*\mathbf{B}'\|^2 \\ &= \sum_{t=1}^{T} \|\mathrm{Vec}(\mathbf{X}_t) - \sum_{s=1}^{S} \mathrm{Vec}(\mathbf{a}_s\mathbf{b}_s{}')\lambda_s^*\|^2 \\ &= \|\mathbf{X}' - \left(\mathrm{Vec}(\mathbf{a}_1\mathbf{b}_1{}')|\cdots|\mathrm{Vec}(\mathbf{a}_S\mathbf{b}_S{}')\right)\mathbf{C}'\|^2, \end{aligned} \tag{4.92}$$

mit $\mathbf{X}$ als $(T \times IJ)$ Matrix und $\mathbf{\Lambda}^* = T^{-1}\mathbf{\Lambda}$ sowie $c_{ts} \equiv \lambda_s^*$. Die Funktion $\mathrm{Vec}(\cdot)$ stellt die Spalten einer Matrix untereinander in einen Vektor. Die Minimierung der Verlustfunktion 4.92 ist damit äquivalent zur Minimierung der Verlustfunktion 4.5 über $\mathbf{F}$, mit $\mathbf{F} = \left(\mathrm{Vec}(\mathbf{a}_1\mathbf{b}_1{}')|\cdots|\mathrm{Vec}(\mathbf{a}_S\mathbf{b}_S{}')\right)$ und den orthonormalen Matrizen $\mathbf{A}$ und $\mathbf{B}$ sowie der Bedingung, daß alle Zeilen der Matrix $\mathbf{C}$ identisch sind.

4.3.7 Vergleichende Beurteilung der Ansätze

Im Rahmen der Diskussion von alternativen Methoden zur explorativen Analyse von Marktanteilselastizitäten wurden verschiedene Modellansätze erörtert. Im Zentrum des Interesses standen dabei die Modellstruktur sowie daraus abgeleitet die Konsequenzen für die Bedeutung der Parametermatrizen. Die Interpretation der Ergebnisse wird in diesem Zusammenhang ganz entscheidend von der Anzahl der geschätzten Parameter beeinflußt. Die Schwierigkeit der Interpretation wächst mit einer zunehmenden Anzahl von Parametern, da zusätzliche Parameter in der Regel komplexe Interaktionen zwischen den Elementen unterschiedlicher Modalitäten zulassen. Tabelle 4.3 bringt eine Gegenüberstellung der zu schätzenden Parameterwerte in den diskutierten Modellansätzen. Die Befunde werden zusätzlich an einem Beispieldatensatz mit Kreuzelastizitäten für 10 Marken über 78 Wochen $(I = J = 10, T = 78)$ verdeutlicht. Die Anzahl der Komponenten betrage in jedem reduzierten Modus 5 $(P = Q = R = S = 5)$.

Nach Kiers (1991) bilden die diskutierten Alternativen mit Ausnahme des TUCKALS2-Ansatzes (bzw. Tucker2-Ansatzes) eine Hierarchie unterschiedlicher Modellbeschränktheit, die in einem direkten Zusammenhang mit der Anzahl der zu schätzenden Parameter steht. PCA-SUP ist das allgemeinste Modell. Es legt insgesamt die wenigsten Beschränkungen auf die Daten. TUCKALS3 (bzw. Tucker3) stellt eine beschränkte Version von PCA-SUP

Tabelle 4.3: Die Parameteranzahl in den dreimodalen Analysemethoden

Methode	Modus A	Modus B	Modus C	Kombination	Bsp.
PCA-SUP(A)	$I \times P$	-	-	$TJ \times R$	3950
PCA-SUP(B)	-	$J \times Q$	-	$IT \times R$	3950
PCA-SUP(C)	-	-	$T \times R$	$IJ \times R$	890
TUCKALS2	$I \times P$	$J \times Q$	-	$P \times Q \times T$	2050
TUCKALS3	$I \times P$	$J \times Q$	$T \times R$	$P \times Q \times R$	615
PARAFAC	$I \times S$	$J \times S$	$T \times S$	-	490
WPCA	$I \times S$	$J \times S$	T	-	178
SUMPCA	$I \times S$	$J \times S$	S	-	105

dar, in welcher die Modi A und B in ihrer Dimensionalität reduziert werden und wodurch die Anzahl der Interaktionen zwischen Modus A und B eingeschränkt ist. Das PARAFAC-Modell kann man als eine beschränkte Version des TUCKALS3-Modells ansehen, dessen Kernmatrix eine Superdiagonalmatrix ist. Darüber hinaus sind verschiedene PARAFAC-Modelle mit einer oder mehreren orthonormalen Lösungsmatrizen denkbar, die wiederum beschränkte Versionen der unrestringierten PARAFAC-Lösung darstellen. Die gewichtete Hauptkomponentenanalyse bildet eine weitere Beschränkung des PARAFAC-Modells, weil die Komponentenmatrix **C** nur noch als Spaltenvektor vorliegt und demzufolge identische Gewichte einer Woche für die Komponenten der Modi A und B angenommen werden müssen. Die Einordnung der gewichteten Hauptkomponentenanalyse in diese Hierarchie basiert nicht auf Kiers, sie läßt sich vielmehr auf die Arbeit von Krijnen (1993, S. 46-48) zurückführen. SUMPCA schließlich ist der am weitesten beschränkte Modellansatz, der nur ein Gewicht der dritten Modalität für jede Komponente der Modi A und B berechnet. Der TUCKALS2-Modellansatz unterscheidet sich von den übrigen Modellen der Hierarchie darin, daß Modus C nicht explizit Gegenstand der Analyse ist. Die Modelle PCA-SUP, TUCKALS3, PARAFAC, WPCA und SUMPCA hingegen differenzieren sich vor allem in der Behandlung der dritten Modalität.

Die unterschiedliche Beschränkheit der Modellansätze schlägt sich auch in den erklärten Varianzbeiträgen der Modelle (den Fit-Werten) nieder. Bei identischer Anzahl von Komponenten in den einzelnen Modellen gilt, daß mit zunehmender Beschränkung der Modelle die Fit-Werte sinken.

Je beschränkter ein Modellansatz ist, desto weniger Parameter werden geschätzt und desto einfacher gestaltet sich im allgemeinen auch die Interpretation der Lösung. Außerdem decken die Modelle mit einer sehr guten Anpassung an die Originaldaten zumeist komplexere Lösungsstrukturen auf, die dann relativ schwierig zu interpretieren sind. Dennoch stellt sich die Frage nach dem problemadäquaten Ansatz zur Auswertung der Marktanteilselastizitäten. Kiers (1991) determiniert die Modellselektion auf der Grundlage der erklärten Varianzbeiträge der einzelnen Modelle. Auf der Basis der Ergebnisse der PCA-SUP-Methode wird zunächst die Dimensionalität der Lösung in den einzelnen Modalitäten festgelegt. Im Anschluß daran erfolgt die Modellauswahl aufgrund eines Vergleichs der Modell-Fit-Werte. Dieser Vorschlag ist im Rahmen der Analyse von Marktanteilselastizitäten nur bedingt zu verwenden, da hier neben einer möglichst "sparsamen" Darstellung der Wettbewerbsbeziehungen auch die Möglichkeiten zur Repräsentation und Weiterverarbeitung des Modell-Outputs von entscheidender Bedeutung sind.

Als Folgerung aus den Untersuchungen empfiehlt sich, das PCA-SUP-Modell entsprechend dem Vorschlag von Kiers zu verwenden. Mit der PCA-SUP-Methode werden drei voneinander unabhängige Hauptkomponentenanalysen der drei möglichen Supermatrizen durchgeführt. Auf der Basis der Varianzerklärungsbeiträge läßt sich dann die Dimensionalität in den Modalitäten der Verwundbarkeiten der Marken, der Stärken der Marken und der Wochen festlegen. Das Analysepotential des PCA-SUP-Modellansatzes besteht also nicht primär in der Bereitstellung einer interpretierbaren Lösung, sondern vielmehr in einer ersten Prüfung, wie viele Kerndeterminanten des Wettbewerbs in den einzelnen Modi existieren. Diese Vorgehensweise läßt sich jedoch nur bedingt auf die Dimensionswahl im PARAFAC-Modell übertragen, da in diesem Modell die Festlegung der Anzahl der als relevant erachteten Komponenten vor allem unter dem Gesichtspunkt der Interpretierbarkeit der Lösung und des Vorhandenseins bzw. der Abwesenheit von Degeneration erfolgt.

TUCKALS3 ist ein sehr generelles Modell, dessen Lösungsmatrizen im Rahmen der Wettbewerbsanalyse im allgemeinen schwierig zu interpretieren sind. Allerdings können innerhalb dieses Modellrahmens die Stärken und Schwächen der Marken für typische Wettbewerbsdimensionen abgebildet werden (vgl. Kapitel 4.3.2.4.3). Es lassen sich Joint Plots, innere Produkte und idealisierte Elastizitäten berechnen, die ein geeignetes Instrumentarium zur Wettbewerbsanalyse darstellen. Die Stärke des TUCKALS3-Ansatzes bei der Analyse von Marktanteilselastizitäten liegt also neben der Interpretation der einzelnen Komponentenmatrizen vor allem in der Möglichkeit zur Analyse der Interaktionen der Wettbewerber in typischen Wettbewerbssituationen.

Das TUCKALS2-Modell ist allgemeiner ausgelegt als das TUCKALS3-Modell. In ihm findet keine Reduktion der Dimensionalität im Wochenmodus statt, so daß im Gegensatz zum TUCKALS3-Ansatz keine typischen/charakteristischen Wettbewerbsdimensionen identifiziert werden können. Dennoch ist die Interpretation der Ergebnismatrizen auch im TUCKALS2-Modellansatz äußerst informativ, da die erweiterte Kernmatrix die komplexen Interaktionen der Stärken und Schwächen der Marken für jede Woche spezifiziert. Auf der Basis der erweiterten Kernmatrix lassen sich deshalb die idealisierten Wettbewerbsbeziehungen für jede Woche im Rahmen eines periodischen Wettbewerbsmonitors repräsentieren und auf der Grundlage der durchschnittlichen Kernmatrix kann das allgemeine Marktgeschehen abgebildet werden.

Im PARAFAC-Modell sind wiederum keine Interaktionen zwischen den Komponenten unterschiedlicher Modalitäten zugelassen. Man kann die Matrix **C** mit der erweiterten Kernmatrix des TUCKALS2-Modells vergleichen, bei der die Nicht-Diagonalelemente jeder Woche auf Null fixiert sind. Eine Reihe von Arbeiten (u. a. Cohen 1974; MacCallum 1976; de Leeuw & Pruzansky 1978) setzt sich speziell mit Transformationsprozeduren auseinander, welche die Lösung eines Tucker2-Modells in eine PARAFAC-Struktur überführen sollen. Studien zur Beziehung des TUCKALS3- und des PARAFAC-Ansatzes liegen u. a. von Kroonenberg (1983), Kiers (1992) und Krolak-Schwerdt (1991) vor. Der Hauptvorteil des PARAFAC-Ansatzes liegt in der eindeutig determinierten Lösung der *intrinsic axis property* bzw. *uniqueness property* begründet. PARAFAC bildet als einziges Modell die Elemente der drei Modalitäten in einem gemeinsamen, wenn auch eindimensionalen, Raum ab. In diesem Sinne wird im Rahmen der Analyse von Marktanteilselastizitäten die Interpretation der Komponentenmatrizen empfohlen.

Die gewichtete Hauptkomponentenanalyse (WPCA) stellt eine beschränkte Version des PARAFAC-Modells dar. Jeder Woche wird ein identisches Gewicht für alle Komponenten der beiden anderen Modalitäten zugemessen. Die Interpretation der WPCA-Lösung bietet sich an, wenn der Fit-Wert dieses Ansatzes nur geringfügig niedriger ist als der einer PARAFAC-Lösung. In diesem Fall können die Marktanteilselastizitäten durch ein in der Anzahl der Parameter "sparsameres" Modell beschrieben werden. Es ist allerdings zu beachten, daß im WPCA-Modellansatz die Eindeutigkeit der Lösung des PARAFAC-Modells verloren geht und der Anwender eine geeignete Transformationsprozedur auswählen muß. Darüber hinaus kann man die WPCA-Lösung entsprechend dem Ansatz einer TUCKALS2-Analyse zur Repräsen-

Tabelle 4.4: Einsatzfelder der dreimodalen Analysetechniken zur Analyse von Marktanteilselastizitäten

Methode	Einsatzfelder
PCA-SUP	Festlegung der Dimensionalität des Wettbewerbs in allen drei Modi
TUCKALS3	Idealisierte Elastizitäten für charakteristische Wettbewerbsdimensionen, Erstellung von Wettbewerbsräumen und Berechnung der inneren Produkte für die Basisdimensionen des Wettbewerbs
TUCKALS2	Wöchentlicher Wettbewerbsmonitor der Basiskräfte des Wettbewerbs
PARAFAC	Gemeinsame Darstellung der Stärken, Schwächen und Wettbewerbsaktionen
WPCA	Analyse der Stärken und Schwächen der Marken sowie die Erstellung von Wettbewerbsräumen und Berechnung der idealisierten Elastitizitäten für das durchschnittliche Marktgeschehen
SUMPCA	Messung der Variabilität von Elastizitäten über die Zeit

tation des durchschnittlichen Marktgeschehens auf der Basis von Joint Plots und idealisierten Elastizitäten verwenden.

SUMPCA verkörpert den am meisten eingeschränkten Modellansatz, der deshalb auch die am einfachsten zu interpretierende Lösung bereitstellen sollte. Jede Woche hat die gleiche Ladung auf einer Komponente, so daß bei einem akzeptablen Fit-Wert davon ausgegangen werden kann, daß die Daten in etwa stabil über die Zeit bleiben. Ein hoher Fit-Wert ist folglich ein guter Indikator für ein relativ stabiles Wettbewerbsumfeld. SUMPCA eignet sich im Rahmen der Analyse von Marktanteilselastizitäten insofern dazu, den Einfluß der einzelnen Wettbewerbssituationen auf die Ausprägungen der Elastizitäten zu bewerten. Ein differenzierte Analyse des Wettbewerbsumfeldes wird jedoch auch mit diesem Ansatz nicht möglich sein. Zudem korrespondiert im allgemeinen ein hoher Fit beim SUMPCA-Modell mit einer niedrig dimensionalen Lösung des PCA-SUP-Modells.

Die Kernbefunde des Modellvergleichs sind in Tabelle 4.4 zusammengefaßt.

4.4 Die Repräsentation benutzerdefinierter Wettbewerbsszenarien

4.4.1 Begründungen für die Vorgabe spezifischer Wettbewerbsszenarien

Im vorherigen Kapitel 4.3 sind verschiedene Methoden zur explorativen Analyse des dreidimensionalen Datenarrays von Marktanteilselastizitäten diskutiert worden. In diesem Zusammenhang wurden neben einer Reihe von technischen Aspekten auch die potentiellen Einsatzfelder der Methoden erörtert. Es läßt sich feststellen, daß die Techniken unterschiedliche Möglichkeiten zur Datenanalyse eröffnen. In einem Punkt unterscheiden sich jedoch die alternativen Techniken nicht voneinander. Der Datenarray von Marktanteilselastizitäten wird ohne vorherige Hypothesen über mögliche Wirkungsbeziehungen analysiert, und es bleibt die Aufgabe des Anwenders, die einzelnen Komponenten der Lösungsmatrizen sinnvoll zu interpretieren.

Diese explorative Vorgehensweise zu Beginn einer Wettbewerbsanalyse ist besonders dann zweckmäßig, wenn das Marketing-Management keine fundierten Kenntnisse über die Kerndeterminanten des Wettbewerbs bzw. die Stärken und Schwächen der Wettbewerbsbeziehungen zwischen konkurrierenden Marken hat. Insbesondere innerhalb des Modellkomplexes des Tucker3-Ansatzes stehen mit den Techniken des Joint Plots, der inneren Produkte und der idealisierten Elastizitäten eine Reihe von Analyseoptionen bereit, welche eine umfassende Bewertung der Wettbewerbsszenarien ermöglichen. Über die explorative Vorgehensweise hinaus wird es sich jedoch auch als vorteilhaft erweisen, a priori festgelegte Wettbewerbsbedingungen zu analysieren und zu bewerten und für diese benutzerdefinierten Szenarien idealisierte Elastizitäten und Marktanteile zu prognostizieren. Die Notwendigkeit, eine TUCKALS3-Wettbewerbsanalyse um die Möglichkeit zu ergänzen, spezifische Marktzenarien vorzugeben und zu bewerten, hat im wesentlichen zwei Gründe:

1. Interpretationsschwierigkeiten der Komponentenmatrix **C**.

2. Nicht-Identifikation spezifischer Wettbewerbsdimensionen, die aber für die Bewertung einzelner Marken von hoher Relevanz sind.

Die Interpretation der Komponentenmatrix **C** des Tucker3-Modells erweist sich immer dann als problematisch, wenn das Marktgeschehen durch eine sehr hohe Promotionsaktivität der einzelnen Wettbewerber zu charakterisieren ist.

In einem solchen Wettbewerbsumfeld können die Wochen mit einer überdurchschnittlich hohen Ladung auf einer Komponente der Matrix **C** meist nicht mehr eindeutig mit dem Promotionseinsatz einer Marke in Verbindung gebracht werden. Auch die Rotation der Komponentenmatrix auf Einfachstruktur ist in einem solchen Wettbewerbsszenarium nicht mehr in der Lage, die Interpretationsprobleme aufzulösen und eine auch interpretierbare und eindeutige Lösung bereitzustellen.

Diese Problematik soll an einem Beispiel mit Kreuzpreiselastizitäten über 25 Wochen für 10 Marken verdeutlicht werden. Die Elastizitäten sind mit einer TUCKALS3-Analyse und je fünf Komponenten in allen drei Modi in ihre Basisdimensionen zerlegt worden. Insgesamt erklärt die Analyse 83.5 Prozent der Varianz in den Daten, womit eine ausgezeichnete Anpassung des Modells vorliegt. Tabelle 4.5 (Seite 125) stellt die Ladungen der unrotierten sowie VARIMAX-rotierten Komponentenmatrix **C** dar. Die 10 Marken sind mit den Buchstaben A bis J gekennzeichnet, und die letzte Spalte gibt die beobachteten Preisaktionen der Marken an. Die Spalten der Ladungsmatrix werden auf die Länge 25 normiert, so daß Werte größer als Eins überdurchschnittliche Ladungen repräsentieren, die zur Erklärung der Komponente verwendet werden können.

Die Interpretation der Tabelle 4.5 verdeutlicht zunächst die hohe Komplexität der unrotierten Lösung. Die meisten Wochen laden auf zwei oder drei Komponenten, so daß sich die Interpretation der unrotierten Matrix als nahezu unmöglich erweist. Die VARIMAX-rotierte Komponentenmatrix entspricht dagegen eher einer Matrix mit Einfachstruktur. Dennoch ist auch ihre Interpretation äußerst schwierig. Aufgrund der häufigen Preisaktionen nahezu aller Marken lassen sich die einzelnen VARIMAX-Komponenten nicht eindeutig dem Promotionseinsatz einer Marke zuordnen. Lediglich vier von 25 sind reguläre Wochen, d. h. Wochen ohne jegliche Preisaktion. Dagegen sind in zahlreichen Wochen zwei Marken gleichzeitig im Angebot. Die Problematik der inhaltlichen Benennung der fünf Wettbewerbskomponenten soll im folgenden demonstriert werden.

Die erste Komponente zeigt überdurchschnittliche Ladungen in den Wochen 3, 4, 13, 14, 15, 17, 18, 20 und 21. Die hohen Ladungen in der 13. bis 21. Woche repräsentieren Aktionen der Marke G, so daß die erste Wettbewerbskomponente die Preisaktionen der Marke G darstellt. Auf der zweiten Komponente laden die Wochen 1, 2, 3, und 4 negativ, die Wochen 10 und 17 dagegen stark positiv. Die positiven Ladungen korrespondieren mit Preisaktionen der Marke C, die darüber hinaus im direkten Wettbewerb mit mehre-

Tabelle 4.5: Unrotierte und rotierte Komponentenladungen am Beispiel von Preiselastizitäten über 25 Wochen

	unrotiert					VARIMAX-rotiert					Ak-
W	C1	C2	C3	C4	C5	C1	C2	C3	C4	C5	tion
1	.82	-1.39	-1.05	-.45	-.81	-.04	-1.35	1.49	-.50	.51	A
2	.93	-1.48	-.63	-.01	-.07	.04	-1.02	1.53	-.03	-.26	H
3	.73	-1.12	-.30	-1.82	-1.36	1.01	-1.98	.52	-.97	.96	F
4	.78	-2.38	.87	-1.22	.77	1.27	-1.96	.76	-.26	-1.74	H,I
5	1.48	-.60	1.04	2.29	.42	-.17	.14	1.04	2.69	-.83	E,H
6	1.01	-.26	-.70	.77	-.48	-.28	-.06	1.25	.61	.62	
7	1.06	.79	-.93	-.40	-1.98	.32	-.29	.58	-.02	2.49	
8	.90	-1.02	-.45	.74	.47	-.20	-.22	1.45	.51	-.60	H
9	.85	-.32	-1.27	.64	-.21	-.47	.13	1.54	.09	.52	
10	.64	1.65	-1.30	.08	1.48	.44	2.39	.84	-.61	.11	C,D
11	.71	-.31	-.65	-.31	.32	.38	.02	.97	-.37	-.03	
12	.93	-.22	-1.30	-.02	.15	.07	.24	1.51	-.41	.37	H
13	.99	.13	.88	-1.22	.58	1.86	-.11	-.08	-.04	-.36	G
14	.96	.66	1.75	-1.76	.41	2.58	-.15	-.97	.12	-.20	G
15	1.04	.21	.57	-.96	.47	1.60	.04	.14	.00	-.15	G
16	.96	-1.13	.49	.18	2.04	.84	.14	1.10	.41	-2.12	G,H
17	.83	2.00	-.73	-.10	1.77	1.01	2.63	.49	-.37	-.07	C,G
18	.97	.98	.41	-1.42	-.19	1.80	.20	-.30	-.30	.81	G
19	.99	-.13	-.64	.65	.75	.07	.64	1.32	.36	-.32	G,H
20	.98	1.04	.05	-.90	-1.12	1.17	-.01	-.13	.02	1.65	G
21	1.04	.35	.01	-.31	.54	1.01	.49	.56	.13	-.03	G,H
22	1.09	.50	-.03	-.26	-.03	.91	.33	.48	.26	.51	G
23	1.63	.74	2.67	1.93	-1.59	.64	-.36	-.76	3.80	.97	E,G
24	1.09	.19	-.64	.30	.63	.39	.73	1.19	.19	-.02	G,H
25	1.05	.36	-1.26	.42	-1.37	-.31	-.01	1.18	.24	1.82	E

ren Marken zu stehen scheint. Allerdings lassen sich die überdurchschnittlich negativen Ladungen in den Wochen 1 bis 4 nicht eindeutig interpretieren. Auf der dritten Komponente laden die Wochen 1, 2, 5, 6, 8, 9, 12, 16, 19, 24 und 25. Die Interpretation dieser Wettbewerbskomponente ist äußerst problematisch, da es keine Wochen mit überdurchschnittlich hohen Ladungen gibt. Man kann aber vermuten, daß die dritte Komponente den Einfluß der Marke H wiedergibt. Die Interpretation der vierten Komponente erweist sich hingegen als eindeutig. Die hohen Ladungen der Wochen 5 und 23 korrespondieren mit zwei von drei Preisaktionen der Marke E. Sehr schwierig gestaltet sich wiederum die Auswertung der fünften Komponente. Sowohl die positiven als auch die negativen Ladungen können nicht eindeutig einer Marke zugeordnet werden.

Die Diskussion über die inhaltliche Benennung der Wettbewerbskomponenten verdeutlicht die Komplexität dieser Aufgabe. Insbesondere durch die vielen Preisaktionen der Wettbewerber, die häufig auch in denselben Wochen stattfinden, wird die Interpretation zusätzlich erschwert. Die einzelnen Komponenten der Matrix wären insgesamt wesentlich einfacher zu interpretieren, wenn ihre Struktur stärker dem Einsatz der Promotionsaktionen der Marken entsprechen würde. Angenommen, eine Wettbewerbskomponente repräsentiert die Preisaktionen der Marke A, dann sollten nur Wochen, in denen Marke A eine Preisreduktion durchführt, deutlich von Null verschiedene Ladungen auf dieser Komponente aufweisen (die dritte Komponente des Beispieldatensatzes erfüllt diese Anforderung für die Marke E). Der Einsatzplan der Marketing-Instrumente aller Marken kann deshalb die Basis einer Zielmatrix bilden, welche im Rahmen einer strukturprüfenden Analyse zu untersuchen ist.

Darüber hinaus will das Marketing-Management häufig auch die Wettbewerbsbeziehungen zwischen ausgesuchten Marken bewerten, die nicht oder aber zumindest nicht eindeutig in den Ergebnissen der explorativen Analyse enthalten sind. Aus der Sicht des Marktführers ist es beispielsweise von großem Interesse, die eigene Stellung zum schärfsten Konkurrenten sowie die Wettbewerbsbeziehungen zu Handelsmarken zu analysieren. In diesem Zusammenhang muß beachtet werden, daß die "typischen" Konsumgütermärkte Oligopolmärkte sind, auf denen meist drei bis fünf Hersteller mit jeweils mehreren Marken um die Marktanteile in einer Produktkategorie kämpfen.

Für den Anbieter in einem solchen Markt wirft sich jedoch die Frage auf, wie die Wettbewerbsbeziehungen zwischen den eigenen Marken aussehen. Obwohl diese i. d. R. auf die Befriedigung spezieller Konsumentenbedürfnisse ausgerichtet und demzufolge unterschiedlich positioniert sind, kann man nicht von einer völligen Unabhängigkeit der Marken ausgehen, wenn häufige Promotionsaktionen die Konsumentenpräferenzen verändern und einen Markenwechsel bewirken können (vgl. z. B. Blattberg, Briesch & Fox 1995). Die Interaktionen zwischen den herstellereigenen Marken werden in vielen Fällen auch durch identische Aktionspläne verstärkt, wenn nämlich das Marketing-Management die einzelnen Marken nicht separat steuert, sie vielmehr alle in der gleichen Woche zu reduzierten Preisen mit Sonderplazierungen und Handzettelwerbung anbietet. Hieraus ergibt sich unmittelbar die Fragestellung, wie erfolgreich sich die gleichzeitig promoteten Marken im Wettbewerb behaupten, oder ob es nicht im Sinne der Maximierung des gemeinsamen Marktanteils zweckmäßiger wäre, markenspezifische Aktionen zu planen.

Tabelle 4.6: Ein Beispiel für den Aufbau einer Zielmatrix

Woche	beobachtete Aktionen	Preis-aktion A	Preis-aktion B	Preis-aktionen A & B	reguläre Preise A & B
1	A	X	0	0	0
2		0	0	0	X
3	B	0	X	0	0
4	A, B	0	0	X	0
5	A	X	0	0	0
6	B	0	X	0	0
7	B	0	X	0	0
8	A, B	0	0	X	0
9		0	0	0	X
10	A	X	0	0	0

Um die in diesem Problemkomplex beinhalteten Fragestellungen beantworten zu können, müssen die Wettbewerbsbeziehungen zwischen den Marken differenziert für Einzelaktionen und Verbundaktionen aufgedeckt und analysiert werden. Die Problematik läßt sich weiter verdeutlichen, wenn sich die Diskussion auf die potentiellen Wettbewerbsbeziehungen zweier Marken (A, B) beschränkt, für die folgende Wettbewerbsszenarien denkbar sind:

- Preisreduktion Marke A, regulärer Preis Marke B,
- Preisreduktion Marke B, regulärer Preis Marke A,
- Preisreduktionen Marke A und Marke B,
- Reguläre Preise Marke A und Marke B.

Es ist im folgenden Zielsetzung dieser Arbeit, Instrumentarien zu entwickeln und zu diskutieren, die es ermöglichen, die oben genannten Wettbewerbssituationen explizit vorzugeben und im Rahmen einer strukturprüfenden Analyse für diese Wettbewerbsbeziehungen idealisierte Elastizitäten und Marktanteile zu prognostizieren.

Die Diskussion konzentriert sich dabei auf Lösungsansätze, die sich zur Untersuchung benutzerdefinierter Wettbewerbsszenarien im Rahmen einer TUCKALS3-Analyse eignen. Die Beschränkung auf den TUCKALS3-Ansatz ist dadurch begründet, daß sich lediglich innerhalb dieses Modells Joint Plots, innere Produkte und idealisierte Elastizitäten berechnen lassen. Diese Instrumentarien haben sich als außerordentlich zweckmäßig für eine differenzierte Wettbewerbsanalyse erwiesen. Ziel ist es, die Parameterstruktur der Komponentenmatrix **C** einer TUCKALS3-Lösung auf eine a priori spezifizierte Struktur zu beschränken. Hierzu lassen sich auf der Basis des real beobachteten Marketing-Instrumentaleinsatzes Wettbewerbsbedingungen konstruieren, die eine Zielmatrix bilden und die dann in einer beschränkten Wettbewerbsanalyse untersucht werden sollen. Ein Beispiel für die Konstruktion einer Zielmatrix mit zwei Marken und einem beobachteten Aktionsplan über 10 Wochen wird in Tabelle 4.6 gegeben. Die mit einem X besetzten Felder einer Spalte spezifizieren jene Komponentenladungen, welche Werte deutlich von Null verschieden annehmen sollen. Entsprechend dem Aufbau der vier Spalten kann man die erste Spalte als Wettbewerbsbedingung/ -dimension "Preisaktion Marke A" (bei regulärem Preis Marke B) bezeichnen. Die zweite Spalte soll die Wettbewerbssituation "Preisaktion Marke B" (bei regulärem Preis Marke A) messen, während die dritte Spalte gemeinsame Aktionen der Marken A und B repräsentiert und die vierte Spalte die Wochen mit regulären Preisen der Marken A und B kontrolliert.

4.4.2 Methoden zur Repräsentation benutzerdefinierter Wettbewerbsszenarien

Nachdem die Grundidee der Vorgabe benutzerdefinierter Wettbewerbssituationen diskutiert worden ist, sind im weiteren Verlauf der Arbeit Lösungsansätze zu erarbeiten, mit Hilfe derer man eine Beschränkung des Parameterraumes einer TUCKALS3-Lösung erreichen kann. Hierbei soll die Komponentenmatrix **C** des TUCKALS3-Modells eine Struktur entsprechend der a priori spezifizierten Zielmatrix aufweisen, wie sie beispielsweise in Tabelle 4.6 dargestellt ist. Prinzipiell lassen sich drei Lösungsansätze unterscheiden:

- Procrustes-Transformationen nach Parameterkonvergenz,
- Constrained TUCKALS3-Analyse,
- Externe TUCKALS3-Analyse.

Die Procrustes-Rotationen bauen auf den Schätzergebnissen einer TUCKALS3-Analyse auf und versuchen, die strukturelle Lösung der Komponentenmatrix **C** in Übereinstimmung mit der Zielmatrix zu bringen. Die Constrained TUCKALS3-Analyse ist davon grundsätzlich zu unterscheiden. In dem in dieser Arbeit neu entwickelten Modellansatz sind die Restriktionen direkt in den Lösungsalgorithmus eingebaut. Im Rahmen der Anwendung einer externen TUCKALS3-Analyse werden eine oder mehrere Komponentenmatrizen a priori fixiert (hier Matrix **C**), und dann sind ausschließlich die Parameter der übrigen Komponentenmatrizen unter der Vorgabe der fixierten Matrix frei zu schätzen.

In der Literatur finden sich zahlreiche Ansätze, die sich mit verwandten Problemen im Rahmen der multivariaten Datenanalyse auseinandersetzen. Das allgemeine Ziel dieser Ansätze ist es, externe Infomationen bei der Parameterschätzung oder Dimensionsreduktion im Falle von Komponenten-, Faktoren-, Korrespondenzanalysen oder mehrdimensionalen Skalierungen zu berücksichtigen. Im CANDELINC-Ansatz (Carroll, Pruzansky & Kruskal 1980) können z. B. lineare Beschränkungen auf die Parametermatrizen einer CANDECOMP/PARAFAC-Lösung gelegt werden, wobei die zu schätzenden Parameter eine lineare Funktion der in den Designmatrizen enthaltenen Struktur sind. DeSarbo, Carroll, Lehman und O'Shaughnessy (1982) verwenden CANDELINC zur Schätzung von Conjoint-Modellen. Sie spezifizieren dementsprechend sowohl für die Produktprofile als auch für die Individuen Beschränkungen, z. B. auf der Grundlage soziodemographischer Variablen. Zur Methodik der mehrdimensionalen Skalierung liegen u. a. Arbeiten von Bloxom (1978), Borg und Lingoes (1980), Heiser und Meulmann (1983) sowie von Winsberg und Ramsay (1981) vor. Für den Fall beschränkter Hauptkomponentenanalysen diskutieren Takane und Shibayama (1991) sowie Takane, Kiers und de Leeuw (1995) alternative Ansätze, deren Lösungen prinzipiell auf der Bildung von Projektionsmatrizen und ihrer Anwendung auf die Daten basieren.

In diesem Zusammenhang stellt sich die Frage, ob die Verwendung von Projektionsmatrizen einen brauchbaren Lösungsansatz darstellt. Die Projektionsmatrizen berechnen sich aus der Designmatrix (**D**) über $\mathbf{D}(\mathbf{D}'\mathbf{D})^{-1}\mathbf{D}'$. Damit könnten die einzelnen Wochen der Datenmatrix gewichtet und dann die Lösungsmatrizen mit Hilfe des TUCKALS3-Algorithmus bestimmt werden. Allerdings bedeutet dies, daß alle jene Wochen zu spezifizieren sind, die eine Null-Ladung bzw. eine von Null abweichende Ladung aufweisen sollen. Somit ist man zumeist gezwungen, alle Wochen, welche die inhaltliche Bedeutung einer Komponente ausmachen, als gleichbedeutend anzunehmen. Dies ist aber insgesamt kritisch zu beurteilen, insbesondere auf Märkten mit hoher Promotionsintensität, wo ständige Parallelaktionen der Wettbewerber die Regel sind. Im folgenden werden deshalb nebeneinander die Möglichkeiten der Procrustes-Transfomationen sowie der Constrained TUCKALS3- und die externe TUCKALS3-Analyse erörtert.

4.4.2.1 Procrustes-Transformationen

Der Begriff der Procrustes-Transformation wird zuerst von Hurley und Cattell (1962) aufgegriffen, erste Lösungsansätze zur Faktortransformation gehen aber auf Mosier (1939) zurück. Mit Procrustes-Methoden werden Lösungsansätze umschrieben, die zwei oder mehr Faktoren- bzw. Komponentenlösungen in eine möglichst gute Übereinstimmung bringen sollen. Zu diesen zählen prinzipiell alle Faktortransformationsmethoden, welche die Problemkomplexe Faktorinvarianz, Messung der Beziehungen zwischen Faktoren, Faktormatching und Fit einer Ziellösung betreffen (vgl. z. B. Harman 1976). In der vorliegenden Arbeit interessieren vor allem die Möglichkeiten, eine Lösungsmatrix an eine vorgegebene Zielmatrix anzupassen. Ferner soll die Güte der Anpassung über ein Fitmaß quantifiziert werden. Die Diskussion muß sich deshalb nicht mit den verwandten Problemen der Faktorinvarianz und dem Faktormatching auseinandersetzen. Die Zielmatrix wird im folgenden als Designmatrix $\mathbf{D}$, die Komponententransformationsmatrix mit $\mathbf{T}$ bezeichnet.

In diesem Zusammenhang bietet sich eine Unterscheidung zwischen

- orthogonalen Procrustes-Transformationen und
- obliquen Procrustes-Transformationen

an. Beide haben unterschiedliche Voraussetzungen.

4.4.2.1.1 Orthogonale Procrustes-Transformationen

Die Grundlagen der orthogonalen Procrustes Transformation gehen auf Cliff (1966), Green (1952) und Schönemann (1966) zurück. In deren Arbeiten wird eine orthogonale Transformationsmatrix gesucht, um eine Ladungsmatrix an eine vorgegebene Zielmatrix anzupassen, wobei i. d. R. ein Kleinste-Quadrate-Kriterium optimiert wird. Das Grundprinzip der orthogonalen Procrustes-Transformation kann wie folgt dargestellt werden. Man sucht das Minimum der Verlustfunktion

$$
\begin{aligned}
f(\mathbf{T}) &= \|\mathbf{CT}-\mathbf{D}\|^2 \\
&= \mathrm{tr}\mathbf{T}'\mathbf{C}'\mathbf{CT} - 2\mathrm{tr}\mathbf{T}'\mathbf{C}'\mathbf{D} + \mathrm{tr}\mathbf{D}'\mathbf{D} \qquad (4.93)
\end{aligned}
$$

unter der Bedingung $\mathbf{T}'\mathbf{T} = \mathbf{I}$. Da die Komponentenmatrix $\mathbf{C}$ einer TUCKALS3-Analyse vor der Rotation spaltenweise orthonormal ist, gilt $\mathbf{C}'\mathbf{C} = \mathbf{I}$, so daß der erste Term von 4.93 ebenso konstant ist wie $\mathrm{tr}\mathbf{D}'\mathbf{D}$. Das Minimum der Verlustfunktion ergibt sich deshalb aus einer Maximierung von $\mathrm{tr}\mathbf{T}'\mathbf{C}'\mathbf{D}$

unter der Beschränkung von $\mathbf{T'T} = \mathbf{I}$. Die Lösung dieses Problemkomplexes findet sich u. a. bei Cliff (1966) mit $\mathbf{T} = \mathbf{UV'}$ und der Singulärwertzerlegung $\mathbf{C'D} = \mathbf{U\Lambda V'}$.

Die Beschränkung auf eine orthogonale Transformationsmatrix ist jedoch für die hier vorliegende Problemstellung von untergeordneter Bedeutung, da im Unterschied zur Procrustes-Transformation bei einer klassischen Faktorenanalyse die Orientierung und die Unabhängigkeit der Faktorachsen ohne Bedeutung sind.

Außerdem ist eine Vielzahl von methodischen Weiterentwicklungen auf diesem Gebiet vorgestellt worden (vgl. u. a. Schönemann & Carroll 1970; Gower 1975; ten Berge & Knol 1984, Peay 1988). Im wesentlichen beinhalten sie die Verknüpfung von Translationen, Skalierungen, Reflektionen und Rotationen mit der Transformation von zwei oder mehr Konfigurationen. Eine Erklärung der inhaltlichen Bedeutung von Translationen, Skalierungen, Reflektionen und Rotationen findet sich bei Commandeur (1991, S. 14-16). Darüber hinaus wurden eine Reihe von Procrustes-Transformationen entwickelt, die eine Gewichtung der Daten ermöglichen (vgl. u. a. Mooijaart & Commandeur 1990; Koschat & Swayne 1991; Verboon & Gabriel 1995).

Eine Diskussion der Erweiterungen zur Transformation von drei oder mehr Konfigurationen ist nicht notwendig, da nur eine Komponentenmatrix in möglichst gute Übereinstimmung mit der Zielmatrix zu bringen ist. Darüber hinaus kann man auch den Fall vernachlässigen, in welchem Matrizen unterschiedlicher Spaltendimensionalität zu transformieren sind, weil nur bei einer vollständigen Entsprechung zwischen der Anzahl der Komponenten der Zielmatrix und der der Matrix $\mathbf{C}$ einer TUCKALS3-Analyse die transformierten Komponenten als die in der Zielmatrix spezifizierten Wettbewerbsdimensionen zu interpretieren sind.

4.4.2.1.2 Oblique Procrustes-Transformationen

Mit obliquen Transformationen läßt sich eine Rotationsmatrix schätzen, welche die Unabhängigkeit der Komponenten aufhebt. Mosier (1939) hat folgende Kleinste-Quadrate-Schätzung der Rotationsmatrix unter der Nebenbedingung $\mathrm{diag}(\mathbf{T'T}) = \mathbf{I}$ vorgeschlagen:

$$f(\mathbf{T}) \;=\; \|\mathbf{CT} - \mathbf{D}\|^2. \qquad (4.94)$$

Allerdings konnte Mosier dieses Problem nicht analytisch lösen, so daß die zwei Teilprobleme separat gelöst werden müssen. Zunächst wird die Verlustfunktion 4.94 ohne Nebenbedingung minimiert, bevor man im Anschluß daran die Skalierung der Transformation durchführt. Damit stellt Mosiers Methode lediglich eine gute Approximation der analytisch korrekten Lösung dar. Die Transformationsmatrix **T** wird über eine multiple Regressionsanalyse bestimmt:

$$\mathbf{T} \;=\; (\mathbf{C}'\mathbf{C})^{-1}\mathbf{C}'\mathbf{D}\boldsymbol{\Lambda} \tag{4.95}$$

mit $\boldsymbol{\Lambda}$ als Diagonalmatrix, welche die Transformationsmatrix auf Einheitslänge skaliert, wodurch die Varianzerklärung der Hauptkomponenten- bzw. Faktorenlösung unverändert bleibt. Browne (1967) hat eine numerische Lösung für das Kleinste-Quadrate-Problem entwickelt. Sein Ansatz basiert auf einem iterativen Verfahren, welches die Eigenwerte und Eigenvektoren der Skalarproduktmatrix der Faktoren benötigt. Cramer (1974) zeigt jedoch, daß die Lösung nach Browne nicht optimal zu sein braucht. Ten Berge und Nevels (1977) stellen schließlich eine generelle Lösung für die oblique Procrustes-Rotation auf der Grundlage von Ungleichungen auf, die mit der Lösung von Mosier koinzidiert, wenn orthonormale Komponentenmatrizen Gegenstand der Rotation sind.

Im allgemeinen kann davon ausgegangen werden, daß man durch oblique Transformationen eine bessere Anpassung an die Zielmatrix erreicht. Zudem hat die Designmatrix i. d. R. auch eine oblique Struktur und somit gibt es wenige inhaltliche Argumente für orthogonal beschränkte Transformationen.

4.4.2.1.3 Kongruenzmaße zur Bewertung der Procrustes-Transformationen

Nach der Berechnung der Transformationsmatrix muß die Anpassungsqualität der Komponentenmatrix an die Zielmatrix quantifiziert werden. Vor dem Hintergrund dieses Problemkomplexes sind zwei Arten von Gütekriterien zu unterscheiden. Zum einen läßt sich der Zusammenhang zweier Komponenten messen, zum anderen kann man einen allgemeinen Fitindex für die Anpassung der Komponentenmatrix an die Zielmatrix berechnen.

Der *coefficient of congruence* (ϕ) nach Tucker (1951) ist ein verbreitetes Maß zum Vergleich von Komponenten. Formal entspricht der Kongruenzkoeffizient dem Index von Burt (1948) sowie dem von Wrigley und Neuhaus (1955):

$$\phi(\mathbf{c}_r^\star, \mathbf{d}_r) \;=\; \mathbf{c}_r^{\star\prime}\mathbf{d}_r(\mathbf{c}_r^{\star\prime}\mathbf{c}_r^\star)^{-\frac{1}{2}}(\mathbf{d}_r{}'\mathbf{d}_r)^{-\frac{1}{2}}. \tag{4.96}$$

$\mathbf{c}_r^*$ ist hierbei die r-te Komponente der transformierten Komponentenmatrix $\mathbf{C}^*$ mit $\mathbf{C}^* = \mathbf{CT}$, wohingegen $\mathbf{d}_r$ die r-te Komponente der Designmatrix $\mathbf{D}$ ist. Der Kongruenzkoeffizient kann Werte zwischen +1 bei perfekter Übereinstimmung und −1 bei perfekter inverser Übereinstimmung annehmen. Ein Wert nahe 0 indiziert die Abwesenheit einer Korrespondenz zwischen den beiden Vektoren. Prinzipiell ist der Kongruenzkoeffizient ein "unangepaßter" Korrelationskoeffizient, in welchem die Parameter nicht als Abweichungen von ihren Mittelwerten in die Analyse eingehen, sondern als Absolutwerte (Korth & Tucker 1976). Außerdem hat dieser Koeffizient eine Reihe weiterer Eigenschaften, die ihn für den Vergleich von Komponenten besonders geeignet erscheinen lassen (vgl. ten Berge 1986a, S. 32):

1. ϕ ist eine Funktion der beiden auf Einheitslänge skalierten Komponenten $\mathbf{c}_r^{*\prime}(\mathbf{c}_r^{*\prime}\mathbf{c}_r^*)^{-\frac{1}{2}}$ und $\mathbf{d}_r(\mathbf{d}_r{}'\mathbf{d}_r)^{-\frac{1}{2}}$.

2. Eine Reflektion der Komponenten beider Matrizen hat keine Auswirkungen auf ϕ.

3. Die Interpretation von ϕ ist abhängig von additiven Konstanten.

4. ϕ ist eine kontinuierliche Funktion der Komponentenladung, kleine Abweichungen führen also zu keinen gravierenden Änderungen in ϕ.

Korth und Tucker (1976, S. 534) zeigen in diesem Zusammenhang, daß Mosiers (1939) approximative oblique Transformation den Kongruenzkoeffizienten maximiert. Ten Berge (1977) weist außerdem nach, daß beispielsweise der Korrelationskoeffizient der Komponenten oder die Summe der quadrierten Abweichungen dem Kongruenzmaß unterlegen sind. Die Höhe des Kongruenzkoeffizienten sollte in jedem Fall 0.85 überschreiten (vgl. Haven & ten Berge 1977), damit man sicher auf das Vorhandensein von Kongruenz schließen kann. Ten Berge (1986b, S. 45) hält in diesem Zusammenhang die absolute Höhe des Koeffizienten für bedeutender als seine statistische Signifikanz. Nach ten Berge sind statistisch signifikante Kongruenzkoeffizienten in der Höhe von 0.7 mit unterschiedlichen Komponenteninterpretationen verbunden. Unter Berücksichtigung dieser Eigenschaften des Kongruenzkoeffizienten wird deutlich, daß die approximative Lösung der obliquen Procrustes-Transformation nach Mosier eine geeignete Transformationsprozedur zur Anpassung der Komponentenmatrix an die in der Zielmatrix spezifizierte Struktur ist.

Die allgemeine Anpassung der rotierten Komponentenmatrix an die Zielmatrix kann auf der Grundlage eines generellen Fitmaßes analysiert werden. Nach Ramsay, ten Berge und Styan (1984) ist die innere Produkt-Matrixkorrelation das am häufigsten eingesetzte Maß:

$$R(\mathbf{C}^*, \mathbf{D}) = \frac{\mathrm{tr}(\mathbf{C}^{*\prime}\mathbf{D})}{[\mathrm{tr}(\mathbf{C}^{*\prime}\mathbf{C}^*)\mathrm{tr}(\mathbf{D}'\mathbf{D})]^{\frac{1}{2}}}. \qquad (4.97)$$

Lingoes und Schönemann (1974) verwenden diesen Index zur Beurteilung von Procrustes-Rotationen. Der R-Koeffizient entspricht dabei dem Mittelwert aller Kongruenzkoeffizienten ϕ, falls die einzelnen Komponenten der Matrizen $\mathbf{C}^*$ und $\mathbf{D}$ auf Einheitslänge skaliert sind. Alternativ kann man den sogenannten RLS-Koeffizienten (Lingoes und Schönemann 1974) mit

$$\mathrm{RLS}(\mathbf{C}^*, \mathbf{D}) = \frac{\mathrm{tr}[(\mathbf{C}^{*\prime}\mathbf{D}\mathbf{D}'\mathbf{C}^*)^{\frac{1}{2}}]}{[(\mathrm{tr}(\mathbf{C}^{*\prime}\mathbf{C}^*)\mathrm{tr}(\mathbf{D}'\mathbf{D})]^{\frac{1}{2}}} \qquad (4.98)$$

oder den RV-Koeffizienten nach Escoufier (1973, 1977) bzw. nach Robert und Escoufier (1976) mit

$$\mathrm{RV}(\mathbf{C}^*, \mathbf{D}) = \frac{\mathrm{tr}(\mathbf{C}^{*\prime}\mathbf{D}\mathbf{D}'\mathbf{C}^*)}{\{\mathrm{tr}[(\mathbf{C}^{*\prime}\mathbf{C}^*)^2]\mathrm{tr}[(\mathbf{D}'\mathbf{D})^2]\}^{\frac{1}{2}}} \qquad (4.99)$$

berechnen. Allerdings sind sowohl der RV- als auch der RLS-Koeffizient im Unterschied zum R-Koeffizienten orientierungsunabhängig. Das Beispiel in Tabelle 4.7 auf der nächsten Seite demonstriert diesen Sachverhalt. Eine Reflexion einzelner Komponenten führt dennoch zu Anpassungswerten, die eine perfekte Übereinstimmung der beiden Matrizen anzeigen. Im Rahmen der Wettbewerbsanalyse sollte man deshalb einen Matrixkorrelationskoeffizienten wählen, der die Richtung/Orientierung der einzelnen Komponenten berücksichtigt. Die inhaltliche Bedeutung einer Spalte der Komponentenmatrix läßt sich zwar jederzeit durch eine Reflexion invertieren, allerdings ist aus den Ergebnissen einer Procrustes-Transformation häufig nicht eindeutig erkennbar, ob dies überhaupt notwendig ist. Ein Unterbleiben der Reflexion kann dabei zu einer entgegengesetzten Schlußfolgerung führen, da die Interpretation der Joint Plots, der inneren Produkte und idealisierten Elastizitäten maßgeblich von der Bedeutung der ihnen zugrundeliegenden Wettbewerbsdimensionen abhängt. Aus dem eben genannten Grund wird im Rahmen dieser Arbeit der orientierungsabhängige R-Koeffizient zur Beurteilung der Qualität einer Procrustes-Transformation verwendet. Zu beachten ist außerdem, daß eine orthogonale Procrustes-Rotation den Matrixkorrelationskoeffizienten R maximiert (Ramsay, ten Berge & Styan 1984).

Tabelle 4.7: Die Auswirkungen der Orientierungs(un)abhängigkeit der Matrixkorrelationskoeffizienten an einem Beispieldatensatz

$\mathbf{C}^{*\prime}$							
1	5	9	13	17	21	25	29
2	6	10	14	18	22	26	30
3	7	11	15	19	23	27	31
4	8	12	16	20	24	28	32

$\mathbf{D}'$							
1	5	9	13	17	21	25	29
-2	-6	-10	-14	-18	-22	-26	-30
-3	-7	-11	-15	-19	-23	-27	-31
4	8	12	16	20	24	28	32

$R(\mathbf{C}^*, \mathbf{D})$	=	0.0028
$RLS(\mathbf{C}^*, \mathbf{D})$	=	1.0
$RV(\mathbf{C}^*, \mathbf{D})$	=	1.0

4.4.2.1.4 Zur Relevanz von Procrustes-Transformationen mit teilweise spezifizierter Zielmatrix

An diesem Punkt der Diskussion stellt sich die Frage, warum nicht Procrustes-Transformationen mit teilweise spezifizierter Zielmatrix eingesetzt werden. In einem solchen Falle legt man lediglich ein Subset von a priori definierten Parameterwerten fest, wobei es vorteilhaft ist, nur die Nullelemente exakt vorzugeben. Ansätze, die diese Zielsetzung realisieren, sind u. a. von Lawley und Maxwell (1964), Gruvaeus (1970) sowie von Browne (1972a, 1972b) für den orthogonalen und obliquen Fall vorgeschlagen worden. Obwohl diese Ansätze auf den ersten Blick sehr vielversprechend erscheinen, bleibt dennoch das Problem, daß sich die Qualität der Anpassung nicht exakt spezifizieren läßt, da lediglich Informationen über die vorgegebenen Elemente bekannt sind. Darüber hinaus tritt insbesondere bei dem Ansatz von Lawley und Maxwell (1964) die Schwierigkeit auf, daß einzelne Parameterschätzer nicht zu interpretierende Werte annehmen können. Analysen des Verfassers haben außerdem ergeben, daß Procrustes-Transformationen mit teilspezifizierter Zielmatrix häufig zu einer schlechteren Anpassung führen als oblique Transformationen mit einer vollständig spezifizierten Zielmatrix. Die Beurteilung der Anpassung basiert in diesem Fall auf dem Kongruenzkoeffizienten und einer binär kodierten Zielmatrix. Nicht zuletzt sollte man in diesem Zusammenhang beachten, daß sowohl die Lösung nach Mosier als auch die nach ten Berge und Nevels den Kongruenzkoeffizienten maximiert, so daß unter diesem Zielkriterium keine bessere Lösung erreicht werden kann.

4.4.2.2 Die Constrained TUCKALS3-Analyse

Ein Hauptkritikpunkt an den Procrustes-Transformationen der Komponentenmatrix **C** einer TUCKALS3-Analyse betrifft die Tatsache, daß zwei voneinander weitgehend unabhängige Ziele optimiert werden. Zunächst sucht man die beste unbeschränkte Lösung innerhalb einer vorgegebenen Dimensionalität, um diese dann auf eine Zielstruktur zu rotieren. Die Kriterien beider Operationen sind jedoch generell miteinander unvereinbar, so daß es schwierig ist, die Güte der unterstellten beschränkten Lösung zu bewerten (vgl. Takane, Kiers & de Leeuw 1995). Zusätzlich kann das Problem auftreten, daß die unbeschränkte Lösung wesentliche Basisdeterminanten des Wettbewerbs nicht enthält. Falls eine der Dimensionen der beschränkten Lösung nicht unter den ersten R Komponenten der unbeschränkten Lösung zu identifizieren ist, muß man das Vorhandensein der postulierten Struktur ablehnen (vgl. ten Berge 1986b, S. 45-47). Nachteilig wirkt sich ferner aus, daß die hier vorgestellten Procrustes-Rotationen eine a priori vollständig spezifizierte Zielstruktur benötigen. Für die Wettbewerbsanalyse bedeutet dies, daß jene Wochen zu markieren sind, die eine Null-Ladung bzw. eine von Null verschiedene Ladung annehmen sollen, so daß jede von Null abweichende Ladung innerhalb einer Wettbewerbskomponente als gleichgewichtig angenommen werden muß. Diese Annahme steht jedoch i. d. R. im Widerspruch zu den realen Marktgegebenheiten. Insbesondere bei der Analyse von nicht-orthogonalen Designmatrizen ist es problematisch, für jede Woche ein identisches Gewicht festzulegen.

Der hier entwickelte Constrained TUCKALS3-Modellansatz überwindet die angesprochenen Problemkomplexe, indem man von vornherein lediglich festlegt, welche Parameter einer Komponentenmatrix zu schätzen sind. Dadurch wird die zweistufige Vorgehensweise der Parameterbestimmung innerhalb der Procrusteslösungsansätze aufgehoben und durch eine simultane Schätzung ersetzt. Constrained TUCKALS3 basiert auf einer Modifikation des Schätzalgorithmus, wobei die Parameter von mindestens einer der drei Komponentenmatrizen unter einer linearen Gleichheitsbedingung oder einer linearen Ungleichheitsbedingung geschätzt werden. Die linearen Gleichheitsbedingungen sind in der (binären) Designmatrix **D** festgelegt, bei der die Null-Elemente angeben, welche Parameter während der Minimierung der Constrained TUCKALS3-Verlustfunktion auf den Wert Null fixiert sind. Die mit einer Eins bzw. mit einem "X" besetzten Elemente der Designmatrix geben andererseits die im Rahmen der Minimierung der Verlustfunktion frei zu schätzenden Parameter an.

Zur Umsetzung des oben genannten Zieles wird der Algorithmus von Weesie und van Houwelingen (1983) sowie der von Kiers, Kroonenberg und ten Berge (1992) zur Schätzung des Tucker3-Modells aufgegriffen. Der Algorithmus von Weesie und van Houwelingen basiert auf einem alternierenden Kleinste-Quadrate-Ansatz, bei dem die Parametermatrizen ohne weitere Beschränkungen über einzelne Regressionsanalysen zu berechnen sind. Der Ansatz von Kiers, Kroonenberg und ten Berge beruht prinzipiell auf der gleichen Vorgehensweise, allerdings werden die einzelnen Parametermatrizen während der Schätzung spaltenweise orthonormal beschränkt. Im Unterschied zum allgemeinen TUCKALS3-Algorithmus muß man jetzt explizit innerhalb aller Iterationszyklen eine aktualisierte Version der Kernmatrix regressiv schätzen. Insgesamt ergibt sich damit eine alternierende Folge durch: Matrix **A**, gegeben die Matrizen **B**, **C** und **G**, dann die Matrix **B**, gegeben die Matrizen **A**, **C** und **G**, dann die Matrix **C**, gegeben die Matrizen **A**, **B** und **G** und schließlich die Matrix **G**, gegeben die Matrizen **A**, **B** und **C**. Die Schätzungen der Parametermatrizen des Constrained TUCKALS3-Ansatzes können aus der allgemeinen TUCKALS3-Verlustfunktion

$$\begin{aligned} \text{T3}(\mathbf{A},\mathbf{B},\mathbf{C},\mathbf{G}_1,..,\mathbf{G}_R) &= \sum_{i=1}^{I}\sum_{j=1}^{J}\sum_{t=1}^{T}\left(x_{ijt}-\sum_{p=1}^{P}\sum_{q=1}^{Q}\sum_{r=1}^{R}a_{ip}b_{jq}c_{tr}g_{pqr}\right)^2 \\ &= ||\mathbf{X}-\mathbf{AG}(\mathbf{C}'\otimes\mathbf{B}')||^2 \qquad (4.100) \end{aligned}$$

abgeleitet werden, indem diese wie folgt transformiert wird:

Schätzung der Komponentenmatrix **A**:

$$\begin{aligned} \text{CT3}(\mathbf{A}) &= ||\mathbf{X}-\mathbf{AG}(\mathbf{B}'\otimes\mathbf{C}')||^2 \\ &= ||\mathbf{X}-\mathbf{AF}||^2 \qquad (4.101) \end{aligned}$$

mit

$$\begin{aligned} \mathbf{X} &= (I\times JT)\text{-dimensionale Matrix} \\ \mathbf{G} &= (P\times QR)\text{-dimensionale Kernmatrix} \\ \mathbf{F} &= \mathbf{G}(\mathbf{B}'\otimes\mathbf{C}'),\quad \mathbf{F}:(P\times JT). \end{aligned}$$

Schätzung der Komponentenmatrix **B**:

$$\begin{aligned} \text{CT3}(\mathbf{B}) &= ||\mathbf{X}-\mathbf{BG}(\mathbf{A}'\otimes\mathbf{C}')||^2 \\ &= ||\mathbf{X}-\mathbf{BF}||^2 \qquad (4.102) \end{aligned}$$

mit

$$\begin{aligned} \mathbf{X} &= (J \times IT)\text{-dimensionale Matrix} \\ \mathbf{G} &= (Q \times PR)\text{-dimensionale Kernmatrix} \\ \mathbf{F} &= \mathbf{G}(\mathbf{A}' \otimes \mathbf{C}'), \quad \mathbf{F} : (Q \times IT). \end{aligned}$$

Schätzung der Komponentenmatrix **C**:

$$\begin{aligned} \text{CT3}(\mathbf{C}) &= ||\mathbf{X} - \mathbf{CG}(\mathbf{A}' \otimes \mathbf{B}')||^2 \\ &= ||\mathbf{X} - \mathbf{CF}||^2 \end{aligned} \tag{4.103}$$

mit

$$\begin{aligned} \mathbf{X} &= (T \times IJ)\text{-dimensionale Matrix} \\ \mathbf{G} &= (R \times PQ)\text{-dimensionale Kernmatrix} \\ \mathbf{F} &= \mathbf{G}(\mathbf{A}' \otimes \mathbf{B}'), \quad \mathbf{F} : (R \times IJ). \end{aligned}$$

Schätzung der Kernmatrix **G**:

$$\begin{aligned} \text{CT3}(\mathbf{G}) &= ||\text{Vec}(\mathbf{X}) - (\mathbf{A} \otimes \mathbf{C} \otimes \mathbf{B})\,\text{Vec}(\mathbf{G})||^2 \\ &= ||\text{Vec}(\mathbf{X}) - \mathbf{F}\text{Vec}(\mathbf{G})||^2 \end{aligned} \tag{4.104}$$

mit

$$\begin{aligned} \mathbf{X} &= (TI \times J)\text{-dimensionale Matrix} \\ \mathbf{G} &= (P \times RQ)\text{-dimensionale Kernmatrix} \\ \mathbf{F} &= \mathbf{A} \otimes \mathbf{C} \otimes \mathbf{B}, \quad \mathbf{F} : (ITJ \times PRQ). \end{aligned}$$

Vec(·) gibt die Funktion an, welche die Spalten der entsprechenden Matrix untereinander in einen Vektor stellt. Bei der Minimierung der Verlustfunktionen CT3(**A**), CT3(**B**) und CT3(**C**) zur Schätzung der Komponentenmatrizen **A**, **B** und **C** kann man folgende Fälle unterscheiden:

- Orthonormale Beschränkung einer oder mehrerer Komponentenmatrizen,
- Kleinste-Quadrate-Schätzung mit linearen Gleichheitsbedingungen (LSE),
- Kleinste-Quadrate-Schätzung mit Nicht-Negativitätsbedingungen (NNLS).

Eine orthonormale Beschränkung aller Komponentenmatrizen **A**, **B** und **C** reproduziert die Lösung des allgemeinen TUCKALS3-Algorithmus. Die Kleinste-Quadrate-Schätzung mit einer linearen Gleichheitsbedingungen einzelner Parameter ermöglicht es, bestimmte Elemente auf Null zu fixieren. Um diese Bedingung in das Constrained TUCKALS3-Modell zu integrieren, wird auf den LSE-Algorithmus zurückgegriffen. LSE steht für Linear Least Squares with Linear Equality Constraints und basiert auf der Arbeit von Lawson und Hanson (1974). Mit Hilfe eines sogenannten NNLS-Algorithmus (Nonnegative Least Squares; Lawson & Hanson 1974) können Nicht-Kontrast-Komponenten unter Ausschluß von negativen Werten aus dem zulässigen Parameterraum geschätzt werden.

4.4.2.2.1 Die orthonormale Beschränkung einer Komponentenmatrix

Das Vorgehen zur Bestimmung einer oder auch mehrerer spaltenweise orthonormal beschränkter Komponentenmatrizen wird anhand der Parameterschätzung der Matrix **A** demonstriert. Die TUCKALS3-Verlustfunktion läßt sich unter der Bedingung von $\mathbf{A}'\mathbf{A} = \mathbf{I}$ wie folgt umformulieren:

$$\begin{aligned} f(\mathbf{A}) &= \|\mathbf{X} - \mathbf{A}\mathbf{G}(\mathbf{B}' \otimes \mathbf{C}')\|^2 \\ &= \|\mathbf{X} - \mathbf{A}\mathbf{F}\|^2 \\ &= \text{tr}\mathbf{X}'\mathbf{X} - 2\text{tr}\mathbf{X}'\mathbf{A}\mathbf{F} + \text{tr}\mathbf{F}'\mathbf{F} \qquad (4.105) \end{aligned}$$

mit $\mathbf{F} = \mathbf{G}(\mathbf{B}' \otimes \mathbf{C}')$, gegeben die fixierten Komponentenmatrizen **B** und **C** sowie die Kernmatrixscheiben $\mathbf{G}_1, \ldots, \mathbf{G}_R$. Die Verlustfunktion $f(\mathbf{A})$ ist jetzt ausschließlich abhängig von $\text{tr}\mathbf{X}'\mathbf{A}\mathbf{F}$ und ist deshalb über eine Maximierung von $\text{tr}\mathbf{X}'\mathbf{A}\mathbf{F}$ zu minimieren. Die Lösung dieses Problems findet sich u. a. bei Cliff (1966; vgl. auch ten Berge 1993). Das Minimum von $f(\cdot)$ über **A** für $\mathbf{A}'\mathbf{A} = \mathbf{I}$, gegeben die übrigen Parameter, wird erreicht durch

$$\begin{aligned} \mathbf{A} &= \mathbf{F}\mathbf{X}'\left(\mathbf{X}\mathbf{F}'\mathbf{F}\mathbf{X}'\right)^{-\frac{1}{2}} \\ &= \mathbf{M}\left(\mathbf{M}'\mathbf{M}\right)^{-\frac{1}{2}}, \qquad (4.106) \end{aligned}$$

mit

$$\begin{aligned} \mathbf{M} &= \mathbf{F}\mathbf{X}' \\ &= \sum_{t=1}^{T}\sum_{r=1}^{R} c_{tr}\mathbf{X}_t\mathbf{B}\mathbf{G}_r'. \end{aligned}$$

Den Ausführungen von Kroonenberg, ten Berge, Brouwer und Kiers (1989) folgend, kann man Komponentenmatrix **A** auch auf der Basis der Gram-Schmidt-Orthogonalisierungsprozedur schätzen. In diesem Fall ergibt sich die

Matrix **A** durch

$$\mathbf{A} = \mathrm{GS}(\mathbf{M}). \tag{4.107}$$

Die spaltenweise orthonormal beschränkten Parametermatrizen **B** und/oder **C** lassen sich entsprechend den obigen Ausführungen berechnen. Die Datenmatrix **X** muß jedoch jeweils in der richtigen Ordnung vorliegen, so daß der dreidimensionale Datenarray gegebenenfalls anders zu "sortieren" ist.

Die Kernmatrix **G** wird dann durch eine Regression der vektorisierten Datenmatrix auf die Matrix **F** berechnet:

$$f(\mathbf{G}) = ||\mathrm{Vec}(\mathbf{X}) - \mathbf{F}\mathrm{Vec}(\mathbf{G})||^2 \tag{4.108}$$

mit

$$\mathbf{F} = \mathbf{A} \otimes \mathbf{C} \otimes \mathbf{B}.$$

Dann gilt:

$$\mathrm{Vec}(\mathbf{G}) = (\mathbf{F}'\mathbf{F})^{-1}\mathbf{F}'\mathrm{Vec}(\mathbf{X}). \tag{4.109}$$

Für die Schätzung der Komponentenmatrizen ist danach die Kernmatrix als zweidimensionale Supermatrix aufzubauen. Die Berechnung der Kernmatrix mit der Vec($\cdot$)-Funktion benötigt die $(ITJ \times PRQ)$-dimensionale Matrix **F**. Unter dem Aspekt der Rechenzeit erscheint es dann zweckmäßig, die Kernmatrix mittels der generalisierten Inversen der Komponentenmatrizen $(\mathbf{A}^+, \mathbf{B}^+, \mathbf{C}^+)$ zu schätzen durch

$$\mathbf{G}_r = \sum_{t=1}^{T} c_{tr}^{+} \mathbf{A}'^{+} \mathbf{X}_t \mathbf{B}^{+} \tag{4.110}$$

mit c_{tr}^+ als Element der Matrix $\mathbf{C}^+$ und $\mathbf{G}_r$ als Kernmatrixscheibe der r-ten Wettbewerbsbedingung.

4.4.2.2.2 Die Kleinste-Quadrate-Schätzung mit einer linearen Gleichheitsbedingung

Die Schätzung von Elementen einer oder mehrerer Komponentenmatrizen unter einer linearen Gleichheitsbedingung kann auf der Basis des LSE-Algorithmus (Lawson & Hanson 1974) erfolgen. Bestimmte Parameterwerte einer Komponentenmatrix werden von vornherein fixiert und lediglich die übrigen Parameter frei geschätzt. Die Fixierung der Elemente erfolgt auf der

Grundlage einer binären Designmatrix, und die frei zu schätzenden Parameter sind mit Eins kodiert. Das Grundprinzip des LSE-Algorithmus zielt darauf ab, die auf Null fixierten Parameter aus der Kleinste-Quadrate-Schätzung zu eliminieren und nur noch die restlichen Werte zu berechnen. Die Parameterschätzung wird dann separat für jede Zeile der beschränkten Komponentenmatrix durchgeführt. Das Vorgehen läßt sich am Beispiel der Matrix **C** wie folgt demonstrieren:

$$\begin{aligned} f(\mathbf{C}) &= \|\mathbf{X} - \mathbf{C}\mathbf{G}(\mathbf{A}' \otimes \mathbf{B}')\|^2 \\ &= \|\mathbf{X} - \mathbf{C}\mathbf{F}\|^2 \\ &= \|\mathbf{X}' - \mathbf{F}'\mathbf{C}'\|^2 \\ &= \sum_{t=1}^{T} \|\mathbf{x}'_t - \mathbf{F}'\mathbf{c}_t\|^2 \end{aligned} \tag{4.111}$$

mit

$$\begin{aligned} \mathbf{X} &= \text{Matrix der Dimension } T \times IJ \\ \mathbf{x}'_t &= (IJ \times 1)\text{-dimensionaler Vektor der } t\text{-ten Zeile der Matrix } \mathbf{X} \\ \mathbf{G} &= (R \times PQ)\text{-dimensionale Kernmatrix} \\ \mathbf{F} &= \mathbf{G}(\mathbf{A}' \otimes \mathbf{B}') \\ \mathbf{c}_t &= (R \times 1)\text{-dimensionaler Vektor der } t\text{-ten Zeile der Matrix } \mathbf{C}. \end{aligned}$$

Nachdem die Verlustfunktion $f(\mathbf{C})$ auf diese Weise modifiziert worden ist, kann man in einem weiteren Schritt den LSE-Algorithmus zur Parameterschätzung der einzelnen Zeilen der Matrix **C** implementieren. Um die Vorgehensweise weiter zu verdeutlichen, soll angenommen werden, daß $\mathbf{d}_t$ der $(R \times 1)$-dimensionale Vektor der t-ten Zeile der Designmatrix **D** ist. Die Schätzung der t-ten Zeile der Komponentenmatrix **C** erhält man dann durch:

$$\mathbf{c}_t = \left((\mathbf{F}' \odot \mathbf{d}_t)'(\mathbf{F}' \odot \mathbf{d}_t)\right)^{-1} (\mathbf{F}' \odot \mathbf{d}_t)'\mathbf{x}'_t, \tag{4.112}$$

wobei die elementweise Multiplikation als $\odot$ angegeben ist. Im allgemeinen hat $\mathbf{F}' \odot \mathbf{d}_t$ keinen vollen Spaltenrang, da jene Spalten vollständig mit Nullen besetzt sind, deren korrespondierendes Designmatrixelement Null ist. Demzufolge läßt sich die Inverse von $((\mathbf{F}' \odot \mathbf{d}_t)'(\mathbf{F}' \odot \mathbf{d}_t))$ nicht berechnen, so daß man in praktischen Anwendungen die Null-Spalten zunächst streichen muß. $\mathbf{c}_t$ wird dann nur für jene Elemente berechnet, für die in der Designmatrix eine Eins steht. Danach sind die Nullen an den entsprechenden Stellen wieder einzusetzen, um die vollständige Zeile t der Matrix **C** zu erhalten.

Die Vorgehensweise zur Schätzung der Komponentenmatrix **C** unter linearen Gleichheitsbedingungen läßt sich auch auf die anderen Komponentenmatrizen **A** und/oder **B** übertragen. Deren Beschränkung stellt hier jedoch eher ein Randproblem dar, weil keine theoretisch begründeten Hypothesen für Beschränkungen der Komponentenmatrizen der Stärken bzw. Verwundbarkeiten der Marken vorliegen. Das mathematische Vorgehen zur LSE-Schätzung einer beliebigen Komponentenmatrix wird aus Gründen der Vollständigkeit trotzdem in Kapitel 4.4.2.2.4 für alle Modalitäten dargelegt. Darüber hinaus lassen sich auch einzelne Elemente der Kernmatrix auf einen bestimmten Wert fixieren (vgl. Kiers 1992). Hierbei ist allerdings zu beachten, daß in diesem Falle die orthonormale Beschränkung der Parameter der Komponentenmatrizen mit einer Reduktion der erklärten Varianz verbunden ist. Bei einer linearen Gleichheitsbedingung für eine oder mehrere Komponentenmatrizen können indes die übrigen Komponentenmatrizen ohne Verlust an Allgemeingültigkeit spaltenweise orthonormal restringiert werden.

4.4.2.2.3 Die Kleinste-Quadrate-Schätzung mit Nicht-Negativitätsbedingungen

Unter bestimmten Bedingungen ist es notwendig, eine lineare Ungleichheitsbedingung auf einzelne oder alle Parameter einer Komponentenmatrix zu legen. Eine lineare Ungleichheitsbedingung in Form einer Nicht-Negativitätsbedingung führt zur Aufhebung von sogenannten Kontrast-Komponenten. Letztere sind häufig nicht klar zu interpretieren. Diese Interpretationsschwierigkeiten lassen sich am Beispiel der Komponentenmatrix der Wochen verdeutlichen. Einzelne Komponenten der Matrix **C** haben jetzt sowohl hohe positive als auch hohe negative Ladungen. Die positiven und negativen Ladungen korrespondieren mit Marketing-Aktionen der untersuchten Marken. Es ist jedoch unklar, welche inhaltliche Bedeutung negativen Komponentenladungen im Modus der Wochen bzw. dem der Wettbewerbsbedingungen zukommt. Bei einer Kontrastkomponente stehen die positiven Ladungen im allgemeinen in Beziehung zu Aktionen einer oder mehrerer Marken. Die negativen Ladungen hingegen repräsentieren Aktionen anderer Marken, Aktionen, die i. d. R. keine positiven Ladungen aufweisen. Somit können die Ausprägungen auf den Wettbewerbskomponenten nicht eindeutig auf den Marketing-Instrumentaleinsatz einer oder auch mehrerer Marken zurückgeführt werden. Folglich sind auch die für die Wettbewerbsanalyse wichtigen Instrumente wie Joint Plots und die inneren Produkte nicht klar zu interpretieren. Die Berechnung der idealisierten Elastizitäten wiederum basiert auf spezifischen Elementen der Komponentenmatrix **C**. Hier stellt sich die Frage, ob lediglich die Wochen mit hohen positiven oder mit hohen negativen Ladungen oder aber ein Mittelwert zur Berechnung der idealisierten Elastizitäten besser zu verwenden sind.

Das Auftreten von Kontrastkomponenten in der TUCKALS3-Lösung läßt sich über die Einführung einer Nicht-Negativitätsbedingung für einzelne oder alle Parameter vermeiden. Hierzu wird der NNLS-Algorithmus nach Lawson und Hanson (1974) in das TUCKALS3-Modell integriert. Die TUCKALS3-Verlustfunktion kann dahingehend modifiziert werden, daß sich jede Zeile separat schätzen läßt. Die allgemeine Verlustfunktion

$$f(\mathbf{h}) = ||\mathbf{X} - \mathbf{F}\mathbf{h}||^2 \qquad (4.113)$$

ist schließlich unter der Nebenbedingung $\mathbf{h} \geq 0$ zu minimieren.

Überträgt man dieses Prinzip nach Gleichung 4.113 auf die Schätzung einer Komponentenmatrix des TUCKALS3-Algorithmus, so ist die Verlustfunktion am Beispiel der Matrix $\mathbf{C}$ wie in den Gleichungen 4.111 zu transformieren. Die Parameter des Vektors $\mathbf{c}_t$ lassen sich dann mittels des NNLS-Algorithmus schätzen. (Zur tiefergehenden Diskussion des NNLS-Algorithmus vgl. Lawson und Hanson 1974, S. 158-165.)

4.4.2.2.4 Der Constrained TUCKALS3-Algorithmus im Überblick

Nachdem das Grundprinzip des Constrained TUCKALS3-Algorithmus erörtert worden ist, stellt sich der vollständige Programmablauf wie in Tabelle 4.8 auf den Seiten 144 und 145 dar. Der Algorithmus muß zunächst durch die willkürlichen Matrizen $\mathbf{A}_0$, $\mathbf{B}_0$, $\mathbf{C}_0$ und $\mathbf{G}_0$ initialisiert werden. Danach kann der Anwender zwischen vier verschiedenen Optionen zur Schätzung der drei Komponentenmatrizen auswählen.

4.4.2.3 Die externe TUCKALS3-Analyse

Die Grundidee der externen TUCKALS3-Analyse leitet sich aus der Arbeit von van der Kloot und Kroonenberg (1985) ab. Eine oder mehrere Komponentenmatrizen werden a priori fixiert, d. h. extern vorgegeben, und nur die Parameter der restlichen Komponentenmatrizen werden frei geschätzt. Im Rahmen der Wettbewerbsanalyse benutzerdefinierter Wettbewerbsszenarien wäre die Designmatrix $\mathbf{D}$ die extern fixierte Matrix. Dazu muß sie allerdings vollständig spezifiziert vorliegen, d. h. jedes Element (t, r) der Matrix $\mathbf{D}$ muß einen zugewiesenen Parameterwert aufweisen. Die Parameterschätzung des

Tabelle 4.8: Der Constrained TUCKALS3-Algorithmus

1. Schritt	$\alpha = 0$			
2. Schritt	Initialisierung der Matrizen $\mathbf{A}_0$, $\mathbf{B}_0$, $\mathbf{C}_0$ und $\mathbf{G}_0$ z. B. nach Tucker (1966) und Berechnung von $CT3_\alpha = \|\mathbf{X}\|^2$			
3. Schritt	Bestimmung der Komponentenmatrix $\mathbf{A}$:			
	a) $\mathbf{A}'\mathbf{A} = \mathbf{I}$	Fixierung von $\mathbf{B}_\alpha$, $\mathbf{C}_\alpha$ und $\mathbf{G}_\alpha$		
		$\mathbf{A}_{\alpha+1}$	=	$GS(\mathbf{M})$
		$\mathbf{M}$	=	$\sum_{t=1}^{T}\sum_{r=1}^{R} c_{tr,\alpha}\mathbf{X}_t\mathbf{B}_\alpha\mathbf{G}'_{r,\alpha}$
	b) $\mathbf{A}$ beliebig	Fixierung von $\mathbf{B}_\alpha$, $\mathbf{C}_\alpha$ und $\mathbf{G}_\alpha$		
		$\mathbf{A}'_{\alpha+1}$	=	$(\mathbf{F}\mathbf{F}')^{-1}\mathbf{F}\mathbf{X}'$
		$\mathbf{F}$	=	$\mathbf{G}_\alpha(\mathbf{B}'_\alpha \otimes \mathbf{C}'_\alpha)$
		$\mathbf{X}$	=	$(I \times JT)$-dimensionalen Matrix
	c) $\mathbf{A}$ LSE	Fixierung von $\mathbf{B}_\alpha$, $\mathbf{C}_\alpha$ und $\mathbf{G}_\alpha$		
		$\mathbf{a}_{i,\alpha+1}$	=	$\left((\mathbf{F}' \odot \mathbf{d}_i^A)'(\mathbf{F}' \odot \mathbf{d}_i^A)\right)^{-1}(\mathbf{F}' \odot \mathbf{d}_i^A)'\mathbf{x}'_i$, i-te Zeile der Matrix $\mathbf{A}_{\alpha+1}$
		$\mathbf{x}'_i$	=	Vektor der i-ten Zeile der $(I \times JT)$-dimensionalen Matrix $\mathbf{X}$
		$\mathbf{d}_i^A$	=	Vektor der i-ten Zeile der $(I \times P)$-dimensionalen Designmatrix $\mathbf{D}^A$
		$\mathbf{F}$	=	$\mathbf{G}_\alpha(\mathbf{B}'_\alpha \otimes \mathbf{C}'_\alpha)$
	d) $\mathbf{A}$ NNLS	Fixierung von $\mathbf{B}_\alpha$, $\mathbf{C}_\alpha$ und $\mathbf{G}_\alpha$		
		$\|\mathbf{F}'\mathbf{a}'_{i,\alpha+1} - \mathbf{x}'_i\|^2$, $\mathbf{a}_{i,\alpha+1} \geq 0$, i-te Zeile von $\mathbf{A}_{\alpha+1}$		
		$\mathbf{x}'_i$	=	Vektor der t-ten Zeile der $(I \times JT)$-dimensionalen Matrix $\mathbf{X}$
		$\mathbf{F}$	=	$\mathbf{G}_\alpha(\mathbf{B}'_\alpha \otimes \mathbf{C}'_\alpha)$
4. Schritt	Bestimmung der Komponentenmatrix $\mathbf{B}$:			
	a) $\mathbf{B}'\mathbf{B} = \mathbf{I}$	Fixierung von $\mathbf{A}_{\alpha+1}$, $\mathbf{C}_\alpha$ und $\mathbf{G}_\alpha$		
		$\mathbf{B}_{\alpha+1}$	=	$GS(\mathbf{M})$
		$\mathbf{M}$	=	$\sum_{t=1}^{T}\sum_{r=1}^{R} c_{tr,\alpha}\mathbf{X}'_t\mathbf{A}_{\alpha+1}\mathbf{G}_{r,\alpha}$
	b) $\mathbf{B}$ beliebig	Fixierung von $\mathbf{A}_{\alpha+1}$, $\mathbf{C}_\alpha$ und $\mathbf{G}_\alpha$		
		$\mathbf{B}'_{\alpha+1}$	=	$(\mathbf{F}\mathbf{F}')^{-1}\mathbf{F}\mathbf{X}'$
		$\mathbf{F}$	=	$\mathbf{G}_\alpha(\mathbf{A}'_{\alpha+1} \otimes \mathbf{C}'_\alpha)$
		$\mathbf{X}$	=	$(J \times IT)$-dimensionalen Matrix
	c) $\mathbf{B}$ LSE	Fixierung von $\mathbf{A}_{\alpha+1}$, $\mathbf{C}_\alpha$ und $\mathbf{G}_\alpha$		
		$\mathbf{b}_{j,\alpha+1}$	=	$\left((\mathbf{F}' \odot \mathbf{d}_j^B)'(\mathbf{F}' \odot \mathbf{d}_j^B)\right)^{-1}(\mathbf{F}' \odot \mathbf{d}_j^B)'\mathbf{x}'_j$, j-te Zeile der Matrix $\mathbf{B}_{\alpha+1}$
		$\mathbf{x}'_j$	=	Vektor der j-ten Zeile der $(J \times IT)$-dimensionalen Matrix $\mathbf{X}$

		$\mathbf{d}_j^B$	=	Vektor der j-ten Zeile der $(J \times Q)$-dimensionalen Designmatrix $\mathbf{D}^B$
		$\mathbf{F}$	=	$\mathbf{G}_\alpha(\mathbf{A}'_{\alpha+1} \otimes \mathbf{C}'_\alpha)$
	d) **B** NNLS	Fixierung von $\mathbf{A}_{\alpha+1}$, $\mathbf{C}_\alpha$ und $\mathbf{G}_\alpha$		
		$\lVert\mathbf{F}'\mathbf{b}'_{j,\alpha+1} - \mathbf{x}'_j\rVert^2$, $\mathbf{b}_{j,\alpha+1} \geq 0$, j-te Zeile von $\mathbf{B}_{\alpha+1}$		
		$\mathbf{x}'_j$	=	Vektor der j-ten Zeile der $(J \times IT)$-dimensionalen Matrix $\mathbf{X}$
		$\mathbf{F}$	=	$\mathbf{G}_\alpha(\mathbf{A}'_{\alpha+1} \otimes \mathbf{C}'_\alpha)$
5. Schritt	Bestimmung der Komponentenmatrix **C**:			
	a) $\mathbf{C}'\mathbf{C} = \mathbf{I}$	Fixierung von $\mathbf{A}_{\alpha+1}$, $\mathbf{B}_{\alpha+1}$ und $\mathbf{G}_\alpha$		
		$\mathbf{C}_{\alpha+1}$	=	GS(**M**)
		m_{tr}	=	$\mathrm{tr}(\mathbf{A}'_{\alpha+1}\mathbf{X}_t\mathbf{B}_{\alpha+1}\mathbf{G}'_{r,\alpha})$
	b) **C** beliebig	Fixierung von $\mathbf{A}_{\alpha+1}$, $\mathbf{B}_{\alpha+1}$ und $\mathbf{G}_\alpha$		
		$\mathbf{C}'_{\alpha+1}$	=	$(\mathbf{F}\mathbf{F}')^{-1}\mathbf{F}\mathbf{X}'$
		$\mathbf{F}$	=	$\mathbf{G}_\alpha(\mathbf{A}'_{\alpha+1} \otimes \mathbf{B}'_{\alpha+1})$
		$\mathbf{X}$	=	$(T \times IJ)$-dimensionalen Matrix
	c) **C** LSE	Fixierung von $\mathbf{A}_{\alpha+1}$, $\mathbf{B}_{\alpha+1}$ und $\mathbf{G}_\alpha$		
		$\mathbf{c}_{t,\alpha+1}$	=	$\left((\mathbf{F}' \odot \mathbf{d}_t^C)'(\mathbf{F}' \odot \mathbf{d}_t^C)\right)^{-1} (\mathbf{F}' \odot \mathbf{d}_t^C)'\mathbf{x}'_t$, t-te Zeile der Matrix $\mathbf{C}_{\alpha+1}$
		$\mathbf{x}'_t$	=	Vektor der t-ten Zeile der $(T \times IJ)$-dimensionalen Matrix $\mathbf{X}$
		$\mathbf{d}_t^C$	=	Vektor der t-ten Zeile der $(T \times R)$-dimensionalen Designmatrix $\mathbf{D}^C$
		$\mathbf{F}$	=	$\mathbf{G}_\alpha(\mathbf{A}'_{\alpha+1} \otimes \mathbf{B}'_{\alpha+1})$
	d) **C** NNLS	Fixierung von $\mathbf{A}_{\alpha+1}$, $\mathbf{B}_{\alpha+1}$ und $\mathbf{G}_\alpha$		
		$\lVert\mathbf{F}'\mathbf{c}'_{t,\alpha+1} - \mathbf{x}'_t\rVert^2$, $\mathbf{c}_{t,\alpha+1} \geq 0$, t-te Zeile von $\mathbf{C}_{\alpha+1}$		
		$\mathbf{x}'_t$	=	Vektor der t-ten Zeile der $(T \times IJ)$-dimensionalen Matrix $\mathbf{X}$
		$\mathbf{F}$	=	$\mathbf{G}_\alpha(\mathbf{A}'_{\alpha+1} \otimes \mathbf{B}'_{\alpha+1})$
6. Schritt	Bestimmung der Kernmatrix **G**:			
	a) **G** beliebig	Fixierung von $\mathbf{A}_{\alpha+1}$, $\mathbf{B}_{\alpha+1}$ und $\mathbf{C}_{\alpha+1}$		
		$\mathbf{G}_{r,\alpha+1}$	=	$\sum_{t=1}^{T} c^+_{tr,\alpha+1}\mathbf{A}'^+_{\alpha+1}\mathbf{X}_t\mathbf{B}^+_{\alpha+1}$
		$\mathbf{A}^+_{\alpha+1}$	=	G-Inverse der Matrix $\mathbf{A}_{\alpha+1}$
		$\mathbf{B}^+_{\alpha+1}$	=	G-Inverse der Matrix $\mathbf{B}_{\alpha+1}$
		$c^+_{tr,\alpha+1}$	=	Element (t, r) der G-Inversen der Matrix $\mathbf{C}_{\alpha+1}$
7. Schritt	$\alpha = \alpha + 1$			
8. Schritt	Bestimmung von $\mathrm{CT3}_\alpha = \lVert\mathbf{X}\rVert^2 - \lVert\hat{\mathbf{X}}\rVert^2$			
	Falls $\mathrm{CT3}_{\alpha-1} - \mathrm{CT3}_\alpha$ kleiner als ein vorher festgelegter Abbruchwert: Programm beenden, sonst weiter mit Schritt 3			

Tabelle 4.9: Der TUCKALS3-Algorithmus mit extern vorgegebener Matrix $\mathbf{C}$

1. Schritt	$\alpha = 0$
2. Schritt	Initialisierung der Matrizen $\mathbf{A}_0$, $\mathbf{B}_0$ und $\mathbf{G}_0$ und Berechnung von $\text{ET3}_\alpha = \|\|\mathbf{X}\|\|^2$
3. Schritt	Bestimmung der Komponentenmatrix $\mathbf{A}$: Fixierung von $\mathbf{B}_\alpha$ und $\mathbf{G}_\alpha$ $\mathbf{A}_{\alpha+1} = \text{GS}(\mathbf{M})$ $\mathbf{M} = \sum_{t=1}^{T} \sum_{r=1}^{R} d_{tr} \mathbf{X}_t \mathbf{B}_\alpha \mathbf{G}'_{r,\alpha}$
4. Schritt	Bestimmung der Komponentenmatrix $\mathbf{B}$: Fixierung von $\mathbf{A}_{\alpha+1}$ und $\mathbf{G}_\alpha$ $\mathbf{B}_{\alpha+1} = \text{GS}(\mathbf{M})$ $\mathbf{M} = \sum_{t=1}^{T} \sum_{r=1}^{R} d_{tr} \mathbf{X}'_t \mathbf{A}_{\alpha+1} \mathbf{G}'_{r,\alpha}$
5. Schritt	Bestimmung der Kernmatrix $\mathbf{G}$: Fixierung von $\mathbf{A}_{\alpha+1}$ und $\mathbf{B}_{\alpha+1}$ $\mathbf{G}_{r,\alpha+1} = \sum_{t=1}^{T} d_{tr}^{+} \mathbf{A}'_{\alpha+1} \mathbf{X}_t \mathbf{B}_{\alpha+1}$ d_{tr}^{+} = Element der G-Inversen der Designmatrix $\mathbf{D}$
6. Schritt	$\alpha = \alpha + 1$
7. Schritt	Bestimmung von $\text{ET3}_\alpha = \|\|\mathbf{X}\|\|^2 - \|\|\hat{\mathbf{X}}\|\|^2$ Falls $\text{ET3}_{\alpha-1} - \text{ET3}_\alpha$ kleiner als ein vorher festgelegter Abbruchwert: Programm beenden, sonst weiter mit Schritt 3

externen TUCKALS3-Modells wird für die ausschließliche Fixierung der Matrix $\mathbf{C}$ veranschaulicht, wobei die Spalten der Designmatrix $\mathbf{D}$ auf die Länge eins normiert sind ($\mathbf{C} \equiv \mathbf{D}$). Die Verlustfunktion des externen TUCKALS3-Modells (ET3) ergibt sich dann wie folgt:

$$\begin{aligned} \text{ET3}(\mathbf{A}, \mathbf{B}, \mathbf{G}_1, \ldots, \mathbf{G}_R) &= \sum_{i=1}^{I} \sum_{j=1}^{J} \sum_{t=1}^{T} \left(x_{ijt} - \sum_{p=1}^{P} \sum_{q=1}^{Q} \sum_{r=1}^{R} a_{ip} b_{jq} d_{tr} g_{pqr} \right)^2 \\ &= \sum_{t=1}^{T} \|\mathbf{X}_t - \mathbf{A} \sum_{r=1}^{R} d_{tr} \mathbf{G}_r \mathbf{B}'\|^2. \end{aligned} \quad (4.114)$$

Im Unterschied zu van der Kloot und Kroonenberg, welche die externe TUCKALS3-Analyse alleinig für die Möglichkeit orthonormaler Komponentenmatrizen formuliert haben, muß man jetzt im Rahmen der Minimierung der Verlustfunktion ET3 beachten, daß die Komponenten der extern definierten Matrix **D** möglicherweise nicht unabhängig sind. In diesem Falle kann die Schätzung der übrigen Parametermatrizen (**A**, **B** und **G**) nicht über den Ansatz des allgemeinen TUCKALS3-Modells erfolgen. Die einzelnen Komponentenmatrizen sind deshalb mit dem Algorithmus nach Weesie und van Houwelingen (1983) zu schätzen. Zu diesem Zweck legt man die Parameter der Matrix **C** durch die Parameterwerte der Matrix **D** fest. Die Schätzung der Komponentenmatrizen **A** und **B** sowie der Kernmatrix ergibt sich über die Minimierung der Verlustfunktionen 4.101, 4.102 und 4.104. Ohne Beschränkung der Allgemeingültigkeit der Lösung kann man die Parametermatrizen **A** und **B** als orthonormal annehmen, wodurch sich der vollständige Ablauf des TUCKALS3-Algorithmus mit einer benutzerdefinierten Komponentenmatrix **C** bzw. **D** wie in Tabelle 4.9 formulieren läßt.

4.4.3 Vergleichende Beurteilung der Ansätze

Nachdem in diesem Kapitel die Grundidee, spezifische Wettbewerbsszenarien zu untersuchen, erörtert worden ist, sind die alternativen Lösungsansätze im Hinblick auf ihr Potential zur Wettbewerbsanalyse zu bewerten. Die Procrustes-Transformationen bauen auf der originalen TUCKALS3-Lösung auf und suchen eine Transformationsmatrix, welche die TUCKALS3-Komponentenmatrix möglichst optimal im Sinne der Minimierung kleinster Quadrate an die Zielmatrix anpassen soll. Ein Vorteil der Procrustes-Transformation liegt in der problemlosen Umsetzung. Darüber hinaus bleibt der Anteil der erklärten Varianz unverändert. Die Güte der Procrustes-Lösung kann also nie schlechter sein als die einer Constrained TUCKALS3- oder einer externen TUCKALS3-Lösung. Vor dem Hintergrund einer möglichst hohen Varianzerklärung ist deshalb der Procrustes-Ansatz vorzuziehen. Allerdings bedeutet dies nicht, daß die Procrustes-Lösung auch die am besten zu interpretierende Lösung liefert, da sie nicht mit der postulierten Wettbewerbsstruktur übereinzustimmen braucht. Als problematisch muß jedoch die zweistufige Vorgehensweise erachtet werden, die zwei weitgehend voneinander unabhängige Ziele optimiert. Kritisch ist auch der Fall anzusehen, wenn eine oder mehrere in der Zielmatrix angegebenen Wettbewerbsdimensionen in keiner Weise in der TUCKALS3-Lösung enthalten sind. Obendrein ist die Zielmatrix vollständig zu spezifizieren. Folglich sind im allgemeinen die Wochen als gleichbedeutend anzunehmen, die eine Wettbewerbsdimenison bilden.

Dem Constrained TUCKALS3-Modell liegt eine Umformulierung des TUCKALS3-Schätzalgorithmus zugrunde, wodurch eine oder mehrere Komponentenmatrizen unter einer linearen Gleichheits- und/oder Ungleichheitsbedingung geschätzt werden können. Damit ist es möglich, die Parameter entsprechend der in der Zielmatrix vorgegebenen Struktur zu bestimmen. Die so erzielte Lösung wird in jedem Falle einen geringeren Anteil der Varianz in den Daten erklären als die unbeschränkte TUCKALS3-Lösung. Dabei steht jedoch der reduzierten Varianzerklärung eine Zunahme an Freiheitsgraden (insgesamt werden durch die Fixierung einzelner Parameter weniger Parameter frei geschätzt) und eine nun eindeutig zu interpretierende Lösung gegenüber. Als wesentlichen Vorteil des Constrained TUCKALS3-Modells muß man die Möglichkeit erachten, daß lediglich die Null-Elemente zu fixieren und die übrigen Parameter frei zu schätzen sind. Darüber hinaus wird die zweistufige Vorgehensweise der Procrustes-Transformationen aufgelöst, so daß Constrained TUCKALS3 die Parameter des Tucker3-Modells simultan unter Berücksichtigung der in der Designmatrix spezifizierten Struktur schätzt. Somit wird im Rahmen der Constrained TUCKALS3-Methode nur ein Zielkriterium optimiert.

Die externe TUCKALS3-Lösung unterscheidet sich grundlegend von den beiden zuvor erörterten Modellansätzen. Dieser Ansatz schätzt die Komponentenmatrizen der Stärken und Verwundbarkeiten der Marken unter der Vorgabe der Komponentenmatrix der Wochen. Dadurch läßt sich explizit überprüfen, wie gut eine a priori definierte Komponentenmatrix in die Tucker3-Modellstruktur paßt. Die externe TUCKALS3-Analyse stellt eine zweckmäßige Alternative zu den Procrustes-Transformationen dar. In diesem Fall ist die Komponentenmatrix der Wochen von vornherein gegeben, und über einen Vergleich der erklärten Varianz der unbeschränkten TUCKALS3-Lösung mit der erklärten Varianz der externen TUCKALS3-Analyse läßt sich die Vereinbarkeit der a priori definierten und in der Designmatrix enthaltenen Struktur mit der unbeschränkten Lösung vergleichen. Im Unterschied zu den Procrustes-Transformationen wird damit eine gegebene TUCKALS3-Lösung nicht angepaßt, sondern lediglich eine Teilmenge der Parameter frei geschätzt. Zudem muß man in Abgrenzung zum Vorgehen beim Constrained TUCKALS3 alle Parameter mindestens einer Komponentenmatrix explizit spezifizieren. Einschränkend ist jedoch festzuhalten, daß sämtliche Parameter der externen Zielmatrix a priori zu definieren sind. Somit muß man im allgemeinen alle Wochen, die eine Wettbewerbsbedingung definieren, als gleichbedeutend für den Wettbewerb annehmen. Alle von Null abweichenden Wochen einer Komponente der Designmatrix bekommen deshalb einen identischen Parameter zugewiesen. Die Auswirkungen dieser Gleichsetzung aller Wochen einer Komponente lassen sich über einen Vergleich der Varianzerklärung mit der bei der Constrained TUCKALS3-Lösung ermitteln.

Insgesamt erweist sich die Constrained TUCKALS3-Methode als der flexibelste und somit geeignetste Ansatz zur Repräsentation benutzerdefinierter Wettbewerbsszenarien. Constrained TUCKALS3 stellt die geringsten Anforderungen an die Designmatrix und schätzt alle Modellparameter auf der Basis eines integrierten Ansatzes. Im empirischen Teil dieser Arbeit (siehe Kapitel 5) werden die Praktikabilität der alternativen Vorgehensweisen zur Überprüfung der Wettbewerbsbeziehungen differenziert erörtert und die Vor- und Nachteile der Verfahren in der konkreten Anwendung überprüft und bewertet.

4.4.4 Die Schätzung von idealisierten Marktanteilen

Die Ergebnisse der benutzerdefinierten Lösung können dazu herangezogen werden, für die vorgegebenen Wettbewerbsdimensionen der Komponentenmatrix **C** die ideal zu erwartenden Marktanteile zu prognostizieren. Hierzu stellen die einzelnen Elemente der Komponentenmatrix **C** Gewichtungsfaktoren der real beobachteten Marktanteile dar. Die idealisierten Marktanteile berechnen sich dann über

$$s_{ir} = \frac{\sum_{t=1}^{T} s_{it} c_{tr}}{\sum_{j=1}^{m} \sum_{t=1}^{T} s_{jt} c_{tr}} \tag{4.115}$$

mit

c_{tr} = Komponentenladung der Woche t auf der r-ten

s_{ir} = Marktanteil der Marke i in der r-ten definierten Wettbewerbsbedingung

s_{it} = Marktanteil der Marke i in Woche t definierten Wettbewerbsbedingung

m = Anzahl der Marken

T = Anzahl der Wochen

In Gleichung 4.115 wird die Summe der gewichteten Marktanteile einer Marke ins Verhältnis zur Summe der gewichteten Marktanteile aller Marken gesetzt. Bei dieser Vorgehensweise kann das Problem auftreten, daß die Summe der gewichteten Marktanteile einer Marke negativ ist, wodurch zunächst der absolut gesehen größte negative Wert zu addieren ist. Allerdings mag die

Notwendigkeit einer derartigen Transformation entfallen, wenn alle Elemente der Komponentenmatrix C nicht-negativ sind. Diese Bedingung läßt sich ohne Probleme im Rahmen der externen TUCKALS3-Analyse sicherstellen. Bei der Constrained TUCKALS3-Analyse ergänzt man gegebenenfalls die Schätzung der Parameter um eine Nicht-Negativitätsbedingung. Problematisch ist das Auftreten negativer Marktanteile besonders bei der Procrustes-Methode, wodurch die Transformation normalerweise zwingend erforderlich ist.

Auf der Grundlage der idealisierten Marktanteile einzelner Wettbewerbsszenarien erfolgt darüber hinaus die Berechnung der Marktanteilsströme und die Ermittlung der Gewinner und Verlierer - gemessen in Marktanteilen - einer bestimmten Wettbewerbsbedingung. Hierzu ist es erforderlich, die Marktanteile einer sogenannten Basiswoche als Bemessungsgrundlage zur Berechnung der Marktanteilsströme zu ermitteln. Wochen, in denen keine Aktionen stattfinden, bilden dann die Basiswochen.

Die Analyse der ideal zu erwartenden Marktanteile spezifischer Wettbewerbsdimensionen ist außerordentlich bedeutsam für das Marketing-Management. Auf der Grundlage der entsprechenden Ergebnisse lassen sich die Auswirkungen von Aktionen explizit quantifizieren und Kannibalisierungseffekte zwischen den Marken berechnen. Diese Marktanteilsprognosen haben vor allem auf Oligopolmärkten mit wenigen Herstellern, welche aber zumeist mehrere Marken in einer Produktkategorie anbieten, besondere Relevanz.

Kapitel 5

Die Identifikation, Analyse und Bewertung der Wettbewerbsbeziehungen auf Konsumgütermärkten am Beispiel zweier Produktkategorien

In diesem Kapitel werden die theoretisch erarbeiteten Konzepte und Methoden zur Identifikation, Analyse und Bewertung der Wettbewerbsbeziehungen auf Konsumgütermärkten am Beispiel von zwei Produktkategorien erörtert. Die für die Analysen notwendigen Programme sind in der Statistiksoftware GAUSS entwickelt und implementiert worden. Die Darstellung der Befunde muß sich aufgrund der Vielzahl von Ergebnissen auf einige Marken und Wettbewerbsbedingungen konzentrieren.

5.1 Die Daten der Beispielmärkte

Zunächst sollen die Daten der beiden zu analysierenden Produktkategorien präsentiert werden, um so das Verständnis für die Vorgehensweise der empirischen Analyse zu erhöhen. Die Diskussion beginnt mit einem Datensatz aus dem Körperpflegebereich und erörtert dann einen Datensatz über den Abverkauf von Ketchup-Marken in den USA.

5.1.1 Die Scannerdaten aus dem Körperpflegemarkt

Die Scannerdaten dieser Produktkategorie sind von der GfK, Nürnberg bereitgestellt worden. Sie entstammen dem Testmarktinstrument Behavior-Scan in Haßloch und umfassen die Abverkäufe in sieben verschiedenen Einkaufsstätten von Mai 1988 bis Mai 1990. Diese Produktkategorie läßt sich in zwei Warengruppen unterteilen, in denen jeweils ca. 60 Marken miteinander konkurrieren. Beide Warengruppen unterscheiden sich sowohl hinsichtlich der physikalischen Eigenschaften als auch in bezug auf den Preis pro

Tabelle 5.1: Marktanteile, Preise und Promotionaktivitäten im Sample

	Marktanteile			Preise		
	Total 104 W.	Kalibrierung 78 W.	Validierung 26 W.	Total 104 W.	Kalibrierung 78 W.	Validierung 26 W.
M_1	5.11	6.04	2.31	1.29	1.25	1.42
M_2	10.01	9.25	12.28	1.14	1.12	1.19
M_3	4.87	4.73	5.28	1.06	1.03	1.14
M_4	10.21	9.88	11.21	1.10	1.08	1.14
M_5	12.10	13.18	8.88	1.59	1.53	1.78
M_6	3.26	4.03	.94	1.17	1.12	1.38
M_7	24.98	22.93	31.14	1.17	1.13	1.32
M_8	13.26	14.82	8.59	1.00	1.00	1.00
M_9	16.20	15.14	19.38	1.22	1.21	1.24
	Anzahl der Display-Wochen			**Anzahl der Handzettel-Wochen**		
	Total 104 W.	Kalibrierung 78 W.	Validierung 26 W.	Total 104 W.	Kalibrierung 78 W.	Validierung 26 W.
M_1	13.83	8.83	5.00	.59	.59	.00
M_2	10.08	6.08	4.00	1.19	1.19	.00
M_3	21.92	9.92	12.00	4.49	2.49	2.00
M_4	21.41	14.41	7.00	12.15	10.15	2.00
M_5	25.00	22.00	3.00	4.00	4.00	.00
M_6	.98	.98	.00	.98	.98	.00
M_7	49.97	32.44	17.53	10.76	7.54	3.22
M_8	41.00	37.00	4.00	14.00	14.00	.00
M_9	42.49	20.49	22.00	6.06	4.06	2.00

Volumen-/Gewichtseinheit deutlich voneinander. Aus diesem Grunde muß sich die Analyse der Wettbewerbsbeziehungen auf eine einzige Gruppe beschränken. Für diese Arbeit wurde dazu die Gruppe mit den insgesamt meisten Beobachtungen ausgewählt. Neun Marken, welche sowohl in Einzelpackungen als auch in Mehrfachpackungen im Verkauf sind sowie 56 andere Marken bestimmen die Abverkaufsmenge in der Warengruppe. Die weiteren 56 Marken werden aufgrund ihrer starken Heterogenität, die sich in den Angebotspreisen, den physikalischen Eigenschaften, im Distributionsgrad sowie im Einsatz des Marketing-Instrumentariums äußert, nicht in die Analyse mit einbezogen. Die für die Wettbewerbsanalyse ausgewählten neun Marken sind die Marken M_1 bis M_9, deren Identität aus vertragsrechtlichen Gründen aber nicht aufgedeckt werden darf.

Darüber hinaus beschränkt sich die hier vorgelegte Analyse auf die Abverkäufe eines Marktes, da zwischen den Sortimenten der sieben Geschäfte nur eine sehr geringe Korrespondenz besteht. Der gewählte Markt stellt mit ca. 70 Prozent der Verkaufsmenge in dieser Warengruppe im Untersuchungsgebiet eine verläßliche Datengrundlage zur Analyse der Wettbewerbsbeziehungen bereit.

Insgesamt umfassen die verfügbaren Scannerdaten 104 Wochen, von denen die ersten 78 Wochen zur Modellkalibrierung und die letzten 26 Wochen zur Validierung verwendet werden. Die Daten enthalten Informationen über den Marketing-Instrumentaleinsatz der Instrumente Preis, Display und Handzettel. Tabelle 5.1 stellt die durchschnittlichen Preise der neun Marken pro 100 Gewichtseinheiten dar, wobei die Marke M_8 als die relativ günstigste den Referenzpreis bildet. Darüber hinaus sind die durchschnittlichen Marktanteile sowie die Anzahl der Display- und Handzettelaktionen, sowohl für das Gesamtsample als auch für das Kalibrierungs- und Validierungssample tabelliert. Die Display- bzw. Handzettel-Wochen können nicht-ganzzahlige Werte annehmen, da sich die neun Marken aus Einzelpackungen und Mehrfachpackungen zusammensetzen, wobei die Display- und Handzettelaktionen volumengewichtete Verkaufsanteile sind.

5.1.2 Die Ketchup-Daten

Die Ketchup-Daten bilden die Basis für die Darstellung der Wettbewerbskomponenten-Analyse. Sie sind dem Verfasser von der University of California, Los Angeles im Rahmen eines gemeinsamen Forschungsprojektes mit Professor Dr. Lee G. Cooper bereitgestellt worden und entstammen der Nielsen Marketing Research (USA) Single-Source Datenbank. Insgesamt umfaßt dieser Datensatz die Abverkäufe von 25 UPCs über 156 Wochen von August 1985 bis August 1988. Die Beobachtungen stammen aus einer Ladenkette mit vier Geschäften, die homogen in bezug auf den Einsatz der Promotionsaktivitäten sind. Die 25 UPCs unterscheiden sich hinsichtlich Inhaltsmenge (in Unzen angegeben), Verpackungsart und weiteren Produkteigenschaften (hot, tangy, lite, no salt). 20 der 25 UPCs sind national vertriebene Marken der Hersteller Heinz, Brooks, Del Monte und Hunt's. Fünf UPCs sind sogenannte Handelsmarken, die mit "Ctl Br Catsup" bezeichnet werden. Tabelle 5.2 gibt einen Überblick über die 25 UPCs, wobei auch die Anzahl der aufgezeichneten Wochen jeder UPC sowie die erste und letzte Woche im Datensatz aufgelistet sind. Auffällig ist, daß einige Marken erst zu einem späteren Zeitpunkt in den Markt eingeführt worden sind, für die UPC 18 liegen dagegen nur Abverkaufsdaten bis zur Woche 124 vor.

Die Verteilung der Marktanteile ist in der Tabelle 5.3 aufgeführt. Zur Vereinfachung der Darstellung sind die Bezeichnungen "Ketchup" bzw. "Catsup" nicht angegeben. Zwei Handelsmarken sowie eine Heinz- und eine Hunt's-Marke zeichnen für über 65 Prozent des Marktvolumens verantwortlich. Außerdem verdeutlicht die Tabelle 5.3 zum Teil signifikante Veränderungen der Marktanteile bei einer jährlichen Betrachtungsweise. Dabei ist auch auffällig,

Tabelle 5.2: Die Beschreibung der EANs

	Name	Typ	Gewicht	Verpackung	1. Woche	Letzte Woche	Anzahl Wochen
1	Heinz Ketchup	Lite	13.25	Glas	48	155	87
2	Heinz Ketchup		44.00	Glas	1	156	156
3	Heinz Ketchup		40.00	Pls	76	156	81
4	Heinz Ketchup		64.00	Pls	1	156	141
5	Heinz Ketchup		14.00	Glas	1	156	156
6	Heinz Ketchup		32.00	Glas	1	156	156
7	Heinz Ketchup		28.00	Pls	1	156	156
8	Heinz K N on K		28.00	Pls	98	151	51
9	Heinz Ketchup		24.00	Glas	1	154	129
10	Heinz Ketchup	Hot	14.00	Glas	48	156	104
11	Brooks Catsup	Tangy	32.00	Glas	1	156	153
12	Brooks Catsup	Tangy	28.00	Pls	18	156	130
13	Del Monte K.		32.00	Glas	1	156	154
14	Del Monte K.		28.00	Pls	79	156	73
15	Hunt's Ketchup	No Salt	14.00	Glas	18	156	119
16	Hunt's Ketchup		14.00	Glas	1	152	143
17	Hunt's Ketchup		44.00	Pls&Glas	1	156	152
18	Hunt's Ketchup		114.00	Can	2	124	32
19	Hunt's Ketchup		32.00	Pls&Glas	1	156	156
20	Hunt's Ketchup		17.00	Pls	130	156	27
21	Ctl Br Catsup	Fancy	32.00	Glas	1	156	156
22	Ctl Br Catsup		115.00	Can	49	151	26
23	Ctl Br Catsup	Fancy	32.00	Glas	1	156	156
24	Ctl Br Catsup		14.00	Glas	1	156	156
25	Ctl Br Catsup	Fancy	28.00	Pls	1	156	156

daß die umsatzstarken Handelsmarken (UPC 21, UPC 23) ihre Marktanteile ausbauen können, wohingegen die UPC 6 und UPC 19 (klassische Markenartikel) beträchtliche Umsatzeinbußen verzeichnen. Die vier Marktführer werden in Verpackungen mit 32 Unzen Inhalt angeboten. Die Sondergrößen haben zum Teil nur sehr geringe Marktanteile.

Der Datensatz beinhaltet außerdem Informationen über den Einsatz der folgenden Marketing-Instrumente:

- Price (Preis, gemessen in Cents pro Unze),
- Line Advertising (Line Ad) (Werbung für die Produktlinie),
- Major Advertising (Major Ad) (Werbung für das Produkt),
- End-Aisle Display (End-Aisle) (Display am Ende des Warenganges),
- Front-Aisle Display (Front-Aisle) (Display am Anfang des Warenganges, Kassenbereich),

Tabelle 5.3: Die Marktanteile der 25 EANs

		Typ	Ge-wicht	Wochen 1-156	Wochen 1-52	Wochen 53-104	Wochen 105-156
1	Heinz	Lite	13.25	.109	.010	.196	.122
2	Heinz		44	2.743	4.471	2.243	1.516
3	Heinz	Pls	40	1.815	.000	2.146	3.298
4	Heinz	Pls	64	2.351	1.535	2.861	2.655
5	Heinz		14	2.896	3.596	2.642	2.449
6	Heinz		32	16.743	19.950	18.175	12.104
7	Heinz	Pls	28	7.754	7.973	6.678	8.612
8	Heinz K N on K, Pls		28	.496	.000	.191	1.296
9	Heinz		24	.425	.517	.614	.145
10	Heinz	Hot	14	.239	.009	.322	.385
11	Brooks	Tangy	32	1.749	1.162	.856	3.228
12	Brooks	Tangy P.	28	.524	.223	.908	.442
13	Del Monte		32	3.998	3.699	5.224	3.071
14	Del Monte	Pls	28	.442	.000	.418	.908
15	Hunt's	No Salt	14	.180	.063	.159	.318
16	Hunt's		14	.783	1.353	.796	.199
17	Hunt's	Pls&Glas	44	2.430	1.103	2.165	4.022
18	Hunt's	Can	114	.219	.509	.134	.014
19	Hunt's	Pls&Glas	32	14.060	16.692	13.882	11.605
20	Hunt's	Pls	17	.308	.000	.000	.925
21	Ctl Br	X Fancy	32	13.145	13.699	11.385	14.352
22	Ctl Br	Can	115	.215	.014	.346	.285
23	Ctl Br	Fancy	32	20.590	18.575	21.639	21.556
24	Ctl Br		14	1.309	1.557	1.503	.868
25	Ctl Br	Fancy P.	28	4.477	3.289	4.517	5.626

- In-Aisle Display (In-Aisle) (Display im Warengang),
- Store Coupon (Ladencoupon).

Den Gebrauch der sieben Marketing-Instrumente durch die UPCs stellt die Tabelle 5.4 dar. Wiederum wird auf die Bezeichnungen "Ketchup" und "Catsup" verzichtet. Die qualitativen Instrumentalvariablen sind als Prozentanteile des UPC-Verkaufsvolumens angegeben, der Preis als Durchschnittspreis pro Unze in Cents. Eine weitere Aufschlüsselung der Marketing-Mix-Aktivitäten in ein Kalibrierungs- und ein Validierungssample wie bei den Daten der Warengruppe "Körperpflege" ist aufgrund der relativ niedrigen Ausprägungen bei den Promotionsinstrumenten wenig aussagekräftig. Die Analyse der Tabelle 5.4 zeigt, daß "Major Ad", "End-Aisle Display" und "In-Aisle Display" die am häufigsten verwendeten Instrumente sind, wohingegen "Line Ad" und "Store Coupon" relativ selten und nur bei wenigen UPCs zum Einsatz kommen.

Tabelle 5.4: Die Marketing-Mix-Aktivitäten der 25 EANs

		Typ	Gewicht	I1	I2	I3	I4	I5	I6	Cents p. oz.
1	Heinz	Lite	13.25	0	0	0	0	0	0	7.40
2	Heinz		44	0	1	0	0	0	0	4.60
3	Heinz	Pls	40	0	4	0	0	0	0	5.63
4	Heinz	Pls	64	0	3	0	0	0	0	4.76
5	Heinz		14	0	1	0	0	0	0	5.68
6	Heinz		32	0	19	3.70	0	2.64	4	4.32
7	Heinz	Pls	28	0	4	.35	0	0	0	5.66
8	Heinz K N on K, Pls		28	0	1	0	0	0	0	6.10
9	Heinz		24	0	0	0	0	0	0	6.28
10	Heinz	Hot	14	0	0	0	0	0	0	6.40
11	Brooks	Tangy	32	0	2	0	0	.33	2	5.19
12	Brooks	Tangy P.	28	0	0	0	0	0	0	5.67
13	Del Monte		32	0	6	9.77	0	0	0	4.28
14	Del Monte	Pls	28	0	1	0	0	5.25	0	5.06
15	Hunt's	No Salt	14	0	0	0	0	0	0	6.17
16	Hunt's		14	1	0	0	0	0	0	5.98
17	Hunt's	Pls&Glas	44	1	0	0	0	0	0	4.43
18	Hunt's	Can	114	0	0	0	0	0	0	3.21
19	Hunt's	Pls&Glas	32	1	12	4.92	3.34	1.28	2	4.16
20	Hunt's	Pls	17	0	0	0	0	0	0	6.15
21	Ctl Br	X Fancy	32	1	9	18.34	1.24	2.65	1	2.34
22	Ctl Br	Can	115	0	0	0	0	0	0	2.43
23	Ctl Br	Fancy	32	0	10	18.16	3.36	5.99	4	2.66
24	Ctl Br		14	0	0	0	0	0	0	4.09
25	Ctl Br	Fancy P.	28	0	0	3.62	1.45	.99	1	4.18

I1	Line Advertising	I4	Front-Aisle Display
I2	Major Advertising	I5	In-Aisle Display
I3	End-Aisle Display	I6	Store Coupon

5.2 Die Wettbewerbsanalyse in der Produktkategorie Körperpflege

In diesem Kapitel wird die Anwendung des Systems zur Identifikation, Analyse und Bewertung von Wettbewerbsbeziehungen am Beispiel der Körperpflegeprodukte demonstriert. Hierzu sind die in den Kapiteln drei und vier diskutierten Ablaufschritte sukzessive zu durchlaufen und zu erörtern.

5.2.1 Die Messung der Wettbewerbsbeziehungen

Die Messung der Wettbewerbsbeziehungen zwischen den neun Marken basiert auf dem asymmetrischen Marktanteilsmodell vom CCHM-Typ (Carpenter, Cooper, Hanssens und Midgley 1988, vgl. Kapitel 3.2.1.2). Zuerst erfolgt die Transformation der Abverkäufe der neun Marken in Marktanteile und zwar derart, daß die Marktanteile den relativen Anteil verkaufter Gewichtseinheiten an der gesamten Verkaufsmenge in Gewichtseinheiten der neun Marken einer Woche repräsentieren. Die Instrumentalvariablen des CCHM-Modells sind Preise sowie Display- und Handzettelaktivitäten. Aufgrund der hohen Korrelationen zwischen den Marketing-Aktionen Display und Handzettel bei jeder Marke (das Instrument Handzettel wird überwiegend in der Kombination mit Display-Aktionen eingesetzt) ist es sinnvoll, die beiden Instrumente als voneinander eigenständige Aktionen aufzuschlüsseln (vgl. hierzu auch Gupta 1988), so daß sich die folgenden Aktionen ergeben:

- Display-Aktion ohne Handzettel-Aktion,
- Handzettel-Aktion ohne Display-Aktion sowie
- Display- und Handzettel-Aktion (im folgenden mit Promotion bezeichnet).

Alle Instrumente werden Zeta-transformiert (vgl. Kapitel 3.2.2.2 auf den Seiten 59ff), um die Marketing-Aktionen in den Wettbewerbskontext einzuordnen und die Kollinearitätsproblematik des CCHM-Modells zu reduzieren. Die Modellkalibrierung erfolgt auf der Grundlage der ersten 78 Wochen des Datensamples, die Validierung der Modellparameter basiert hingegen auf den letzten 26 Wochen.

Der erste Schritt der Modellkalibrierung besteht in der Schätzung eines differentiellen Effektmodells. Hierzu untersucht man zunächst die zeitkonstanten Attraktionen der Marken und anschließend die Instrumentalvariablen auf das Vorhandensein markenspezifischer Effekte. Den Ausgangspunkt der Modellkalibrierung bildet ein Vergleich der Modelle 5.1 und 5.2, wobei die Variablendefinition der des Modells 3.18 (vgl. Seite 56) entspricht.

$$\ln(s_{it}) = \alpha_0 + \sum_{t'=2}^{78} \gamma_t c_{t'} + \sum_{k=1}^{4} \beta_k \ln X_{kit} + \epsilon_{it} \tag{5.1}$$

$$\ln(s_{it}) = \alpha_1 + \sum_{j=2}^{9} \alpha'_j d_j + \sum_{t'=2}^{78} \gamma_t c_{t'} + \sum_{k=1}^{4} \beta_k \ln X_{kit} + \epsilon_{it} \tag{5.2}$$

Beide Modelle weisen eine Einfachstruktur bei den Instrumenten Preis, Display, Handzettel und Promotion auf, sie spezifizieren also zunächst keine markenspezifischen Effekte der Instrumentalvariablen. Zur Modellschätzung sind die fehlenden Werte des Kalibrierungssamples (14 Beobachtungen der 78 $\times$ 9 möglichen Fälle) aus der Analyse zu streichen. Der F-Test nach Gleichung 3.19 (vgl. Seite 57) der Modelle 5.1 und 5.2 ergibt einen Wert von 73.61 mit

8 und 598 Freiheitsgraden. Damit läßt sich signifikant auf das Vorhandensein markenspezifischer zeitkonstanter Effekte schließen. Im nächsten Schritt wird das Marktanteilsmodell 5.2 auf differentielle Preiseffekte untersucht. Hierzu testet man das Modell 5.2 gegen das folgende Modell:

$$\begin{aligned} \ln(s_{it}) &= \alpha_1 + \sum_{j=2}^{9} \alpha'_j d_j + \sum_{t'=2}^{78} \gamma_t c_{t'} + \sum_{j=1}^{9} \beta_{\text{Preis}_j} d_j \ln X_{\text{Preis}_{jt}} \\ &+ \sum_{k=2}^{4} \beta_k \ln X_{kit} + \epsilon_{it}. \end{aligned} \tag{5.3}$$

Der Modellvergleich ergibt einen F-Wert von 3.78 mit 8 und 591 Freiheitsgraden, so daß signifikante markenspezifische Preiseffekte vorliegen. Im Anschluß an die Überprüfung differentieller Preiseffekte sind die qualitativen Marketing-Instrumente Display, Handzettel und Promotion ebenfalls auf das Vorliegen markenspezifischer Effekte zu überprüfen. Die Reihenfolge der Analysen richtet sich nach der postulierten Stärke der einzelnen Instrumente. Im Rahmen der Wettbewerbsanalyse dieses Marktes wird angenommen, daß Promotion die stärkste Wirkung hat, gefolgt von Display-Aktionen und Handzettel-Aktivitäten. Somit erweitert man das Modell 5.3 zunächst um differentielle Promotionseffekte:

$$\begin{aligned} \ln(s_{it}) &= \alpha_1 + \sum_{j=2}^{9} \alpha'_j d_j + \sum_{t'=2}^{78} \gamma_t c_{t'} + \sum_{j=1}^{9} \beta_{\text{Preis}_j} d_j \ln X_{\text{Preis}_{jt}} \\ &+ \sum_{j=1}^{9} \beta_{\text{Promotion}_j} d_j \ln X_{\text{Promotion}_{jt}} + \sum_{k=3}^{4} \beta_k \ln X_{kit} + \epsilon_{it}. \end{aligned} \tag{5.4}$$

Der F-Test der Modelle 5.3 und 5.4 bei 8 und 582 Freiheitsgraden nimmt den Wert 2.15 an. Bei einer Irrtumswahrscheinlichkeit von 5 Prozent lassen sich dann differentielle Promotionseffekte annehmen. Die Erweiterung des Modells 5.4 um markenspezifische Display-Effekte führt zu folgendem Modell 5.5:

$$\begin{aligned} \ln(s_{it}) &= \alpha_1 + \sum_{j=2}^{9} \alpha'_j d_j + \sum_{t'=2}^{78} \gamma_t c_{t'} + \sum_{j=1}^{9} \beta_{\text{Preis}_j} d_j \ln X_{\text{Preis}_{jt}} \\ &+ \sum_{j=1}^{9} \beta_{\text{Promotion}_j} d_j \ln X_{\text{Promotion}_{jt}} \\ &+ \sum_{j=1}^{9} \beta_{\text{Display}_j} d_j \ln X_{\text{Display}_{jt}} \\ &+ \beta_{\text{Handzettel}} \ln X_{\text{Handzettel}_{it}} + \epsilon_{it}. \end{aligned} \tag{5.5}$$

Der F-Wert im Modellvergleich von 5.4 und 5.5 errechnet sich mit 7 und 575 Freiheitsgraden zu dem Wert von 3.53. Modell 5.5 stellt folglich eine signifikante Verbesserung des Modells 5.4 dar. Die Erweiterung des Modells um markenspezifische Handzettel-Aktionen ergibt das folgende Modell 5.6:

$$\begin{aligned} \ln(s_{it}) &= \alpha_1 + \sum_{j=2}^{9} \alpha'_j d_j + \sum_{t'=2}^{78} \gamma_t c_{t'} + \sum_{j=1}^{9} \beta_{\text{Preis}_j} d_j \ln X_{\text{Preis}_{jt}} \\ &+ \sum_{j=1}^{9} \beta_{\text{Promotion}_j} d_j \ln X_{\text{Promotion}_{jt}} \\ &+ \sum_{j=1}^{9} \beta_{\text{Display}_j} d_j \ln X_{\text{Display}_{jt}} \\ &+ \sum_{j=1}^{9} \beta_{\text{Handzettel}_j} d_j \ln X_{\text{Handzettel}_{jt}} + \epsilon_{it}. \end{aligned} \tag{5.6}$$

Der F-Wert von 1.20 mit 4 und 571 Freiheitsgraden zwischen den Modellen 5.5 und 5.6 läßt jedoch nicht auf das Vorhandensein differentieller Handzettel-Koeffizienten schließen. Aus diesem Grunde wird Modell 5.5 zur Spezifikation des differentiellen Effektmodells der ersten Stufe des CCHM-Modells ausgewählt, und die Parameterschätzer werden auf der Basis einer GLS-Schätzung bestimmt. Das Modell erklärt 78.4 Prozent der Varianz in den Daten. Die Residuen bilden dann im Rahmen einer Kausalitätsprüfung die Datengrundlage zur Identifikation potentieller Kreuzeffekte des Wettbewerbs. Ihre Berechnung ergibt sich aus der Differenz zwischen den logarithmierten Marktanteilen und den mit dem Modell prognostizierten logarithmierten Marktanteilen. Die so ermittelten Residuen werden schließlich mit den Zeta-transformierten Instrumentalvariablen jedes Wettbewerbers korreliert. Insgesamt lassen sich 45 mögliche Kreuzeffekte anhand einer signifikanten Korrelation identifizieren (15 bei Preis, 16 bei Display und 14 bei Promotion), wobei zur Bestimmung möglicher Kreuzpreiseffekte ausschließlich signifikant positive Korrelationen zugelassen sind. Nur so läßt sich die Anzahl negativer Kreuzpreiselastizitäten, welche ökonomisch schwer zu interpretieren sind, einschränken. Eine solche Beschränkung ist bei den übrigen Instrumentalvariablen nicht notwendig. Display- oder Promotionsaktionen können die möglichen Konsumenten auf die Warengruppe aufmerksam machen und somit zu signifikanten Marktanteilsgewinnen bei einem oder mehreren Wettbewerbern führen.

Das endgültige CCHM-Modell enthält 158 Parameter, deren Schätzwerte mit Ausnahme derer der Wochen in Tabelle 5.5 dargestellt sind. Die Marktanteile von "Null" sind aus der Analyse gestrichen. Dadurch reduziert sich die Fallzahl von 702 möglichen Beobachtungen auf 688. Aufgrund der Zeta-Transformation der Marketing-Instrumente kann die den Marktanteilsmodellen innewohnende Kollinearitätsproblematik ebenfalls stark reduziert werden (vgl. Kapitel 3.2.2.2 und 3.2.2.3). Der Konditionsindex nach Belsley, Kuh und Welsh (1980) beträgt im differentiellen Modell 39.28 und im CCHM-Modell 47.05. Beide Werte deuten auf eine moderate Kollinearität in den Daten hin.

Das endgültige asymmetrische Marktanteilsmodell zeigt mit einer erklärten Varianz von 83.80 Prozent bei 158 Parametern und 530 Freiheitsgraden ($F_{530}^{158} = 17.436$) eine sehr gute Anpassung des Modells an die Daten. Ein Vergleich zwischen dem differentiellen Effektmodell und dem endgültigen CCHM-Modell indiziert, daß ein signifikanter Erklärungszuwachs erzielbar ist. Ein F-Test beider Modelle nach Gleichung 3.19 ergibt einen Wert von 3.94 bei 45 und 530 Freiheitsgraden, so daß das Kreuzeffektmodell eine substantielle Verbesserung gegenüber der Modellierung mit ausschließlich differentiellen Effekten darstellt.

Die Modellparameter des Kalibrierungssamples (78 Wochen) werden zur Validierung im Hold-out-Sample mit 26 Wochen verwendet. Die Kreuzvalidierungskorrelation zwischen den beobachteten und den geschätzten Marktanteilen der neun Marken für die "frischen" 26 Wochen beträgt 0.927, was auf eine sehr gute Prognosefähigkeit des Modells hinweist. Die erklärte Varianz im Validierungssample beläuft sich auf 85.4 Prozent und belegt damit die akzeptable Anpassung des Modells an die Daten im Validierungssample.

Im Verlaufe der Diskussion der Regressionsergebnisse des CCHM-Modells sollen nur wenige Punkte angesprochen werden, da die Analyse der Wettbewerbsbeziehungen auf der Basis der Elastizitäten erfolgt. Die Interpretation der Ergebnisse in Tabelle 5.5 verdeutlicht, daß alle geschätzten Markenintercepts signifikant verschieden von Null sind. Die Intercepts können als Markenwert interpretiert werden. Sie geben die zeitinvariante Attraktion einer Marke im Verhältnis zur Gesamtattraktion aller Marken an und repräsentieren den Wert einer Marke unabhängig vom temporären Marketing-Instrumentaleinsatz. Demzufolge hätte die Marke M_5 - die teuerste im Sample - den höchsten Markenwert (aufgrund der Exponentialtransformation in Gleichung 3.4 bedeuten die negativen Intercepts einen positiven Beitrag zur Attraktion der einzelnen Marken). Einen hohen Markenwert weist auch der Marktführer M_7 auf. Der niedrigste Markenwert läßt sich bei Marke M_3 beobachten. Die einzelnen Wochenparameter sind ohne Bedeutung für die

Interpretation der Wettbewerbsanalyse, da diese lediglich der Vereinfachung der Modellkalibrierung dienen.

Interessante Rückschlüsse auf die Wettbewerbsbeziehungen der einzelnen Marken erlaubt die Interpretation der Parameter der Instrumentalvariablen. Die Analyse der Preisparameter verdeutlicht, daß alle differentiellen Preiseffekte erwartungsgemäß signifikant negativ sind. Preissenkungen bewirken deshalb bei allen Wettbewerbern Marktanteilsgewinne, Preiserhöhungen hingegen führen zu Marktanteilsverlusten. Von 14 potentiellen Kreuzpreiseffekten sind vier signifikant mit einer Irrtumswahrscheinlichkeit von fünf Prozent. Weitere sechs Kreuzeffekte erweisen sich als signifikant bei einer Irrtumswahrscheinlichkeit von 10 Prozent. Die Kreuzpreiskoeffizienten haben deutlich niedrigere Absolutbeträge als die direkten Preiseffekte. Dies steht im Einklang mit den Ergebnissen von Cooper (1988), Carpenter, Cooper, Hanssens und Midgley (1988), Allenby (1989) sowie Blattberg und Wisniewski (1989).

Die Analyse der Wettbewerbseffekte des Promotion-Instruments zeigt auf, daß alle direkten Effekte bis auf den der Marke M_1 signifikant positiv sind. Insbesondere weisen die Promotionswirkungen der Marken M_4, M_5, M_6, M_7, M_8 und M_9 sowohl in ihrer Größenordnung als auch in ihrer Signifikanz deutlich von Null verschiedene Werte auf. Allerdings erweisen sich nur zwei von 14 potentiellen Kreuzeffekten als signifikant. Man muß deshalb davon ausgehen, daß in diesem Markt die Promotionsmaßnahmen primär direkt wirken und nur eine geringe Kreuzwirkung aufweisen.

Die Analyse der Displayeffekte belegt, daß bis auf den Effekt der Marke M_2 alle differentiellen Wirkungen signifikant von Null abweichen[1]. Von den 15 potentiellen Kreuzeffekten sind 3 Effekte signifikant mit einer Irrtumswahrscheinlichkeit von 5 Prozent und weitere 3 Effekte signifikant bei einer Irrtumswahrscheinlichkeit von 10 Prozent.

Die Wirkung der Handzettel-Aktionen wird über einen Einfacheffekt gemessen, so daß keine differentiellen Effekte oder Kreuzeffekte vorliegen. Die ungewichtete Wirkung einer Handzettelaktion ist für alle die Marken gleich, die dieses Instrument ohne den Einsatz von Displayaktivitäten einsetzen.

[1]Direkte Maßnahmen der Wettbewerber können mit einer einseitigen Wirkungshypothese getestet werden, so daß der kritische t-Wert bei einer Irrtumswahrscheinlichkeit von 5 Prozent 1.645 beträgt.

Tabelle 5.5: Regressionsergebnisse des CCHM-Modells

Valid cases:	688	Dependent variable:	Y
Missing cases:	0	Deletion method:	None
Total SS:	711.487	Degrees of freedom:	530
R-squared:	.838	Rbar-squared:	.790
Residual SS:	115.406	Std error of est:	.467
F(158,575):	17.436	Probability of F:	.000

Variable	Estimate	Std. Error	t-value	*Prob* > $\|t\|$
Intercept M_1	-2.538	.208	-12.219	.000
Intercept M_2	-2.784	.202	-13.803	.000
Intercept M_3	-4.222	.356	-11.854	.000
Intercept M_4	-2.950	.205	-14.421	.000
Intercept M_5	-1.303	.418	-3.118	.000
Intercept M_6	-3.474	.210	-16.533	.000
Intercept M_7	-1.888	.209	-9.018	.000
Intercept M_8	-3.548	.248	-14.307	.000
Intercept M_9	-2.090	.206	-10.154	.000
Woche 2	.209	.271	.772	.440
Woche 3	.472	.250	1.893	.058
⋮	⋮		⋮	⋮
Woche 77	.093	.248	.375	.697
Woche 78	.059	.244	.242	.596
Preis M_1 auf M_1	-.941	.362	-2.597	.009
Preis M_2 auf M_1	.766	.425	1.802	.072
Preis M_4 auf M_1	.762	.416	1.833	.067
Preis M_7 auf M_1	.835	.329	2.543	.012
Preis M_1 auf M_2	.396	.348	1.138	.255
Preis M_2 auf M_2	-3.257	.396	-8.227	.000
Preis M_3 auf M_3	-2.272	.430	-5.284	.000
Preis M_5 auf M_3	.159	.326	.490	.620
Preis M_9 auf M_3	.863	.500	1.725	.082
Preis M_4 auf M_4	-1.825	.378	-4.827	.000
Preis M_6 auf M_4	.526	.300	1.753	.080
Preis M_1 auf M_5	.697	.504	1.383	.167
Preis M_5 auf M_5	-1.044	.399	-2.614	.009
Preis M_6 auf M_5	.882	.310	2.844	.005
Preis M_7 auf M_5	.741	.304	2.436	.015
Preis M_8 auf M_5	.626	.326	1.919	.055
Preis M_4 auf M_6	.072	.336	.213	.831
Preis M_6 auf M_6	-1.031	.294	-3.511	.000
Preis M_7 auf M_7	-.623	.313	-1.990	.047
Preis M_2 auf M_8	1.272	.360	3.535	.000
Preis M_8 auf M_8	-1.461	.401	-3.642	.000
Preis M_9 auf M_8	.707	.393	1.796	.072
Preis M_4 auf M_9	-.148	.380	-.391	.696
Preis M_9 auf M_9	-1.035	.465	-2.226	.026

Variable	Estimate	Std. Error	t-value	*Prob* > |*t*|
Promotion M_1 auf M_1	.490	.298	1.008	.313
Promotion M_2 auf M_1	.378	.157	1.069	.285
Promotion M_4 auf M_1	.103	.164	.401	.688
Promotion M_6 auf M_1	.003	.267	.007	.994
Promotion M_2 auf M_2	.580	.345	1.671	.095
Promotion M_3 auf M_3	1.299	.398	2.478	.013
Promotion M_4 auf M_3	.615	.160	2.475	.013
Promotion M_5 auf M_3	-.278	.280	-.752	.452
Promotion M_8 auf M_3	.153	.349	.813	.416
Promotion M_9 auf M_3	-.091	.147	-.292	.770
Promotion M_4 auf M_4	1.070	.175	4.163	.000
Promotion M_5 auf M_4	.328	.321	1.164	.244
Promotion M_6 auf M_4	-.272	.151	-.559	.576
Promotion M_8 auf M_4	-.111	.268	-.668	.504
Promotion M_5 auf M_5	1.266	.336	3.405	.001
Promotion M_6 auf M_6	2.011	.151	4.227	.000
Promotion M_4 auf M_7	-.008	.164	-.034	.970
Promotion M_7 auf M_7	1.264	.204	6.880	.000
Promotion M_4 auf M_8	.605	.321	2.599	.009
Promotion M_8 auf M_8	2.177	.150	11.224	.000
Promotion M_3 auf M_9	-.740	.161	-1.490	.136
Promotion M_4 auf M_9	.102	.275	.407	.684
Promotion M_9 auf M_9	1.424	.152	5.025	.000
Display M_1 auf M_1	.561	.206	1.882	.075
Display M_5 auf M_1	-.063	.486	-.403	.687
Display M_8 auf M_1	.057	.354	.351	.726
Display M_1 auf M_2	-.702	.258	-2.626	.009
Display M_2 auf M_2	.500	.461	1.449	.147
Display M_4 auf M_2	-.878	.347	-2.208	.027
Display M_8 auf M_2	.171	.524	1.072	.284
Display M_3 auf M_3	1.091	.248	3.899	.000
Display M_4 auf M_3	.525	.370	1.504	.133
Display M_7 auf M_3	.247	.188	1.682	.093
Display M_8 auf M_3	-.157	.312	-.898	.369
Display M_4 auf M_4	.859	.257	2.671	.008
Display M_5 auf M_5	.691	.282	4.570	.000
Display M_1 auf M_6	1.055	.486	3.934	.000
Display M_4 auf M_7	.132	.166	.392	.695
Display M_7 auf M_7	.488	.372	3.222	.001
Display M_8 auf M_7	-.181	.476	-1.104	.270
Display M_9 auf M_7	.278	.230	1.364	.173
Display M_2 auf M_8	-.607	.184	-1.889	.059
Display M_5 auf M_8	.458	.233	3.060	.003
Display M_8 auf M_8	1.328	.194	8.261	.000
Display M_1 auf M_9	.466	.497	1.698	.090
Display M_5 auf M_9	-.054	.252	-.352	.725
Display M_9 auf M_9	.444	.283	2.149	.032
Handzettel alle Marken	1.066	.154	6.904	.000

Die geschätzten Modellparameter bilden nunmehr die Grundlage zur Berechnung von Marktanteilselastizitäten nach Gleichung 3.27. Diese Elastizitäten stellen den Input für die Wettbewerbsanalyse auf der Basis dreimodaler Datenanalysetechniken dar. Die durchschnittlichen Marktanteilselastizitäten der Instrumente Preis, Promotion, Display und Handzettel sind in der Tabelle 5.6 wiedergegeben. Auf der Diagonalen der einzelnen Elastizitätenmatrizen stehen jeweils die direkten Elastizitäten. Sie weisen durchweg theoretisch begründbare Vorzeichen auf. Die direkten Preiselastizitäten sind negativ, die direkten Display-, Handzettel- und Promotionselastizitäten mit Ausnahme der direkten Displayelastizität der Marke M_6 jedoch positiv. Eine Preissenkung führt damit zu direkten Marktanteilsgewinnen, Preiserhöhungen hingegen resultieren in Marktanteilsverlusten. Entsprechend bedingt die Anwesenheit einer Display-, Handzettel- oder Promotionsaktion direkte Marktanteilsgewinne.

Zunächst erfolgt eine nähere Betrachtung der durchschnittlichen Preiselastizitäten. Die höchsten direkten Elastizitäten haben die Marken M_2 und M_3. Für sie ist die richtige Preisstellung im Markt außerordentlich wichtig, da bereits kleine Preisänderungen zu starken Marktanteilsverschiebungen führen. Die Analyse der 72 durchschnittlichen Kreuzpreiselastizitäten stellt sich als überaus komplex dar und wird im folgenden Kapitel behandelt. Es fällt dabei auf, daß neben einer Reihe theoretisch nicht begründbarer negativer Kreuzpreiselastizitäten einige Wettbewerber auch in einer starken asymmetrischen Wettbewerbsbeziehung stehen (bspw. Marken M_3 und M_9).

Die Analyse der Marktanteilselastizitäten der qualitativen Marketing-Instrumente verdeutlicht, daß sich diese auf einem erwartungsgemäß niedrigeren Niveau als dem der Preiselastizitäten bewegen. Allerdings sind hier nur Aktionen bzw. Nicht-Aktionen möglich, so daß bspw. ein Display der Marke M_3 zu einer Erhöhung des Marktanteils um 38 Prozent führt. Ein Vergleich der direkten Marktanteilselastizitäten der Instrumente Promotion, Display und Handzettel zeigt, daß die direkten Elastizitäten des Instruments Handzettel insgesamt am höchsten sind. Man muß indes beachten, daß die Handzettel-Wirkung über einen einfachen und für alle Wettbewerber (Marken M_3, M_4, M_7, M_8, M_9) identischen Parameter erfaßt wird. Darüber hinaus haben die direkten Effekte einer Promotionsmaßnahme eine stärkere Marktanteilswirkung als eine Displayaktion. Die Absolutbeträge der Kreuzelastizitäten der qualitativen Instrumente sind außerdem niedriger als die Absolutbeträge der direkten Elastizitäten. Die Kreuzelastizitäten belegen in den meisten Fällen, daß eine Aktion zu - wenn auch geringen - Marktanteilsver-

Tabelle 5.6: Die durchschnittlichen Marktanteilselastizitäten

Preis	M_1	M_2	M_3	M_4	M_5	M_6	M_7	M_8	M_9
M_1	-2.69	1.15	-.55	1.44	.89	-.53	1.02	-.52	-.20
M_2	1.19	-5.70	.89	.89	.60	.19	.46	.99	.48
M_3	-.23	.67	-5.23	.80	-.06	.21	.50	1.28	2.05
M_4	.02	.49	.59	-3.48	.56	.69	.22	.59	.33
M_5	1.59	-.49	.97	.35	-1.10	.21	.63	.57	-.09
M_6	-.10	.13	.20	.26	.54	-1.34	-.03	.25	.10
M_7	-.14	.14	.22	.24	.52	-.19	-1.12	.25	.08
M_8	-.51	2.61	.38	.16	-.35	-.23	-.08	-3.37	1.41
M_9	.06	.23	.20	.35	.90	-.06	.08	.27	-2.03

Prom.	M_1	M_2	M_3	M_4	M_5	M_6	M_7	M_8	M_9
M_1	.27	.18	.04	-.07	-.11	-.03	-.17	-.13	-.14
M_2	-.02	.30	.04	-.13	-.11	-.02	-.17	-.13	-.13
M_3	-.03	-.05	.81	.22	-.28	-.03	-.17	-.05	-.14
M_4	-.02	-.05	.02	.52	.08	-.19	-.17	-.21	-.14
M_5	-.02	-.05	.04	-.15	.65	-.03	-.17	-.14	-.14
M_6	-.03	-.06	.03	-.14	-.11	1.16	-.18	-.14	-.14
M_7	-.02	-.05	.04	-.14	-.11	-.03	.57	-.13	-.14
M_8	-.03	-.05	.02	.21	-.14	-.03	-.18	1.14	-.14
M_9	-.02	-.05	-.41	-.06	-.11	-.03	-.17	-.13	.71

Display	M_1	M_2	M_3	M_4	M_5	M_6	M_7	M_8	M_9
M_1	.21	-.00	-.01	-.01	-.06	-.00	-.04	-.04	-.04
M_2	-.27	.23	.03	-.31	-.01	.03	-.00	.07	-.00
M_3	-.05	-.01	.38	.16	-.07	-.03	.04	-.14	-.09
M_4	-.02	-.00	-.03	.32	-.05	-.01	-.05	-.04	-.06
M_5	-.01	.00	-.02	-.02	.22	-.01	-.04	-.05	-.06
M_6	.39	-.02	-.03	-.02	-.04	-.02	-.06	-.06	-.06
M_7	-.02	.00	-.03	-.02	-.04	-.00	.18	-.16	.09
M_8	-.04	-.24	-.03	-.02	.12	.01	-.14	.56	-.11
M_9	.16	-.01	-.03	-.03	-.06	-.01	-.06	-.06	.16

Handz.	M_1	M_2	M_3	M_4	M_5	M_6	M_7	M_8	M_9
M_1	.00	.00	-.04	-.09	.00	.00	-.22	-.15	-.14
M_2	.00	.00	-.04	-.09	.00	.00	-.22	-.15	-.14
M_3	.00	.00	.91	-.09	.00	.00	-.22	-.15	-.14
M_4	.00	.00	-.04	.86	.00	.00	-.22	-.15	-.14
M_5	.00	.00	-.04	-.09	.00	.00	-.22	-.15	-.14
M_6	.00	.00	-.04	-.09	.00	.00	-.22	-.15	-.14
M_7	.00	.00	-.04	-.09	.00	.00	.73	-.15	-.14
M_8	.00	.00	-.04	-.09	.00	.00	-.22	.81	-.14
M_9	.00	.00	-.04	-.09	.00	.00	-.22	-.15	.81

lusten der Wettbewerber führt. Erwähnenswert ist in diesem Zusammenhang noch, daß direkte Elastizitäten und Kreuzelastizitäten nicht für diejenigen Marken zu berechnen sind, die ein solches Instrument im Kalibrierungszeitraum nicht eingesetzt haben. Entsprechend ergeben sich Nullspalten in der korrespondierenden durchschnittlichen Elastizitätenmatrix.

5.2.2 Die Repräsentation der Wettbewerbsbeziehungen

Nachdem im vorherigen Kapitel die Wettbewerbsbeziehungen der neun Marken auf der Grundlage der Marktanteilselastizitäten identifiziert wurden, ist es Zweck der folgenden Ausführungen, die Wettbewerbsstrukturen differenziert zu analysieren und die Basisdeterminanten des Wettbewerbs aufzudecken und zu verdeutlichen. Die Analyse der Wettbewerbsbeziehungen erfolgt hier ausschließlich durch empirisch geschätzte Preiselastizitäten. Darüber hinaus sollen den zuvor diskutierten Ansätzen folgend die Marktstrukturen der vorgegebenen Wettbewerbssituationen bewertet und die erwarteten Marktanteile prognostiziert werden. Zum Einsatz kommen im folgenden Abschnitt die im vierten Kapitel methodisch erörterten Ansätze PCA-SUP, TUCKALS3, TUCKALS2, PARAFAC, WPCA und SUMPCA. Vor dem Hintergrund der theoretischen Befunde (vgl. Kapitel 4.3.7, Seite 118ff) sollen die Anwendungspotentiale der genannten Verfahren im Rahmen der Wettbewerbsanalyse aufgedeckt und dokumentiert werden. Hierzu sind die Stärken und Schwächen der alternativen Ansätze herauszuarbeiten und unter Berücksichtigung der Problemstellung - der Identifikation, Analyse und Repräsentation der Wettbewerbsbeziehungen - zu bewerten.

5.2.2.1 Die Ergebnisse der PCA-SUP-Analyse

Entsprechend der Erörterung in Kapitel 4.3.7 ist zunächst die PCA-SUP-Methode zur Festlegung der Dimensionalität der Lösung in den drei Modalitäten der Preiselastizitäten anzuwenden. Hierzu werden die erklärten Varianzen der Lösungen unterschiedlicher Komponentenanzahl verglichen. Die Datengrundlage der PCA-SUP-Methode bilden drei Supermatrizen, welche aus dem dreidimensionalen dreimodalen Datenarray von Preiselastizitäten gebildet werden. Abbildung 5.1 stellt die erklärten Varianzen alternativer Lösungen für alle drei Modalitäten der Preiselastizitäten dar. Außerdem sind die Differenzen zwischen zwei aufeinander folgenden Fit-Werten abgetragen, um so die Unterschiedlichkeit verschiedener Modellfits besser herausstellen zu können.

Abbildung 5.1: Die PCA-SUP-Ergebnisse

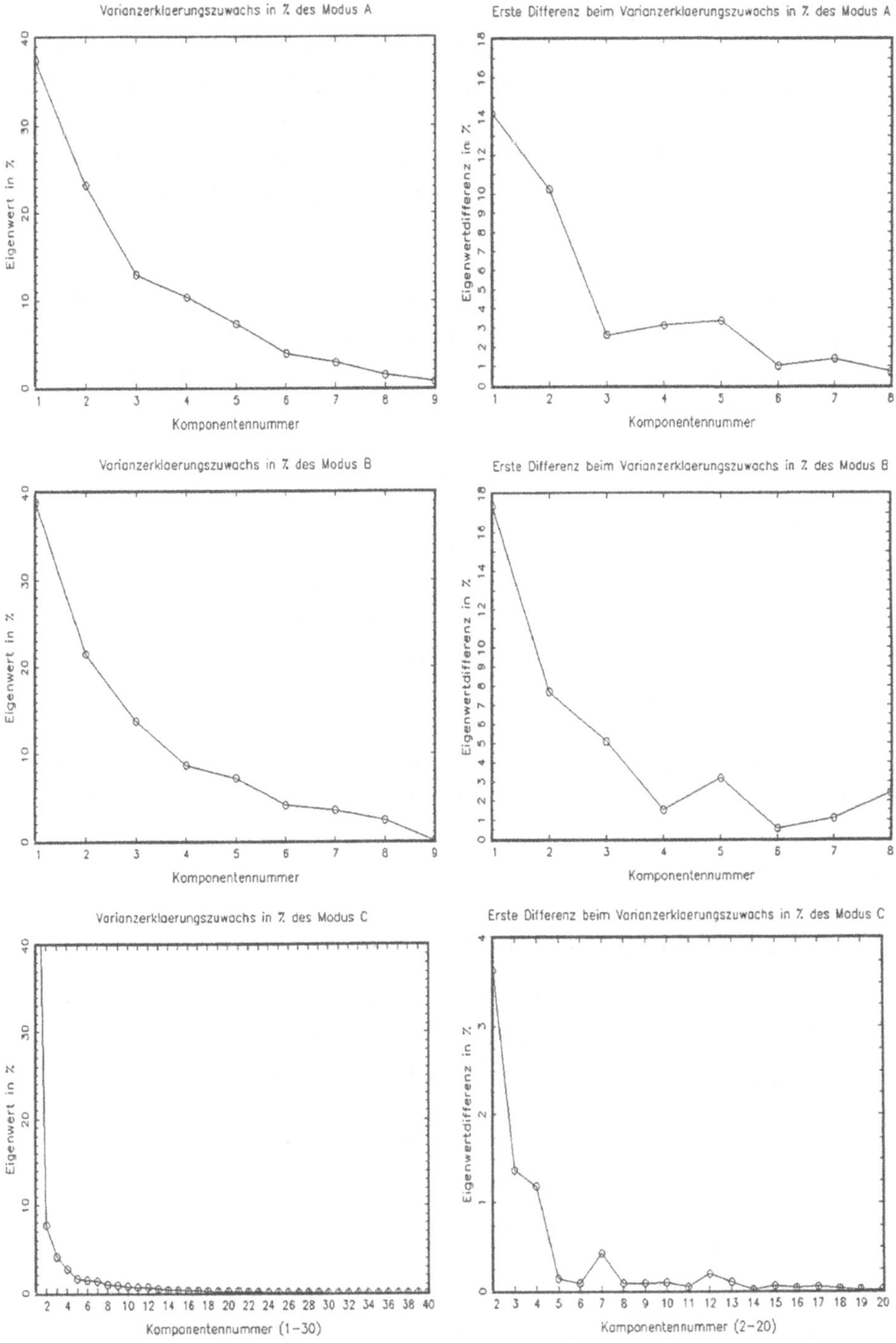

Die Analyse der Verwundbarkeiten der Marken, welche sich durch den Modus A der dreidimensionalen Preiselastizitäten repräsentieren, verdeutlicht, daß die ersten beiden Komponenten am bedeutsamsten für die Erklärung der Daten sind (37.35% und 23.18%). Mit den weiteren Komponenten läßt die Erklärungsleistung linear ab. Der Plot der Fit-Wertedifferenzen legt jedoch eine Lösung mit fünf Komponenten nahe, da die fünfte Komponente den letzten "wesentlichen" Beitrag zur Repräsentation der in den Daten enthaltenen Information leistet. Von daher sind die Wettbewerbsstrukturen der Marken hinsichtlich deren Verwundbarkeit durch eine fünfdimensionale Lösungsstruktur zu erfassen.

Die Varianzerklärungen im Modus B (Stärken der Marken) sind mit denen im Modus A vergleichbar. Auch in diesem Fall ist eine fünfdimensionale Lösung zur Abbildung der Wettbewerbsbeziehungen der Marken hinsichtlich deren Stärke angebracht.

Die Interpretation der Zeit-Modalität (Modus C) zeigt eine starke Abnahme der zusätzlich erklärten Varianz nach Extraktion von zwei Komponenten. In diesem Fall läßt sich deshalb die Dimensionalität ausschließlich über eine Inspektion der Differenzen der Varianzerklärung alternativer Lösungen bestimmen. Es stellt sich heraus, daß die siebte Komponente den letzten "wesentlichen" Erklärungsbeitrag zur Aufdeckung der Wettbewerbsstrukturen über die Zeit erbringt.

Die weiteren Modelle sollen, sofern eine explizite Spezifikation der Dimensionalität in dem jeweiligen Modus zugelassen ist, mit fünf Komponenten im Modus A sowie fünf Komponenten im Modus B und sieben im Modus C spezifiziert werden.

5.2.2.2 Die Ergebnisse der TUCKALS3-Analyse

Entsprechend der vorangegangenen Diskussion wird eine $5 \times 5 \times 7$-dimensionale Lösung für die TUCKALS3-Analyse gewählt. Die Obergrenze für den Fit ergibt sich nach Gleichung 4.30 (vgl. Seite 91) wie folgt:

Fit-Obergrenze im Modus A:	90.70%
Fit-Obergrenze im Modus B:	90.05%
Fit-Obergrenze im Modus C:	93.36%.

Die aufgrund der PCA-SUP-Analyse festgelegte Dimensionalität ermöglicht damit einen sehr hohen Anteil erklärter Varianz im TUCKALS3-Modell. Die

Tabelle 5.7: Die TUCKALS3-Komponentenmatrix der Verwundbarkeiten

Komponentenmatrix **A** Länge der Komponenten: $\mathbf{a}'\mathbf{a} = I$						
Label	I	II	III	IV	V	FIT
M_1	-.790	.393	-1.680	.213	-1.158	.773
M_2	2.457	.487	-.896	1.187	.510	.953
M_3	-.489	2.858	.359	.091	-.015	.946
M_4	-.017	-.242	1.898	1.785	-1.172	.895
M_5	.262	.494	.768	-.249	.558	.396
M_6	-.047	.151	-.550	.686	-.560	.366
M_7	-.025	.085	-.319	.726	-.514	.362
M_8	-1.423	-.280	-.617	1.806	1.604	.926
M_9	.063	-.167	-.518	.166	-1.601	.531
Bedeutung	.358	.220	.118	.088	.063	.847

endgültige TUCKALS3-Analyse erklärt 84.67 Prozent der Varianz in den Daten und stellt damit eine sehr gute Anpassung des Modells an die Daten dar.

Die Komponentenmatrix **A**, welche den Zusammenhang der neun Marken auf den fünf Verwundbarkeitskomponenten spezifiziert, ist in Tabelle 5.7 wiedergegeben. Außerdem enthält diese Tabelle die Bedeutung der einzelnen Komponenten für den Gesamtfit sowie den Anteil der erklärten Varianz jedes Levels im Modus A. Die Bedeutung der Komponenten berechnet sich nach Gleichung 4.31 (Seite 93) und die erklärte Varianz jedes Levels eines Modus nach Gleichung 4.29 auf Seite 91.

Die erste Komponente der Matrix **A** repräsentiert die Verwundbarkeit der Marken M_2 und M_8. Diese beiden Marken haben überdurchschnittliche Ladungen (> 1.0) auf der Komponente. Allerdings sind die Verwundbarkeiten der Marken M_2 und M_8 nicht unmittelbar miteinander vergleichbar, da die beiden Komponentenladungen ein inverses Vorzeichen aufweisen. Komponente zwei erfaßt den Einfluß auf die Marke M_3. Die gegensätzliche Beziehung der Verwundbarkeiten der Marken M_1 und M_4 wird durch die dritte Komponente wiedergegeben. Die vierte Komponente hingegen entspricht in ihrer Struktur der eines gemeinsamen Faktors. Die Marken M_2, M_4 und M_8 zeigen eine vergleichbare Verletzbarkeit gegenüber Wettbewerber-Aktionen. Die fünfte Komponente determiniert die Verletzbarkeit der Marken M_1, M_4 und M_9 im Kontrast zur Verwundbarkeit der Marke M_8.

Tabelle 5.8: Die TUCKALS3-Komponentenmatrix der Stärken

Komponentenmatrix **B** Länge der Komponenten: $\mathbf{b}'\mathbf{b} = J$						
Label	I	II	III	IV	V	FIT
M_1	-.757	-.010	-1.019	.900	-.935	.641
M_2	2.658	.142	-.558	-.580	-.338	.974
M_3	-.484	2.615	.198	.025	-.266	.948
M_4	-.121	-.627	2.367	-.369	-1.215	.931
M_5	-.167	.110	.593	-.516	2.469	.776
M_6	-.218	-.086	-.712	.211	-.128	.303
M_7	-.139	-.357	.143	-.057	.040	.119
M_8	-.986	-.945	-1.061	-1.720	-.188	.888
M_9	.212	-.842	.049	2.108	.561	.740
Bedeutung	.380	.206	.130	.078	.054	.847

Die Analyse der Bedeutung der einzelnen Komponenten (vgl. Tabelle 5.7) verdeutlicht, daß die ersten beiden Komponenten den höchsten Beitrag zur Varianzerklärung leisten. Dabei belegt die Analyse der erklärten Varianzen jedes Levels im Modus A, daß die Informationen zu den Verwundbarkeiten der Marken M_2, M_3, M_4 und M_8 überdurchschnittlich gut, die zu den Marken M_5, M_6 und M_7 hingegen eher unterdurchschnittlich erklärt sind.

Die Komponentenmatrix **B** ist in der Tabelle 5.8 wiedergegeben. Die erste Komponente repräsentiert die Stärke der Marke M_2, die zweite Komponente den Einfluß der Marke M_3. Eine Kontrastkomponente stellt die dritte Komponente dar, welche den Einfluß der Marke M_4 dem der Marken M_1 und M_8 gegenüberstellt. Die gegensätzlich wirkende Wettbewerbsstärke der Marken M_8 und M_9 wird durch die Komponente vier abgebildet. Komponente fünf hingegen kontrastiert den Einfluß der Wettbewerber M_4 und M_5. Wiederum leisten die beiden ersten Komponenten die höchste Varianzerklärung. Die Varianzen der Marken M_2, M_3, M_4 und M_8 werden überdurchschnittlich repräsentiert, die Varianz der Daten von Marke M_7 wird dagegen kaum erklärt.

Die Auswertung dieser beiden Komponentenmatrizen verdeutlicht bereits die hohe Komplexität der Interpretation einer TUCKALS3-Lösung, die sich weiter erhöht, wenn die Information der Kernmatrix zur Berücksichtigung der Interaktionen zwischen den Komponenten unterschiedlicher Modalitäten verwendet wird. Eine Rotation der Komponentenmatrizen **A** und **B** kann jedoch an dieser Stelle unterbleiben, da nach der Identifikation der Wettbewerbsbedingungen in diesem Markt (Analyse der Komponentenmatrix **C**) die in Kapitel 4.3.2.4.3 erörterten Techniken zur Repräsentation der Stärken und Schwächen der Marken für spezifische Wettbewerbsbedingungen zum Einsatz kommen.

Die Interpretation der Komponentenmatrix **C** hingegen ist ohne Rotation auf eine Einfachstruktur nicht zu bewerkstelligen. Die VARIMAX-Lösung der Komponentenmatrix der Wochen wird in den Tabellen 5.9 und 5.10 auf den Seiten 174 und 175 dargestellt. Die Interpretation der sieben Komponenten erfolgt auf der Basis der überdurchschnittlich großen Ladungswerte, wobei die einzelnen Wochen bestimmte Wettbewerbsbedingungen repräsentieren, welche in den Tabellen 5.11 und 5.12 auf den Seiten 176 und 177 enthalten sind. Der Eintrag "X" in der Zeile i und in Spalte j in den zuletzt genannten Tabellen gibt an, daß die Marke M_j in der Woche i zu einem reduzierten Preis angeboten wird.

Die erste Komponente der Matrix **C** lädt die Wochen 7, 17, 19, 20, 33, 35 und 57 bei einem cut-off-Wert von 1.5[2]. Die oben genannten Wochen korrespondieren mit Aktionen der Marken M_1 (2x), M_2 (1x), M_5 (1x), M_8 (2x), M_9 (1x) und mit zwei Wochen zu regulären Preisen. Hier wird wiederum die in Kapitel 4.4.1 erörterte Interpretationsproblematik der Komponentenmatrix der Wochen offensichtlich. Aufgrund der hohen Ladung von 5.78 auf der Woche 17 ließe sich diese Komponente als Wettbewerbsbedingung "reguläre Preise" bezeichnen. Allerdings sind die anderen überdurchschnittlichen Ladungen der genannten Marken bei der Benennung dieser Komponente nicht sinnvoll zu berücksichtigen.

Auf der zweiten VARIMAX-Komponente laden die Wochen 1 und 4 bis 9. Diese Wochen korrespondieren mit Preisaktionen der Marken M_1 (1x), M_7 (2x), und M_8 (1x) sowie mit drei Wochen zu regulären Preisen, so daß wiederum eine eindeutige Interpretation nicht machbar ist.

Wettbewerbskomponente drei ist durch Wochen gekennzeichnet, in denen häufig mehrere Marken zu reduzierten Preisen angeboten werden. Es laden Aktionen der Marken M_1 (1x), M_2 (1x), M_3 (1x), M_4 (2x), M_5 (2x), M_7 (6x), M_8 (5x), M_9 (2x) und eine Woche mit regulären Preisen.

[2] Eine überdurchschnittlich hohe Ladung ist bereits ab einem Wert von 1.0 gegeben, so daß bei dem gewählten cut-off-Wert von 1.5 nur die besonders charakteristischen Wochen zur Interpretation herangezogen werden.

Eine Zuordnung dieser Wettbewerbssituationen zu Aktionen einer spezifischen Marke oder zu gekoppelten Preisaktionen von zwei oder mehr Marken ist nicht durchführbar. Vielmehr muß man annehmen, daß diese Komponente die Durchführung von Preisreduzierungen zur Absatzsteigerung aller Marken repräsentiert.

Die vierte Wettbewerbskomponente enthält Aktionen der Marken M_1 (1x), M_2 (2x), M_5 (4x), M_7 (1x), M_8 (1x) und M_9 (1x). Aufgrund sehr hoher Ladungen bei Preisaktionen der Marke M_5 beschreibt diese Komponente den Preisdruck von M_5 auf die Wettbewerber.

Wettbewerbskomponente fünf korrespondiert mit Aktionen der Marke M_8 (8x) sowie mit Aktionen der Marken M_2 (2x), M_5 (2x), M_7 (2x) und M_9 (1x) und einer Woche mit regulären Preisen. Aufgrund von acht überdurchschnittlichen Ladungen bei Aktionen der Marke M_8 muß man diese Wettbewerbskomponente mit Preisaktionen der Marke M_8 unter Beeinflussung von Konkurrenzaktivitäten gleichsetzen.

Die sechste Wettbewerbskomponente repräsentiert Preisaktionen der Marken M_3 (4x) und M_4 (8x) sowie negativ ladende Aktionen der Marken M_2 (1x) und M_4 zusammen mit M_5 (2x) und M_8 (1x). Diese Komponente identifiziert somit im wesentlichen Preisaktionen der Marke M_4, welche allerdings in vier Fällen mit Aktionen der Marke M_3 korrespondieren.

Die siebte Wettbewerbskomponente charakterisiert die Marktbedingung regulärer Preise (7x). Die weiteren Ladungen der Marken M_3 (1x positiv, 1x negativ), M_7 (1x positiv), M_9 (1x negativ) und M_8 (1x negativ) können als unbedeutend für die Interpretation dieser Komponente bezeichnet werden.

Abschließend läßt sich festhalten, daß die ersten drei Komponenten nicht klar zu interpretieren sind, die restlichen vier Komponenten jedoch eine weitgehend eindeutige Identifikation der unterliegenden Wettbewerbskomponenten zulassen. Die sieben Wettbewerbskomponenten stellen sich im Überblick wie folgt dar:

1. Wettbewerbskomponente: nicht eindeutig zu interpretieren,

2. Wettbewerbskomponente: nicht eindeutig zu interpretieren,

3. Wettbewerbskomponente: nicht eindeutig zu interpretieren,

4. Wettbewerbskomponente: Marke M_5 zu Angebotspreisen,

5. Wettbewerbskomponente: Marke M_8 zu Angebotspreisen,

6. Wettbewerbskomponente: Marke M_4 zu Angebotspreisen,

7. Wettbewerbskomponente: Reguläre Preise.

Nachdem die wichtigsten Kerndeterminanten des Wettbewerbs zumindest teilweise identifiziert worden sind, können jetzt die Wettbewerbsbeziehungen der neun Marken auf der Grundlage der Joint Plots und der inneren Produkte nach den Gleichungen 4.37, 4.38 und 4.39 auf der Seite 97 analysiert werden. Darüber hinaus lassen sich die idealisierten Elastizitäten nach Gleichung 4.40 berechnen. Ein umfassende Diskussion der Wettbewerbsbeziehungen für alle Wettbewerbskomponenten sprengt den Rahmen dieser Arbeit und erscheint aufgrund der schlechten Interpretierbarkeit der einzelnen Komponenten auch nicht angebracht. Aus diesem Grunde soll sich die Erörterung der Wettbewerbsbeziehungen auf eine Komponente beschränken. Exemplarisch wird hierfür die sechste Wettbewerbskomponente "Marke M_4 zu Angebotspreisen" ausgewählt. Die Wettbewerbsbeziehungen der Marke M_4 zu ihren Konkurrenten sind darüber hinaus Gegenstand einer umfassenden Diskussion in Kapitel 5.2.3 der benutzerdefinierten Analysen (vgl. die Seiten 200ff).

Bevor jedoch der Wettbewerbsraum der sechsten TUCKALS3-Wettbewerbskomponente erörtert wird, soll die Interpretation eines Joint Plots oder eines Wettbewerbsraumes auf der Basis von idealisierten Elastizitäten an einem Beispiel mit Preiselastizitäten für drei Marken verdeutlicht werden. Die dem Beispiel zugrundeliegenden Elastizitäten sind in Tabelle 5.13 (Seite 178) wiedergegeben. Die Informationen der Elastizitätenmatrix lassen sich in einem zweidimensionalen Wettbewerbsraum abbilden, der insgesamt 99.32 Prozent der Gesamtvarianz erklärt (siehe Abbildung 5.2, Seite 178). Jede der drei Marken wird durch zwei Vektoren im Wettbewerbsraum dargestellt, wobei ein Vektor die Verwundbarkeit der jeweiligen Marke, der andere ihre Stärke repräsentiert. Zur Vereinfachung der Interpretation sind bei den Verwundbarkeitsvektoren nur die Endpunkte angezeigt. Die Intensitäten der Wettbewerbsbeziehungen der drei Marken ergeben sich aus den Skalarprodukten der Vektoren.

Die Marke M_3 verfügt über die größten Wettbewerbskräfte im Markt. Sowohl ihre Verwundbarkeitsausprägung als auch ihre Stärkeausprägung sind im Vergleich zu den beiden Konkurrenzmarken am weitesten vom Ursprung im Wettbewerbsraum entfernt. Die geringste Wettbewerbskraft weist hingegen die Marke M_1 auf, sie liegt am wenigsten weit vom Ursprung des Wett-

Tabelle 5.9: Die TUCKALS3-Komponentenmatrix der Wochen 1 bis 40

Komponentenmatrix **C**, VARIMAX-transformiert Länge der Komponenten: $\mathbf{c}'\mathbf{c} = T$								
W.	I	II	III	IV	V	VI	VII	FIT
1	-.040	3.997	-.224	-.125	-.439	.130	.559	.899
2	-.977	-.495	1.669	-.237	.640	.667	.314	.692
3	-.528	.343	2.953	-.298	-.661	-.699	-.001	.776
4	.447	2.619	.256	-.177	-.678	-.250	.366	.878
5	.349	2.477	.187	-.281	-.199	-.041	.335	.874
6	-.315	4.035	.166	.346	1.358	.709	-1.957	.931
7	1.794	2.293	-.548	-.151	.002	.325	-.382	.861
8	-.426	2.197	-.208	.230	.740	-.177	.454	.861
9	-.662	2.943	.409	.132	.449	-.413	.073	.893
10	-.220	.033	2.073	-.359	1.028	-.604	-.240	.787
11	-.326	.384	.908	.227	.063	-1.198	1.094	.834
12	-.670	.116	.262	.481	1.363	-1.299	1.364	.784
13	.643	-.744	.435	1.616	4.086	-2.087	.833	.822
14	1.314	.149	.557	-.822	1.685	-1.155	.981	.911
15	1.308	.594	.408	-.612	-.339	-1.472	2.023	.901
16	1.414	.552	-.039	-.486	1.641	-.420	.551	.929
17	5.776	-.950	.044	-.492	-.702	.353	-.505	.865
18	-.354	-.383	.531	.108	.137	1.818	-.020	.585
19	2.281	1.335	.823	-.651	-1.283	-.145	.791	.850
20	1.620	.496	.231	-.507	1.534	.562	-.461	.883
21	.502	.092	1.334	.056	.677	.247	-.123	.832
22	-.340	-.095	1.843	.382	.169	-.049	-.067	.802
23	.515	.158	1.676	-.140	.601	-.021	-.129	.871
24	.054	.057	1.202	.027	1.847	.065	-.430	.854
25	-.603	-.412	.582	.165	.615	1.162	.526	.704
26	-.159	.333	1.826	.126	-.461	-.082	.658	.815
27	.433	-.088	1.573	-.437	1.611	.325	-.751	.810
28	.333	-.035	1.345	.050	-.069	-.035	.496	.810
29	.022	-.296	1.597	.006	1.022	.272	-.344	.799
30	.203	-.205	1.359	.061	.921	.185	.005	.841
31	-1.047	-1.169	2.302	3.814	-.518	1.127	-.013	.716
32	.696	-.099	.891	.101	1.392	.691	-.604	.835
33	1.811	.220	-.143	.280	.320	.110	.448	.860
34	1.113	.741	3.718	-1.402	-.990	1.211	-1.983	.828
35	2.833	-1.197	1.188	1.634	-1.326	-1.470	.317	.808
36	-.467	.250	.932	.017	-.351	2.399	.320	.718
37	-.127	.287	1.214	-.444	-.708	1.264	.596	.863
38	-.827	.908	.405	.831	-1.064	-1.373	2.226	.893
39	.961	-.371	-.302	.203	.167	.813	.952	.882
40	-.102	.129	.147	.349	.139	-.031	1.133	.795

Tabelle 5.10: Die TUCKALS3-Komponentenmatrix der Wochen 41 bis 78

Komponentenmatrix C, VARIMAX-transformiert Länge der Komponenten: $\mathbf{c}'\mathbf{c} = T$								
W.	I	II	III	IV	V	VI	VII	FIT
41	-.257	.084	-.191	.100	.394	.328	1.326	.835
42	-.420	.191	-.439	-.194	.173	-.043	2.420	.849
43	-.197	.599	-.797	-.080	-.156	2.472	1.068	.817
44	-.191	.064	-.480	-.120	.084	.027	2.360	.849
45	-.054	.264	.346	-.082	-.061	.158	1.502	.845
46	.031	-.039	.053	-.174	1.144	.477	.912	.918
47	-.349	-.109	-.316	.453	.427	-.015	1.243	.716
48	.507	-.157	-.011	-.090	-.273	.526	1.856	.926
49	-.117	.415	-.083	.217	-.440	1.882	.792	.883
50	.068	.117	.413	.292	-.214	.053	1.150	.839
51	.451	-.135	-.055	-.118	-.236	.634	1.824	.927
52	.380	.107	.135	-.253	-.365	.323	1.839	.941
53	.371	.071	.019	-.110	-.265	.447	1.786	.942
54	-.397	.258	.234	-.286	1.908	.155	.497	.904
55	.313	-.094	.000	-.250	.314	.624	1.575	.929
56	.586	-.303	-.263	.068	.276	1.068	1.388	.923
57	1.556	1.373	-1.472	6.602	.111	.122	-1.158	.919
58	-.526	.111	.033	-.054	2.310	.367	.096	.853
59	.376	-.107	-.125	-.053	.725	.612	1.275	.929
60	.185	.403	-.344	-.032	-.020	2.244	.712	.906
61	-.013	.112	.298	.056	.248	.552	1.005	.860
62	-.443	.505	1.765	1.081	-1.021	-2.004	1.192	.624
63	.243	.109	.117	-.027	.057	1.194	.772	.857
64	-.166	-.166	.003	.932	-.143	1.003	.210	.499
65	.020	-.067	-.290	1.005	.429	.457	.305	.503
66	.044	-.250	-.024	.214	.569	.718	.684	.786
67	.925	-.487	-.219	.112	1.043	.519	.770	.886
68	-.202	.072	.127	.243	1.951	.191	-.230	.877
69	-.095	.080	.020	.093	2.300	.297	-.050	.874
70	-.366	.595	.917	.644	-.789	-.668	.994	.830
71	.573	-.266	-.029	.246	.665	.701	.445	.859
72	.562	-.214	.397	.455	-.232	.316	.765	.885
73	-.656	-.147	2.131	1.797	-1.529	.972	.424	.721
74	.263	.048	-.452	.250	.429	2.635	-.055	.869
75	.446	-.148	-.030	.176	.538	1.118	.220	.887
76	.121	-.130	.264	.180	.273	.832	.374	.791
77	.209	-.153	.010	.170	.258	1.934	.055	.886
78	-.030	-.132	.223	.105	.143	1.835	.148	.853
Bed.	.133	.134	.137	.087	.109	.047	.201	.847

Tabelle 5.11: Die Preisreduzierungen der 9 Marken / Normalpreiswochen (Wochen 1-39)

W.	M_1	M_2	M_3	M_4	M_5	M_6	M_7	M_8	M_9	Regul. Preise
1	.	.	.	.	.	.	.	.	.	X
2	.	.	X	X	.	.	.	X	.	.
3	.	.	.	.	.	.	.	.	.	X
4	.	.	.	.	.	.	.	.	.	X
5	.	.	.	.	.	.	.	.	.	X
6	.	.	.	.	.	.	.	X	.	.
7	.	.	.	.	.	.	X	.	.	.
8	.	.	.	.	.	.	X	.	.	.
9	X	.	.	.	.	.	.	.	.	.
10	.	X	.	.	.	.	.	X	.	.
11	.	X	.	.	.	X	.	.	.	.
12	.	X	.	.	.	.	.	X	X	.
13	.	X	.	.	X	.	.	X	.	.
14	.	X	.	.	.	.	.	.	.	.
15	.	X	.	.	.	.	.	.	.	.
16	.	.	.	.	.	.	.	X	.	.
17	.	.	.	.	.	.	.	.	.	X
18	.	.	X	X	.	.	.	.	.	.
19	.	.	.	.	.	.	.	.	X	.
20	.	.	.	.	.	.	.	X	.	.
21	.	.	.	.	.	.	X	.	.	.
22	.	.	.	.	.	.	X	.	.	.
23	.	.	.	.	.	.	X	.	.	.
24	.	.	.	.	.	.	X	X	.	.
25	.	.	X	X	.	.	X	.	.	.
26	.	.	.	.	.	.	X	.	X	.
27	.	.	.	.	.	.	X	X	.	.
28	.	.	.	.	.	.	X	.	.	.
29	.	.	.	.	.	.	X	X	.	.
30	.	.	.	.	.	.	X	.	.	.
31	.	.	.	.	X	.	X	.	.	.
32	.	.	.	.	.	.	X	X	.	.
33	.	.	.	.	.	.	.	.	.	X
34	X	.	.	.	.	.	.	.	.	.
35	X	X	.	.	.	.	.	.	.	.
36	X	.	X	X	.	.	.	.	.	.
37	X	.	X	X	.	.	.	.	.	.
38	.	.	.	.	.	.	.	.	X	.
39	.	.	.	.	.	.	.	.	.	X

Tabelle 5.12: Die Preisreduzierungen der 9 Marken / Normalpreiswochen (Wochen 40-78)

W.	M_1	M_2	M_3	M_4	M_5	M_6	M_7	M_8	M_9	Regul. Preise
40	.	.	.	.	.	.	X	.	.	.
41	.	.	.	.	.	.	X	.	.	.
42	.	.	.	.	.	.	.	.	.	X
43	.	.	.	X	.	.	.	.	.	.
44	.	.	.	.	.	.	.	.	.	X
45	.	.	.	.	.	.	X	.	.	.
46	.	.	.	.	.	.	.	X	.	.
47	.	.	X	.	.	.	.	.	.	.
48	.	.	.	.	.	.	.	.	.	X
49	.	.	.	X	.	.	.	.	X	.
50	.	.	.	.	.	.	X	.	X	.
51	.	.	.	.	.	.	.	.	.	X
52	.	.	.	.	.	.	.	.	.	X
53	.	.	.	.	.	.	.	.	.	X
54	.	.	.	.	.	.	.	X	.	.
55	.	.	.	.	.	.	.	.	.	X
56	.	.	.	.	.	.	.	.	.	X
57	.	.	.	.	X	.	.	.	.	.
58	.	.	.	.	.	.	.	X	.	.
59	.	.	.	.	.	.	.	.	.	X
60	.	.	.	X	.	.	.	.	.	.
61	.	.	.	.	.	.	X	.	.	.
62	.	.	.	X	X	.	.	.	X	.
63	.	.	.	X	.	.	X	.	.	.
64	.	.	X	X	X	.	.	.	.	.
65	.	.	X	X	X	.	.	.	.	.
66	.	.	X	.	.	.	X	.	.	.
67	.	.	.	.	.	.	.	.	.	X
68	.	.	.	.	.	.	.	X	.	.
69	.	.	.	.	.	.	.	.	.	X
70	.	.	.	.	.	.	.	.	X	.
71	.	.	.	.	.	.	X	.	.	.
72	.	.	.	.	.	.	.	.	X	.
73	.	.	.	.	X	.	.	.	X	.
74	.	.	.	X	.	.	.	.	.	.
75	.	.	.	X	.	.	.	.	.	.
76	.	.	.	X	.	.	X	.	.	.
77	.	.	X	X	.	.	.	.	.	.
78	.	.	X	X	.	.	X	.	.	.

Tabelle 5.13: Beispieldaten für die Interpretation von Preiselastizitäten

Preis	M_1	M_2	M_3
M_1	-1.5	2.0	2.5
M_2	.5	-2.5	3.0
M_3	.6	.2	-3.5

Abbildung 5.2: Wettbewerbsraum der Beispieldaten

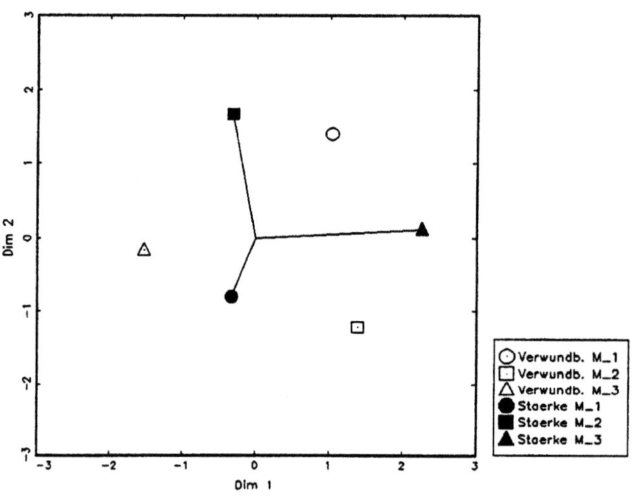

bewerbsraumes entfernt. Diese Feststellungen werden auch durch die direkten Elastizitäten bestätigt (siehe Tabelle 5.13; −3.5 vs. −1.5). Die relative Entfernung der Verwundbarkeitsausprägung und Stärkeausprägung einer Marke vom Ursprung korrespondiert mit der Höhe der absoluten direkten Elastizitäten.

Die Analyse der Wettbewerbsinteraktionen zwischen den drei Marken zeigt, daß die Marke M_3 starken Wettbewerbsdruck auf beide Konkurrenten ausübt. Die Skalarprodukte des Stärkevektors von M_3 mit den Verwundbarkeitsvektoren von M_1 bzw. von M_2 sind relativ groß. Die sich ergebenden Skalarprodukte stimmen mit den Kreuzelastizitäten (2.5 bzw. 3.0) in Tabelle 5.13 überein. Die Kreuzelastizitäten belegen außerdem, daß die Marke M_2 einen großen Wettbewerbsdruck auf die Marke M_1 ausübt, ihre Preisaktionen andererseits aber kaum auf den Marktanteil der Marke M_3 wirken. Entsprechend ergeben sich im Wettbewerbsraum ein (relativ) großes Skalarprodukt zwischen den Vektoren der Stärke von M_2 und der Schwäche von M_1 sowie ein (relativ) kleines Skalarprodukt zwischen der Stärke von M_2 und der Schwäche von M_3. Die Analyse der Wettbewerbsstärke von Marke M_1 zeigt, daß diese Marke nur geringen Wettbewerbsdruck auf die Konkurrenten ausüben kann. Sowohl die Stärkeausprägung von M_1 als auch die sich ergebenden Skalarprodukte mit den Verwundbarkeitsvektoren der Marken M_2 und M_3 sind gering.

Nachdem die Interpretation eines Wettbewerbsraumes oder eines Joint Plots an einem einfachen Beispiel mit drei Konkurrenzmarken verdeutlicht wurde, ist es die Aufgabe der folgenden Ausführungen, die Wettbewerbsbeziehungen der sechsten TUCKALS3-Wettbewerbskomponente aufzudecken und differenziert zu bewerten. Den in Kapitel 4.3.2.4.3 (siehe Seite 96) erörterten Methoden folgend, stellt der Joint Plot die Wettbewerbsbeziehungen zwischen den Marken für eine spezifische Wettbewerbssituation (hier Marke M_4 zu Angebotspreisen) dar. Der Joint Plot in Abbildung 5.3 visualisiert in einer drei- und einer zweidimensionalen Darstellung die Wettbewerbsbeziehungen der Marken. Jede von ihnen wird durch zwei Vektoren repräsentiert, deren Endpunkte als Symbol in der Abbildung eingetragen sind. Fettgedruckte Symbole charakterisieren die Stärke einer Marke, in Normaldruck kennzeichnen sie dagegen deren Verwundbarkeit. Zur Vereinfachung der Interpretation sind Hilfslinien in den Joint Plot eingeführt. In der dreidimensionalen Darstellung wird die Ausprägung jedes Symbols auf der dritten Dimension angezeigt, in der zweidimensionalen Darstellung sind die Stärken der Marken als Vektoren aus dem Ursprung des Koordinatenkreuzes eingezeichnet. Außerdem soll explizit auf die Abbildung der Marken M_6 und M_7 verzichtet werden. Ihre Koordinatenwerte sind auf allen drei Dimensionen relativ niedrig (vgl. Tabelle 5.14), so daß sich der Wettbewerbsraum ohne deren explizite Figurierung vereinfacht darstellen läßt.

Der dreidimensionale Plot erklärt 90.15 Prozent der Varianz der inneren Produkte nach Gleichung 4.37 (Seite 97), und die zweidimensionale Darstellung repräsentiert immerhin noch insgesamt 72.28 Prozent der Varianz in den Daten. Abbildung 5.3 veranschaulicht, daß die Marke M_4 bei eigenen Preisaktionen einen relativ hohen Wettbewerbsdruck auf alle Konkurrenzmarken (Ausnahme M_5) ausübt. Die Stärkekomponente der Marke M_4 liegt in räumlicher Nähe zu den Verwundbarkeitskomponenten der Marken M_1, M_2, M_3 und M_8, wobei der stärkste Wettbewerbsdruck auf die Marken M_1 und M_3 wirkt. Relativ unabhängig von den Wettbewerbskräften der Marke M_4 ist hingegen die Marke M_5. Auffällig ist weiterhin, daß in die-

Abbildung 5.3: Joint Plot der 6. TUCKALS3-Wettbewerbskomponente

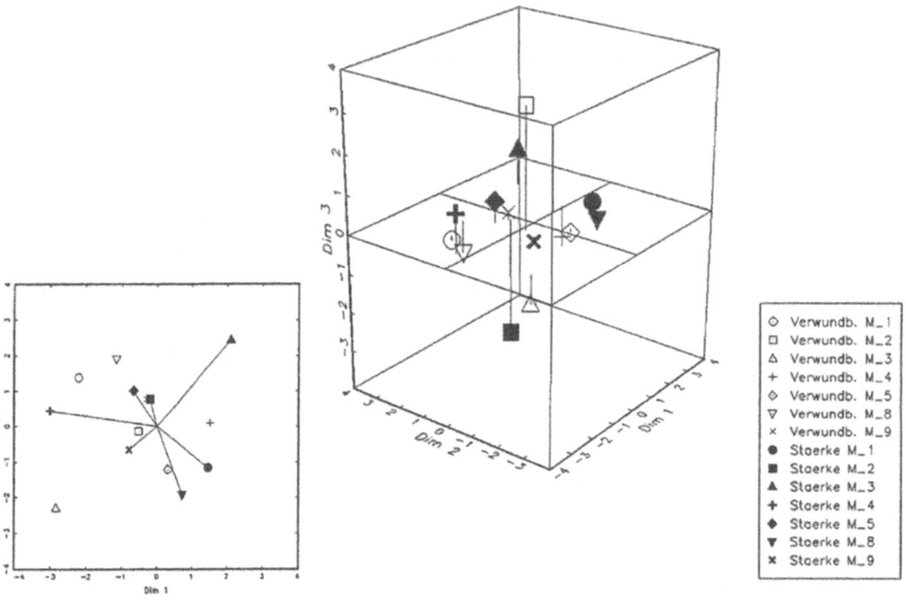

Tabelle 5.14: Die Joint Plot-Koordinatenwerte der Marken M_6 und M_7 der 6. TUCKALS3-Wettbewerbskomponente

	Verwundbarkeiten			Stärken		
Marke	Dim 1	Dim 2	Dim 3	Dim 1	Dim 2	Dim 3
M_6	-.778	.716	.233	.806	-.628	-.083
M_7	-.517	.623	.156	-.404	-.309	.152

sem Wettbewerbsszenarium auch die Marke M_3 eine große Wettbewerbskraft aufweist (relative Entfernung der Stärkekomponente von M_3 vom Ursprung des Raumes), welche insbesondere auf die Marken M_4 und M_8 wirkt. Allerdings ist nicht eindeutig klar, ob die Wettbewerbsstärke der Marke M_3 aus den von der Marke M_4 geschaffenen Wettbewerbsbedingungen resultiert oder ob der Druck auf Aktionen der Marke selber zurückzuführen ist, da auf dieser Komponente neben acht Aktionswochen der Marke M_4 auch vier Aktionswochen der Marke M_3 laden.

Tabelle 5.15: Innere Produkte der 6. TUCKALS3-Wettbewerbskomponente

Wettbewerbsbedingung: Marke M_4 zu Angebotspreisen

	M_1	M_2	M_3	M_4	M_5	M_6	M_7	M_8	M_9
M_1	-5.98	2.01	-1.67	6.99	4.28	-2.83	.55	-2.50	-.85
M_2	1.15	-9.26	1.61	4.86	.71	-.51	.67	-.12	.88
M_3	-1.64	1.04	-12.14	7.16	-1.21	-.81	1.74	2.07	3.80
M_4	1.73	2.48	2.91	-4.71	-1.91	1.16	-.77	1.42	-2.32
M_5	2.32	-.83	-2.28	-1.45	-2.14	1.10	.20	1.75	1.33
M_6	-2.20	.13	.29	3.02	1.60	-1.17	.16	-1.27	-.56
M_7	-1.64	.23	.59	2.13	1.15	-.87	.06	-1.03	-.61
M_8	-2.11	3.79	2.01	4.11	-.58	-1.72	-.43	-8.01	2.95
M_9	-2.68	.41	1.17	1.25	2.81	-.99	.03	.74	-2.75

Tabelle 5.16: $c_{t \bullet r}$ der 6. TUCKALS3-Wettbewerbskomponente

r	1	2	3	4	5	6	7
$c_{6 \bullet r}$	-.06	.13	.00	.09	.00	2.15	.38

Obendrein sind die Stärkeausprägungen der Marken M_2 und M_8 beachtenswert. Der Wettbewerbsdruck der Marke M_2 wirkt sich vor allem auf die Marke M_8 aus, wohingegen die Marke M_8 den größten Druck auf die Marke M_3 ausübt. Es liegt deshalb eine asymmetrische Wettbewerbsbeziehung zwischen den Marken M_2 und M_8 in diesem Wettbewerbsszenarium vor.

Die Komplexität der Wettbewerbsbeziehungen zwischen den Marken erklärt sich numerisch durch die inneren Produkte. Tabelle 5.15 enthält die inneren Produkte für alle neun Marken der sechsten Wettbewerbskomponente "Marke M_4 zu Angebotspreisen".

Die real zu erwartenden Elastizitäten für die einzelnen Wettbewerbskomponenten berechnen sich nach Gleichung 4.40 (Seite 98). Hierzu werden jene Wochen ausgewählt, die auf der entsprechenden Wettbewerbskomponente in den Tabellen 5.9 und 5.10 eine Ladung größer als der Wert 1.5 aufweisen. Im Falle der sechsten Wettbewerbskomponente sind dies die Wochen 74, 43, 36, 60, 77, 49, 78 und 18 in absteigender Reihenfolge ihrer Bedeutung. Die Gewichtungskoeffizienten $c_{t \bullet r}$ in Gleichung 4.40 sind für die sechste Komponente in Tabelle 5.16 aufgelistet.

Abbildung 5.4: TUCKALS3-Wettbewerbsraum der idealisierten Preiselastizitäten der 6. Wettbewerbskomponente

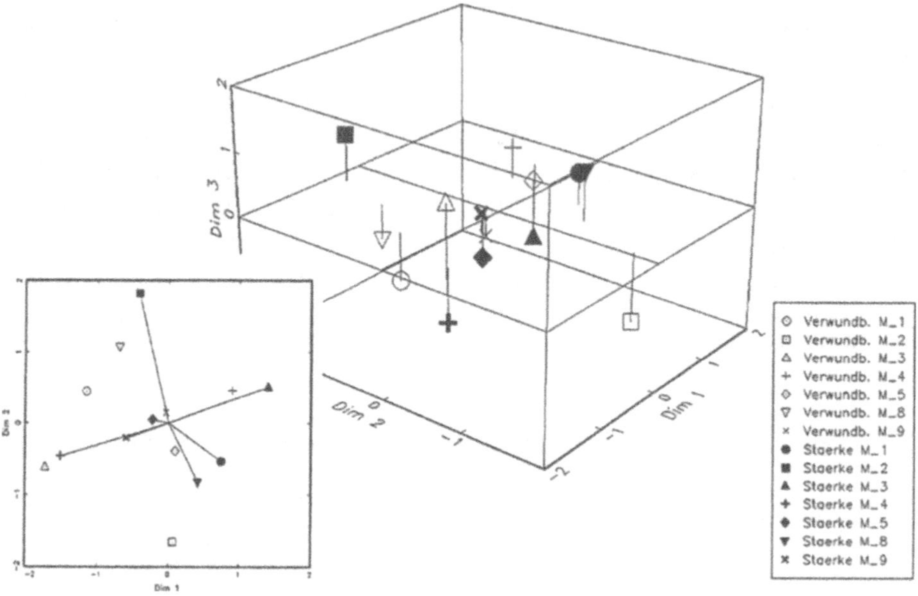

Tabelle 5.17: Die Biplot-Koordinatenwerte der Marken M_6 und M_7 der 6. Wettbewerbskomponente einer TUCKALS3-Analyse

	Verwundbarkeiten			Stärken		
Marke	Dim 1	Dim 2	Dim 3	Dim 1	Dim 2	Dim 3
M_6	-.340	.091	-.437	.394	.149	.378
M_7	-.200	.108	-.343	.218	-.210	.048

In der graphischen Darstellung der inneren Produkte durch die Joint Plots lassen sich die komplexen Interaktionen der idealisierten Elastizitäten durch einen Biplot visualisieren (vgl. die Gleichungen 4.41 bis 4.43 auf Seite 98). Abbildung 5.4 veranschaulicht die Wettbewerbsbeziehungen auf der Basis der idealisierten Elastizitäten, wobei wiederum explizit auf die Darstellung der Marken M_6 und M_7 verzichtet wird. Deren Koordinatenwerte erscheinen in der Tabelle 5.17. Die Darstellung der idealisierten Elastizitäten entspricht hierbei der der inneren Produkte. Wiederum kann man die Interaktion der

Tabelle 5.18: Idealisierte Preiselastizitäten der 6. TUCKALS3-Wettbewerbskomponente

Wettbewerbsbedingung: Marke M_4 zu Angebotspreisen

W. 43	M_1	M_2	M_3	M_4	M_5	M_6	M_7	M_8	M_9
M_1	-1.88	.86	-.57	2.17	1.23	-.88	.16	-.79	-.30
M_2	.65	-3.93	.66	1.52	.36	-.08	.26	.16	.40
M_3	-.41	.39	-4.13	1.94	-.34	-.17	.56	.62	1.54
M_4	.60	.80	.85	-2.06	-.34	.46	-.26	.43	-.50
M_5	.75	-.35	-.76	-.47	-.63	.35	.07	.55	.49
M_6	-.64	.02	.08	.82	.52	-.33	.04	-.39	-.12
M_7	-.47	.05	.17	.52	.40	-.24	.01	-.32	-.12
M_8	-.66	1.62	.49	1.00	-.20	-.51	-.17	-2.80	1.23
M_9	-.83	.11	.42	.34	.89	-.30	.00	.33	-.96

Marken in dieser Wettbewerbsbedingung in einem drei- und einem zweidimensionalen Raum darstellen. Der dreidimensionale Wettbewerbsraum erklärt 90.23 Prozent der Varianz der idealisierten Elastizitäten aus Tabelle 5.18, der zweidimensionale Raum hingegen 67.92 Prozent der Varianz. Die Interpretation hat jetzt entsprechend der Vorgehensweise bei einem Joint Plot zu erfolgen. Allerdings werden die Koeffizienten der idealisierten Elastizitäten im wesentlichen durch die sechste Wettbewerbskomponente bestimmt (vgl. Tabelle 5.16), so daß die Abbildung der Wettbewerbsbeziehungen bis auf einige Verzerrungen in der Hauptsache einen skalierten Raum des Joint Plots in Abbildung 5.3 auf Seite 180 darstellt mit einem Skalierungskoeffizienten von 2.15.

5.2.2.3 Die Ergebnisse der TUCKALS2-Analyse

Das TUCKALS2-Modell eignet sich zur Repräsentation der Wettbewerbsbeziehungen für einzelne vorgegebene Wochen. Entsprechend der Diskussion in Kapitel 4.3.7 lassen sich die idealisierten Elastizitäten für spezielle Wochen berechnen und dann in einem Wettbewerbsraum visualisieren. Somit werden die komplexen Interaktionen der Marken in einer bestimmten Woche aufgedeckt und interpretiert.

Gemäß den Ergebnissen der PCA-SUP-Analyse (Kapitel 5.2.2.1) wird die Lösung mit fünf Komponenten im Modus A und fünf Komponenten im Modus B geschätzt. Ebenso wie im TUCKALS3-Modellansatz läßt sich auf der

Tabelle 5.19: Die TUCKALS2-Komponentenmatrix der Verwundbarkeiten

Komponentenmatrix **A** Länge der Komponenten: $\mathbf{a}'\mathbf{a} = I$						
Label	I	II	III	IV	V	FIT
M_1	-.795	-.388	-1.706	.209	-1.120	.804
M_2	2.452	-.505	-.923	1.114	.609	.966
M_3	-.499	-2.855	.361	.072	-.009	.960
M_4	-.009	.237	1.823	1.881	-1.082	.921
M_5	.269	-.500	.784	-.157	.413	.391
M_6	-.046	-.158	-.579	.721	-.548	.413
M_7	-.026	-.096	-.353	.766	-.457	.408
M_8	-1.424	.268	-.630	1.713	1.708	.952
M_9	.072	.171	-.557	.324	-1.614	.604
Bedeutung	.363	.223	.122	.094	.067	.869

Basis der PCA-SUP-Ergebnisse die Obergrenze für die erklärte Varianz bestimmen (vgl. Seite 168). Die TUCKALS2-Lösung mit je fünf Komponenten erklärt 86.86 Prozent der Varianz in den Daten und stellt damit eine ausgezeichnete Anpassung des Modells an die Daten dar.

Die Komponentenmatrix **A**, die den Zusammenhang der Marken auf den fünf Verwundbarkeitskomponenten spezifiziert, ist in Tabelle 5.19 wiedergegeben. Darüber hinaus enthält die Tabelle entsprechend der Präsentation der TUCKALS3-Komponentenmatrizen Informationen über die Bedeutung der Komponenten und den Anteil der erklärten Varianz eines jeden Levels in diesem Modus. Die korrespondierende Darstellung der Komponentenmatrix **B** findet sich in Tabelle 5.20.

Ein Vergleich der Komponentenmatrizen **A** und **B** der TUCKALS2-Lösung mit den Komponentenmatrizen der TUCKALS3-Lösung belegt eine sehr hohe Übereinstimmung. Die Interpretation der Matrizen ist damit für jeden Modus identisch. Die hohe Korrespondenz der beiden Lösungen ergibt sich aus der Tatsache, daß für beide Ansätze (TUCKALS3, TUCKALS2) hoch-dimensionale Lösungen gewählt wurden und aus dem großen Varianzerklärungsanteil der ersten Komponenten im Modus C der TUCKALS3-Lösung (vgl. Abbildung 5.1). Somit kommt es zu keiner strukturverändernden Wirkung des einen Modellansatzes auf die Komponentenmatrizen **A** und **B** des jeweils anderen Modellansatzes. Die Matrixkorrelation (gemessen über den R-

Tabelle 5.20: Die TUCKALS2-Komponentenmatrix der Stärken

Komponentenmatrix **B** Länge der Komponenten: $\mathbf{b}'\mathbf{b} = J$						
Label	I	II	III	IV	V	FIT
M_1	-.757	-.011	1.006	.888	-.863	.642
M_2	2.656	.152	.570	-.581	-.322	.981
M_3	-.487	2.610	-.196	.047	-.281	.975
M_4	-.116	-.617	-2.362	-.409	-1.221	.960
M_5	-.164	.106	-.607	-.497	2.505	.839
M_6	-.218	-.078	.703	.262	-.153	.313
M_7	-.137	-.349	-.117	-.092	.045	.116
M_8	-.991	-.935	1.079	-1.721	-.202	.920
M_9	.213	-.878	-.076	2.102	.492	.793
Bedeutung	.382	.213	.134	.083	.057	.869

Koeffizienten nach Gleichung 4.97, Seite 134) zwischen den Komponentenmatrizen der Verwundbarkeiten der TUCKALS3- und der TUCKALS2-Lösung (Werte der Tabele 5.7 mit den Werten der Tabelle 5.19 korreliert) beträgt 0.9986. Die Korrelation zwischen den Komponentenmatrizen der Stärken der Marken beider Ansätze nimmt den Wert 0.9997 an (Werte der Tabelle 5.8 mit den Werten der Tabelle 5.20 korreliert).

Die Information der erweiterten Kernmatrix des TUCKALS2-Modells läßt sich jetzt dazu verwenden, die Basiskräfte des Wettbewerbs für spezifische Wochen darzustellen. Dies kann in der vorliegenden Arbeit natürlich nur für einige ausgesuchte Wettbewerbsbedingungen erfolgen. Exemplarisch kommen die Wettbewerbsbeziehungen der 43. Woche und das durchschnittliche nicht-spezifische Marktgeschehen zur Bewertung. Die benötigte Information wird der 43. Kernmatrixscheibe (vgl. Tabelle 5.21) und der durchschnittlichen Kernmatrix (vgl. Tabelle 5.21) entnommen. Die Woche 43 repräsentiert die Wettbewerbsbedingung "Marke M_4 zu Angebotspreisen bei fehlenden Konkurrenzaktionen", die durchschnittliche Kernmatrixscheibe hingegen spezifiziert das durchschnittliche Marktgeschehen über die 78 analysierten Wochen.

Der Wettbewerbsraum der Woche 43 wird in Abbildung 5.5 (Seite 186) wiedergegeben, und die dazugehörigen idealisierten Elastizitäten dieser Wettbewerbsbedingung ergeben sich aus Tabelle 5.22. Der dreidimensionale Wettbewerbsraum in Abbildung 5.5 repräsentiert 97.94 Prozent der Varianz der

Tabelle 5.21: Die TUCKALS2-Kernmatrixscheibe der 43. Woche und die durchschnittliche TUCKALS2-Kernmatrixscheibe

Woche 43				
7.145	-1.061	-1.142	-.582	.323
-.342	5.989	-2.750	-1.352	.619
-.839	-.402	4.153	-.918	.188
.063	.700	-2.236	-.490	-.120
-.435	-.721	-.508	2.266	-.219
durchschnittliche Kernmatrix				
7.290	-.354	.203	-.032	.109
.123	5.953	-.261	-.233	-.206
.053	.408	4.288	-.667	-.053
.236	-1.156	.413	-1.387	-1.528
.038	-.085	.621	3.032	-1.330

Abbildung 5.5: TUCKALS2-Wettbewerbsraum der idealisierten Preiselastizitäten der Woche 43

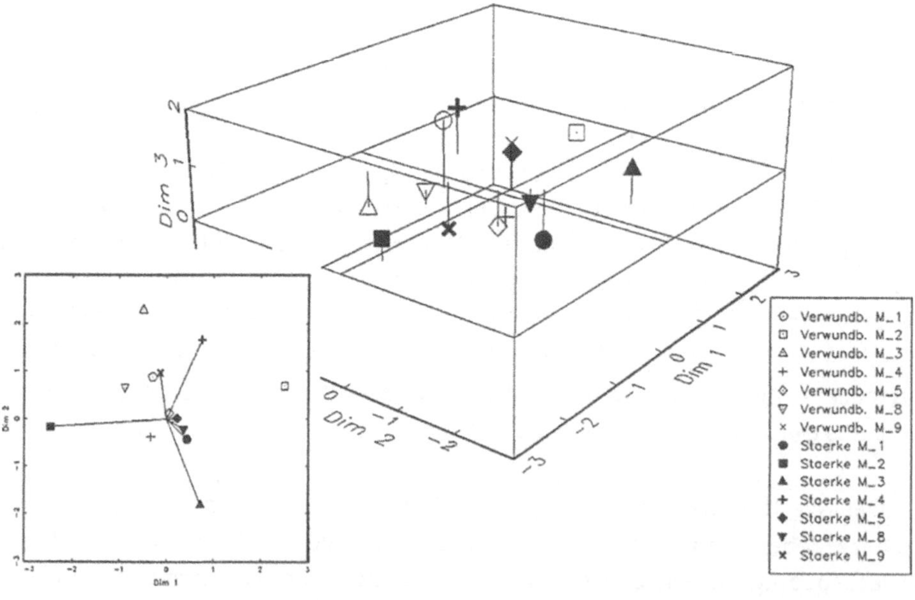

Tabelle 5.22: TUCKALS2-idealisierte Preiselastizitäten der Woche 43

Wettbewerbsbedingung: Marke M_4 zu Angebotspreisen

	M_1	M_2	M_3	M_4	M_5	M_6	M_7	M_8	M_9
M_1	-1.78	1.09	-1.05	2.43	.82	-.86	.20	-.46	-.39
M_2	.82	-6.30	.68	3.04	.56	-.22	.46	.43	.54
M_3	-.51	.56	5.14	2.75	-.57	-.29	.64	-.14	2.70
M_4	.19	.80	.28	-1.08	-.17	.20	-.13	.07	-.17
M_5	.65	-.41	-.69	-.39	-.47	.30	.06	.22	.73
M_6	-.67	-.22	-.31	1.34	.43	-.40	.12	-.20	-.10
M_7	-.52	-.18	-.21	1.03	.34	-.31	.09	-.18	-.07
M_8	-.85	2.11	-1.15	.70	.03	-.36	-.02	-1.65	1.20
M_9	-.83	-.04	.58	.90	.65	-.41	.03	.22	-1.12

Tabelle 5.23: Die Koordinatenwerte der Marken M_6 und M_7 für den Wettbewerbsraum der Woche 43 und den des durchschnittlichen Marktgeschehens einer TUCKALS2-Analyse

		Verwundbarkeiten			Stärken		
Szenarium	Marke	Dim 1	Dim 2	Dim 3	Dim 1	Dim 2	Dim 3
Woche 43	M_6	.146	.434	.557	-.007	-.286	-.484
Woche 43	M_7	.115	.331	.432	.114	.281	-.024
Durchschnitt	M_6	-.063	-.030	-.296	.211	.077	.501
Durchschnitt	M_7	-.041	-.074	-.138	.089	.297	-.086

idealisierten Elastizitäten, die zweidimensionale Darstellung hingegen erklärt 85.44 Prozent. Wiederum ist aus Gründen einer übersichtlicheren Veranschaulichung der Wettbewerbskräfte auf die explizite Abbildung der Stärken- und Verwundbarkeitskoordinaten der Marken M_6 und M_7 verzichtet worden. Ihre Koordinatenwerte sind sowohl für die Woche 43 als auch für die durchschnittliche Kernmatrix in Tabelle 5.23 angegeben.

Die Struktur des Wettbewerbsraums in Abbildung 5.5 belegt, daß die Marke M_4 den größten Wettbewerbsdruck auf die Marken M_1, M_2 und M_3 ausübt. Dies wird auch durch die relativ größten idealisierten Kreuzpreiselastizitäten in Tabelle 5.22 bestätigt. Die Marke M_4 steht selbst nur unter geringem Wettbewerbsdruck durch die Konkurrenten in dieser Woche, wobei die stärkste Wirkung noch vom Wettbewerber M_2 ausgeht. Relativ

Abbildung 5.6: TUCKALS2-Wettbewerbsraum der durchschnittlichen Kernmatrix

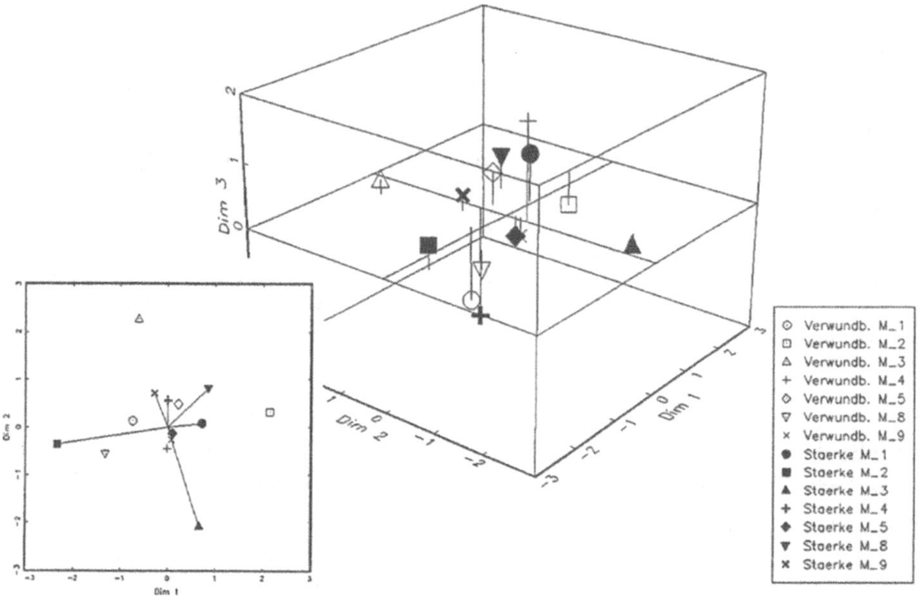

gut behauptet sich die Marke M_5, welche einem vergleichsweise geringen Druck durch die Preisaktionen der Marke M_4 ausgesetzt ist, die ihrerseits aber die Marktanteile der Marken M_3 und M_8 beeinflußt.

Der Wettbewerbsraum auf der Basis der durchschnittlichen Kernmatrix repräsentiert das durchschnittliche Marktgeschehen bereinigt um nicht relevante Einflüsse. Der dreidimensionale Wettbewerbsraum in Abbildung 5.6 gibt 87.44 Prozent der Varianz der idealisierten Elastizitäten in Tabelle 5.24 wieder. Die zweidimensionale Darstellung der Wettbewerbskräfte erklärt immerhin noch 72.23 Prozent der Varianz.

Der Wettbewerbsraum zeigt, daß die Marken M_2, M_3 und M_4 relativ ausgeprägte Stärkekomponenten haben, gleichzeitig aber auch über die größten Verwundbarkeitspotentiale verfügen. Das bedeutet, daß diese Marken über Preiserhöhungen relativ leicht Marktanteile verlieren, aber über Preissenkungen auch große Marktanteilsgewinne realisieren können. Außerdem sind diese Marken verstärkt dem Wettbewerbsdruck durch die Konkurrenzmarken ausgesetzt. Die Marke M_2 realisiert die höchsten Wettbewerbs-

Tabelle 5.24: TUCKALS2-idealisierte Preiselastizitäten des durchschnittlichen Marktgeschehens

Preiselastizitäten bei durchschnittlicher Kernmatrix

	M_1	M_2	M_3	M_4	M_5	M_6	M_7	M_8	M_9
M_1	-1.83	1.42	-.69	1.75	1.09	-.81	.11	-.52	-.53
M_2	1.33	-5.67	.88	.96	.58	.23	.31	1.00	.39
M_3	-.16	.65	-5.21	.80	-.15	.14	.60	1.31	2.02
M_4	.62	.63	.48	-3.27	.58	.63	-.23	.56	.00
M_5	.73	-.54	-.92	-.50	-.48	.37	.10	.62	.62
M_6	-.52	.01	.00	.28	.69	-.22	.03	-.14	-.13
M_7	-.36	.01	.09	-.01	.59	-.13	.00	-.14	-.06
M_8	-.63	2.58	.43	.13	-.21	-.35	-.32	-3.27	1.64
M_9	-.82	.02	.47	.07	1.09	-.28	.02	.60	-1.17

kräfte auf die Marken M_8 und M_1, wobei sich die Wettbewerbsbeziehungen zwischen den Marken M_1 und M_2 als symmetrisch bezeichnen lassen. Beide Marken stehen untereinander in einem vergleichbaren Preiswettbewerb. Für die Marke M_4 gilt, daß sie insbesondere den Marktanteil der Marke M_1 gefährdet. Zudem belegt die Auswertung der Tabelle 5.24, daß die Marke M_5 einen relativ großen Einfluß auf den Marktanteil der Marke M_9, die Marke M_8 auf den der Marken M_2 und M_3 und schließlich die Marke M_9 auf die Anteile von M_3 und M_8 ausübt.

Die Diskussion der Ergebnisse des TUCKALS2-Modells verdeutlicht, wie außerordentlich detailliert und umfangreich die bereitgestellte Information sein kann. Die Analyse der Wettbewerbsbeziehungen einzelner Wochen kann aber dadurch auch sehr schnell einen nicht mehr zu vertretenden Aufwand erreichen, so daß es vorteilhaft erscheint, lediglich spezifische Wettbewerbsbedingungen explizit vorzugeben und diese zu analysieren.

5.2.2.4 Die Ergebnisse der PARAFAC-Analyse

Die Anwendung des PARAFAC-Modells auf die Marktanteilselastizitäten setzt zunächst die Dimensionalitätsbestimmung der Lösung voraus. Anders als bei der Anwendung der Tucker-Modelle kann hier nur eingeschränkt auf die Ergebnisse der PCA-SUP-Analysen zurückgegriffen werden. In dieser Arbeit wird dem Vorschlag von Harshman und DeSarbo (1984) gefolgt, wonach die erklärten Varianzen unterschiedlich dimensionaler Lösungen berechnet

Abbildung 5.7: PARAFAC-Ergebnisse unterschiedlicher Dimensionalität

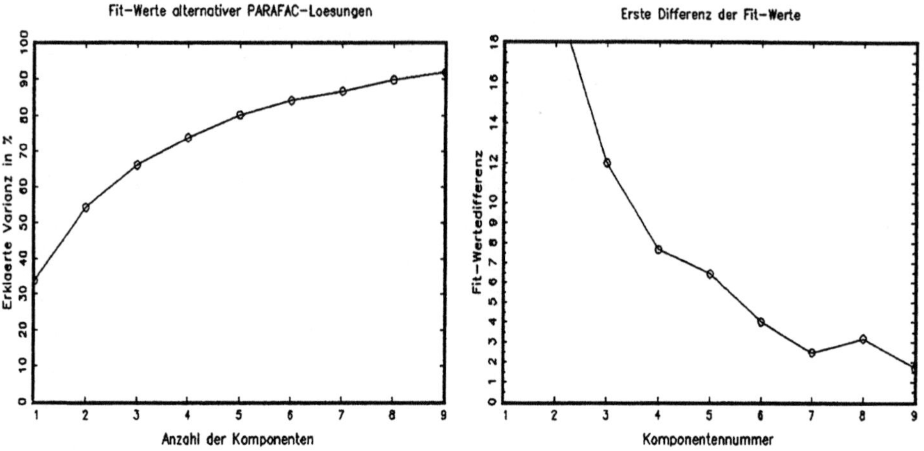

und auf der Basis eines Scree-Plots die Dimensionalität der Lösung festgelegt wird. Abbildung 5.7 stellt die erklärten Varianzen alternativer Lösungen sowie die Differenz zwischen zwei aufeinander folgenden Fit-Werten dar. Die Abbildung der Differenzen soll die Unterschiedlichkeit alternativer Lösungen besser erkennen lassen. Alle Lösungen - mit Ausnahme der mit sieben Dimensionen - sind nicht degeneriert, so daß kein Grund besteht, eine oder mehrere Lösungsmatrizen orthogonal zu beschränken (vgl. 4.3.4.4 auf den Seiten 112ff). Die Abbildung 5.7 veranschaulicht, daß eine sechsdimensionale Lösung angebracht scheint. Sie liefert eine hohe Varianzerklärung und im Gegensatz zur siebendimensionalen Lösung den letzten bedeutenden Anstieg im Fit.

Insgesamt erklären die sechs PARAFAC-Komponenten 84.20 Prozent der Varianz in den Daten. Die Ergebnisse der drei Komponentenmatrizen sind in den Tabellen 5.25, 5.26, 5.27 und 5.28 einsehbar. In Tabelle 5.29 (Seite 195) erscheinen zusätzlich die Skalarprodukte aller Kombinationen der auf Einheitslänge skalierten Komponenten. Tabelle 5.29 verdeutlicht, daß sowohl in der Skalarproduktmatrix der Verwundbarkeiten (Modus A) als auch in der Matrix der Stärken (Modus B) kaum Interaktionen zwischen den einzelnen Komponenten vorkommen. Das bedeutet, daß die Kosinusse zwischen den Komponenten der Matrix **A** und der Matrix **B** sämtlich klein sind. Umgekehrtes gilt für die Kosinusse der Komponentenmatrix **C**. Diese Skalarprodukte zeigen an, daß hier eine weitgehende inhaltliche Übereinstimmung vorliegt. Insbesondere die Wochen 13, 17, 19, 31, 57 und 73 laden auf mindestens 3

Tabelle 5.25: Die PARAFAC-Komponentenmatrix der Verwundbarkeiten

Komponentenmatrix **A** Länge der Komponenten: $\mathbf{a}'\mathbf{a} = I$						
Label	I	II	III	IV	V	VI
M_1	.964	.316	-.328	1.202	-.239	-2.310
M_2	-.058	-2.798	-.146	.163	.110	.762
M_3	1.330	-.043	1.834	.301	-2.773	-.552
M_4	.831	-.196	-.289	-2.663	-.174	-.189
M_5	.196	-.150	.293	-.203	-.611	1.641
M_6	1.039	-.269	-.456	.296	-.109	-.075
M_7	.916	-.226	-.395	.067	-.063	.048
M_8	1.676	.926	1.379	.185	.895	-.116
M_9	.917	-.169	-1.753	.425	-.145	.167

Komponenten mit Werten deutlich verschieden von Null (vgl. die Tabellen 5.27 und 5.28 auf den Seiten 193 und 194). Folglich wird die inhaltliche Bedeutung der einzelnen PARAFAC-Komponenten im dritten Modus vorwiegend durch identische Wochen determiniert[3]. Trotz der hohen Übereinstimmung der sechs Wochen-Komponenten kann man aus dem Degenerationsmaß der Lösung in Gleichung 4.75 (Seite 113) schließen, daß die gefundene Lösung nicht degeneriert ist (vgl. Tabelle 5.30).

Die Interpretation der einzelnen PARAFAC-Komponenten führt zu folgender Lösung (vgl. die Tabellen 5.25, 5.26, 5.27, 5.28). Auf der ersten Komponente laden die Wochen 17, 31, 35, 57 und 73 (mit Ladungen > 1.5). Sie repräsentieren Aktionen der Marke M_5 sowie eine Woche mit regulären Preisen (Woche 35) und eine gleichzeitige Preisaktion der Marken M_2 und M_3. Die inhaltliche Benennung des möglichen Wettbewerbsszenariums ist äußerst schwierig, es läßt sich aber vermuten, daß die erste Komponente Aktionen der Marke M_5 charakterisiert. In einer solchen Wettbewerbssituation zeigen die Marken M_3, M_6 und M_8 eine überdurchschnittliche Verwundbarkeit ihres Marktanteils, wohingegen die Marke M_2 eine überdurchschnittliche Stärke aufweist. Die Interpretation der negativen Stärkeausprägung der Marke M_8 hingegen ist schwierig.

[3] Analysen unterschiedlicher Dimensionalität in Kombination mit verschiedenen Restriktionen auf eine oder mehrere Komponentenmatrizen können die Interaktionen im Modus der Wochen nicht auflösen.

Tabelle 5.26: Die PARAFAC-Komponentenmatrix der Stärken

Komponentenmatrix **B** Länge der Komponenten: $\mathbf{b}'\mathbf{b} = J$						
Label	I	II	III	IV	V	VI
M_1	-.616	-.236	.070	-.247	-.224	2.599
M_2	2.004	2.806	-.166	-.302	-.056	-.273
M_3	-.089	-.352	-.922	-.511	2.385	-.037
M_4	.004	-.355	.266	2.769	-.020	-.119
M_5	.699	-.533	-.765	-.197	.010	-1.252
M_6	-.557	-.116	.213	-.716	-.172	.046
M_7	-.246	-.268	.128	.052	-.273	-.541
M_8	-1.829	-.523	-1.244	-.466	-1.771	.109
M_9	.629	-.422	2.419	-.382	.122	-.532

Die zweite PARAFAC-Komponente lädt die Wochen 1, 3 bis 9, 13 bis 16, 19 und 57. Diese Wochen korrespondieren mit Preisaktionen der Marken M_1, M_2, M_5, M_7, M_8, M_9 und mit regulären Preiswochen. Eine inhaltliche Benennung ist somit nicht möglich. Bei dieser Wettbewerbskomponente hat die Marke M_2 eine starke negative Verwundbarkeit, sie ist folglich besonders wenig anfällig für eigene Marktanteilsverluste. Darüber hinaus zeigt sie eine überdurchschnittliche Wettbewerbsstärke in diesem Marktszenarium.

Die Wettbewerbskomponente drei bezieht sich auf eine gemeinsame Preisaktion der Marken M_2, M_5 und M_8 sowie Preisaktionen der Marken M_5 und M_9 und eine eigenständige Preisaktion der Marke M_9. Es ist anzunehmen, daß die Komponente drei Preisaktionen der Marke M_9 spezifiziert. In dieser Wettbewerbsbedingung übt die Marke M_9 primär Marktanteilsdruck auf die Marken M_3 und M_8 aus, die Verwundbarkeit der Marke M_9 ist dagegen durch die eigenen Preisaktionen geschützt. Entsprechend hat einzig die Marke M_9 eine Stärkeausprägung auf der dritten PARAFAC-Komponente. Keine der Wettbewerbsmarken ist somit in der Lage, in diesem Marktszenarium eine eigene marktdominierende Stellung aufzubauen. Auffällig ist weiterhin, daß die Marken, welche dem stärksten Wettbewerbsdruck durch die Marke M_9 ausgesetzt sind, auch besonders niedrige Stärkeausprägungen aufweisen.

Die vierte Wettbewerbskomponente wird durch die Wochen 13, 31, 57 und 73 charakterisiert. Die Wochen sind gekennzeichnet durch Preisaktionen der

Tabelle 5.27: Die PARAFAC-Komponentenmatrix der Wochen 1 bis 39

Komponentenmatrix C Länge der Komponenten: $\mathbf{c}'\mathbf{c} = T$						
Woche	I	II	III	IV	V	VI
1	.002	2.378	.924	.641	1.187	.802
2	-.055	.048	1.180	1.130	.773	.747
3	.332	.032	1.206	.976	1.063	.254
4	.329	1.592	.845	.453	.971	.332
5	.086	1.649	.822	.519	1.013	.787
6	-1.123	2.035	.623	.324	1.119	.287
7	.595	1.834	.538	.124	1.053	.558
8	-.320	1.606	.948	.668	.824	.812
9	-.463	1.703	1.022	.672	.962	.490
10	-.220	.406	1.142	.971	1.063	.908
11	.414	.646	.980	.882	.719	.553
12	-.026	.959	.986	1.097	.721	1.114
13	.754	2.015	1.739	2.310	1.870	1.891
14	.410	1.633	1.295	.935	1.488	.636
15	1.311	1.514	1.193	.865	1.259	.226
16	.335	1.738	1.038	.703	1.323	1.332
17	3.122	1.242	.664	.153	1.657	1.630
18	.223	.032	.784	.581	.462	1.125
19	1.464	1.567	1.636	.145	1.454	1.800
20	.124	1.426	.813	.497	1.303	1.748
21	.554	.751	.636	1.245	1.329	.940
22	.419	.177	.782	1.129	.994	.920
23	.485	.734	.968	1.166	1.362	.902
24	-.241	.814	.911	1.100	1.185	1.353
25	.254	.320	.847	1.073	.649	.978
26	.665	.546	1.194	1.111	1.157	1.505
27	-.281	.647	.952	.882	1.221	1.519
28	.728	.556	.878	1.022	1.042	1.307
29	.081	.388	.845	1.071	1.059	1.323
30	.318	.613	1.039	1.136	1.118	1.268
31	2.407	-.161	1.446	2.729	1.577	1.705
32	.132	.781	1.022	.824	1.103	1.604
33	1.242	1.315	.922	.657	1.047	1.309
34	.339	.056	1.197	.326	1.517	.748
35	3.352	.261	1.035	.978	1.215	.057
36	.767	.508	1.391	1.069	.949	.352
37	.770	.420	1.035	.974	.970	.066
38	.981	.821	.982	1.003	.616	.582
39	1.276	.822	.409	1.087	.918	.605

Tabelle 5.28: Die PARAFAC-Komponentenmatrix der Wochen 40 bis 78

Komponentenmatrix **C** Länge der Komponenten: $\mathbf{c}'\mathbf{c} = T$						
Woche	I	II	III	IV	V	VI
40	.649	.719	.755	.922	.682	.766
41	.422	.761	1.001	.861	.591	.729
42	.663	1.056	1.136	1.130	.726	.244
43	.691	.916	1.044	.754	.700	.245
44	.858	1.019	1.102	1.135	.744	.239
45	.707	.894	1.200	.977	.865	.854
46	.212	.960	1.085	.971	.845	.994
47	.531	.626	.884	.764	.325	.356
48	1.263	.961	1.203	1.105	.948	.893
49	.817	.686	.903	.786	.763	.776
50	.796	.675	.946	.872	.787	1.081
51	1.263	.963	1.219	1.110	.931	.650
52	1.138	.983	1.191	1.052	.969	.561
53	1.120	.999	1.174	1.048	.950	.789
54	-.431	1.049	1.125	.925	.852	.666
55	.888	1.024	1.244	1.109	.970	.661
56	1.152	.987	1.212	1.106	.943	.819
57	3.417	1.794	.910	1.859	1.608	1.295
58	-.696	.906	.942	.790	.682	1.075
59	.666	1.076	1.157	1.037	.976	1.104
60	.681	.912	1.080	.714	.838	1.031
61	.537	.780	1.118	.898	.815	1.104
62	1.277	.386	1.238	1.173	.811	.538
63	.616	.744	1.111	.733	.778	1.095
64	.572	.134	.749	.559	.381	.941
65	.488	.429	.900	.589	.410	.978
66	.405	.581	.515	.868	.642	1.089
67	.797	.969	.492	1.113	1.021	1.165
68	-.459	.747	.441	.769	.685	1.089
69	-.481	1.015	.467	.968	.895	1.213
70	.726	.481	.864	.732	.663	1.034
71	.639	.714	.456	.918	.811	1.107
72	1.071	.550	.922	.871	.782	1.067
73	1.929	-.045	1.565	1.696	1.242	.745
74	.556	.645	.473	.743	.728	1.036
75	.512	.616	.472	.761	.727	1.042
76	.440	.457	.557	.743	.645	1.064
77	.524	.447	.520	.741	.670	.989
78	.442	.367	.589	.748	.645	1.008

Tabelle 5.29: Skalarprodukte der sechs PARAFAC-Komponenten (Einheitslänge)

Modus A	I	II	III	IV	V	VI
I	1.000	.125	.202	.041	-.332	-.324
II	.125	1.000	.225	.052	.084	-.353
III	.202	.225	1.000	.022	.399	-.030
IV	.041	.052	.022	1.000	-.050	-.291
V	-.332	.084	-.399	-.050	1.000	.119
VI	-.324	-.353	-.030	-.291	.119	1.000

Modus B	I	II	III	IV	V	VI
I	1.000	.694	.313	.052	.367	-.383
II	.694	1.000	-.030	-.112	.003	-.039
III	.313	-.030	1.000	.100	.023	-.033
IV	.052	-.112	.100	1.000	-.035	-.059
V	.367	.003	.023	-.035	1.000	-.087
VI	-.383	-.039	-.033	-.059	-.087	1.000

Modus C	I	II	III	IV	V	VI
I	1.000	.494	.654	.678	.679	.580
II	.494	1.000	.821	.740	.869	.783
III	.654	.821	1.000	.929	.948	.873
IV	.678	.740	.929	1.000	.914	.866
V	.679	.869	.948	.914	1.000	.912
VI	.580	.783	.873	.866	.912	1.000

Marke M_5 im Verbund mit gleichzeitigen Aktionen verschiedener Wettbewerber. Allerdings hat lediglich die Marke M_4 überdurchschnittliche Werte hinsichtlich Verwundbarkeit und Stärke, und folglich läßt sich dieses Marktszenarium nicht plausibel erklären.

Die fünfte Wettbewerbskomponente bezieht sich wiederum auf Aktionen der Marke M_5 und eine Woche mit regulären Preisen. Auch in diesem Fall sind die Ausprägungen der Marken bzgl. den Verwundbarkeiten und Stärken auf dieser Komponente nicht schlüssig erklärbar. Solche Interpretationsschwierigkeiten treten ebenfalls bei der sechsten PARAFAC-Komponente auf. Sie korrespondiert mit Aktionen der Marken M_5, M_7, M_8 und M_9, so daß auf eine detaillierte Diskussion dieser Bedingung verzichtet wird.

Tabelle 5.30: Die Kosinusse der PARAFAC-Komponenten

Komponente	I	II	III	IV	V
II	.043				
III	.041	-.006			
IV	.001	-.004	.002		
V	-.083	.000	-.009	.002	
VI	.072	.011	.001	.015	-.009

Insgesamt muß deshalb an dieser Stelle festgehalten werden, daß das PARAFAC-Modell eine wenig plausible Lösung liefert, die sich eignen würde, um Empfehlungen und Strategien für das Management einer oder mehrerer Marken abzuleiten. Die hier aufgezeigten Probleme sind auch nicht durch eine Änderung der Dimensionalität der Lösung oder durch die Restriktion einer oder mehrerer Parametermatrizen zu lösen. Das PARAFAC-Modell zeigt sich damit zumindest bei diesem Datensatz als ungeeignet, die unterliegende Wettbewerbsstruktur adäquat zu repräsentieren.

5.2.2.5 Die Ergebnisse der gewichteten Hauptkomponentenanalyse

Die gewichtete Hauptkomponentenanalyse soll die Stärken und Schwächen der Marken analysieren, wobei die unterschiedlichen Wettbewerbssituationen lediglich Gewichtungen darstellen. Die Festlegung der Dimensionalität der WPCA-Lösung kann ebenso wie bei den Tucker-Modellen auf die Ergebnisse der PCA-SUP-Analysen zurückgreifen. Entsprechend wird eine WPCA-Lösung mit fünf Komponenten im Modus A und B gewählt. Der Fit des Modells beträgt 71.13 Prozent, so daß man von einer guten Anpassung des Modells an die Daten, aber auf deutlich niedrigerem Niveau als bei den voran diskutierten Verfahren, sprechen kann. Die Komponentenmatrix **A**, die orthogonal beschränkt ist, erklärt den Zusammenhang der Marken auf den Verwundbarkeitskomponenten, und die Komponentenmatrix **B** spezifiziert die Komponentenwerte der Lösung. Die Diskussion dieser beiden Matrizen erbringt keine neuen Erkenntnisse über die Stärken und Schwächen der Marken im Wettbewerb. Folglich werden die Ergebnisse der gewichteten Hauptkomponentenanalyse zur Repräsentation der durchschnittlichen Wettbewerbsbeziehungen in einem Wettbewerbsraum bzw. zur Schätzung von idealisierten Elastizitäten herangezogen. Die idealisierten Elastizitäten sind in der folgenden Tabelle 5.31 wiedergegeben.

Tabelle 5.31: WPCA-idealisierte Preiselastizitäten des durchschnittlichen Marktgeschehens

	M_1	M_2	M_3	M_4	M_5	M_6	M_7	M_8	M_9
M_1	-2.43	1.28	-.56	1.41	1.16	-.68	.33	-.48	-.03
M_2	1.05	-5.92	1.07	.91	.51	.17	.34	1.26	.62
M_3	.37	.72	-5.08	.69	-.20	.19	.62	1.39	2.02
M_4	-.05	.49	.57	-3.30	.58	.67	-.01	.63	.43
M_5	1.50	-.43	-.92	-.21	-.91	.35	-.11	.66	.06
M_6	-.49	.00	.10	.32	.32	-.15	.07	-.01	-.15
M_7	-.27	.06	.16	.08	.20	-.08	.02	.00	-.17
M_8	-.76	2.79	.51	.13	-.63	-.28	-.23	-3.05	1.51
M_9	-.26	.30	.47	.39	.34	-.21	-.08	.71	-1.65

Tabelle 5.32: Die Kongruenzmaße der TUCKALS2- und der WPCA-Koordinatenmatrizen für die Wettbewerbsräume des durchschnittlichen Marktgeschehens

	M_1	M_2	M_3	M_4	M_5	M_6	M_7	M_8	M_9
Verwundb.	.96	.997	.999	.972	.863	.917	.799	.992	.833
Stärken	.908	.998	.998	.990	.843	.989	.882	.994	.944

Die Inspektion der Elastizitäten belegt, daß sie strukturell mit denen der TUCKALS2-Analyse auf der Basis der durchschnittlichen Kernmatrix übereinstimmen. Die Matrixkorrelation zwischen den idealisierten Elastizitäten in Tabelle 5.31 und 5.24 weist mit 0.9797 auf eine nahezu perfekte Übereinstimmung hin. Zusätzlich sind auch die Kongruenzmaße der Verwundbarkeiten und Stärken der Marken zwischen den beiden Analysetechniken berechnet (vgl. Tabelle 5.32). Bis auf kleinere Abweichungen bei den Marken M_5 und M_7 stimmen die Marken im Wettbewerbsraum des durchschnittlichen Marktgeschehens der TUCKALS2- und der WPCA-Analyse hochgradig überein. Aufgrund der hohen Übereinstimmung liefert der Biplot der WPCA-Analyse ein mit dem durchschnittlichen Wettbewerbsraum der TUCKALS2-Analyse identisches Bild des Marktes. Folglich erübrigt sich die explizite Darstellung und Interpretation des Wettbewerbsraumes auf der Grundlage der gewichteten Hauptkomponentenanalyse.

Insgesamt bleibt es damit dem Anwender überlassen, welche Analysetechnik er zur Repräsentation des durchschnittlichen Marktgeschehens auswählt.

Tabelle 5.33: Fit-Werte-Vergleich zwischen PCA-SUP und SUMPCA

Anzahl der Komponenten	Anteil erklärter Varianz PCA-SUP	SUMPCA
1	74.33	27.27
2	82.10	46.08
3	86.10	55.97
4	88.99	62.02
5	90.57	65.72
6	92.01	67.36
7	93.36	68.17
8	94.29	68.82

Das WPCA-Modell zeichnet sich jedoch gegenüber dem TUCKALS2-Modell durch eine deutlich geringere Anzahl zu schätzender Parameter aus, so daß unter dem Gesichtspunkt einer möglichst effizienten Parameterschätzung das WPCA-Modell vorzuziehen ist.

5.2.2.6 Die Ergebnisse der SUMPCA-Analyse

Das SUMPCA-Modell stellt die Variabilität über die Zeit fest, es soll also erklären, in welchem Ausmaß die Struktur in den Marktanteilselastizitäten durch Preisaktionen bestimmt wird. Hierzu muß man die erklärte Varianz einer fünfdimensionalen SUMPCA-Lösung mit den Fit-Werten der bisherigen Analysen vergleichen. SUMPCA liefert mit fünf Komponenten eine Varianzerklärung von 65.72 Prozent. Damit leistet dieses Modell entsprechend seiner Modellstruktur den geringsten Beitrag zur Repräsentation der Information in den Daten. Außerdem ist festzuhalten, daß dieser Fit deutlich unterhalb der Fit-Werte der zuvor diskutierten Modelle liegt, womit in diesem Zusammenhang der signifikante Einfluß der Preisaktionen auf die Elastizitätenstruktur über die Zeit belegt ist.

Um diese Feststellung zu untermauern, sind in Tabelle 5.33 die erklärten Varianzen einer SUMPCA-Analyse denen einer PCA-SUP-Analyse gegenübergestellt. Der Vergleich der erklärten Varianzen alternativer Lösungen des am wenigsten beschränkten Modells mit den Varianzen alternativer Lösungen des am meisten beschränkten Modells (vgl. Kapitel 4.3.7) erhärtet, daß signifikante Unterschiede zwischen den Fit-Werten der beiden Modellansätze bestehen. Schon von daher ist auch die Hypothese, wonach keine bedeutsame Variabilität der Elastizitäten über die Zeit besteht, zu verwerfen.

5.2.2.7 Die Beurteilung der Analyseergebnisse der explorativen Ansätze

In diesem Kapitel sind die zuvor theoretisch erörterten Modellansätze zur Aufdeckung der Wettbewerbsstrukturen der Marken im Beispielmarkt eingesetzt worden. Die Analyse basierte auf den Kreuzpreiselastizitäten von neun Marken über 78 Wochen. Die erzielten Lösungen bestätigen weitgehend die in Kapitel 4.3.7 diskutierten Potentiale der Analysetechniken.

Die PCA-SUP-Methode hat sich als ein solider Indikator zur Feststellung der Dimensionalität der Tucker-Lösungen und des WPCA-Modells erwiesen. Durch ihren Einsatz kann man es vermeiden, für die Tucker-Analysen eine Vielzahl von Modellen mit unterschiedlicher Anzahl von Komponenten schätzen zu müssen. Obendrein ist in der praktischen Anwendung festzustellen, daß auf der Grundlage der durch das PCA-SUP-Modell festgelegten Dimensionalität der Lösung normalerweise eine schnelle Parameterkonvergenz begünstigt wird.

Der TUCKALS3-Modellansatz erweist sich als äußerst flexibel, um die Wettbewerbsstrukturen - sofern sie eindeutig zu identifizieren sind - graphisch darzustellen und idealisierte Elastizitäten für spezifische Wettbewerbssituationen abzuleiten. Das Kernproblem des TUCKALS3-Modells besteht jedoch in der validen Identifikation der Wettbewerbskomponenten. An dieser Stelle ist nochmals darauf hinzuweisen, daß drei der sieben Komponenten nicht eindeutig zu erkennen sind und die Benennung der weiteren vier Komponenten noch viele Fragen offen läßt. In diesem Sinne wird die in Kapitel 4.3.7 gemachte Aussage, daß nur beschränkte Wettbewerbsanalysen die korrekte Benennung der Wettbewerbskomponenten ermöglichen, untermauert. Es hat sich erwiesen, daß das Potential zur Repräsentation der Wettbewerbsstruktur im Rahmen des TUCKALS3-Modells beträchtlich ist, allerdings macht die Interpretation der Komponentenmatrizen überaus große Schwierigkeiten.

Die Anwendung des TUCKALS2-Modells deckt dagegen unterschiedliche Möglichkeiten auf. Die Konstruktion eines Wettbewerbsraumes auf der Basis der durchschnittlichen Kernmatrix führt zu nahezu identischen Ergebnissen mit denen der gewichteten Hauptkomponentenanalyse. Darüber hinaus ist es mit dem TUCKALS2-Modell möglich, die um Zufallseinflüße bereinigten Wettbewerbsbeziehungen einzelner Wochen zu porträtieren. Dabei scheint es machbar, die TUCKALS2-Ergebnisse in einem Wettbewerbsmonitor einzusetzen. Allerdings hat die Methode gegenüber TUCKALS3 den Schwachpunkt, daß immer nur das Marktgeschehen einer spezifischen Woche und nicht das einer typischen Wettbewerbssituation abgebildet werden kann. Nur wenn die ausgewählten Wochen charakteristisch für eine typische Marktbedingung sind, repräsentiert ein solcher Wettbewerbsraum ein typisches Marktszenarium. Zur Abbildung dieser charakteristischen Wettbewerbssituationen sind deshalb die beschränkten Varianten des TUCKALS3-Modells vorzuziehen.

Das PARAFAC-Modell ist ungeeignet zur adäquaten Aufdeckung der Wettbewerbsstrukturen dieser Preiselastizitäten. Die Lösung wird insbesondere im Wochen-Modus durch einige wenige Elastizitätenscheiben derart beeinflußt, daß das Modell die einzelnen Wettbewerbsdimensionen nicht mehr sauber unterscheiden kann.

Die gewichtete Hauptkomponentenmethode stellt sich als passendes Instrumentarium zur Repräsentation des durchschnittlichen Marktgeschehens dar. Hierbei ist diese Methode auch gleichwertig mit dem komplexeren TUCKALS2-Modell auf der Basis der durchschnittlichen Kernmatrix, im Hinblick auf die "Sparsamkeit" der zu schätzenden Parameter zeigt sie sich sogar als überlegen.

Das SUMPCA-Modell als das am stärksten beschränkte Modell belegt, daß die einzelnen Wochen signifikante Quellen der Variabilität in den Daten darstellen, und damit erscheint die Anwendung der komplexeren Methoden als gerechtfertigt.

5.2.3 Die Ergebnisse der restringierten Wettbewerbsanalyse

Die Analyse der Preiselastizitäten über die Zeit mit den explorativen Methoden erbringt fundierte Erkenntnisse über die Wettbewerbsstrukturen des Marktes für Körperpflegeprodukte. Insbesondere mit der gewichteten Hauptkomponentenanalyse oder mit einer TUCKALS2-Analyse lassen sich auf der Grundlage der durchschnittlichen Kernmatrix die allgemeinen Wettbewerbsbeziehungen zwischen den Marken aufdecken und veranschaulichen. Zudem ist es mit diesen Verfahren möglich, die idealisierten Preiselastizitäten für das durchschnittliche Marktgeschehen zu berechnen. Es ist indes auch festzuhalten, daß die Informationen über die einzelnen Wettbewerbsbedingungen nur unzureichend Berücksichtigung finden. Die im Rahmen der TUCKALS3-Analyse aufgedeckten Wettbewerbskomponenten, aber auch die PARAFAC-Komponenten lassen sich in vielen Fällen nicht eindeutig bestimmten Wettbewerbsszenarien zuordnen. Die daraus abgeleiteten Wettbewerbsräume und die korrespondierenden idealisierten Elastizitäten sind folglich nicht klar zu interpretieren. Die zweifelsfreie Identifikation der Wettbewerbskomponenten ist jedoch Voraussetzung für gesicherte Schlußfolgerungen aus den Wettbewerbsbeziehungen der Marken und für Marketing-Mix-Entscheidungen. Deshalb ist es zwingend erforderlich, die in Kapitel 4.3.7 diskutierten Ansätze aufzugreifen und zur Repräsentation benutzerdefinierter Wettbewerbsszenarien einzusetzen.

Die Grundidee, benutzerdefinierte Wettbewerbsszenarien in der Analyse vorzugeben, zielt darauf ab, die Wettbewerbsbeziehungen der untersuchten Marken in a priori definierten Marktbedingungen zu identifizieren und zu repräsentieren. Benutzerdefinierte Analysen ermöglichen es, Marktreaktionen zu testen und Kannibalisierungseffekte zwischen Marken in typischen Wettbewerbsbedingungen aufzudecken. Die Anwendung der restringierten Analyse basiert auf der Designmatrix, in welcher die zu testenden Wettbewerbsszenarien definiert sind. Nachdem die Konstruktion der Designmatrix erörtert worden ist, kommen die Procrustes-Transformation sowie die Constrained TUCKALS3- und die externe TUCKALS3-Analyse zur Anwendung. Neben einer umfassenden Diskussion und Bewertung der Ergebnisse dieser Analysetechniken werden schließlich die Gewinner und Verlierer, gemessen in zu erwartenden Marktanteilen, für jede der a priori definierten Wettbewerbsbedingungen ermittelt.

5.2.3.1 Die Konstruktion der Designmatrix

Die Design- bzw. Zielmatrix in der restringierten Analyse legt die Wettbewerbstrukturen fest, die im Rahmen der benutzerdefinierten Marktszenarien überprüft werden. Die folgende Erörterung konzentriert sich auf die Wettbewerbsbeziehungen der Marken M_3 und M_4, die in einer besonderen Wettbewerbssituation stehen, wie schon daraus zu erkennen ist, daß beide Marken eine Wettbewerbskomponente der explorativen TUCKALS3-Analyse (Komponente sechs) bilden (vgl. Seite 172). Allerdings läßt sich auf der Grundlage der TUCKALS3-Lösung nicht eindeutig bestimmen, ob diese Komponente den alleinigen Preisdruck der Marke M_4 ausmacht oder ob es sich um eine Verbundaktion der Marken M_3 und M_4 handelt. Das Interesse an den Wettbewerbsbeziehungen dieser beiden Marken begründet sich aber auch aus der Tatsache, daß sie von einem Hersteller sind, der eine weitgehend identische Preispolitik für beide betreibt. Die Tabellen 5.11 und 5.12 auf den Seiten 176 und 177 verdeutlichen, daß die Marke M_3 in 12 von 78 Wochen im Angebot ist, die Marke M_4 dagegen in 17 von 78 Wochen. In neun dieser Wochen erfolgen gemeinsame Preisaktionen. Für das Management der Marken stellt sich jetzt unmittelbar die Frage nach der Effizienz der gewählten

Preis-Promotionsstrategie, wobei die Effizienz im Hinblick auf die Wettbewerbskräfte der beiden Marken sowie in bezug auf mögliche Kannibalisierungseffekte zwischen den Marken und die Realisierung von Marktanteilszielen zu beurteilen ist. Im Zentrum der folgenden Analysen stehen folgerichtig die Interaktionsbeziehungen der Marken M_3 und M_4 bei alleinigen und bei gemeinsamen Preisaktionen. Für diese Wettbewerbsbedingungen muß man die idealisierten Elastizitäten berechnen und die zu erwartenden Marktanteile prognostizieren. Somit sind die Preisaktionen der beiden Marken wie folgt aufzulisten:

- Preisaktion der Marke M_3 (ohne zeitzeitige Preisaktion der Marke M_4),
- Preisaktion der Marke M_4 (ohne gleichzeitige Preisaktion der Marke M_3),
- gemeinsame Preisaktionen der Marken M_3 und M_4.

Die Festlegung dieser drei Wettbewerbsbedingungen ermöglicht es, die eigenständigen Effekte und die Interaktionen zwischen den beiden Marken zu erkennen und zu bewerten. Das weitere Marktgeschehen wird über die Preisaktionen der verbleibenden Wettbewerber und über die Wettbewerbsbedingung regulärer Preise erfaßt, so daß sich ingesamt die folgenden 11 Wettbewerbsbedingungen ergeben:

1. Marke M_3 zu Angebotspreisen,
2. Marke M_4 zu Angebotspreisen,
3. Marke M_3 & M_4 zu Angebotspreisen,
4. Marke M_1 zu Angebotspreisen,
5. Marke M_2 zu Angebotspreisen,
6. Marke M_5 zu Angebotspreisen,
7. Marke M_6 zu Angebotspreisen,
8. Marke M_7 zu Angebotspreisen,
9. Marke M_8 zu Angebotspreisen,
10. Marke M_9 zu Angebotspreisen,
11. Reguläre Preise.

Tabelle 5.34: Die Designmatrix der restringierten Wettbewerbsanalyse (Wochen 1-39)

	Aktion der Marken										Reguläre
Woche	3	4	3&4	1	2	5	6	7	8	9	Preise
1	.	.	.	.	.	.	.	.	.	.	X
2	.	.	X	.	.	.	.	.	X	.	.
3	.	.	.	.	.	.	.	.	.	.	X
4	.	.	.	.	.	.	.	.	.	.	X
5	.	.	.	.	.	.	.	.	.	.	X
6	.	.	.	.	.	.	.	.	X	.	.
7	.	.	.	.	.	.	.	X	.	.	.
8	.	.	.	.	.	.	.	X	.	.	.
9	.	.	.	X	.	.	.	.	.	.	.
10	.	.	.	.	X	.	.	.	X	.	.
11	.	.	.	.	X	.	X	.	.	.	.
12	.	.	.	.	X	.	.	.	X	X	.
13	.	.	.	.	X	X	.	.	X	.	.
14	.	.	.	.	X	.	.	.	.	.	.
15	.	.	.	.	X	.	.	.	.	.	.
16	.	.	.	.	.	.	.	.	X	.	.
17	.	.	.	.	.	.	.	.	.	.	X
18	.	.	X	.	.	.	.	.	.	.	.
19	.	.	.	.	.	.	.	.	.	X	.
20	.	.	.	.	.	.	.	.	X	.	.
21	.	.	.	.	.	.	.	X	.	.	.
22	.	.	.	.	.	.	.	X	.	.	.
23	.	.	.	.	.	.	.	X	.	.	.
24	.	.	.	.	.	.	.	X	X	.	.
25	.	.	X	.	.	.	.	X	.	.	.
26	.	.	.	.	.	.	.	X	.	X	.
27	.	.	.	.	.	.	.	X	X	.	.
28	.	.	.	.	.	.	.	X	.	.	.
29	.	.	.	.	.	.	.	X	X	.	.
30	.	.	.	.	.	.	.	X	.	.	.
31	.	.	.	.	.	X	.	X	.	.	.
32	.	.	.	.	.	.	.	X	X	.	.
33	.	.	.	.	.	.	.	.	.	.	X
34	.	.	.	X	.	.	.	.	.	.	.
35	.	.	.	X	X	.	.	.	.	.	.
36	.	.	X	X	.	.	.	.	.	.	.
37	.	.	X	X	.	.	.	.	.	.	.
38	.	.	.	.	.	.	.	.	.	X	.
39	.	.	.	.	.	.	.	.	.	.	X

Tabelle 5.35: Die Designmatrix der restringierten Wettbewerbsanalyse (Wochen 40-78)

	Aktion der Marken										Reguläre
Woche	3	4	3&4	1	2	5	6	7	8	9	Preise
40	.	.	.	.	.	.	.	X	.	.	.
41	.	.	.	.	.	.	.	X	.	.	.
42	.	.	.	.	.	.	.	.	.	.	X
43	.	X	.	.	.	.	.	.	.	.	.
44	.	.	.	.	.	.	.	.	.	.	X
45	.	.	.	.	.	.	.	X	.	.	.
46	.	.	.	.	.	.	.	.	X	.	.
47	X	.	.	.	.	.	.	.	.	.	.
48	.	.	.	.	.	.	.	.	.	.	X
49	.	X	.	.	.	.	.	.	.	X	.
50	.	.	.	.	.	.	.	X	.	X	.
51	.	.	.	.	.	.	.	.	.	.	X
52	.	.	.	.	.	.	.	.	.	.	X
53	.	.	.	.	.	.	.	.	.	.	X
54	.	.	.	.	.	.	.	.	X	.	.
55	.	.	.	.	.	.	.	.	.	.	X
56	.	.	.	.	.	.	.	.	.	.	X
57	.	.	.	.	.	X	.	.	.	.	.
58	.	.	.	.	.	.	.	.	X	.	.
59	.	.	.	.	.	.	.	.	.	.	X
60	.	X	.	.	.	.	.	.	.	.	.
61	.	.	.	.	.	.	.	X	.	.	.
62	.	X	.	.	.	X	.	.	.	X	.
63	.	X	.	.	.	.	.	X	.	.	.
64	.	.	X	.	.	X	.	.	.	.	.
65	.	.	X	.	.	X	.	.	.	.	.
66	X	.	.	.	.	.	.	X	.	.	.
67	.	.	.	.	.	.	.	.	.	.	X
68	.	.	.	.	.	.	.	.	X	.	.
69	.	.	.	.	.	.	.	.	.	.	X
70	.	.	.	.	.	.	.	.	.	X	.
71	.	.	.	.	.	.	.	X	.	.	.
72	.	.	.	.	.	.	.	.	.	X	.
73	.	.	.	.	.	X	.	.	.	X	.
74	.	X	.	.	.	.	.	.	.	.	.
75	.	X	.	.	.	.	.	.	.	.	.
76	.	X	.	.	.	.	.	X	.	.	.
77	.	.	X	.	.	.	.	.	.	.	.
78	.	.	X	.	.	.	.	X	.	.	.

Die einzelnen Wettbewerbsbedingungen/-komponenten sind in der Designmatrix in den Tabellen 5.34 und 5.35 dargestellt.

Das folgende Kapitel untersucht die Lösungen der hier vorgegebenen Wettbewerbsbedingungen zunächst im Rahmen der klassischen Procrustes-Transformation, bevor die Ergebnisse der Constrained TUCKALS3- und der externen TUCKALS3-Analyse Gegenstand der Erörterung sind.

5.2.3.2 Die Ergebnisse der Procrustes-Analysen

Nach der Diskussion in Kapitel 4.4.2.1 läßt sich die Komponentenmatrix **C** einer TUCKALS3-Analyse auf die Zielmatrix rotieren. Die Darstellung der Procrustes-Lösung bezieht sich dementsprechend auf eine oblique Transformation. Damit sich die 11 benutzerdefinierten Komponenten eindeutig zu den TUCKALS3-Komponenten in Beziehung setzen lassen, muß zunächst eine explorative Analyse mit 11 Komponenten im Modus C erfolgen. Dieses Modell erklärt 86.22 Prozent der Varianz in den Daten, wobei die Komponentenmatrix **C** die zu transformierende Matrix der Rotation bildet. Die Berechnung der Transformationsmatrix nach Gleichung 4.93 (vgl. Seite 130) basiert auf einer orthonormal beschränkten Komponentenmatrix **C** und der auf Einheitslänge skalierten Designmatrix **D**. Zur Vereinfachung der Interpretation der Ergebnismatrix $\mathbf{C}^*$ (Tabellen 5.36, 5.37 und 5.38) sind die Elemente, die mit einem Eintrag in der Designmatrix korrespondieren, fettgedruckt.

Allein schon der Blick auf die transformierte Komponentenmatrix $\mathbf{C}^*$ verdeutlicht, daß die in der Zielmatrix spezifizierte Struktur nur unzureichend repräsentiert wird. Insbesondere die Komponenten "Marke M_3 zu Angebotspreisen" und "Marke M_6 zu Angebotspreisen" weisen eine Vielzahl von überdurchschnittlichen Ladungen in nicht vorgegebenen Wochen auf. Diese Befunde betreffen sowohl die oblique als auch die orthogonale Transformation. Die schlechten Transformationsergebnisse bestätigen sich auch durch die Kongruenzmaße der einzelnen Komponenten der Matrix $\mathbf{C}^*$ und der Matrix **D**. Tabelle 5.39 gibt die Kongruenzkoeffizienten der 11 Wettbewerbsbedingungen bei orthogonaler und obliquer Transformation wieder, wobei zunächst die Spalte der Untergrenze-Koeffizienten interpretiert wird. Der Durchschnitt dieser Koeffizienten entspricht dem Matrixkorrelationskoeffizienten nach Gleichung 4.97 (Seite 134), da die Komponenten auf Einheitslänge skaliert sind. Die Korrelation beträgt im Fall der orthogonalen Rotation 0.549 und bei obliquer Rotation 0.631. Beide Werte sind als niedrig einzustufen und deuten auf einen schwachen Zusammenhang zwischen Zielmatrix und Ergebnismatrix hin. Außerdem liegt keiner der Kongruenzkoeffizienten über dem

Tabelle 5.36: Die TUCKALS3-Komponentenmatrix der Wochen 1 bis 39 nach obliquer Procrustes-Transformation, Wettbewerbsbedingungen 1 bis 8

W.	M_3	M_4	M_3&4	M_1	M_2	M_5	M_6	M_7
1	.798	-.031	-.626	1.645	-.603	-.526	.630	.538
2	.621	.072	**1.611**	1.511	.494	.541	.773	1.057
3	-.244	-1.502	1.086	2.509	1.281	.483	1.977	1.101
4	.306	-.529	-.387	1.601	.046	-.296	.820	.218
5	.254	-.050	-.558	1.073	-.090	-.465	.528	.624
6	-1.793	1.216	-.528	1.069	-.828	.323	-.338	1.004
7	-.638	.551	-.636	.571	-.174	-.560	-.597	**.451**
8	.443	.122	-.278	.574	.315	.364	.892	**.315**
9	.112	-.389	-.250	**1.430**	.365	.395	1.335	.359
10	-.855	-.679	.205	1.059	**1.598**	.529	1.611	1.128
11	.039	-.705	-.379	.050	**1.498**	.652	**1.995**	.477
12	.771	-.655	-.334	-.723	**1.889**	.784	1.886	.720
13	2.343	-1.159	-1.092	-1.862	**3.660**	**2.316**	1.742	1.346
14	.374	-.909	.134	.220	**2.522**	-.473	1.190	1.310
15	.979	-1.237	-.329	.296	**1.967**	-.715	1.617	.877
16	.462	.222	-.209	-.343	1.489	-.238	.274	1.065
17	-.653	.344	-1.316	-.120	1.016	-.422	-1.499	.008
18	1.097	1.406	**2.277**	1.162	-.790	.554	-.918	.623
19	-1.037	1.816	-.353	-.188	.679	.083	.615	.664
20	-.226	1.082	-.006	-.194	.508	-.406	-.834	1.435
21	-.752	-.257	.016	.631	.655	-.300	.224	**2.024**
22	-.933	-.090	.240	.543	.720	.564	.949	**1.572**
23	-1.049	-.309	.141	.912	1.061	-.022	.767	**1.739**
24	-.864	.230	.094	.162	1.121	.401	.541	**1.630**
25	1.688	.536	**1.605**	.908	-.207	.357	-.304	**.979**
26	-.344	.377	.275	.440	.594	.362	1.117	**1.667**
27	-.921	.342	.381	.568	.931	.053	.171	**1.740**
28	1.099	-.463	.466	.822	.596	.090	.441	**1.290**
29	.138	-.140	.581	.796	.709	.333	.287	**1.514**
30	.686	-.269	.692	.918	.857	.436	.407	**1.260**
31	.963	1.156	.150	-.526	-.626	**3.517**	.206	**2.115**
32	.470	.608	.828	.619	.535	.663	-.375	**1.009**
33	3.213	-.480	.584	.786	.537	.414	-.647	.049
34	-.952	-.196	2.184	**4.186**	-.136	-.297	-.249	1.477
35	-1.607	-.781	-1.091	**-.530**	**2.395**	2.262	1.622	-.380
36	3.328	.409	**3.962**	**3.656**	-.992	.592	-.960	.488
37	-.131	.511	**1.635**	**1.919**	-.310	-.404	.154	1.304
38	-.088	.087	-1.008	-1.165	.970	.660	2.326	.771
39	.174	.567	-.233	-.345	-.025	-.478	-.459	1.156

Tabelle 5.37: Die TUCKALS3-Komponentenmatrix der Wochen 40 bis 78 nach obliquer Procrustes-Transformation, Wettbewerbsbedingungen 1 bis 8

W.	M_3	M_4	M_3&4	M_1	M_2	M_5	M_6	M_7
40	.475	.309	-.013	-.326	.490	.266	.648	**.808**
41	.082	.968	.260	-.211	.541	.605	.947	**.137**
42	.125	.614	.122	-.281	.962	.057	1.651	.342
43	-1.112	**3.339**	1.166	.079	-1.290	.181	-.550	.462
44	-.053	.696	-.010	-.373	.929	.115	1.559	.274
45	.471	.565	.545	.201	.634	.163	.935	**.804**
46	.713	.651	.692	.143	.668	.182	.358	.790
47	**3.797**	-.884	1.524	1.106	.595	.920	.369	-.559
48	.930	.728	.599	.142	.457	-.018	.535	.717
49	-.281	**2.583**	.843	-.047	-1.180	.260	-.617	.895
50	-.019	.810	-.050	-.388	.480	.509	.841	**.706**
51	1.308	.546	.888	.514	.407	.008	.454	.561
52	.432	.464	.584	.403	.616	-.216	.848	.792
53	.709	.644	.658	.270	.490	-.068	.643	.762
54	.654	.111	.991	.595	1.116	.282	.662	.801
55	.957	.599	.917	.478	.573	-.044	.472	.742
56	1.403	.939	1.139	.472	.226	.308	-.067	.462
57	.557	-.307	1.439	.073	.859	**5.426**	-.478	-.305
58	.695	.625	.838	.039	.823	.610	.227	.697
59	.732	.838	.825	.084	.634	.144	.287	.833
60	.161	**2.688**	1.605	.405	-1.104	.131	-1.008	.845
61	.304	1.032	.677	.070	.341	.384	.449	**.795**
62	.187	**-.951**	-.878	.011	1.893	**2.193**	3.117	-.251
63	.497	**1.469**	1.233	.472	-.163	.335	-.177	**.614**
64	-.113	.821	**1.922**	.817	.002	**1.115**	-.036	.155
65	-.074	.671	**1.442**	.422	.663	**1.567**	.472	-.353
66	**.749**	.663	.506	-.149	.003	.001	-.280	**.998**
67	.125	.568	-.284	-.735	.500	-.390	-.334	1.422
68	-.310	.562	-.063	-.607	.609	.298	.002	1.176
69	-.245	.589	-.072	-.730	.668	-.133	-.178	1.701
70	-.729	.612	-.565	-.702	.597	.839	1.504	.795
71	.102	.763	-.057	-.439	.069	-.092	-.409	**1.150**
72	-.197	.897	-.071	-.288	.378	.731	.508	.464
73	-.122	.795	1.713	1.537	-.082	**2.338**	1.010	.959
74	-.088	**2.793**	1.094	-.090	-1.683	-.082	-1.942	1.252
75	.057	**1.204**	.365	-.207	-.344	-.060	-.740	1.083
76	.033	**1.035**	.386	-.159	-.196	.075	-.307	**1.041**
77	.508	1.649	**1.243**	.465	-1.045	-.001	-1.311	1.021
78	.722	1.501	**1.416**	.657	-.995	.030	-1.118	**1.030**

Tabelle 5.38: Die TUCKALS3-Komponentenmatrix nach obliquer Procrustes-Transformation, Wettbewerbsbedingungen 9 bis 11

W.	M_8	M_9	Regul. Preise	FIT	W.	M_8	M_9	Regul. Preise	FIT
1	-.289	.113	**2.356**	.908	40	.036	.776	.713	.708
2	**1.066**	-.057	.212	.794	41	.750	.525	.923	.890
3	.249	.582	**.245**	.879	42	.153	.389	**1.959**	.942
4	-.366	-.069	**1.931**	.861	43	.370	.593	.938	.866
5	.013	.204	**1.608**	.901	44	.084	.276	**2.107**	.804
6	**2.253**	.172	-.483	.834	45	.138	1.087	.837	.785
7	.180	-.174	1.251	.827	46	**1.138**	.014	.766	.925
8	1.013	.201	.964	.916	47	.123	-.446	.968	.932
9	1.032	.131	1.019	.877	48	-.375	.611	**1.677**	.622
10	**1.833**	.088	.103	.902	49	-.047	**1.372**	.303	.891
11	.493	1.127	.498	.857	50	.161	**1.538**	.411	.807
12	**1.294**	.865	.278	.882	51	-.386	.194	**1.875**	.859
13	**3.895**	.391	.212	.719	52	-.436	.458	**1.779**	.826
14	1.600	-.003	.884	.813	53	-.350	.615	**1.565**	.821
15	-.559	.907	1.818	.796	54	**1.965**	-.503	.381	.842
16	**1.670**	.462	.495	.736	55	.196	.001	**1.614**	.836
17	-.313	-.933	**2.592**	.903	56	.166	-.166	**1.620**	.840
18	.426	.470	-.601	.835	57	-.278	-.185	-.298	.810
19	.332	**4.037**	-.579	.889	58	**2.470**	-.186	-.373	.933
20	**1.696**	.418	-.095	.923	59	.629	.231	**1.054**	.797
21	.422	-.612	1.131	.862	60	.286	.931	.280	.867
22	.579	.712	-.052	.869	61	.552	1.054	.349	.874
23	.851	-.228	.853	.848	62	.438	**2.860**	-.127	.921
24	2.133	-.114	-.062	.895	63	.404	.848	.319	.928
25	.419	-.118	.398	.906	64	.059	.252	-.338	.845
26	.136	2.159	-.145	.936	65	.891	.222	-.288	.947
27	2.060	-.010	-.298	.944	66	.172	.058	.646	.922
28	-.078	.606	.661	.935	67	.330	-.595	**1.516**	.933
29	**1.216**	-.081	.101	.929	68	**1.819**	-.102	-.311	.875
30	1.084	-.130	.485	.930	69	1.813	-.355	**.016**	.922
31	-.231	2.080	-.099	.865	70	-.068	**2.935**	-.576	.641
32	**1.808**	.043	-.243	.866	71	.261	-.203	.977	.564
33	.097	-.119	**1.220**	.570	72	.197	**.992**	.670	.788
34	.625	.156	-.368	.901	73	-.452	**1.808**	-.039	.885
35	-.182	1.060	.836	.887	74	.264	.103	.277	.889
36	-.250	-.925	.978	.867	75	.303	.026	.540	.894
37	-.565	-.140	1.229	.726	76	.219	.547	.238	.883
38	-.801	**3.219**	.230	.890	77	.074	-.132	.439	.796
39	-.596	-.870	**2.197**	.884	78	.033	.092	.286	.854

Tabelle 5.39: Die Kongruenzmaße der Procrustes-Transformationen

Wettbewerbs-bedingung	orthogonal		oblique	
	Untergrenze	Obergrenze	Untergrenze	Obergrenze
1	31.83	39.00	36.39	43.82
2	53.74	59.42	64.67	69.36
3	53.57	58.52	64.59	69.84
4	56.19	63.97	63.36	68.51
5	52.97	58.68	66.46	69.55
6	75.10	89.91	79.05	88.54
7	13.07	13.07	22.59	22.59
8	49.01	66.89	59.67	65.21
9	74.98	81.46	82.00	86.75
10	72.32	84.49	78.00	85.75
11	72.04	80.47	77.21	83.06

von Haven und ten Berge (1977) postulierten Schwellenwert von 0.85, so daß die Procrustes-Transformationen die vorgegebenen Wettbewerbsstrukturen nicht adäquat repräsentieren. Gravierende Abweichungen zeigen sich insbesondere bei der siebten Wettbewerbskomponente "Marke M_7 zu Angebotspreisen".

Die Berechnung der Kongruenzkoeffizienten ist aber insoweit zu kritisieren, daß jedes Element innerhalb einer Komponente der Zielmatrix die gleiche Bedeutung aufweist. In realen Marktszenarien muß man vielmehr von einer unterschiedlichen Bedeutung der einzelnen Wochen für eine Komponente ausgehen. Dieses Problem läßt sich derart berücksichtigen, daß die Berechnung der Kongruenzkoeffizienten die mit einem "X" besetzten Elemente der Designmatrix in den Tabellen 5.34 und 5.35 als durch die Procrustes-Transformation exakt geschätzt annimmt. Die so ermittelten Kongruenzkoeffizienten finden sich in Tabelle 5.39 in den Spalten "Obergrenze". Hierbei deuten auch die nach oben korrigierten Kongruenzkoeffizienten nur auf eine sehr schwache Übereinstimmung der Procrustes-Lösung mit der Struktur der Zielmatrix hin. Folglich sollen die idealisierten Elastizitäten und Marktanteilsprognosen auf der Basis der obliquen Procrustes-Transformation nicht erörtert werden.

5.2.3.3 Die Ergebnisse der Constrained TUCKALS3-Analyse

Die Constrained TUCKALS3-Analyse beruht auf der Struktur der Designmatrix in den Tabellen 5.34 und 5.35 auf den Seiten 203 und 204. Die in der Matrix mit einem "X" gekennzeichneten Felder geben die Parameter an, welche im Rahmen der Minimierung des Constrained TUCKALS3-Algorithmus (vgl. Tabelle 4.8 auf den Seiten 144 und 145) zu schätzen sind. Die übrigen Parameter der Komponentenmatrix sind auf den Wert Null fixiert. Der Constrained TUCKALS3-Algorithmus mit je fünf Komponenten im Modus A und B sowie 11 Komponenten im Modus C stellt mit einer erklärten Varianz von zunächst 77.45 Prozent eine sehr gute Anpassung der vorgegebenen Parameterstruktur an die Daten dar. Hierbei liegen jedoch einige Kontrast-Komponenten vor, die sich nicht plausibel interpretieren lassen, so daß zusätzlich die Elemente (30,9), (31,8), (35,4), (62,2) und (73,10) auf Null zu fixieren sind. Die endgültige Constrained TUCKALS3-Lösung liefert mit 76.92 Prozent der erklärten Varianz ebenfalls eine ausgezeichnete Anpassung des Modells an die Daten.

Die orthonormalen Komponentenmatrizen **A** und **B** der Constrained TUCKALS3-Lösung werden auf die Länge I bzw. J skaliert. Aufgrund der orthonormalen Beschränkung dieser Matrizen und wegen des hohen Varianzerklärungsanteils in dem Modell sind die beiden Komponentenmatrizen denen der unbeschränkten TUCKALS3-Analyse nahezu gleich. Die Matrixkorrelation zwischen den beiden Matrizen des Modus A beträgt 0.959, die der Matrizen des Modus B hingegen 0.988. Die Interpretation der Matrizen **A** und **B** gleicht damit der der unbeschränkten TUCKALS3-Analyse und erübrigt sich an dieser Stelle.

Die Komponentenmatrix **C** der endgültigen Constrained TUCKALS3-Analyse ist in den Tabellen 5.40, 5.41 und 5.42 wiedergegeben, wobei die Länge der einzelnen Komponenten auf die Anzahl der Wochen skaliert wird. Zur weiteren Vereinfachung der Darstellung sind die auf Null fixierten Parameterwerte nur mit einem Punkt gekennzeichnet. Die Analyse der Lösungsmatrix **C** belegt, daß sich die Parameter einer Komponente zum Teil deutlich voneinander unterscheiden. Die einzelnen Aktionswochen tragen demzufolge in unterschiedlichem Ausmaß zur Beschreibung der Wettbewerbsbedingungen bei. So spielen bspw. im Wettbewerbsszenarium "Marke M_3 & M_4 zu Angebotspreisen" die Wochen 64 und 65 eine nur untergeordnete Rolle. Als Grund hierfür ist die zeitgleiche Aktion der Marke M_5 anzusehen.

Tabelle 5.40: Die Constrained TUCKALS3-Komponentenmatrix der Wochen 1 bis 39, Wettbewerbsbedingungen 1 bis 9

W.	M_3	M_4	M_3&4	M_1	M_2	M_5	M_6	M_7	M_8
1	.	.	.	.	.	.	.	.	.
2	.	.	3.518	.	.	.	.	.	.071
3	.	.	.	.	.	.	.	.	.
4	.	.	.	.	.	.	.	.	.
5	.	.	.	.	.	.	.	.	.
6	.	.	.	.	.	.	.	.	3.594
7	.	.	.	.	.	.	.	2.682	.
8	.	.	.	.	.	.	.	2.500	.
9	.	.	.	7.564	.	.	.	.	.
10	.	.	.	.	1.095	.	.	.	1.297
11	.	.	.	.	.339	.	8.832	.	.
12	.	.	.	.	.681	.	.	.	1.532
13	.	.	.	.	2.308	1.081	.	.	3.326
14	.	.	.	.	5.278	.	.	.	.
15	.	.	.	.	5.103	.	.	.	.
16	.	.	.	.	.	.	.	.	3.788
17	.	.	.	.	.	.	.	.	.
18	.	.	2.848	.	.	.	.	.	.
19	.	.	.	.	.	.	.	.	.
20	.	.	.	.	.	.	.	.	3.327
21	.	.	.	.	.	.	.	2.472	.
22	.	.	.	.	.	.	.	1.728	.
23	.	.	.	.	.	.	.	2.516	.
24	.	.	.	.	.	.	.	1.356	1.239
25	.	.	2.935	.	.	.	.	.425	.
26	.	.	.	.	.	.	.	1.256	.
27	.	.	.	.	.	.	.	1.516	.847
28	.	.	.	.	.	.	.	2.199	.
29	.	.	.	.	.	.	.	1.958	.
30	.	.	.	.	.	.	.	2.297	.
31	.	.	.	.	.	4.976	.	.	.
32	.	.	.	.	.	.	.	1.840	.602
33	.	.	.	.	.	.	.	.	.
34	.	.	.	4.158	.	.	.	.	.
35	.	.	.	.	4.122	.	.	.	.
36	.	.	4.334	1.171	.	.	.	.	.
37	.	.	3.231	1.457	.	.	.	.	.
38	.	.	.	.	.	.	.	.	.
39	.	.	.	.	.	.	.	.	.

Tabelle 5.41: Die Constrained TUCKALS3-Komponentenmatrix der Wochen 40 bis 78, Wettbewerbsbedingungen 1 bis 9

W.	M_3	M_4	M_3&4	M_1	M_2	M_5	M_6	M_7	M_8
40	.	.	.	.	.	.	.	1.891	.
41	.	.	.	.	.	.	.	1.842	.
42	.	.	.	.	.	.	.	.	.
43	.	4.199	.	.	.	.	.	.	.
44	.	.	.	.	.	.	.	.	.
45	.	.	.	.	.	.	.	2.325	.
46	.	.	.	.	.	.	.	.	2.485
47	8.655	.	.	.	.	.	.	.	.
48	.	.	.	.	.	.	.	.	.
49	.	3.263	.	.	.	.	.	.	.
50	.	.	.	.	.	.	.	.843	.
51	.	.	.	.	.	.	.	.	.
52	.	.	.	.	.	.	.	.	.
53	.	.	.	.	.	.	.	.	.
54	.	.	.	.	.	.	.	.	2.567
55	.	.	.	.	.	.	.	.	.
56	.	.	.	.	.	.	.	.	.
57	.	.	.	.	.	6.128	.	.	.
58	.	.	.	.	.	.	.	.	2.289
59	.	.	.	.	.	.	.	.	.
60	.	4.495	.	.	.	.	.	.	.
61	.	.	.	.	.	.	.	2.160	.
62	.	.	.	.	.	1.011	.	.	.
63	.	2.322	.	.	.	.	.	.923	.
64	.	.	1.164	.	.	.975	.	.	.
65	.	.	1.102	.	.	1.179	.	.	.
66	1.760	.	.	.	.	.	.	1.397	.
67	.	.	.	.	.	.	.	.	.
68	.	.	.	.	.	.	.	.	1.988
69	.	.	.	.	.	.	.	.	.
70	.	.	.	.	.	.	.	.	.
71	.	.	.	.	.	.	.	1.965	.
72	.	.	.	.	.	.	.	.	.
73	.	.	.	.	.	3.340	.	.	.
74	.	3.563	.	.	.	.	.	.	.
75	.	3.246	.	.	.	.	.	.	.
76	.	.942	.	.	.	.	.	1.091	.
77	.	.	3.434	.	.	.	.	.	.
78	.	.	2.307	.	.	.	.	.548	.

Tabelle 5.42: Die Constrained TUCKALS3-Komponentenmatrix der Wochen, Wettbewerbsbedingungen 10 bis 11 und Varianzerklärung

W.	M_9	Regul. Preise	FIT	W.	M_9	Regul. Preise	FIT
1	.	2.874	.686	40	.	.	.773
2	.	.	.594	41	.	.	.792
3	.	1.031	.351	42	.	1.862	.806
4	.	2.103	.736	43	.	.	.815
5	.	2.187	.742	44	.	1.875	.813
6	.	.	.659	45	.	.	.811
7	.	.	.595	46	.	.	.843
8	.	.	.637	47	.	.	.866
9	.	.	.820	48	.	2.094	.882
10	.	.	.615	49	.585	.	.889
11	.	.	.837	50	1.998	.	.849
12	.827	.	.751	51	.	2.058	.885
13	.	.	.800	52	.	2.034	.906
14	.	.	.847	53	.	2.059	.911
15	.	.	.876	54	.	.	.863
16	.	.	.886	55	.	2.048	.903
17	.	2.824	.644	56	.	2.073	.886
18	.	.	.597	57	.	.	.787
19	5.764	.	.857	58	.	.	.798
20	.	.	.856	59	.	2.067	.909
21	.	.	.840	60	.	.	.920
22	.	.	.666	61	.	.	.848
23	.	.	.863	62	2.258	.	.562
24	.	.	.824	63	.	.	.861
25	.	.	.719	64	.	.	.531
26	1.956	.	.807	65	.	.	.488
27	.	.	.758	66	.	.	.792
28	.	.	.793	67	.	1.933	.864
29	.	.	.736	68	.	.	.847
30	.	.	.827	69	.	1.589	.683
31	.	.	.658	70	2.924	.	.874
32	.	.	.827	71	.	.	.854
33	.	2.315	.855	72	3.122	.	.840
34	.	.	.461	73	.193	.	.619
35	.	.	.536	74	.	.	.854
36	.	.	.739	75	.	.	.846
37	.	.	.826	76	.	.	.799
38	3.535	.	.874	77	.	.	.799
39	.	1.770	.847	78	.	.	.838

Tabelle 5.43: Die Koordinatenwerte der Marken M_6 und M_7 der ersten drei Constrained TUCKALS3-Wettbewerbsräume

		Verwundbarkeiten			Stärken		
Szenarium	Marke	Dim1	Dim2	Dim3	Dim1	Dim2	Dim3
M_3 im Angebot	M_6	-.003	-.400	.407	.134	-.022	-.460
M_3 im Angebot	M_7	-.009	-.409	.253	.112	.190	.017
M_4 im Angebot	M_6	-.168	-.309	-.453	.257	.222	.483
M_4 im Angebot	M_7	-.116	-.174	-.314	-.006	-.301	.022
M_3&4 im Ang.	M_6	-.070	.351	-.307	.261	-.437	.253
M_3&4 im Ang.	M_7	.044	.261	-.182	-.240	-.125	-.145

Ein anderes Bild bietet sich in den Wochen 36 und 37, in denen die Marken M_1, M_3 und M_4 zu reduzierten Preisen im Angebot sind. Obwohl die gemeinsame Aktion der Marken M_3 und M_4 in Konkurrenz zu der Preisreduktion der Marke M_1 steht, sind die beiden Wochen aufgrund der Höhe ihrer Ladungen besonders charakteristisch für diese Wettbewerbsbedingung. Man kann deshalb davon ausgehen, daß die Marke M_1 im beschriebenen Marktszenarium nur über eine geringe eigene Wettbewerbsstärke verfügt. Auffällig ist darüber hinaus, daß bei gleichzeitigen Preisaktionen der Marken M_3, M_4 und M_7 der relative Einfluß der Marke M_7 niedrig erscheint (Wochen 25 und 78).

Preisreduktionen der Marke M_3 ohne eine zeitgleiche Aktion der Marke M_4 finden ausschließlich in den Wochen 47 und 66 statt. Die Woche 47, in der keine Konkurrenzmaßnahme stattfindet, bekommt ein wesentlich stärkeres Gewicht als die Woche 66, in der auch Wettbewerber M_7 mit reduzierten Preisen aufwartet. Die Marke M_4 wird siebenmal ohne gleichzeitige Preisreduktion der Marke M_3 verbilligt angeboten. Am wichtigsten sind die Wochen, in denen die Marke M_4 allein Preisaktionen durchführt (Wochen 43, 60 und 74). Eine nur geringe Bedeutung kommt der Woche 76 für die Repräsentation des Wettbewerbseinflußes der Marke M_4 zu. Ein möglicher Grund können die Parallelaktion der Marke M_7 und die Tatsache sein, daß bereits die beiden vorangegangenen Wochen Aktionen von M_4 aufweisen.

Die Informationen, die in der Komponentenmatrix **C** enthalten sind, lassen sich jetzt ebenso wie bei der unbeschränkten Analyse zur Berechnung von idealisierten Elastizitäten und deren Wettbewerbsräumen verwenden. Zusätzlich sind die Marktanteile für die vorgegebenen 11 Wettbewerbsbedingungen zu prognostizieren. Die Interpretation der Wettbewerbsräume und

Abbildung 5.8: Constrained TUCKALS3-Wettbewerbsraum "Marke M_3 zu Angebotspreisen"

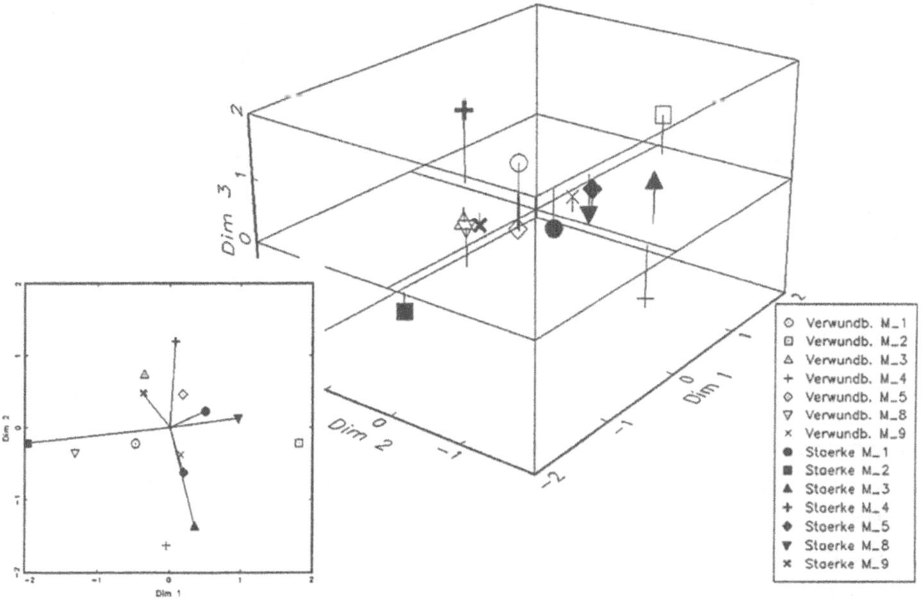

ihrer dahinterliegenden idealisierten Elastizitäten beschränkt sich dabei auf die ersten drei definierten Marktbedingungen. Bei der Darstellung der Wettbewerbsräume verzichtet man wiederum auf die explizite Abbildung der Verwundbarkeiten und Stärken der Marken M_6 und M_7. Die zugehörigen Koordinatenwerte lassen sich der Tabelle 5.43 entnehmen.

Abbildung 5.8 stellt die Wettbewerbsbeziehungen der neun bzw. der sieben gezeigten Marken in der Wettbewerbsbedingung "Marke M_3 zu Angebotspreisen" dar. Die Konstruktion eines Wettbewerbsraumes bei einer restringierten Analyse ist mit der einer unbeschränkten Analyse vergleichbar. Eine Interpretationshilfe für die Auswertung der Wettbewerbsräume findet sich auf den Seiten 173ff am Beispiel von Preiselastizitäten dreier Marken. Der dreidimensionale Wettbewerbsraum in Abbildung 5.8 erklärt 85.71 Prozent der Varianz der idealisierten Elastizitäten in Tabelle 5.44, der zweidimensionale Wettbewerbsraum immerhin noch 67.88 Prozent. In diesem Marktszenarium verfügt die Marke M_3 über eine ausgeprägte Stärkekomponente, welche primär auf die Marken M_2 und M_4 wirkt. Die Marke M_5 ist als einzige Marke relativ unabhängig von der Preisaktion. Auffällig ist

Tabelle 5.44: Constrained TUCKALS3-idealisierte Preiselastizitäten der Wettbewerbsbedingung "Marke M_3 zu Angebotspreisen"

	M_1	M_2	M_3	M_4	M_5	M_6	M_7	M_8	M_9
M_1	-1.45	1.01	.61	1.19	.71	-.62	.00	-.55	-.91
M_2	.77	-4.13	1.68	.56	.59	-.00	.09	.52	-.08
M_3	.19	.54	-1.31	.51	-.60	.05	.09	-.15	.68
M_4	.25	.64	1.63	-3.05	.65	.43	-.33	.28	-.50
M_5	.79	-.44	-.88	-.24	-.59	.32	.07	.36	.62
M_6	-.43	.01	.79	.04	.46	-.19	-.06	-.25	-.36
M_7	-.30	.04	.72	-.18	.38	-.11	-.07	-.21	-.27
M_8	-.50	1.87	.87	-.07	-.12	-.34	-.33	-2.89	1.51
M_9	-.61	.10	.43	.04	.59	-.15	.04	.71	-1.15

weiterhin, daß in dem von Marke M_3 geschaffenen Wettbewerbsumfeld die Marken M_1 und M_4 ebenfalls ausgeprägte Stärkekomponenten aufweisen. Die Marke M_2 übt verstärkten Preisdruck auf die Marken M_1 und M_8 aus, die Marke M_4 wiederum greift das Marktpotential der Marke M_1 an. Die Wettbewerbsstärke der Marke M_8 gefährdet hingegen keinen Konkurrenten in besonderer Weise. Diese Befunde werden auch durch die Analyse der idealisierten Elastizitäten dieses Marktszenariums bestätigt (vgl. Tabelle 5.44). Außerdem verdeutlichen die idealisierten Elastizitäten eine asymmetrische Wettbewerbsbeziehung der Marken M_8 und M_9, welche sich auch bei den Marken M_3 und M_4 beobachten läßt. Der Preisdruck von M_3 auf M_4 ist mehr als dreimal so hoch wie umgekehrt. Darüber hinaus belegt die Analyse der Marken M_3 und M_4, daß M_4 über eine bedeutend höhere direkte Preiselastizität in diesem Marktszenarium verfügt. Demzufolge können bereits kleine Preisvariationen verstärkte Marktanteilsverschiebungen auslösen. M_3 hingegen gewinnt Marktanteile nur in weitaus geringerem Umfang über weitere Preissenkungen.

Die zweite Wettbewerbsbedingung charakterisiert Preisreduktionen der Marke M_4. Der dreidimensionale Wettbewerbsraum in Abbildung 5.9 erklärt 91.76 Prozent der Varianz der idealisierten Elastizitäten in Tabelle 5.45. Die zweidimensionale Darstellung berücksichtigt 74.55 Prozent der Varianz. In diesem Marktszenarium verfügt erwartungsgemäß die Marke M_4 über eine ausgeprägte Wettbewerbsstärke, welche primär die Marken M_1, M_2 und M_3 beeinflußt. Die Verwundbarkeitsausprägung von M_4 ist dabei relativ

Abbildung 5.9: Constrained TUCKALS3-Wettbewerbsraum "Marke M_4 zu Angebotspreisen"

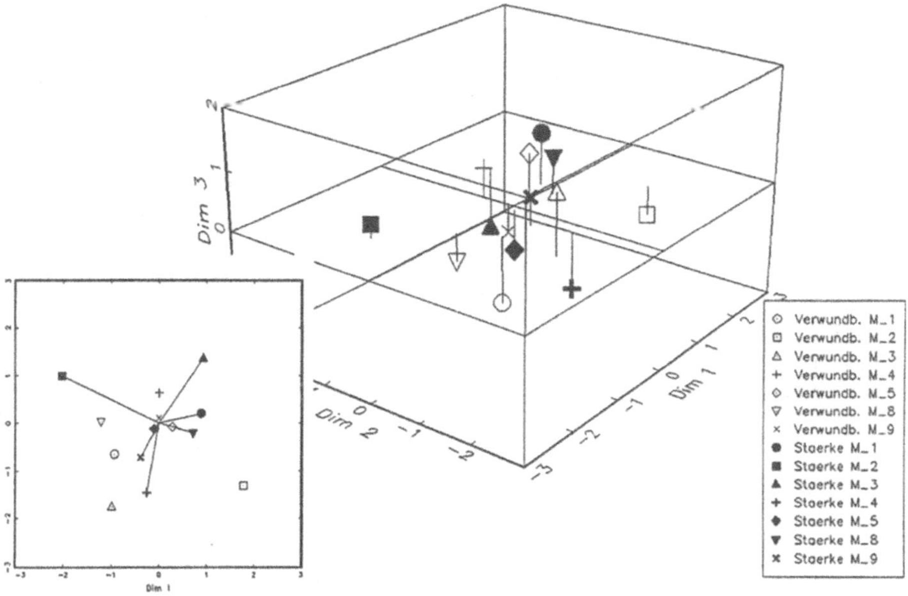

geschützt gegenüber den Wettbewerbern. Zudem fällt auf, daß die Marke M_2, obwohl unter starkem Preisdruck durch die Angebotsmarke, ebenfalls einen Wettbewerbsdruck auf die Marke M_8 und auch M_1 ausübt. Diese Befunde werden durch die Analyse der idealisierten Elastizitäten in Tabelle 5.45 bestätigt. Sie zeigen außerdem, daß die Marken M_1 und M_5 in einer relativ symmetrischen Wettbewerbsbeziehung stehen. Wie schon in der ersten Wettbewerbsbedingung "Marke M_3 zu Angebotspreisen" aufgedeckt, befinden sich die Marken M_8 und M_9 wiederum im asymmetrischen Wettbewerb, wobei der größere Druck von M_9 ausgeht. Die explizite Analyse der Marken M_3 und M_4 verdeutlicht, daß sich die Interaktionen gegenüber der vorherigen Dimension verkehrt haben. Allerdings übt jetzt die Marke M_4 einen größeren Preisdruck auf M_3 aus als vorher M_3 auf M_4. Auch die direkten Preiselastizitäten sind in dieser Bedingung etwas höher.

Die dritte Wettbewerbsbedingung repräsentiert die gemeinsamen Preisaktionen der Marken M_3 und M_4. Die Constrained TUCKALS3-Analyse ermöglicht es, die Wettbewerbsinteraktionen der Marken M_3 und M_4 bei gemeinsamen Preisaktionen differenziert zu bewerten. Im Unterschied zu den

Tabelle 5.45: Constrained TUCKALS3-idealisierte Preiselastizitäten der Wettbewerbsbedingung "Marke M_4 zu Angebotspreisen"

	M_1	M_2	M_3	M_4	M_5	M_6	M_7	M_8	M_9
M_1	-2.21	1.06	-.75	2.15	1.24	-.94	.25	-.62	-.17
M_2	1.03	-5.15	.58	1.91	.21	-.08	.32	.67	.51
M_3	-.47	.47	-4.50	1.82	-.24	-.16	.59	.53	1.97
M_4	.34	.65	.25	-1.72	.03	.36	-.15	.32	-.08
M_5	1.05	-.47	-.68	-.66	-.72	.45	.02	.53	.47
M_6	-.69	-.09	-.13	.84	.50	-.34	.10	-.25	.06
M_7	-.47	-.03	-.03	.50	.36	-.23	.05	-.20	.05
M_8	-.84	2.16	-.08	.76	-.18	-.48	-.18	-2.64	1.47
M_9	-.77	.09	.42	.18	.73	-.24	.05	.47	-.94

Abbildung 5.10: Constrained TUCKALS3-Wettbewerbsraum "Marke M_3 & M_4 zu Angebotspreisen"

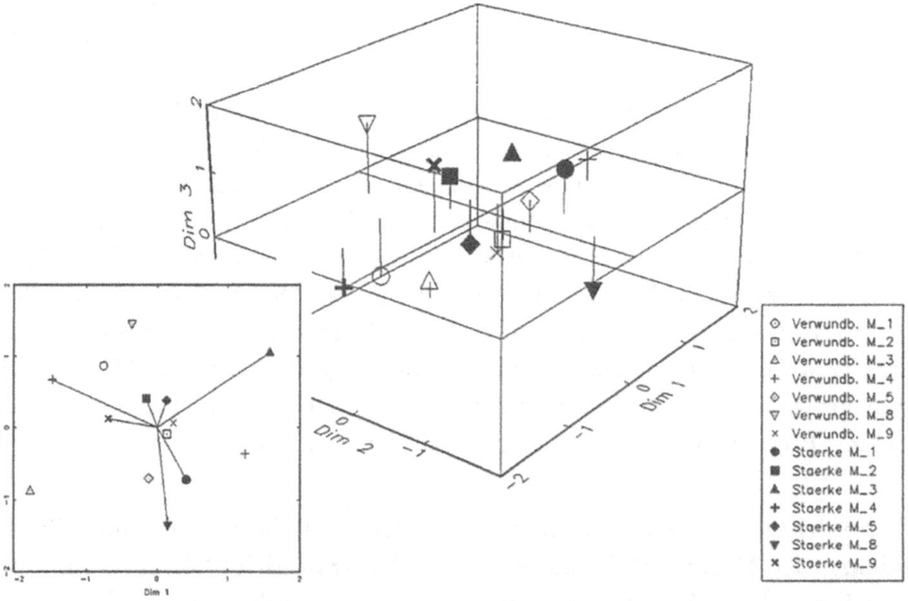

Tabelle 5.46: Constrained TUCKALS3-idealisierte Preiselastizitäten der Wettbewerbsbedingung "Marke M_3 & M_4 zu Angebotspreisen"

	M_1	M_2	M_3	M_4	M_5	M_6	M_7	M_8	M_9
M_1	-1.84	.49	-.27	2.02	1.08	-.83	.21	-.43	-.43
M_2	.45	-2.22	.70	.63	.14	-.02	.08	.28	-.03
M_3	-.12	.28	-3.90	1.64	-.53	-.04	.51	.74	1.42
M_4	.59	.53	1.23	-2.75	.18	.54	-.29	.51	-.53
M_5	.90	-.23	-.94	-.49	-.71	.40	.05	.49	.53
M_6	-.56	.02	.28	.45	.45	-.26	.02	-.22	-.17
M_7	-.36	.04	.34	.14	.34	-.16	-.01	-.19	-.14
M_8	-.36	1.01	.83	.82	-.28	-.44	-.26	-3.02	1.71
M_9	-.73	.06	.42	.02	.76	-.19	.05	.71	-1.10

beiden zuvor diskutierten Wettbewerbsbedingungen können jetzt die potentiellen Kannibalisierungseffekte der Marken M_3 und M_4 aufgedeckt sowie deren Wettbewerbsdruck auf die Konkurrenten aufgezeigt werden. Der dreidimensionale Wettbewerbsraum in Abbildung 5.10 erklärt 89.32 Prozent der Varianz der idealisierten Elastizitäten, die in Tabelle 5.46 vorliegen. Die zweidimensionale Darstellung veranschaulicht immerhin 70.95 Prozent der Varianz. Sowohl M_3 als auch M_4 zeichnen sich in dieser Wettbewerbsbedingung durch ausgeprägte Stärkekomponenten aus. Allerdings wirkt die Stärke der Marke M_3 primär auf Wettbewerber M_4, der wiederum den größten Wettbewerbsdruck auf M_1 und M_3 ausübt. M_3 und M_4 stehen deshalb in starkem Preiswettbewerb zueinander, wobei beide Marken ihr Marktpotential bei zeitgleich reduzierten Preisen kannibalisieren. Die Analyse der Tabelle 5.46 belegt, daß die Kreuzelastizitäten zwischen M_3 und M_4 sowie zwischen M_4 und M_3 relativ hoch sind bei einer größeren Effizienz der Marke M_4. Dieses Marktszenarium ist insgesamt für die übrigen Wettbewerber wenig vorteilhaft. Keine jener Marken verfügt über nennenswerte Stärken und kann somit auch nicht das Potential von M_3 oder M_4 gefährden.

Die Ergebnisse der Constrained TUCKALS3-Analyse sollen jetzt zur Prognose idealisierter Marktanteile der 11 Wettbewerbsbedingungen verwendet werden, deren Berechnung entsprechend den Ausführungen in Kapitel 4.4.4 erfolgt. Tabelle 5.47 führt die Marktanteilsprognosen für die genannten Wettbewerbsbedingungen vor. Die Marktanteilsströme, die sich aus der Differenz zwischen Marktanteilen in der Aktion und den geschätzten Marktanteilen für reguläre Preise ergeben, sind in Tabelle 5.48 enthalten. In der Wettbe-

Tabelle 5.47: Die prognostizierten Marktanteile auf der Basis der Ergebnisse der Constrained TUCKALS3-Analyse

Bed.	M_1	M_2	M_3	M_4	M_5	M_6	M_7	M_8	M_9
M_3	3.82	7.61	34.81	6.68	7.67	2.17	28.29	2.36	6.60
M_4	4.04	7.68	1.81	34.88	11.33	2.24	15.67	6.73	15.61
3&4	5.67	9.01	13.36	22.13	11.14	3.26	15.42	9.96	10.04
M_1	17.24	3.72	5.44	10.48	10.59	5.28	17.19	19.22	10.85
M_2	8.03	22.71	2.09	3.91	8.00	6.19	13.90	18.44	16.73
M_5	2.08	4.88	2.79	4.85	62.87	1.59	7.29	7.23	6.43
M_6	6.42	5.90	1.91	1.25	3.04	55.69	12.84	6.75	6.20
M_7	4.77	7.43	3.52	5.20	8.03	3.31	40.46	13.74	13.55
M_8	5.60	7.48	2.87	3.64	8.29	3.86	14.70	42.72	10.83
M_9	4.19	9.51	1.47	7.43	12.38	3.34	15.24	5.62	40.83
R. P.	9.00	12.31	4.46	8.86	12.97	3.73	22.91	9.88	15.89

Tabelle 5.48: Die prognostizierten Marktanteilsströme auf der Basis der Ergebnisse der Constrained TUCKALS3-Analyse

Bed.	M_1	M_2	M_3	M_4	M_5	M_6	M_7	M_8	M_9
M_3	-5.18	-4.70	30.35	-2.18	-5.31	-1.56	5.39	-7.52	-9.29
M_4	-4.96	-4.63	-2.65	26.03	-1.64	-1.48	-7.23	-3.14	-.29
3&4	-3.33	-3.30	8.90	13.28	-1.83	-.46	-7.48	.09	-5.85
M_1	8.24	-8.59	.98	1.62	-2.38	1.55	-5.72	9.34	-5.04
M_2	-.97	10.40	-2.37	-4.95	-4.98	2.46	-9.01	8.57	.84
M_5	-6.92	-7.43	-1.67	-4.01	49.89	-2.14	-15.61	-2.65	-9.46
M_6	-2.58	-6.41	-2.55	-7.61	-9.93	51.96	-10.06	-3.12	-9.69
M_7	-4.23	-4.88	-.94	-3.66	-4.95	-.42	17.55	3.86	-2.34
M_8	-3.40	-4.83	-1.58	-5.22	-4.68	.13	-8.21	32.84	-5.07
M_9	-4.81	-2.80	-2.99	-1.43	-.60	-.39	-7.67	-4.26	24.94

werbsbedingung "Marke M_3 zu Angebotspreisen" realisiert die Marke M_3 einen idealisierten Marktanteil von 34.81 Prozent, die Marke M_4 kommt unter diesen Marktbedingungen lediglich auf 6.68 Prozentpunkte. Gegenüber den regulären Wochen kann die Marke M_3 den eigenen Marktanteil nahezu versiebenfachen. Die Gewinne stammen vorwiegend von den Marken M_1, M_2, M_5, M_8 und M_9. Zu beachten ist, daß in dieser Bedingung M_7 einen höheren Marktanteil aufweist als bei den regulären Preisen aller Marken.

Tabelle 5.49: Die prognostizierten Marktanteile auf der Basis des CCHM-Modells

Bed.	M_1	M_2	M_3	M_4	M_5	M_6	M_7	M_8	M_9
M_3	8.00	9.71	12.05	9.65	14.97	3.34	19.23	6.88	16.17
M_4	4.57	8.99	2.56	28.17	13.86	2.70	17.81	6.37	14.98
3&4	5.40	8.30	7.95	21.80	15.45	2.77	17.83	5.47	15.03
M_1	11.29	9.79	3.40	11.89	12.13	3.50	21.14	8.93	17.93
M_2	4.46	35.31	2.52	8.69	12.29	2.83	16.46	3.61	13.84
M_5	3.84	7.27	2.26	8.69	49.04	1.34	10.29	8.03	9.24
M_6	7.76	12.23	3.67	11.28	12.63	4.28	21.10	9.27	17.77
M_7	6.75	11.81	3.53	11.98	13.34	3.48	22.82	8.84	17.46
M_8	7.76	10.72	3.15	10.68	14.66	3.44	19.88	13.10	16.61
M_9	7.78	10.10	2.04	10.18	14.47	3.28	19.30	5.92	26.93
R. P.	7.10	12.68	3.88	12.63	13.70	3.47	20.43	9.04	17.06

Tabelle 5.47 belegt ferner, daß die Marke M_4 34.88 Prozent Marktanteil bei eigenen Preisaktionen erwarten kann, ca. dreimal so viel wie in einer Woche mit regulären Preisen (R. P.). Insbesondere die Marken M_3 und M_6 können in diesem Marktszenarium kaum Marktanteile realisieren. Die Analyse der Marktanteilsströme verdeutlicht, daß M_4 insbesondere von den Marken M_1, M_2 und M_7 zugewinnt, wohingegen der Marktanteil von M_9 unbeeinflußt bleibt.

Bei gemeinsamen Preisaktionen von M_3 und M_4 erreichen beide Marken höhere Marktanteile als in regulären Wochen. Allerdings können die beiden Wettbewerber zusammen nur 35.49 Prozent Marktanteil gegenüber 41.49 Prozent in der ersten Bedingung und 36.69 Prozent in der zweiten Bedingung erzielen. Damit wird die zuvor getroffene Aussage bestätigt, daß sich die Marktanteile der beiden Marken in nicht zu vernachlässigendem Umfang kannibalisieren. Im Sinne der Maximierung des gemeinsamen Marktanteils ist deshalb eine Einzelaktion, vor allem die der Marke M_3, vorteilhafter.

Die hier geführte Diskussion der zu erwartenden Marktanteile und Marktanteilsbewegungen kann in gleicher Weise für die weiteren Wettbewerbsbedingungen geführt werden, sie ist aber nicht das Anliegen der vorgelegten Arbeit.

Bei der Diskussion der Constrained TUCKALS3-Analyseergebnisse erhebt sich die Frage, warum die Marktanteile der definierten Wettbewerbsbedingungen nicht im Rahmen der Regressionsanalyse mit dem CCHM-Modell zu schätzen sind. Wollte man dies tun, könnten die Display-, Handzettel und Promotionsaktionen sämtlicher Wettbewerber auf Null fixiert und dann die einzelnen Bedingungen explizit analysiert werden. Für die bekannten Szenarien würden sich dann Marktanteile entsprechend der Tabelle 5.49 ergeben. Die Auswertung der Tabelle 5.49 beweist, daß die Marktanteile der neun zu reduzierten Preisen angebotenen Marken im allgemeinen niedriger sind als die mit der Constrained TUCKALS3-Methode geschätzten Marktanteile. So bietet die Marktanteilsprognose der Marken M_3 und M_4 zusammen 21.70 Prozent bei Aktionen der Marke M_3 (41.49 Prozent bei Constrained TUCKALS3) und 30.73 Prozent bei Preisaktionen der Marke M_4 (36.69 Prozent bei Constrained TUCKALS3) sowie 29.75 Prozent bei gemeinsamen reduzierten Preisen (35.49 Prozent bei Constrained TUCKALS3). Nur bei Wochen mit regulären Preisen (R. P.) treten geringe Abweichungen zwischen beiden Verfahrensweisen auf.

Die Diskrepanzen in den Marktanteilsprognosen lassen sich mit der Fixierung des Einsatzes der qualitativen Marketing-Instrumente begründen. Die auf der Basis des CCHM-Modells prognostizierten Marktanteile basieren auf der Annahme, daß in allen 11 definierten Wettbewerbsszenarien die qualitativen Instrumente nicht zur Marktanteilssteigerung eingesetzt werden. Diese Annahme ist aber mit Blick auf die Häufigkeit der tatsächlich benutzten Marketing-Instrumente (vgl. Tabelle 5.1 auf Seite 152) als "künstlich" zu bezeichnen. Im Constrained TUCKALS3-Modellansatz kann man hingegen die Display-, Handzettel- und Promotionsaktionen implizit mit einbeziehen. Die Marktanteile der einzelnen Wochen werden mit den Koeffizienten der Komponentenmatrix **C** gewichtet, wobei eine Beeinflussung der Marktanteile durch den Einsatz der qualitativen Instrumente erfolgt. Die Marktanteilsprognosen einer Constrained TUCKALS3-Analyse berücksichtigen deshalb die allgemeinen Wettbewerbsbedingungen, eine Möglichkeit die sich im CCHM-Modell nicht realisieren läßt. Somit sind die Marktanteilsprognosen des Constrained TUCKALS3-Modells gegenüber denen des CCHM-Modells vorzuziehen.

5.2.3.4 Die Ergebnisse der externen TUCKALS3-Analyse

Die externe TUCKALS3-Analyse soll im Verlaufe der hier vorgestellten Wettbewerbsanalyse zur Berechnung der Parametermatrizen **A** und **B** sowie der Kernmatrix bei gleichzeitiger Vorgabe der Komponentenmatrix **C** zum Einsatz kommen. Die Komponentenmatrix **C** entspricht in diesem Falle der auf Einheitslänge skalierten Designmatrix der Tabellen 5.34 und 5.35 (Seiten 203 und 204), wobei wiederum die mit einem "X" besetzten Felder vor der Skalierung Einsen sind. Die Parameter werden auf der Basis des Algorithmus in Tabelle 4.9 auf Seite 146 geschätzt. Für die in der Komponentenmatrix **C** enthaltenen Wettbewerbsbedingungen wird ebenso wie bei den Procrustes-Transformationen angenommen, daß alle Wochen gleichgewichtig zur Bedeutung der Komponente beitragen. Die Varianzerklärung der externen TUCKALS3-Analyse mit je fünf Komponenten in Modus A und B und der fixierten Komponentenmatrix **C** beträgt 66.19 Prozent. Sie liegt damit deutlich unterhalb der erzielten Varianzerklärungen der Procrustes-Lösung bzw. der Constrained TUCKALS3-Lösung. Sie entsprechen in ihren Strukturen weitgehend denen der unbeschränkten Lösung. Die Matrixkorrelation der Komponentenmatrix **A** der externen TUCKALS3-Lösung mit der Matrix **A** der unbeschränkten TUCKALS3-Lösung beträgt 0.846. Ein Wert von 0.976 ergibt sich für die Matrixkorrelation der Komponentenmatrizen **B** der beiden genannten Methoden.

Für die Analyse der Wettbewerbsbeziehungen ist die explizite Erörterung der Komponentenmatrizen **A** und **B** jedoch unerheblich, so daß ausschließlich die abgeleiteten idealisierten Elastizitäten und Marktanteilsprognosen zu diskutieren sind. Tabelle 5.50 stellt die idealisierten Preiselastizitäten der externen TUCKALS3-Analyse für die ersten drei Wettbewerbsbedingungen der Tabellen 5.34 und 5.35 dar. Der Vergleich dieser Elastizitätenschätzungen mit denen der Constrained TUCKALS3-Analyse verdeutlicht, daß die allgemeine Struktur erhalten bleibt. Allerdings hat in der Wettbewerbsbedingung "Marke M_3 zu Angebotspreisen" die Marke M_3 jetzt im Vergleich zu der der Constrained TUCKALS3-Analyse eine beinahe doppelt so hohe direkte Preiselastizität (vgl. Tabelle 5.44). Zudem wird der Einfluß der Marke M_3 auf die Wettbewerber M_2 und M_4 als niedriger bewertet. Die direkten Elastizitäten und Kreuzelastizitäten der übrigen Marken unterscheiden sich von denen der Constrained TUCKALS3-Analyse meist nur um Absolutwerte unter 0.3. Dennoch ist festzuhalten, daß die Struktur zwar erhalten bleibt, die einzelnen Elastizitäten sich aber sehr wohl voneinander unterscheiden. Diese Abweichungen finden sich auch in den Marktanteilsprognosen dieses Marktszenariums wieder. Der prognostizierte Marktanteil für Marke M_3 macht jetzt nur noch 21.87 Prozent aus gegenüber 34.81 Prozent bei der Constrained TUCKALS3-Analyse. Deutliche Abweichungen sind darüber hinaus für die Prognose der Marke M_7 (39.76 Prozent gegenüber 28.29 Prozent) zu verzeichnen. Hier bestätigt sich der zuvor diskutierte Nachteil der externen TUCKALS3-Analyse, wonach alle Wochen ein identisches Gewicht haben. Im konkreten Fall werden die Wochen 47 und 66 für gleich bedeutend gehalten, in Woche 47 ist Marke M_3 jedoch ohne Konkurrenzaktionen am Markt, in Woche 66 wird außerdem die Marke M_7 zu reduzierten Preisen angeboten.

Tabelle 5.50: Idealisierte Preiselastizitäten der 11 vorgegebenen Wettbewerbsbedingungen der externen TUCKALS3-Analyse, Bedingungen 1 bis 3

Wettbewerbsbedingung: Marke M_3 zu Angebotspreisen

	M_1	M_2	M_3	M_4	M_5	M_6	M_7	M_8	M_9
M_1	-1.78	.99	.03	1.38	.97	-.74	.16	-.44	-.57
M_2	.98	-4.02	1.19	.62	.34	.02	.09	.64	.14
M_3	.05	.59	-2.38	.73	-.52	.08	.25	.38	.82
M_4	.36	.62	1.14	-3.05	.53	.48	-.29	.38	-.18
M_5	.94	-.46	-.81	-.28	-.70	.40	.03	.52	.36
M_6	-.51	-.01	.44	.12	.50	-.23	.01	-.18	-.15
M_7	-.30	.02	.41	-.12	.36	-.12	-.02	-.14	-.09
M_8	-.56	1.87	.67	.10	-.14	-.38	-.30	-2.56	1.29
M_9	-.67	.07	.26	.03	.64	-.17	.09	.64	-.90

Wettbewerbsbedingung: Marke M_4 zu Angebotspreisen

	M_1	M_2	M_3	M_4	M_5	M_6	M_7	M_8	M_9
M_1	-2.25	1.05	-.68	2.01	1.25	-.98	.30	-.56	-.14
M_2	1.05	-4.81	.56	1.68	.19	-.10	.24	.70	.49
M_3	-.44	.48	-4.35	1.62	-.21	-.15	.56	.58	1.90
M_4	.34	.67	.25	-1.88	.09	.39	-.16	.37	-.07
M_5	1.11	-.50	-.64	-.68	-.72	.51	-.01	.63	.32
M_6	-.69	-.08	-.09	.74	.51	-.35	.11	-.22	.08
M_7	-.42	-.03	.01	.37	.33	-.21	.05	-.17	.06
M_8	-.79	2.11	.03	.67	-.19	-.48	-.20	-2.56	1.43
M_9	-.73	.09	.43	.06	.69	-.21	.08	.55	-.96

Wettbewerbsbedingung: Marken M_3 & M_4 zu Angebotspreisen

	M_1	M_2	M_3	M_4	M_5	M_6	M_7	M_8	M_9
M_1	-1.88	.57	-.47	1.78	1.13	-.84	.28	-.36	-.20
M_2	.46	-2.17	.62	.57	.16	-.05	.06	.25	.09
M_3	-.36	.26	-3.63	1.62	-.23	-.15	.49	.53	1.47
M_4	.39	.52	1.17	-2.65	.37	.45	-.27	.42	-.41
M_5	.92	-.30	-.78	-.40	-.70	.42	.01	.55	.28
M_6	-.61	.04	.18	.36	.51	-.28	.05	-.21	-.03
M_7	-.37	.05	.25	.06	.36	-.16	.00	-.17	-.03
M_8	-.45	.95	.64	.65	-.07	-.49	-.24	-2.76	1.78
M_9	-.65	.11	.31	-.08	.64	-.13	.09	.76	-1.05

Tabelle 5.51: Die prognostizierten Marktanteile auf der Basis der Ergebnisse der externen TUCKALS3-Analyse

Bed.	M_1	M_2	M_3	M_4	M_5	M_6	M_7	M_8	M_9
M_3	3.96	6.73	21.87	6.34	8.36	2.61	39.76	3.58	6.78
M_4	3.90	7.71	1.80	29.75	11.42	2.43	19.35	6.79	16.83
3&4	4.96	8.14	13.18	21.71	15.26	2.93	14.89	9.61	9.32
M_1	12.32	7.77	9.18	15.51	11.69	4.15	16.11	12.52	10.74
M_2	7.95	17.03	2.01	2.95	8.03	12.87	13.77	21.09	14.30
M_5	2.50	4.93	5.07	7.82	51.09	1.85	8.03	9.59	9.12
M_6	6.42	5.90	1.91	1.25	3.04	55.69	12.84	6.75	6.20
M_7	4.56	7.55	4.05	6.31	8.18	3.22	38.71	13.27	14.17
M_8	5.92	7.05	3.54	4.40	8.11	4.26	14.14	41.19	11.38
M_9	4.01	8.70	1.54	9.05	17.47	2.93	15.64	7.14	33.50
R. P.	8.80	11.71	4.44	8.88	13.01	3.86	23.09	10.40	15.81

Die zweite Wettbewerbsbedingung "Marke M_4 zu Angebotspreisen" schätzt idealisierte Elastizitäten, welche weitgehend in ihrer Struktur mit denen der Constrained TUCKALS3-Analyse übereinstimmen. Die größten absoluten Abweichungen finden sich bei dem Preisdruck der Marke M_4 auf die Marken M_1, M_2, M_3 und M_4. Die Marktanteilsprognosen dieser Wettbewerbsbedingung unterscheiden sich jedoch bei den alternativen Modellansätzen. Insbesondere die Prognosen der Marken M_4 und M_7 weichen stark von denen der Constrained TUCKALS3-Analyse ab. Wiederum lassen sich diese Diskrepanzen mit parallelen Aktionen der beiden Wettbewerber in den Wochen 63 und 76 begründen. Constrained TUCKALS3 mißt in diesem Marktszenarium insbesondere der Woche 76 eine nur untergeordnete Bedeutung zur Erklärung der Wettbewerbsstärke von M_4 zu.

Die idealisierten Elastizitäten der Wettbewerbsbedingung "Marke M_3 & M_4 zu Angebotspreisen" sind weitgehend mit denen der Constrained TUCKALS3-Analyse vergleichbar, so daß die Kernbefunde dieses Szenariums identisch sind. Darüber hinaus zeigen sich weitgehende Übereinstimmungen bei den Marktanteilsprognosen der Marken M_3 und M_4. Eine größere Abweichung zwischen den prognostizierten Marktanteilen ergibt sich lediglich für den Marktanteil der Marke M_5.

5.2.3.5 Die Beurteilung der benutzerdefinierten Analysen

In den vorangegangenen Abschnitten sind alternative Ansätze zur Repräsentation der Wettbewerbsbeziehungen benutzerdefinierter Marktszenarien erörtert worden. Die Analyse basiert auf Kreuzelastizitäten von neun Marken über 78 Wochen, für die insgesamt 11 Wettbewerbsbedingungen konstruiert sind. Im Mittelpunkt der Diskussion stehen die Marken M_3 und M_4, die von demselben Hersteller angeboten werden und die in mehreren Wochen der Untersuchungsperiode gemeinsam zu reduzierten Preisen im Angebot sind. Somit geht es darum, die Wettbewerbsbeziehungen für die gemeinsame Aktion wie auch für die Einzelaktionen dieser Marken zu identifizieren und zu bewerten. Außerdem ist es das Ziel der Analyse, Marktanteilsprognosen abzuleiten.

Ein zentrales Ergebnis kann darin gesehen werden, daß die Procrustes-Ansätze zumindest bei diesem Datensatz kein adäquates Vorgehen zur Aufdeckung der Wettbewerbsbeziehungen ermöglichen. Die Korrespondenz zwischen den in der Designmatrix spezifizierten Komponenten und den Procrustes-transformierten Komponenten ist von wenigen Ausnahmen abgesehen sowohl bei der orthogonalen als auch bei der obliquen Transformation gering. Die Kongruenzkoeffizienten überschreiten selten den Schwellenwert von 0.85. Insbesondere die Wettbewerbsbedingungen der Marken M_3 und M_4 lassen sich nur unzureichend repräsentieren. Eine Nutzung der im Ergebnis enthaltenen Informationen zur Planung ist deshalb nicht sinnvoll.

Im Rahmen der Constrained TUCKALS3-Analyse wird die Lösungsstruktur der Komponentenmatrix **C** festgelegt, so daß eindeutig zu interpretierende Wettbewerbskomponenten bzw. Situationen vorliegen. Gegenüber der unbeschränkten TUCKALS3-Analyse wird diese Möglichkeit jedoch mit einer Reduktion der erklärten Varianz von 9.3 Prozent erkauft, die allerdings als gering angesehen werden kann. Darüber hinaus muß man beachten, daß die Anzahl der Freiheitsgrade in der unbeschränkten Analyse 5262 und bei der Constrained TUCKALS3-Analyse 6022 beträgt. Somit ergibt sich eine mittlere Quadratsumme von 12.50 beim TUCKALS3- und von 39.83 im Constrained TUCKALS3-Ansatz. Die mittlere Fehlerquadratsumme beträgt im zuerst genannten Modell 0.40 und im zweiten Verfahren 0.59. Beide Modelle sind deshalb mit F-Werten von 31.16 und 67.79 hoch signifikant.

Auch die inhaltlichen Ergebnisse des Constrained TUCKALS3-Modells sind überzeugend. Die Wochen, in denen eine Marke eine Alleinstellung durch Preisaktionen am Markt einnimmt, werden stärker gewichtet als die Wochen mit Konkurrenzaktivitäten. Die anschließend abgeleiteten idealisierten Elastizitäten und die korrespondierenden Wettbewerbsräume beschreiben die Wettbewerbsbeziehungen der Marken detailliert und umfassend. Hervorzuheben ist, daß die Wettbewerbsräume einen hinreichend großen Anteil der Varianz erklären. Die Prognose der real zu erwartenden Marktanteile verdeutlicht, daß Preisaktionen der Marken M_3 und M_4 zu beträchtlichen Kannibalisierungseffekten führen. Einzelaktionen der beiden Marken sind nach den hier vorliegenden Ergebnissen vorzuziehen.

Die Gegenüberstellung dieser Ergebnisse mit den Marktanteilsprognosen der CCHM-Modells deckt einen grundsätzlichen Nachteil der Prognosen mit Marktanteilsmodellen auf. Die Marktanteilsmodelle setzen eine genaue Spezifikation des Instrumentaleinsatzes aller Marken voraus. Folglich lassen sich exakte Marktanteilsprognosen für explizit spezifizierte Marktbedingungen ableiten. Allerdings verfügt das Management einzelner Marken nicht über die dafür notwendigen Informationen. Mit der Constrained TUCKALS3-Analyse wird das allgemeine Marktgeschehen insbesondere bei den qualitativen Marketing-Instrumenten (hier Display, Handzettel und Promotion) implizit mit berücksichtigt, aber nicht explizit modelliert.

Die externe TUCKALS3-Analyse liefert Schätzungen für die idealisierten Elastizitäten, die in ihrer Struktur denen der Constrained TUCKALS3-Analyse sehr ähnlich sind, sie erklärt jedoch nur 66.19 Prozent der Varianz in den Daten. Die Analyse der Marktanteilsprognosen belegt die Problematik, alle Wochen eines Szenariums identisch zu gewichten. Hier erscheint das Potential des Constrained TUCKALS3-Modells überlegen. Abschließend bleibt festzuhalten, daß die Constrained TUCKALS3-Analyse - zumindest bei diesem Datensatz - auch die inhaltlich sinnvolleren Ergebnisse liefert.

5.2.4 Die Ergebnisse der Wettbewerbskomponentenanalyse im Ketchup-Markt

Nunmehr wird die Anwendung der Wettbewerbskomponentenanalyse am Beispiel der Ketchup-Daten demonstriert. Die Analyse umfaßt die Schritte Datenaufbereitung, Schätzung der Komponentenwerte und schließlich die multivariate Regression auf der Basis der Komponentenwerte sowie die Rücktransformation der geschätzten Parameter zu den Originalparametern. Insgesamt werden die ersten 104 Wochen zur Modellkalibrierung und die letzten 52 Wochen zur Modellvalidierung herangezogen. Damit ist der hier gewählte Datensatz anders als der bei Cooper, Klapper und Inoue (1996), die die Modellentwicklung auf den vollständigen Datensatz stützen. Die Ergebnisse lassen sich deshalb als zusätzliche Validierung der Wettbewerbskomponentenanalyse ansehen.

5.2.4.1 Die Datenaufbereitung

Die Datenaufbereitung umfaßt zwei Schritte. Zum einen muß die Frage der Transformation der Inputdaten und zum anderen die Behandlung fehlender Werte geklärt werden. Der zuerst genannte Aspekt berührt die in Kapitel 3.2.2.2 angesprochene Schwierigkeit, den Instrumentaleinsatz der einzelnen UPCs in den Wettbewerbskontext einzuordnen. Die dem Verfasser zur Verfügung gestellten Daten beinhalten exp(z)-transformierte Daten im Unterschied zur Zeta-Transformation, welche bei der Schätzung des CCHM-Modells gewählt wird (vgl. Kapitel 5.2.1).

Neben der Berücksichtigung des Wettbewerbsumfeldes sind darüber hinaus Annahmen über die Behandlung fehlender Werte zu treffen. Die Schätzung der Komponentenwerte auf der Basis des TUCKALS3-Algorithmus setzt eine vollständig gekreuzte Datenmatrix oder aber die Berechnung der fehlenden Werte im Rahmen der Minimierung der Verlustfunktion voraus. Der vorliegende Datensatz mit Informationen über den Marketing-Instrumentaleinsatz von 25 UPCs über 156 Wochen beinhaltet aufgrund der Nullverkäufe einzelner UPCs in verschiedenen Wochen (vgl. hierzu auch Tabelle 5.2 auf der Seite 154) nur 3006 statt der 3900 möglichen Beobachtungen. Die fehlenden Daten betreffen sowohl Informationen über den Marketing-Mix als auch die Abverkäufe. Eine Schätzung der nicht aufgezeichneten Werte im Rahmen des TUCKALS3-Ansatzes ist nicht zweckmäßig, da die Berechnung der Parameterwerte die fehlenden Marktanteile nicht berücksichtigen kann. Die fehlenden Beobachtungen sind in vorliegenden Fall auf der Basis des General Location Modells (vgl. Olkin & Tate 1961, Little & Schluchter 1985) geschätzt worden. Fehlende Ausprägungen von kategorialen Variablen werden mit Hilfe des Logitmodells, die der kontinuierlichen Variablen mit Hilfe der Normalverteilung modelliert. Der Schätzaufwand läßt sich vereinfachen, indem man die fehlenden Werte der kategorialen Variablen (Display, Handzettel, usw.) a priori auf Null setzt.

5.2.4.2 Die Berechnung der Komponentenwerte

Nachdem die Daten entsprechend den vorangegangenen Ausführungen vorverarbeitet wurden, liegen sie jetzt als vollständig gekreuzter dreidimensionaler dreimodaler Datenarray mit Informationen der 25 UPCs bei sieben Marketing-Instrumenten über 156 Wochen vor. Die ersten 104 Wochen dienen schließlich zur Modellkalibrierung und bilden den Input der TUCKALS3-

Analyse zur Berechnung der Komponentenwerte. Entsprechend der Diskussion in Kapitel 4.3.7 legen die Ergebnisse einer PCA-SUP-Analyse die Dimensionalität der TUCKALS3-Lösung fest. Die Datengrundlage der PCA-SUP-Analyse bilden drei Supermatrizen der Ketchup-Daten, wobei jeweils die UPCs (Modus A), die Instrumente (Modus B) und die Wochen (Modus C) separat auszuwerten sind. Abbildung 5.11 stellt den Varianzerklärungszuwachs der einzelnen Komponenten, gemessen über den Eigenwert, sowie die Differenzen zwischen zwei aufeinanderfolgenden Eigenwerten graphisch dar. Die Analyse der Eigenwertverläufe und Eigenwertdifferenzen identifiziert 16 Komponenten im Modus A, fünf Komponenten im Modus B und 25 Komponenten im Modus C, wobei sich die Wahl der Dimensionalität der Lösung am Vorgehen von Cooper, Klapper und Inoue orientiert, die eine Lösung mit möglichst hoher Varianzerklärung wählen.

Wie auch schon bei der Auswertung der Scannerdaten aus dem Körperpflegemarkt läßt sich zunächst eine Obergrenze der Varianzerkärung für die $16 \times 5 \times 25$-dimensionale TUCKALS3-Lösung bestimmen:

Fit-Obergrenze im Modus A:	99.74%
Fit-Obergrenze im Modus B:	95.57%
Fit-Obergrenze im Modus C:	96.61%.

Die endgültige TUCKALS3-Lösung erklärt schließlich 94.04 Prozent der Varianz in den Daten und beinhaltet damit eine außerordentlich gute Anpassung des Modells.

Die Analyse der Komponentenmatrix der UPCs, welche in Übereinstimmung mit Cooper, Klapper und Inoue OBLIMIN-rotiert sind (vgl. Tabelle 5.52), zeigt, daß mit Ausnahme der Komponenten fünf, 15 und 16 nur spezifische Komponenten vorliegen. Die ersten vier Komponenten erfassen dabei den Einfluß der Marktführer. Die fünfte Komponente stellt einen gemeinsamen Faktor dar, der sich aus den beiden Heinz Sondermarken "Heinz Ketchup Lite 13.25 oz." und "Heinz Ketchup Hot 14 oz." (negativer Pol) und den beiden UPCs in Sondergröße (UPC 18 und UPC 22, positiver Pol) zusammensetzt. Diskussionswürdig ist auch die 16. Komponente, welche die UPCs "Heinz Ketchup 24 oz." und "Hunt's Ketchup 14 oz." positiv lädt sowie die UPCs 12, 17 und 24 negativ ("Brooks Catsup Tangy Pls 28 oz.", "Hunt's Ketchup Pls&Glas 44 oz.", "Ctl Br Catsup 14 oz."). Bei diesen UPCs handelt es sich ausnahmslos um Sondermarken, die nur relativ geringe Marktanteile aufweisen. Darüber hinaus laden die beiden UPCs acht und 20 auf keiner Komponente. Sie sind also UPCs, die erst mehrere Wochen nach

Abbildung 5.11: Die PCA-SUP-Ergebnisse der Ketchup-Daten

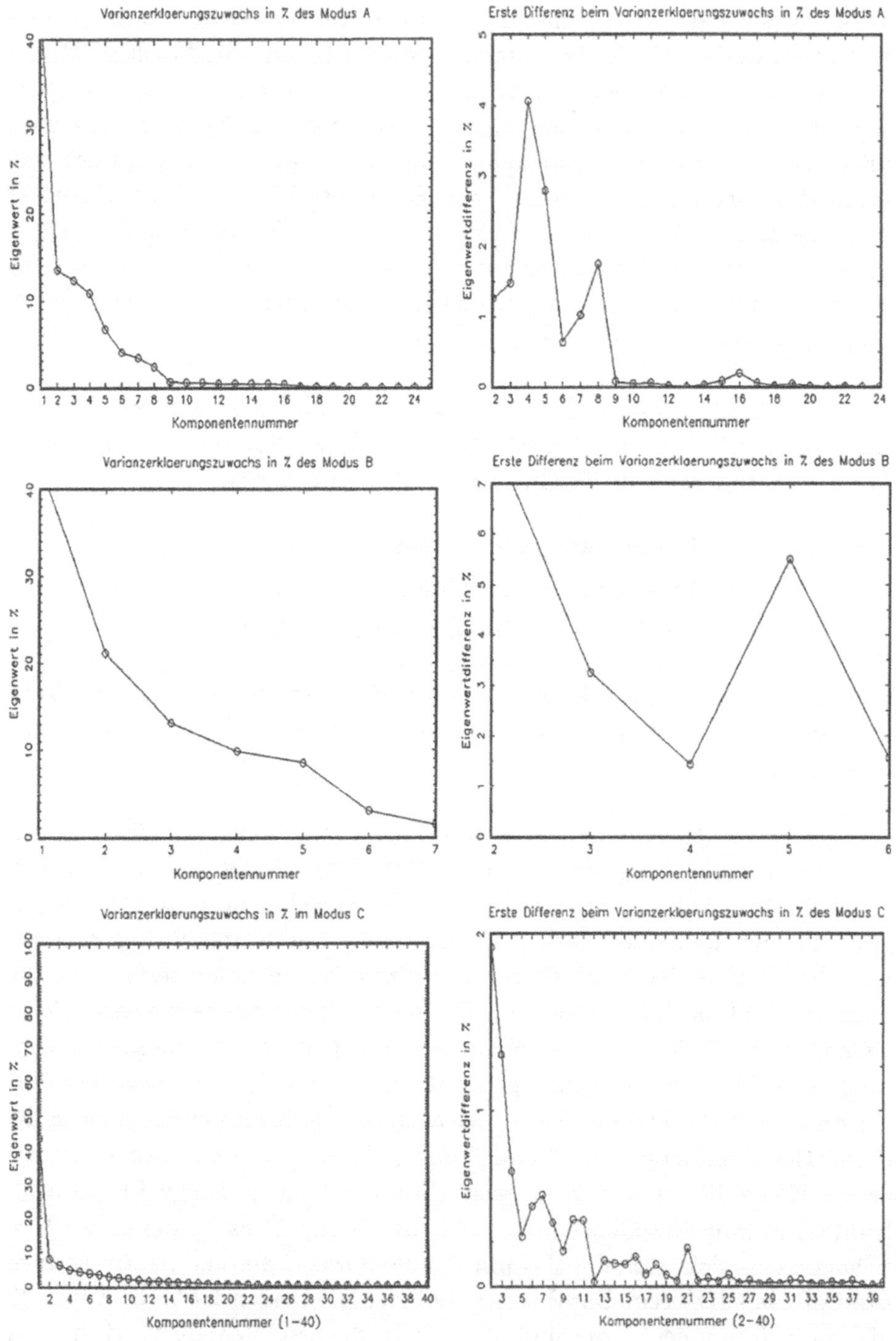

Tabelle 5.52: Die TUCKALS3-Komponentenmatrix der UPCs

Komponentenmatrix A, OBLIMIN-transformiert
Länge der Komponenten: $\mathbf{a}'\mathbf{a} = I$

Label	I	II	III	IV	V	VI	VII	VIII	FIT
UPC 1	-.430	-.420	-.420	-.415	-2.435	-.420	-.420	-.420	.996
UPC 2	-.090	-.090	-.100	-.100	-.030	-.090	-.090	-.090	.824
UPC 3	-.090	-.090	-.095	-.095	-.030	-.095	-.095	-.095	.928
UPC 4	-.090	-.095	-.095	-.095	-.030	-.095	-.095	-.095	.648
UPC 5	-.090	-.090	-.100	-.095	-.030	-.095	-.090	-.090	.966
UPC 6	-.090	-.095	-.095	4.875	-.035	-.095	-.095	-.095	.902
UPC 7	-.090	-.090	-.085	-.090	-.030	-.090	-.090	-.090	.926
UPC 8	-.340	-.340	-.340	-.335	-.790	-.335	-.335	-.330	.987
UPC 9	-.225	-.225	-.225	-.220	-.085	-.235	-.220	-.225	.973
UPC 10	-.360	-.355	-.355	-.350	-1.145	-.345	-.350	-.350	.989
UPC 11	-.100	-.100	-.100	-.100	-.030	-.100	-.100	-.100	.817
UPC 12	-.360	-.355	-.345	-.360	-.655	-.360	-.365	-.360	.912
UPC 13	-.090	-.090	-.100	-.090	-.030	4.875	-.095	-.095	.968
UPC 14	-.090	-.090	-.095	-.095	-.030	-.100	-.090	4.875	.964
UPC 15	-.205	-.205	-.205	-.205	.010	-.205	-.205	-.205	.942
UPC 16	-.250	-.250	-.245	-.250	.170	-.245	-.250	-.250	.708
UPC 17	-.430	-.420	-.415	-.420	.035	-.425	-.420	-.425	.433
UPC 18	-.250	-.250	-.245	-.250	2.300	-.250	-.250	-.250	.993
UPC 19	-.090	-.095	4.875	-.095	-.035	-.095	-.095	-.095	.911
UPC 20	-.355	-.350	-.350	-.350	-.905	-.345	-.350	-.345	.989
UPC 21	4.870	-.090	-.095	-.100	-.030	-.095	-.095	-.095	.973
UPC 22	-.225	-.225	-.220	-.220	3.195	-.220	-.225	-.220	.997
UPC 23	-.085	4.870	-.090	-.095	-.025	-.095	-.095	-.095	.956
UPC 24	-.365	-.360	-.355	-.360	.690	-.355	-.350	-.355	.967
UPC 25	-.090	-.095	-.095	-.100	-.030	-.090	4.875	-.100	.857

Label	IX	X	XI	XII	XIII	XIV	XV	XVI	FIT
UPC 1	-.420	-.460	-.415	-.485	-.440	-.440	-.410	-.275	.996
UPC 2	-.090	-.090	-.095	-.095	-.095	4.870	-.075	-.085	.824
UPC 3	4.870	-.085	-.095	-.090	-.095	-.090	-.070	-.085	.928
UPC 4	-.095	-.090	-.095	-.090	4.870	-.090	-.075	-.080	.648
UPC 5	-.090	-.090	4.875	-.090	-.095	-.090	-.075	-.085	.966
UPC 6	-.090	-.090	-.090	-.095	-.090	-.090	-.070	-.085	.902
UPC 7	-.090	4.870	-.090	-.090	-.095	-.090	-.075	-.085	.926
UPC 8	-.335	-.360	-.315	-.320	-.375	-.360	.040	.180	.987
UPC 9	-.225	-.155	-.235	-.175	-.165	-.210	.605	2.630	.973
UPC 10	-.355	-.375	-.345	-.335	-.350	-.365	-.220	.225	.989
UPC 11	-.100	-.100	-.095	4.870	-.095	-.095	-.075	-.090	.817
UPC 12	-.365	-.320	-.360	-.280	-.345	-.295	.370	-1.205	.912
UPC 13	-.090	-.090	-.100	-.095	-.095	-.090	-.070	-.085	.968
UPC 14	-.095	-.090	-.090	-.090	-.095	-.090	-.070	-.085	.964
UPC 15	-.205	-.210	-.215	-.220	-.205	-.215	4.195	-.345	.942
UPC 16	-.250	-.270	-.255	-.285	-.270	-.245	-.705	3.320	.708
UPC 17	-.425	-.410	-.450	-.440	-.405	-.445	-2.445	-1.135	.433
UPC 18	-.250	-.260	-.245	-.240	-.240	-.245	.095	-.310	.993
UPC 19	-.090	-.090	-.095	-.095	-.090	-.090	-.070	-.085	.911
UPC 20	-.350	-.375	-.335	-.345	-.385	-.370	-.025	-.040	.989
UPC 21	-.095	-.085	-.095	-.090	-.095	-.090	-.070	-.085	.973
UPC 22	-.225	-.240	-.220	-.245	-.245	-.230	-.200	.030	.997
UPC 23	-.090	-.090	-.095	-.090	-.090	-.090	-.070	-.085	.956
UPC 24	-.345	-.350	-.355	-.405	-.325	-.355	-.355	-1.970	.967
UPC 25	-.090	-.090	-.090	-.085	-.095	-.090	-.070	-.085	.857

Tabelle 5.53: Die TUCKALS3-Komponentenmatrix der Instrumente

Komponentenmatrix **B**, OBLIMIN-transformiert Länge der Komponenten: $\mathbf{b'b} = J$						
Label	I	II	III	IV	V	FIT
Line Advertising	.008	.069	-.029	-.026	.108	.028
Major Advertising	.000	.000	2.610	.000	.000	.952
End-Aisle Display	-.003	2.645	.000	.000	.000	.997
Front-Aisle Display	.003	.003	.000	.000	2.639	.994
In-Aisle Display	-.003	.000	.000	2.645	.000	.996
Store-Coupon	-.034	-.040	.431	-.053	.148	.124
Price	2.646	.000	.000	.000	.000	.979

Beginn der Datenaufzeichnung in den Markt eingeführt wurden. Die hier aufgedeckte Komponentenstruktur findet sich auch in niedriger dimensionierten Lösungen wieder. Zu beachten ist weiter, daß die OBLIMIN-Komponenten nur mäßig korreliert sind.

Alles in allem steht das Ergebnis im Widerspruch zur allgemeinen Praxis, die UPCs eines Herstellers zu einer Dachmarke zusammenzufassen. Die UPCs verfolgen eine weitgehend eigenständige Marketing-Strategie über die Zeit, so daß eine Aggregation zu Dachmarken die Unterschiedlichkeiten der einzelnen UPCs nivellieren und die "wahren" Wettbewerbseffekte verdecken würde. Die Lösung des Aggregationsproblems im UPC-Modus kann deshalb nur darin bestehen, die 16 UPC-Komponenten oder aber die 25 UPCs direkt zu analysieren. Eine Modellkalibrierung, wie sie Cooper (1993) mit demselben Datensatz vorgenommen hat, indem er 18 UPCs zu drei Dachmarken zusammenfaßt, ist hingegen zu verwerfen. Außerdem ist anzumerken, daß die Analyse mit 25 UPCs und sieben Instrumenten aufgrund von Singularitäten und starken Kollinearitäten in den Daten nicht ohne weitere das Modell einschränkende Annahmen durchzuführen ist.

Die Analyse der OBLIMIN-transformierten Komponentenmatrix **B** (vgl. Tabelle 5.53 sowie die Korrelationen der OBLIMIN-Komponenten in Tabelle 5.54) zeigt keine gemeinsamen Instrumente-Faktoren. "Price", "End-Aisle Display", "Major Advertising", "In-Aisle Display" und "Front-Aisle Display" bilden eigenständige Aktionen. Die Instrumente "Line Advertising" und "Store Coupon" laden hingegen auf keiner Komponente. Auffällig ist hierbei ferner, daß "Front-Aisle Display" - obwohl weniger häufig als "Store Coupon"

Tabelle 5.54: Die Korrelation der Instrumente-Komponenten

Komp.	I	II	III	IV	V
I	1.0000	.0005	.0019	.0003	-.0001
II	.0005	1.0000	.0025	.0000	-.0011
III	.0019	.0025	1.0000	.0030	-.0081
IV	.0003	.0000	.0030	1.0000	.0019
V	-.0001	-.0011	-.0081	.0019	1.0000

verwendet - eine eigenständige Komponente bildet. Daraus muß man folgern, daß die Nichtberücksichtigung einzelner Instrumente aufgrund geringer Einsatzhäufigkeit wichtige Basisdeterminanten des Wettbewerbs unbeachtet lassen kann. Im konkreten Fall wäre die Streichung des Instruments "Line Advertising" gerechtfertigt, die Vernachlässigung des Instruments "Front-Aisle Display" jedoch nicht zu vertreten. Darüber hinaus ist zu vermerken, daß eine Zusammenfassung der drei Displayaktionen zu einem gemeinsamen Instrument die Wettbewerbsdeterminanten dieses Marktes zerstören würde.

Die Analyse der Komponentenmatrizen der UPCs und der sieben Instrumente liefert damit insgesamt überraschende Ergebnisse. Im allgemeinen geht man davon aus, daß die UPCs eines Herstellers zumindest einen gewissen Grad an Übereinstimmung im Einsatz ihres Marketing-Instrumentariums zeigen (z. B. Werbung für die Hauptmarke und Displays bei Sondermarken). In diesem Datensatz sind solche Gemeinsamkeiten nicht nachzuweisen. Vielmehr ist offensichtlich, daß die UPCs eigene Marketing-Strategien verfolgen, unabhängig von denen der "Konkurrenzmarken" - auch des gleichen Herstellers.

5.2.4.3 Die Ergebnisse der multivariaten Regression auf der Basis der Komponentenwerte

Im Anschluß an die Schätzung des Tucker3-Modells erfolgt die Parameterisierung des reduzierten Regressionsmodells aus Gleichung 3.36. In Anlehnung an die Ausführungen auf den Seiten 70 bis 73 lassen sich schließlich die Parameter des vollständig erweiterten Kreuzeffektmodells (Gleichung 3.30) und deren Standardfehler berechnen.

Den Ausführungen von Little und Rubin (1987, S. 25ff) folgend, muß man die Varianz-Kovarianzmatrix der Residuen anpassen, da konditionale Mittelwerte für die fehlenden Werte geschätzt wurden. Die Anpassung ergibt sich durch:

$$\hat{\sigma}_{ij} = \hat{\sigma}^*_{ij}(\frac{n-p}{m-p}) \tag{5.7}$$

mit $\hat{\sigma}^*_{ij}$ als Element (i,j) der geschätzten Varianz-Kovarianzmatrix auf der Basis von n Beobachtungen sowie p als der Anzahl der Parameter und m als der tatsächlichen Fallzahl. Damit nimmt $(\frac{n-p}{m-p})$ den Wert 1.393 an, so daß der kritische t-Wert mit $\sqrt{1.393}$ zu multiplizieren ist.

Die Analyse der differentiellen Effekte kann unter einer einseitigen Wirkungshypothese erfolgen, da begründete Annahmen über die direkte Wirkung von Marketing-Maßnahmen bestehen (Preissenkungen führen ebenso zu Marktanteilsgewinnen wie der Einsatz eines qualitativen Instruments). Der kritische t-Wert zur Überprüfung der differentiellen Effekte beträgt demzufolge 1.94 bei einer Irrtumswahrscheinlichkeit von fünf Prozent und unendlicher Fallzahl, bei einem zweiseitigen Test der Kreuzeffektparameter nimmt der kritische t-Wert aber bei gleicher Irrtumswahrscheinlichkeit den Wert von 2.31 an. Tabelle 5.55 bietet die Anzahl signifikanter Parameter, aufgeschlüsselt nach differentiellen Effekten und Kreuzeffekten, wobei für die differentiellen Effekte zusätzlich angegeben ist, wie viele Parameter eine signifikant entgegengesetzte Wirkung aufweisen. Die Werte in den "korrigierten" Spalten berechnen sich ausschließlich aus den Parametern der UPCs, welche das entsprechende Marketing-Instrument tatsächlich eingesetzt haben (vgl. hierzu auch Tabelle 5.4, Seite 156).

Tabelle 5.55 verdeutlicht, daß insgesamt 18.86 Prozent der differentiellen Effekte signifikant sind (bei den korrigierten Werten 34.85 Prozent). Weitere 7.43 bzw. 6.06 Prozent der Koeffizienten haben ein signifikant falsches Vorzeichen, die geschätzten Wirkungsbeziehungen widersprechen demzufolge theoretisch begründeten Annahmen. Insgesamt liegt die Zahl der signifikanten Effekte deutlich über den zufällig zu erwartenden Effekten, so daß dieses Ergebnis als außerordentlich gut zu bezeichnen ist. Ein vergleichbares Ergebnis bietet die Analyse der Kreuzeffekt-Parameter, wobei in diesem Fall aber nicht zwischen "richtigen" und "falschen" Effekten unterschieden werden kann. 16.79 bzw. 24.05 Prozent aller Kreuzeffekte erweisen sich als signifikant verschieden von Null (bei einer Irrtumswahrscheinlichkeit von fünf Prozent bei zweiseitigem Test). Auch diese Anzahl geht weit über die zufällig zu erwartenden Signifikanzen hinaus. Die Diskussion der einzelnen Parameter kann an dieser Stelle unterbleiben.

Tabelle 5.55: Die Anzahl signifikanter Effekte im CCA-Modell

	Differentielle Effekte				Kreuzeffekte	
	Alle Effekte		korrigiert		Alle	
Instrument	richtig	falsch	richtig	falsch	Effekte	korrigiert
Line Advertising	0	5	0	0	76	7
Major Advertising	8	1	8	0	115	101
End-Aisle Display	4	2	3	0	145	84
Front-Aisle Display	2	0	1	0	54	24
In-Aisle Display	6	2	2	1	167	67
Store Coupon	9	0	5	0	65	15
Price	4	3	4	3	83	83
$\sum$	33	13	23	4	705	381
%	18.86	7.43	34.85	6.06	16.79	24.05

Die Erklärungsgüte des geschätzten Modells wird anhand des Matrixkorrelationskoeffizienten zwischen den beobachteten Marktanteilen in den 104 Wochen und den durch die Modelle 3.36 und 3.30 prognostizierten Marktanteilen überprüft. Im Unterschied zu Cooper, Klapper und Inoue wird jedoch nicht der RV-Koeffizient, sondern der R-Koeffizient nach Gleichung 4.97 (Seite 134) verwendet, so daß die Beurteilung der Modellgüte in Übereinstimmung mit den bisher herangezogenen Kriterien steht. Die Korrelation für das Regressionsmodell auf der Basis der Komponentenwerte (vgl. Modell 3.36 auf Seite 70) beträgt 0.968. Für das vollständig erweiterte Marktanteilsmodell nach Gleichung 3.30 ergibt sich immerhin noch ein Koeffizient von 0.867, was für eine ausgezeichnete Anpassung des Modells an den vorhandenen Datensatz spricht. Außerdem werden die geschätzten Modellparameter und die "frischen" 52 Wochen zur Überprüfung der Validität verwendet. Hierbei ergibt sich ein Koeffizient von 0.757, was eine relativ mäßige Anpassung besagt. Allerdings belegt die Analyse der Kongruenzkoeffizienten für jede UPC im Validierungsdatensatz, daß lediglich die UPCs mit sehr geringen Marktanteilen sowie die erst zu einem deutlich späteren Zeitpunkt in den Markt eingeführten UPCs (zu nennen sind die UPCs 1, 2, 20 und 22) schlecht repräsentiert werden können. Die relativ niedrige Validierungskorrelation ist folglich vor diesem Ergebnis neu zu bewerten, so daß die Erklärungskraft des Modells hoch bei den UPCs ist, welche keinen wesentlichen Strukturänderungen unterliegen, wohingegen die Marktanteile der UPCs, die später in den Markt eingeführt werden oder die deutlich vor Beendigung der Datenaufzeichnung aus dem Markt ausscheiden, nur schlecht zu prognostizieren sind.

Kapitel 6

Zusammenfassung und Ausblick

Die vorliegende Arbeit hat die Ergebnisse eines Programmsystems zur Identifikation, Analyse und Bewertung der Wettbewerbsbeziehungen auf Konsumgütermärkten vorgestellt, das (aus der Sicht einer Marke) die Auswirkungen der Marketing-Mix-Maßnahmen auf die eigene Wettbewerbsposition und auf die der Wettbewerber analysiert. Dieses Programmsystem beinhaltet Module zur Schätzung asymmetrischer Marktanteilsmodelle und zur Berechnung von Marktanteilselastizitäten über die Zeit sowie exploratorische und strukturprüfende Verfahren der dreimodalen Datenanalyse. Alle Programmbausteine sind in der Statistiksoftware GAUSS implementiert und für die Identifikation, Analyse und Bewertung der Wettbewerbsbeziehungen eingesetzt worden. Die Datengrundlage des Auswertungssystems bilden Scannerdaten des Handels, welche im konkreten Fall von der Gesellschaft für Konsum-Markt- und Absatzforschung (GfK), Nürnberg und der University of California, Los Angeles bereitgestellt wurden.

Ausgehend von der Zielsetzung der Arbeit, die Wettbewerbsbeziehungen auf Konsumgütermärkten zu analysieren und einer Bewertung durch das Marketing-Management zugänglich zu machen, wurde zunächst ein Überblick des aktuellen Forschungsstandes auf dem Gebiet der Wettbewerbsanalyse von Marken auf Konsumgütermärkten gegeben. Dazu sind eine Vielzahl alternativer Modellansätze erörtert worden, welche sich u. a. in den Anforderungen an den Dateninput (Individualdaten vs. aggregierten Marktdaten) und in der Darstellung der Wettbewerbsbeziehungen (Responsemodelle ohne ausdrückliche Darstellung vs. Marktstrukturanalysen) unterscheiden. Als eine für die Modellentwicklung wichtige Erkenntnis hat sich herausgestellt, daß der differentielle Einsatz des Marketing-Instrumentariums und die unterschiedliche Effektivität der Marken starke Asymmetrien im Wettbewerb verursachen. Die adäquate Berücksichtigung dieser asymmetrischen Wettbewerbsbeziehungen und die Erklärung der Asymmetrien durch den Einsatz der Instrumente des Marketing-Mix kann ausschließlich auf der Grundlage von Handelspaneldaten erfolgen.

Vor diesem Hintergrund sind zunächst Modellvorgaben für die Ansätze zur Messung der Wettbewerbsbeziehungen auf Konsumgütermärkten formuliert und anschließend fünf asymmetrische Marktanteilsmodelle näher erörtert worden. Am tragfähigsten erscheinen das CCHM-Modell und die Wettbewerbskomponentenanalyse zur Messung der Wettbewerbsbeziehungen auf Konsumgütermärkten. Beide Modellansätze sind strukturlos im Hinblick auf eine Marktstruktur, d. h. sie legen a priori keine Beschränkungen auf den zu schätzenden Parameterraum. Die Marktstrukturen lassen sich schließlich aus den direkten Elastizitäten und Kreuzelastizitäten der Marketing-Instrumente ableiten.

Als eine wichtige Erweiterung der bisher bestehenden Modellansätze ist mit der Wettbewerbskomponentenanalyse ein Instrumentarium entwickelt worden, welches in der Lage ist, asymmetrische Wettbewerbsbeziehungen auf Märkten mit einer sehr großen Anzahl von Marken und Marketing-Instrumenten für jede einzelne Marke und alle Instrumente valide zu quantifizieren. Damit wird eine neue Möglichkeit geschaffen, den Wettbewerb zwischen Marken nicht mehr auf einer aggregierten oder teilweise aggregierten Ebene zu messen, sondern vielmehr auf der EAN-Ebene. Die Relevanz dieser Neuentwicklung betrifft vor allem Produktkategorien mit sehr vielen Marken, die sich u. a. hinsichtlich Geschmacksrichtungen oder Packungsgrößen unterscheiden.

Die Marktanteilselastizitäten eines asymmetrischen Marktanteilsmodells bilden im weiteren Verlauf der Arbeit die Datengrundlage für die Ansätze zur Repräsentation der Wettbewerbsbeziehungen. Im Vordergrund dieser Ausführungen stehen Techniken der dreimodalen Datenanalyse, welche die komplexen und in den Elastizitäten verborgenen Interaktionen der Marken aufdecken. Das Augenmerk richtet sich hierbei sowohl auf die Anwendbarkeit der Methoden zur graphischen Darstellung der Wettbewerbsbeziehungen als auch auf die Möglichkeiten zur Schätzung idealisierter Elastizitäten für das durchschnittliche Marktgeschehen oder für besonders charakteristische Wettbewerbsbedingungen. Auf der Basis der modelltheoretischen Grundlagen konnten die Anwendungsschwerpunkte und Potentiale der alternativen dreimodalen Analysetechniken zur Repräsentation der Wettbewerbsbeziehungen erarbeitet werden. Die identifizierten Befunde zeigen klar die unterschiedlichen

Möglichkeiten der Verfahren auf und stellen darüber hinaus Instruktionen für die Analyse von dreidimensionalen Elastizitätendaten her.

Die Ergebnisse der Bewertung alternativer dreimodaler Datenanalysen waren dann auch der Anlaß für die Entwicklung beschränkter dreimodaler Auswertungstechniken, welche es ermöglichen, quasi strukturprüfende Analysen durchzuführen. Grundlage bildet der TUCKALS3-Ansatz, welcher derart umformuliert wurde, daß Vorinformationen über typische Marktreaktionen und Wettbewerbsbeziehungen als Restriktionen mit in die Analyse einzubeziehen waren. Das Ergebnis ist die neu entwickelte Methode der Constrained TUCKALS3-Analyse. Jetzt können die komplexen Wettbewerbsinteraktionen der Marken in benutzerdefinierten Marktsituationen analysiert und die korrespondierenden idealisierten Marktanteilselastizitäten geschätzt werden. Darüber hinaus lassen sich auf der Basis der Ergebnisse dieser Constrained TUCKALS3-Analyse Marktreaktionen testen und Kannibalisierungseffekte zwischen den Marken in typischen Wettbewerbsbedingungen aufdecken. Letztlich können so die Gewinner und Verlierer bestimmter Marktbedingungen ermittelt werden. Die hier entwickelte Methode stellt damit eine wichtige Erweiterung der bestehenden Ansätze zur Analyse von Marktanteilselastizitäten dar.

Die vorgestellten Methoden wurden insbesondere im Hinblick auf die Aufgabenstellung zur Identifikation und die Analyse und Bewertung der Wettbewerbsbeziehungen der Marken auf Konsumgütermärkten erörtert. Eine Beschränkung auf Konsumgütermärkte ergibt sich aber ausschließlich aus den Anforderungen an die Daten. Die Erklärung der Wettbewerbsbeziehungen durch den Einsatz der Instrumente des Marketing-Mix setzt Scannerpaneldaten voraus, welche zum gegenwärtigen Zeitpunkt überwiegend für Konsumgüter aufgezeichnet werden. Prinzipiell läßt sich die Anwendung der Methoden auch auf die Analyse des Wettbewerbs anderer Märkte oder Produktkategorien übertragen.

Es bleibt damit an dieser Stelle abschließend festzuhalten, daß sowohl die theoretischen Ausführungen als auch die empirischen Befunde die Leistungsfähigkeit der eingesetzten Methoden beweisen. Zukünftige Arbeiten im Zusammenhang mit den hier vorgestellten Techniken zur Identifikation, Analyse und Bewertung der Wettbewerbsbeziehungen werden sich in erster Linie mit der Generalisierung der Ergebnisse befassen. Zum einen ist zu prüfen, ob die plausiblen Ergebnisse der Wettbewerbskomponentenanalyse auch in anderen Datensätzen replizierbar sind. Für die Analyse der benutzerdefinierten dreimodalen Analysetechniken lassen sich Überlegungen dahingehend anstellen, wie alternative Regressionstechniken (z. B. die Methode der Minimierung absoluter Distanzen) sinnvoll in diese Verfahren integriert werden können. Darüber hinaus sind auch Weiterentwicklungen auf der vorgelagerten Stufe, der der Schätzung von Marktanteilselastizitäten über die Zeit, vorzunehmen. Hier ist es denkbar, die Parameterschätzung von Marktanteilsmodellen mit den Möglichkeiten von semiparametrischen oder parametrischen Schätzverfahren (vgl. Härdle 1990) zu verbinden. Es gilt darüber hinaus, an Ansätzen zu arbeiten, welche es ermöglichen, die Informationen eines Konsumentenpanels hinsichtlich der Konsumentenheterogenität stärker bei der Kalibrierung asymmetrischer Marktanteilsmodelle auf der Basis von Handelspaneldaten zu berücksichtigen.

Abbildungsverzeichnis

3.1 Marktanteilselastizitäten des MCI- & MNL-Modells (aus Cooper & Nakanishi 1988, S. 35) 65
3.2 Marktanteilselastizitäten bei Zeta- und exp(z)-Transformationen (aus Cooper & Nakanishi 1988, S. 77) 66

4.1 Der dreidimensionale Elastizitätenarray 77
4.2 Fasern und Scheiben einer dreidimensionalen Datenmatrix (aus Harshman & Lundy 1984b, S. 231) 79
4.3 Die Struktur des Tucker3-Modells 83
4.4 Die Struktur des Tucker2-Modells 99
4.5 Die Struktur des PARAFAC-Modells 106

5.1 Die PCA-SUP-Ergebnisse 167
5.2 Wettbewerbsraum der Beispieldaten 178
5.3 Joint Plot der 6. TUCKALS3-Wettbewerbskomponente . . . 180
5.4 TUCKALS3-Wettbewerbsraum der idealisierten Preiselastizitäten der 6. Wettbewerbskomponente 182
5.5 TUCKALS2-Wettbewerbsraum der idealisierten Preiselastizitäten der Woche 43 186
5.6 TUCKALS2-Wettbewerbsraum der durchschnittlichen Kernmatrix 188
5.7 PARAFAC-Ergebnisse unterschiedlicher Dimensionalität . . . 190
5.8 Constrained TUCKALS3-Wettbewerbsraum "Marke M_3 zu Angebotspreisen" 215
5.9 Constrained TUCKALS3-Wettbewerbsraum "Marke M_4 zu Angebotspreisen" 217
5.10 Constrained TUCKALS3-Wettbewerbsraum "Marke M_3 & M_4 zu Angebotspreisen" 218
5.11 Die PCA-SUP-Ergebnisse der Ketchup-Daten 230

Tabellenverzeichnis

2.1 Der Zusammenhang von Marktanteil und Wahlwahrscheinlichkeit . . . 14

3.1 Bewertung der asymmetrischen Marktanteilsmodelle . . . 54

4.1 Der TUCKALS3-Algorithmus . . . 90
4.2 Der TUCKALS2-Algorithmus . . . 102
4.3 Die Parameteranzahl in den dreimodalen Analysemethoden . 119
4.4 Einsatzfelder der dreimodalen Analysetechniken zur Analyse von Marktanteilselastizitäten . . . 122
4.5 Unrotierte und rotierte Komponentenladungen am Beispiel von Preiselastizitäten über 25 Wochen . . . 125
4.6 Ein Beispiel für den Aufbau einer Zielmatrix . . . 127
4.7 Die Auswirkungen der Orientierungs(un)abhängigkeit der Matrixkorrelationskoeffizienten an einem Beispieldatensatz . . . 135
4.8 Der Constrained TUCKALS3-Algorithmus . . . 144
4.9 Der TUCKALS3-Algorithmus mit extern vorgegebener Matrix **C** . . . 146

5.1 Marktanteile, Preise und Promotionaktivitäten im Sample . . 152
5.2 Die Beschreibung der EANs . . . 154
5.3 Die Marktanteile der 25 EANs . . . 155
5.4 Die Marketing-Mix-Aktivitäten der 25 EANs . . . 156
5.5 Regressionsergebnisse des CCHM-Modells . . . 162
5.6 Die durchschnittlichen Marktanteilselastizitäten . . . 165
5.7 Die TUCKALS3-Komponentenmatrix der Verwundbarkeiten 169
5.8 Die TUCKALS3-Komponentenmatrix der Stärken . . . 170
5.9 Die TUCKALS3-Komponentenmatrix der Wochen 1 bis 40 . 174
5.10 Die TUCKALS3-Komponentenmatrix der Wochen 41 bis 78 . 175
5.11 Die Preisreduzierungen der 9 Marken / Normalpreiswochen (Wochen 1-39) . . . 176

5.12 Die Preisreduzierungen der 9 Marken / Normalpreiswochen (Wochen 40-78) 177
5.13 Beispieldaten für die Interpretation von Preiselastizitäten . . 178
5.14 Die Joint Plot-Koordinatenwerte der Marken M_6 und M_7 der 6. TUCKALS3-Wettbewerbskomponente 180
5.15 Innere Produkte der 6. TUCKALS3-Wettbewerbskomponente 181
5.16 c_{t^*r} der 6. TUCKALS3-Wettbewerbskomponente 181
5.17 Die Biplot-Koordinatenwerte der Marken M_6 und M_7 der 6. Wettbewerbskomponente einer TUCKALS3-Analyse 182
5.18 Idealisierte Preiselastizitäten der 6. TUCKALS3-Wettbewerbskomponente 183
5.19 Die TUCKALS2-Komponentenmatrix der Verwundbarkeiten 184
5.20 Die TUCKALS2-Komponentenmatrix der Stärken 185
5.21 Die TUCKALS2-Kernmatrixscheibe der 43. Woche und die durchschnittliche TUCKALS2-Kernmatrixscheibe 186
5.22 TUCKALS2-idealisierte Preiselastizitäten der Woche 43 . . . 187
5.23 Die Koordinatenwerte der Marken M_6 und M_7 für den Wettbewerbsraum der Woche 43 und den des durchschnittlichen Marktgeschehens einer TUCKALS2-Analyse 187
5.24 TUCKALS2-idealisierte Preiselastizitäten des durchschnittlichen Marktgeschehens 189
5.25 Die PARAFAC-Komponentenmatrix der Verwundbarkeiten . 191
5.26 Die PARAFAC-Komponentenmatrix der Stärken 192
5.27 Die PARAFAC-Komponentenmatrix der Wochen 1 bis 39 . . 193
5.28 Die PARAFAC-Komponentenmatrix der Wochen 40 bis 78 . . 194
5.29 Skalarprodukte der sechs PARAFAC-Komponenten (Einheitslänge) 195
5.30 Die Kosinusse der PARAFAC-Komponenten 196
5.31 WPCA-idealisierte Preiselastizitäten des durchschnittlichen Marktgeschehens 197
5.32 Die Kongruenzmaße der TUCKALS2- und der WPCA-Koordinatenmatrizen für die Wettbewerbsräume des durchschnittlichen Marktgeschehens 197
5.33 Fit-Werte-Vergleich zwischen PCA-SUP und SUMPCA . . . 198
5.34 Die Designmatrix der restringierten Wettbewerbsanalyse (Wochen 1-39) 203
5.35 Die Designmatrix der restringierten Wettbewerbsanalyse (Wochen 40-78) 204

5.36 Die TUCKALS3-Komponentenmatrix der Wochen 1 bis 39 nach obliquer Procrustes-Transformation, Wettbewerbsbedingungen 1 bis 8 206
5.37 Die TUCKALS3-Komponentenmatrix der Wochen 40 bis 78 nach obliquer Procrustes-Transformation, Wettbewerbsbedingungen 1 bis 8 207
5.38 Die TUCKALS3-Komponentenmatrix nach obliquer Procrustes-Transformation, Wettbewerbsbedingungen 9 bis 11 208
5.39 Die Kongruenzmaße der Procrustes-Transformationen 209
5.40 Die Constrained TUCKALS3-Komponentenmatrix der Wochen 1 bis 39, Wettbewerbsbedingungen 1 bis 9 211
5.41 Die Constrained TUCKALS3-Komponentenmatrix der Wochen 40 bis 78, Wettbewerbsbedingungen 1 bis 9 212
5.42 Die Constrained TUCKALS3-Komponentenmatrix der Wochen, Wettbewerbsbedingungen 10 bis 11 und Varianzerklärung . . 213
5.43 Die Koordinatenwerte der Marken M_6 und M_7 der ersten drei Constrained TUCKALS3-Wettbewerbsräume 214
5.44 Constrained TUCKALS3-idealisierte Preiselastizitäten der Wettbewerbsbedingung "Marke M_3 zu Angebotspreisen" . . 216
5.45 Constrained TUCKALS3-idealisierte Preiselastizitäten der Wettbewerbsbedingung "Marke M_4 zu Angebotspreisen" . . 218
5.46 Constrained TUCKALS3-idealisierte Preiselastizitäten der Wettbewerbsbedingung "Marke M_3 & M_4 zu Angebotspreisen" 219
5.47 Die prognostizierten Marktanteile auf der Basis der Ergebnisse der Constrained TUCKALS3-Analyse 220
5.48 Die prognostizierten Marktanteilsströme auf der Basis der Ergebnisse der Constrained TUCKALS3-Analyse 220
5.49 Die prognostizierten Marktanteile auf der Basis des CCHM-Modells 221
5.50 Idealisierte Preiselastizitäten der 11 vorgegebenen Wettbewerbsbedingungen der externen TUCKALS3-Analyse, Bedingungen 1 bis 3 224
5.51 Die prognostizierten Marktanteile auf der Basis der Ergebnisse der externen TUCKALS3-Analyse 225
5.52 Die TUCKALS3-Komponentenmatrix der UPCs 231
5.53 Die TUCKALS3-Komponentenmatrix der Instrumente 232
5.54 Die Korrelation der Instrumente-Komponenten 233
5.55 Die Anzahl signifikanter Effekte im CCA-Modell 235

Symbolverzeichnis

Konstanten:

m	Anzahl der Marken
n_{B_i}	Anzahl der Marken im Markencluster B_i
n_{M_j}	Anzahl der Marken im Packungsgrößencluster S_j
τ_t	Anteil der Marken, die eine Aktion in der t-ten Periode durchführen
I	Anzahl der Marken mit ihren Verwundbarkeitsausprägungen
J	Anzahl der Marken mit ihren Stärkeausprägungen
K	Anzahl der Marketing-Instrumente
K_{rb}	Anzahl der Marketing-Instrumente für die Marke b in der Packungsgröße r
L_b	Anzahl der Marketing-Instrumente der Marke b in allen Packungsgrößen
M_b	Anzahl der Packungsgrößen für die Marke b
N	Anzahl der Individuen
P	Anzahl der Verwundbarkeitskomponenten im Modus A
$\dot{P}$	Anzahl der EAN-Komponenten im Modus A
Q	Anzahl der Stärkekomponenten im Modus B
$\dot{Q}$	Anzahl der Marketing-Instrumente-Komponenten im Modus B
R	Anzahl der Wettbewerbskomponenten im Modus C
$\dot{R}$	Anzahl der Zeitkomponenten im Modus C
S	Anzahl der Komponenten im PARAFAC- bzw. SUMPCA-Modell
T	Anzahl der Wochen/Perioden

Variablen:

a_{ip}	Komponentenladung (i, p) der Komponentenmatrix **A** - spezifiziert die Verwundbarkeitsausprägung der Marke i auf der p-ten Verwundbarkeitskomponente
$\dot{a}_{ip}$	Komponentenladung (i, p) der Komponentenmatrix $\dot{\mathbf{A}}$ - spezifiziert die Ausprägung der i-ten EAN auf der p-ten EAN-Komponente
a^+_{ip}	Komponentenladung (i, p) der generalisierten invertierten Komponentenmatrix $\mathbf{A}^+$
a^*_{ip}	Komponentenladung (i, p) der transformierten Komponentenmatrix $\mathbf{A}^*$
b_{jq}	Komponentenladung (j, q) der Komponentenmatrix **B** - spezifiziert die Stärkeausprägung der Marke j auf der q-ten Stärkekomponente
$\dot{b}_{kq}$	Komponentenladung (j, q) der Komponentenmatrix $\dot{\mathbf{B}}$ - spezifiziert die Ausprägung des j-ten Marketing-Instruments auf der q-ten EAN-Komponente
b^+_{jq}	Komponentenladung (j, q) der generalisierten invertierten Komponentenmatrix $\mathbf{B}^+$
b^*_{jq}	Komponentenladung (j, q) der transformierten Komponentenmatrix $\mathbf{B}^*$
c_{tr}	Komponentenladung (t, r) der Komponentenmatrix **C** - spezifiziert die Ausprägung der t-ten Woche/Wettbewerbssituation auf der r-ten Wettbewerbskomponente
$\dot{c}_{tr}$	Komponentenladung (t, r) der Komponentenmatrix $\dot{\mathbf{C}}$ - spezifiziert die Ausprägung der t-ten Woche/Wettbewerbssituation auf der r-ten Wochenkomponente
c_{t^*r}	Komponentenladung (t^*, r) der Komponentenmatrix **C** - spezifiziert die Ausprägung der Wettbewerbssituation t^* auf der r-ten Wettbewerbskomponente
c^+_{tr}	Komponentenladung (t, r) der generalisierten invertierten Komponentenmatrix $\mathbf{C}^+$
c^*_{tr}	Komponentenladung (t, r) der transformierten Komponentenmatrix $\mathbf{C}^*$
c_t	Bedeutung der t-ten Woche/Wettbewerbssituation im WPCA-Modell
d_j	Dummy-Variable die 1 ist, falls $j = i$ und Null sonst
d^+_{tr}	Element (t, r) der generalisierten invertierten Designmatrix $\mathbf{D}^+$

e_{ijt}	Fehlerterm - spezifiziert die Differenz zwischen den Originaldaten und den durch das dreimodale Modell approximierten Marktanteilselastizitäten
$\dot{e}_{ijt}$	Fehlerterm - spezifiziert die Differenz zwischen den Originaldaten und den durch das dreimodale Modell approximierten Daten des Marketing-Instrumentaleinsatzes über die Zeit
g_{pqr}	Element (p, q, r) der $(P \times Q \times R)$-dimensionalen Kernmatrix $\mathbf{G}$ - spezifiziert den Zusammenhang zwischen der p-ten Verwundbarkeitskomponente, der q-ten Stärkekomponente und der r-ten Wettbewerbskomponente
$\dot{g}_{pqr}$	Element (p, q, r) der $(P \times Q \times R)$-dimensionalen Kernmatrix $\mathbf{G}$ - spezifiziert den Zusammenhang zwischen der p-ten Instrumente-Komponente, der q-ten EAN-Komponente und der r-ten Wochenkomponente
g_{pqt}	Element (p, q, t) der $(P \times Q \times T)$-dimensionalen erweiterten Kernmatrix $\mathbf{G}$ - spezifiziert den Zusammenhang der p-ten Verwundbarkeitskomponente mit der q-ten Stärkekomponente für die t-te Periode
k_{ijr}	Komponentenkoordinatenwert (i, j) der Matrix $\mathbf{K}_r$
$m_{ii'}$	Element (i, i') der Produktmomentmatrix $\mathbf{M}_I$
p_{ij}	Wahlwahrscheinlichkeit des Individuums j für die Marke i
s_i	Marktanteil der Marke i
s_{ir}	Marktanteil der Marke i in der r-ten Wettbewerbsbedingung
s_{it}	Marktanteil der Marke i in Periode t
$s_{b,t}$	Marktanteil der Marke b in allen Packungsgrößen in Periode t
$s_{sb,t}$	Marktanteil der Marke b in der Packungsgröße s in Periode t
$s_{s\|b,t}$	Konditionaler Marktanteil der Packungsgröße s, gegeben die Marke b in Periode t
$\tilde{s}_t$	Geometrisches Mittel der Marktanteile s_{it} für Periode t über $i = 1, \ldots, m$
t^*	Charakteristische Wettbewerbssitutation
$v_{ijt}^{(k)}$	Relative Änderung von $f_{kt}(X_{kit})$ im Verhältnis zur relativen Änderung von X_{kjt}
$x_{ijt}^{(k)}$	Marktanteilselastizität - spezifiziert die Wirkung des k-ten Marketing-Instruments der Marke j auf den Marktanteil der Marke i in Periode t
$\hat{x}_{ijt}^{(k)}$	Geschätzte Marktanteilselastizität für die Wirkung des k-ten Marketing-Instruments der Marke j auf den Marktanteil der Marke i in Periode t
z_{kit}	Standardisierte Variable X_{kit}

A_{it}	Attraktion der Marke i in Periode t
$A_{b,t}$	Attraktion der Marke b in allen Packungsgrößen in Periode t
$A_{s\|b,t}$	Attraktion der Packungsgröße s, gegeben die Marke b in Periode t
$A_{sb,t}$	Attraktion der Marke b in der Packungsgröße s in Periode t
$AB_{sb,t}$	Markenclusterkorrekturfaktor der Attraktion $A_{sb,t}$
$AS_{sb,t}$	Packungsgrößenkorrekturfaktor der Attraktion $A_{sb,t}$
C_i	Menge potentieller differentieller Effekte und Kreuzeffekte im CCHM-Modell
CP_{it}	Aktueller Preis der Marke i in Periode t
D_{it}	Aktionspreis der Marke i in Periode t, definiert durch $(R_{it} - CP_{it})/R_{it}$
DP_{it}	Dummyvariable - spezifiziert Displayaktionen der Marke i in Periode t
$E9_{it}$	Dummyvariable - spezifiziert Preise der Marke i in Periode t, die mit einer 9 enden
F_{it}	Dummyvariable - spezifiziert Featureaktionen der Marke i in Periode t
$IV_{b,t}$	Gesamte Attraktion der Marke b in allen Packungsgrößen in Periode t
M_{it}	Dummyvariable - spezifiziert N-für Aktionen der Marke i in Periode t
L_{it}	Variable zur Erfassung der nachlassenden Wirkung aufeinanderfolgender Promotionswochen der Marke i in Periode t
Q_{it}	Absatz in Volumen- oder Gewichtseinheiten der Marke i in Periode t
R_{it}	Regulärer Preis der Marke i in Periode t
U_{ij}	Nutzen der Alternative i für Konsument j
V_{ij}	Deterministische Nutzenkomponente der Alternative i für Konsument j
X_{kit}	Ausprägung des k-ten Marketing-Instruments der Marke i in Periode t
$\dot{X}_{ikt}$	Ausprägung des k-ten Marketing-Instruments der Marke i in Periode t $(X_{kit} \equiv \dot{X}_{ikt})$
$X_{krb,t}$	Ausprägung des k-ten Marketing-Instruments der Marke b in der Packungsgröße r in Periode t
X^*_{kit}	Transformiertes Marketing-Instrument k der Marke i in Periode t

$\tilde{X}_{kt}$	Geometrisches Mittel der Variable X^*_{kit} über $i = 1, \ldots, m$ Marken
$\bar{X}_{kt}$	Arithmetisches Mittel der Variable X^*_{kit} über $i = 1, \ldots, m$ Marken
$Y_{lc,t}$	Ausprägung des l-ten Marketing-Instruments der Marke c in allen Packungsgrößen in Periode t
α	Iterationsindex
α_i	Zeitkonstante Attraktion der Marke i
α_{lbc}	Kreuzeffekt des l-ten Marketing-Instruments der Marke c in allen Packungsgrößen auf die Attraktion der Marke b
β_B	Responseparameter - spezifiziert die Wirkung des Markenclusters auf die Attraktion der Marke b in der Packungsgröße s
β_k	Responseparameter des k-ten Marketing-Instruments
β_{ki}	Responseparameter - spezifiziert die Wirkung des k-ten Instruments der Marke i auf die Attraktion der Marke i (differentieller Effekt)
β_{kij}	Responseparameter - spezifiziert die Wirkung des k-ten Instruments der Marke j auf die Attraktion der Marke i (Kreuzeffekt)
β_{ksb}	Responseparameter - spezifiziert die Wirkung des k-ten Marketing-Instruments der Marke b in der Packungsgröße s auf die Attraktion der Marke b in der Packungsgröße s (differentieller Effekt)
β_{ksrb}	Responseparameter - spezifiziert die Wirkung des k-ten Marketing-Instruments der Marke b in der Größe r auf die Attraktion der Marke b in der Größe s (Kreuzeffekt)
β_S	Responseparameter - spezifiziert die Wirkung der Packungsgröße auf die Attraktion der Marke b in der Packungsgröße s
γ_i	Dummy-Variable die 1 ist, falls $t = t'$ und Null sonst
γ_{ij}	Preiswirkung der Marke j auf den Absatz der Marke i
γ_{kij}	Responseparameter des k-ten Marketing-Instruments der Marke j auf die Attraktion der Marke i
ϵ_{it}	Stochastische Störgröße für die Marke i in Periode t
$\epsilon_{s\|b,t}$	Stochastische Störgröße für die Packungsgröße s gegeben die Marke b in Periode t
$\epsilon_{b,t}$	Stochastische Störgröße der Marke b in allen Packungsgrößen in Periode t
$\bar{\epsilon}_t$	Arithmetisches Mittel von ϵ_{it} über $i, = 1, \ldots, m$
ε_{ij}	Stochastische Nutzenkomponente

ζ_{kit}	Zeta-transformierte Variable X_{kit}
λ_{pI}	p-ter Eigenwert der Produktmomentmatrix $\mathbf{M}_I$
λ_{qJ}	q-ter Eigenwert der Produktmomentmatrix $\mathbf{M}_J$
λ_{rT}	r-ter Eigenwert der Produktmomentmatrix $\mathbf{M}_T$
μ	Durchschnittliche Kaufhäufigkeit innerhalb der Periode (pro Individuum)
$\bar{\mu}$	Mittelwert der Population von μ
σ_b	Responseparameter - spezifiziert die Wirkung der Attraktion der Marke b in bestimmten Packungsgrößen auf die Attraktion der Marke b in allen Packungsgrößen

Vektoren und Matrizen:

$\mathbf{a}$	Beliebiger $(I \times 1)$-dimensionaler Vektor der Komponentenmatrix $\mathbf{A}$
$\mathbf{a}_s$	$(I \times 1)$-dimensionaler Vektor der s-ten Komponente der Matrix $\mathbf{A}$
$\mathbf{b}$	Beliebiger $(J \times 1)$-dimensionaler Vektor der Komponentenmatrix $\mathbf{B}$
$\mathbf{b}_s$	$(J \times 1)$-dimensionaler Vektor der s-ten Komponente der Matrix $\mathbf{B}$
$\mathbf{c}$	Beliebiger $(T \times 1)$-dimensionaler Vektor der Komponentenmatrix $\mathbf{C}$
$\mathbf{c}_s$	$(T \times 1)$-dimensionaler Vektor der s-ten Komponente der Matrix $\mathbf{C}$
$\mathbf{c}_r$	$(R \times 1)$-dimensionaler Vektor der r-ten Komponente der Komponentenmatrix $\mathbf{C}$
$\mathbf{c}_t$	$(T \times 1)$-dimensionaler Vektor der t-ten Zeile der Komponentenmatrix $\mathbf{C}$
$\mathbf{d}_r$	$(R \times 1)$-dimensionaler Vektor der r-ten Komponente der Designmatrix $\mathbf{D}$
$\mathbf{d}_t$	$(T \times 1)$-dimensionaler Vektor der t-ten Zeile der Designmatrix $\mathbf{D}$
$\mathbf{f}_s$	s-te PARAFAC-Komponente (über alle Komponentenmatrizen ermittelt)
$\mathbf{x}'_i$	Vektor der i-ten Zeile der $(I \times JT)$-dimensionalen Matrix $\mathbf{X}$
$\mathbf{x}'_j$	Vektor der j-ten Zeile der $(J \times IT)$-dimensionalen Matrix $\mathbf{X}$
$\mathbf{x}'_t$	Vektor der t-ten Zeile der $(T \times IJ)$-dimensionalen Matrix $\mathbf{X}$

$\underline{\gamma_i}$	$([1 + m \cdot K] \times 1)$-dimensionaler Vektor mit den Elementen $(\alpha_i \mid \gamma_{1i1} \cdots \gamma_{1im} \mid \cdots \mid \gamma_{Ki1} \cdots \gamma_{Kim})'$
$\mathbf{A}$	$(I \times P)$- bzw. $(I \times S)$-dimensionale Komponentenmatrix - spezifiziert die Verwundbarkeitsausprägungen der I Marken auf den P bzw. S Verwundbarkeitskomponenten
$\dot{\mathbf{A}}$	$(m \times \dot{P})$-dimensionale Komponentenmatrix - spezifiziert die Ausprägungen der m EANs auf den $\dot{P}$ EAN-Komponenten
$\mathbf{A}^+$	Generalisierte invertierte Komponentenmatrix $\mathbf{A}$
$\dot{\mathbf{A}}^+$	Generalisierte invertierte Komponentenmatrix $\dot{\mathbf{A}}$
$\mathbf{A}^*$	Transformierte Komponentenmatrix $\mathbf{A}$
$\tilde{\mathbf{A}}_r$	Joint Plot-Koordinatenmatrix - spezifiziert die Verwundbarkeitsausprägungen der I Marken für den Joint Plot der r-ten Wettbewerbsbedingung
$\tilde{\mathbf{A}}_t$	Koordinatenmatrix der idealisierten Elastizitäten - spezifiziert die Verwundbarkeitsausprägungen der I Marken für den Joint Plot der t-ten Woche
$\mathbf{A}_{t^*}$	Koordinatenmatrix der idealisierten Elastizitäten - spezifiziert die Verwundbarkeitsausprägungen der I Marken für den Joint Plot der t^*-ten Wettbewerbssituation/Woche
$\mathbf{B}$	$(J \times Q)$- bzw. $(J \times S)$-dimensionale Komponentenmatrix - spezifiziert die Stärkeausprägungen der J Marken auf den Q bzw. S Stärkekomponenten
$\dot{\mathbf{B}}$	$(K \times \dot{Q})$-dimensionale Komponentenmatrix - spezifiziert die Ausprägungen der K Marketing-Instrumente auf den $\dot{Q}$ Instrumente-Komponenten
$\mathbf{B}^+$	Generalisierte invertierte Komponentenmatrix $\mathbf{B}$
$\dot{\mathbf{B}}^+$	Generalisierte invertierte Komponentenmatrix $\dot{\mathbf{B}}$
$\mathbf{B}^*$	Transformierte Komponentenmatrix $\mathbf{B}$
$\tilde{\mathbf{B}}_r$	Joint Plot-Koordinatenmatrix - spezifiziert die Stärkeausprägungen der J Marken für den Joint Plot der r-ten Wettbewerbsbedingung
$\tilde{\mathbf{B}}_t$	Koordinatenmatrix der idealisierten Elastizitäten - spezifiziert die Stärkeausprägungen der J Marken für den Joint Plot der t-ten Woche
$\mathbf{B}_{t^*}$	Koordinatenmatrix der idealisierten Elastizitäten - spezifiziert die Stärkeausprägungen der J Marken für den Joint Plot der t^*-ten Wettbewerbssituation/Woche

$\mathbf{C}$ — $(T \times R)$- bzw. $(T \times S)$-dimensionale Komponentenmatrix - spezifiziert die Wochenausprägungen der T Wochen auf den R bzw. S Wettbewerbskomponenten

$\dot{\mathbf{C}}$ — $(T \times \dot{R})$-dimensionale Komponentenmatrix - spezifiziert die Ausprägungen der T Wochen/Wettbewerbsbedingungen auf den $\dot{R}$ Wettbewerbskomponenten

$\mathbf{C}^+$ — Generalisierte invertierte Komponentenmatrix $\mathbf{C}$

$\dot{\mathbf{C}}^+$ — Generalisierte invertierte Komponentenmatrix $\dot{\mathbf{C}}$

$\mathbf{C}^*$ — Transformierte Komponentenmatrix $\mathbf{C}$

$\mathbf{D}$ — $(T \times R)$-dimensionale Designmatrix - spezifiziert die R zu testenden Wettbewerbsbedingungen

$\mathbf{D}^A$ — $(I \times P)$-dimensionale Designmatrix für die Parameterbeschränkung im Modus A

$\mathbf{D}^B$ — $(J \times Q)$-dimensionale Designmatrix für die Parameterbeschränkung im Modus B

$\mathbf{D}^C$ — $(T \times R)$-dimensionale Designmatrix für die Parameterbeschränkung im Modus C

$\mathbf{E}$ — $(I \times TJ)$- bzw. $(J \times IT)$- bzw. $(T \times IJ)$-dimensionale Datenmatrix der Fehlerterme

$\mathbf{E}_t$ — $(I \times J)$-dimensionale Fehlermatrix der t-ten Periode

$\dot{\mathbf{E}}_t$ — $(m \times K)$-dimensionale Fehlermatrix der t-ten Periode im CCA-Modell

$\mathbf{EE}$ — $(T \times m)$-dimensionale Matrix der Zufallsfehler im CCA-Modell

$\mathbf{G}$ — $(I \times TJ)$- bzw. $(J \times IT)$- bzw. $(T \times IJ)$-dimensionale Kernmatrix

$\mathbf{G}^*$ — Transformierte Kernmatrix $\mathbf{G}$

$\mathbf{G}_r$ — $(P \times Q)$-dimensionale Matrix der r-ten Kernmatrixscheibe

$\dot{\mathbf{G}}_r$ — $(P \times Q)$-dimensionale Matrix der r-ten Kernmatrixscheibe im CCA-Modell

$\mathbf{G}_t$ — $(P \times Q)$-dimensionale Matrix der t-ten Woche der erweiterten Kernmatrix

$\mathbf{H}_t$ — $(P \times Q)$-dimensionale Linearkombination der mit den Komponentenladungen c_{tr} der Matrix $\mathbf{C}$ gewichteten frontalen Kernmatrixscheiben $\mathbf{G}_r$ für die Woche t

$\dot{\mathbf{H}}_t$ — $(\dot{P} \times \dot{Q})$-dimensionale Linearkombination der mit den Komponentenladungen $\dot{c}_{tr}$ der Matrix $\dot{\mathbf{C}}$ gewichteten frontalen Kernmatrixscheiben $\dot{\mathbf{G}}_r$ für die Woche t - spezifiziert die Interaktion der $\dot{P}$ EAN-Komponenten mit den $\dot{Q}$ Instrumente-Komponenten

$\dot{\mathbf{H}}$	$(T \times [1+\dot{P}\dot{Q}])$-dimensionale Matrix der vektorisierten Matrizen $\dot{\mathbf{H}}_t$
$\mathbf{IP}_r$	Matrix der inneren Produkte der r-ten Wettbewerbsdimension
$\mathbf{IP}_t$	Matrix der inneren Produkte der t-ten Woche
$\mathbf{K}$	$(IJ \times R)$-dimensionaler Datenarray der R vektorisierten Matrizen $\mathbf{K}_r$
$\mathbf{K}_r$	$(I \times J)$-dimensionale Matrix - spezifiert die Koordinatenwerte der I Verwundbarkeitsausprägungen und der J Stärkeausprägungen aller Marken für die r-te Wettbewerbskomponente
$\mathbf{M}_I$	Produktmomentmatrix des $(I \times TJ)$-dimensionalen Datenarrays $\mathbf{X}$'
$\mathbf{M}_J$	Produktmomentmatrix des $(J \times IT)$-dimensionalen Datenarrays $\mathbf{X}$'
$\mathbf{M}_T$	Produktmomentmatrix des $(T \times IJ)$-dimensionalen Datenarrays $\mathbf{X}$'
$\mathbf{T}_A$	Transformationsmatrix der Komponentenmatrix $\mathbf{A}$
$\mathbf{T}_B$	Transformationsmatrix der Komponentenmatrix $\mathbf{B}$
$\mathbf{T}_C$	Transformationsmatrix der Komponentenmatrix $\mathbf{C}$
$\mathbf{X}$	$(I \times TJ)$- bzw. $(J \times IT)$- bzw. $(T \times IJ)$-dimensionale Datenmatrix der Marktanteilselastizitäten
$\dot{\mathbf{X}}$	$(T \times [1 + m \cdot K])$-dimensionale Matrix mit $(\mathbf{j}\|\dot{\mathbf{X}}_1\|\dot{\mathbf{X}}_2\|\cdots\|\dot{\mathbf{X}}_K)$
$\mathbf{X}_t$	$(I \times J)$-dimensionale Matrix der t-ten Woche der $(I \times TJ)$-dimensionalen Datenmatrix $\mathbf{X}$
$\dot{\mathbf{X}}_t$	$(m \times K)$-dimensionale Matrix der t-ten Woche der $(m \times TK)$-dimensionalen Datenmatrix $\dot{\mathbf{X}}$
$\mathbf{X}_{t^*}$	$(I \times J)$-dimensionale Matrix der idealisierten Elastizitäten der Wettbewerbssituation t^*
$\dot{\mathbf{X}}_k$	$(T \times m)$-dimensionale Matrix der Elemente $\{\ln[f_{kt}(\dot{X}_{jkt})]\}$
$\mathbf{Y}$	$(T \times m)$-dimensionale Matrix der Elemente $\{\ln(\frac{s_{it}}{\tilde{s}})\}$
$\mathbf{\Gamma}$	$([1 + m \cdot K] \times m)$-dimensionale Matrix mit den Vektoren $(\gamma_1\|\gamma_2\|\cdots\|\gamma_m)$
$\mathbf{\Gamma}_{\dot{P}\dot{Q}}$	Responseparameter der $\dot{P}$ EAN-Komponenten für die $\dot{Q}$ Marketing-Instrumente-Komponenten
$\mathbf{\Gamma}_{m\dot{Q}}$	Responseparameter der m EANs für die $\dot{Q}$ Marketing-Instrumente-Komponenten
$\mathbf{\Gamma}_{mK}$	Responseparameter der m EANs für die K Marketing-Instrumente

Spezielle Vektoren und Matrizen:

$\mathbf{j}$	$(T \times 1)$-dimensionaler Vektor mit Einsen
$\mathbf{F}$	Hilfsmatrix
$\mathbf{I}_Q$	Q-dimensionale Identitätsmatrix
$\mathbf{M}$	Hilfsmatrix
$\mathbf{P}$	Hilfsmatrix
$\mathbf{Q}$	Hilfsmatrix
$\ddot{\mathbf{P}}$	Permutationsmatrix
$\mathbf{U}$	Linke Singulärvektormatrix einer Singulärwertzerlegung
$\mathbf{V}$	Rechte Singulärvektormatrix einer Singulärwertzerlegung
$\ddot{\mathbf{V}}$	Eigenvektormatrix
$\ddot{\mathbf{W}}$	Diagonalmatrix mit Eigenwerten
$\mathbf{\Lambda}$	Diagonalmatrix
$\mathbf{\Sigma}$	Varianz-Kovarianzmatrix

Matrixoperationen:

$\odot$	Hadamardprodukt (elementweise Multiplikation)
$\otimes$	Kroneckerprodukt
$\mathbf{X}^{-1}$	Invertierte Matrix $\mathbf{X}$
$\mathbf{X}^{\frac{1}{2}}$	Quadratwurzel der Matrix $\mathbf{X}$
$\mathbf{X}^*$	Transformierte Matrix $\mathbf{X}$
$\mathbf{X}^+$	Generalisierte invertierte Matrix $\mathbf{X}$
$\|\|\mathbf{X}\|\|^2$	Quadrierte euklidische Distanz
$\cos(\mathbf{a}, \mathbf{b})$	Kosinus der Vektoren $\mathbf{a}$ und $\mathbf{b}$
$\text{diag}\mathbf{X}$	Diagonale der Matrix $\mathbf{X}$
$\text{tr}\mathbf{X}$	Spur der Matrix $\mathbf{X}$
$\text{vec}\mathbf{X}$	Vektorisierte Matrix $\mathbf{X}$
$\phi(\mathbf{a}, \mathbf{b})$	Kongruenzkoeffizient der Vektoren $\mathbf{a}$ und $\mathbf{b}$
$SS(\cdot)$	Summe der quadrierten Elemente

Sonstige Symbole:

exp	Exponentialfunktion
$f_{kt}(\cdot)$	Monotone Transformationsfunktion des k-ten Marketing-Instruments in Periode t
ln	Natürlicher Logarithmus
MCI	"Multiplicative Competitive Interaction"-Modell
MNL	Multinomiales Logit-Modell

Literaturverzeichnis

Allenby, G. M. (1989). A unified approach to identifying, estimating and testing demand structures with aggregate scanner data. Marketing Science, Vol. 8, Summer, 265-280.

Allenby, G. M. & Rossi, P. E. (1991a). Quality perceptions and asymmetric switching between brands. Marketing Science, Vol. 10, Summer, 185-204.

Allenby, G. M. & Rossi, P. E. (1991b). There is no aggregation bias: Why macro logit models work. Journal of Business & Economic Statistics, Vol. 9, January, 1-14.

Bauer, H. H. (1989). Marktabgrenzung: Konzeption und Problematik von Ansätzen und Methoden zur Abgrenzung und Strukturierung von Märkten unter besonderer Berücksichtigung von marketingtheoretischen Verfahren. Berlin: Duncker & Humblot.

Belsley, D. A. (1991). Conditioning diagnostics: Collinearity and week data in regression. New York: John Wiley.

Belsley, D. A., Kuh, E. & Welsch, R. E. (1980). Regression diagnostics: Identifying influential data and sources of collinearity. New York: John Wiley.

Bemmaor, A. C. & Mouchoux, D. (1991). Measuring the short-term effect of in-store promotion and retail advertising on brand sales: A factorial experiment. Journal of Marketing Research. Vol. 28, May, 202-214.

Ben-Akiva, M. & Lerman, S. R. (1985). Discrete choice analysis: Theory and application to travel demand. Cambridge: The MIT Press.

Bentler, P. M. & Lee, S.-Y. (1978). Statistical aspects of a three-mode factor analysis model. Psychometrika, Vol. 43, September, 343-352.

Bentler, P. M. & Lee, S.-Y. (1979). A statistical development of three-mode factor analysis. British Journal of Mathematical and Statistical Psychology, Vol. 32, 87-104.

Bentler, P. M., Poon, W.-Y. & Lee, S.-Y. (1988). Generalized multimode latent variable models: Implementation by standard programs. Computational Statistics & Data Analysis, Vol. 6, 107-118.

Blattberg, R. C., Briesch, R. & Fox, E. J. (1995). How promotions work. Marketing Science, Vol. 14, Part 2 of 2, G122-G132.

Blattberg, R. C. & George, E. I. (1991). Shrinkage estimation of price and promotional elasticities: Seemingly unrelated equations. Journal of the American Statistical Association, Vol. 86, June, 304-315.

Blattberg, R. C. & Neslin, S. A. (1990). Sales promotion - concepts, methods, and strategies. Englewood Cliffs, New Jersey: Prentice-Hall.

Blattberg, R. C. & Neslin, S. A. (1993). Sales promotion models. In: Eliashberg, J. & Lilien, G. L. (Eds.), Marketing: Handbooks in Operations Research and Management Science, Amsterdam: North-Holland, Vol. 5, 553-609.

Blattberg, R. C. & Wisniewski, K. J. (1988). Issues in modeling store level scanner data. Marketing Working Paper No. 43, Graduate School of Business, University of Chicago, March.

Blattberg, R. C. & Wisniewski, K. J. (1989). Price-induced patterns of competition. Marketing Science, Vol. 8, Fall, 291-309.

Bloxom, B. (1968). A note on invariance in three-mode factor analysis. Psychometrika, Vol. 33, September, 347-350.

Bloxom, B. (1978). Constrained multidimensional scaling in N spaces. Psychometrika, Vol. 43, September, 397-408.

Bolton, R. N. (1989). The robustness of retail-level price elasticity estimates. Journal of Retailing, Vol. 65, Number 2, 193-219.

Borg, I. & Lingoes, J. C. (1980). A model and algorithm for multidimensional scaling with external constraints on the distances. Psychometrika, Vol. 45, March, 25-38.

Brodie, R. J. & Bonfrer, A. (1994). Conditions when market share models are useful for forecasting: Further empirical results. International Journal of Forecasting, Vol. 10, 277-285.

Brodie, R. J. & de Kluyver, C. A. (1984). Attraction versus linear and multiplicative market share models: An empirical evaluation. Journal of Marketing Research, Vol. 21, May, 194-201.

Brodie, R. J. & de Kluyver, C. A. (1987). A comparison of the short term forecasting accuracy of econometric and naive extrapolation models of market share. International Journal of Forecasting, Vol. 3, 423-437.

Browne, M. W. (1967). On oblique procrustes rotation. Psychometrika, Vol. 32, June, 125-132.

Browne, M. W. (1972a). Orthogonal rotation to a partially specified target. British Journal of Mathematical Statistical Psychology, Vol. 25, 115-120.

Browne, M. W. (1972b). Oblique rotation to a partially specified target. British Journal of Mathematical Statistical Psychology, Vol. 25, 207-212.

Buckley, P. G. (1988). Nested multinomial logit analysis of scanner data for a hierarchical choice model. Journal of Business Research, Vol. 17, 133-154.

Bucklin, R. E. & Gupta, S. (1992). Brand choice, purchase incidence, and segmentation: An integrated modeling approach. Journal of Marketing Research, Vol. 24, May, 201-215.

Bucklin, R. E. & Srinivasan, V. (1991). Determining interbrand substitutability through survey measurement of consumer preference structures. Journal of Marketing Research, Vol. 28, February, 58-71.

Bultez, A. V. & Naert, P. A. (1975). Consistent sum-constrained models. Journal of the American Statistical Association, Vol. 70, September, 529-535.

Burt, C. (1948). Factor analysis and canonical correlation. British Journal of Mathematical and Statistical Psychology, Vol. 1, 178-203.

Carlier, A. & Kroonenberg, P. M. (1996). Decompositions and biplots in three-way correspondence analysis. Psychometrika, Vol. 61, June, 355-373.

Carpenter, G. S., Cooper, L. G., Hanssens, D. M. & Midgley, D. F. (1988). Modeling asymmetric competition. Marketing Science, Vol. 7, Fall, 393-412.

Carroll, J. D. & Arabie, P. (1980). Multidimensional scaling. Annual Review of Psychology , Vol. 31, 607-649.

Carroll, J. D. & Chang, J.-J. (1970). Analysis of individual differences in multidimensional scaling via an n-way generalization of "Eckart-Young" decomposition. Psychometrika, Vol. 35, September 283-319.

Carroll, J. D., Pruzansky, S. & Kruskal, J. B. (1980). CANDELINC: A general approach to multidimensional analysis of many-way arrays with linear constraints on parameters. Psychometrika, Vol. 45, March, 3-24.

Carroll, J. D. & Pruzansky, S. (1984). The CANDECOMP-CANDELINC family of models and methods for multidimensional data analysis. In: Law, H. G., Snyder, Jr. C. W., Hattie, J. A. & McDonald, R. P. (Eds.), Research methods for multimode data analysis, New York: Praeger, 372-402.

Carroll, J. D., De Soete, G. & Pruzansky, S. (1989). Fitting the latent class model via iteratively reweighted least squares CANDECOMP with non-negativity constraints. In: Coppi, R. & Bolasco, S. (Eds.), Multiway data analysis, North-Holland, Amsterdam, 463-472.

Cattell, R. B. (1944). "Parallel proportional profiles" and other principles for determining the choice of factors by rotation. Psychometrika, Vol. 9, December, 267-283.

Cattell, R. B. & Cattell, A. K. S. (1955). Factor rotation for proportional profiles: Analytical solution and an example. British Journal of Statistical Psychology, Vol. 8, 83-92.

Chatfield, C., Ehrenberg, A. S. C. & Goodhardt, G. J. (1966). Progress on a simplified model of stationary purchase behavior. Journal of the Royal Statistical Society, Series A, Vol. 129, 317-367.

Chen, Y., Kanetkar, V. & Weiss, D. L. (1994). Forecasting market shares with disaggregate or pooled data: A comparison of attraction models. International Journal of Forecasting, Vol. 10, 263-276.

Chintagunta, P. K. (1992). Estimating a multinominal probit model of brand choice using the method of simulated moments. Marketing Science, Vol. 11, Fall, 386-407.

Chintagunta, P. K. (1994). Heterogeneous logit model implications for brand positioning. Journal of Marketing Research, Vol. 31, May, 304-311.

Chintagunta, P. K., Jain, D. C. & Vilcassim, N. J. (1991). Investigating heterogeneity in brand preferences in logit models for panel data. Journal of Marketing Research, Vol. 28, November, 417-428.

Cliff, N. (1966). Orthogonal rotation to congruence. Psychometrika, Vol. 31, March, 33-42.

Cohen, H. S. (1974). Three-mode rotation to approximate INDSCAL structure (TRAIS). Paper presented at Psychometric Society Meeting, Palo Alto, CA, 1974.

Commandeur, J. J. F. (1991). Matching configurations. Leiden: DSWO Press.

Cooper, L. G. (1988). Competitive maps: The structure underlying asymmetric cross elasticities. Management Science, Vol. 34, June, 707-723.

Cooper, L. G. (1993). Market-share models. In: Eliashberg, J. & Lilien, G. L. (Eds.), Marketing: Handbooks in Operations Research and Management Science, Amsterdam: North-Holland, Vol. 5, 259-315.

Cooper, L. G., de Leeuw, J. & Sogomonian, A. G. (1991). An imputation method for dealing with missing data in regression. Applied Stochastic Models and Data Analysis, Vol. 7, 213-235.

Cooper, L. G., Klapper, D. & Inoue, A. (1996). Competitive-component analysis: A new approach to calibrating asymmetric market-share models. Journal of Marketing Research, Vol. 33, May, 224-238.

Cooper, L. G. & Nakanishi, M. (1983). Standardizing variables in multiplicative choice models. Journal of Consumer Research, Vol. 10, June, 96-108.

Cooper, L. G. & Nakanishi, M. (1988). Market share analysis: Evaluating competitive marketing effectiveness. Boston, Massachusetts: Kluwer Academic Publishers.

Cramer, E. M. (1974). On Browne's solution for oblique procrustes rotation. Psychometrika, Vol. 39, June, 159-163.

Curry, D. J. (1993). The new marketing research systems: How to use strategic database information for better marketing decisions. New York: John Wiley.

Dalal, S. R. & Klein, R. W. (1988). A flexible class of discrete choice models. Marketing Science, Vol. 7, Summer, 232-251.

Danaher, P. J. (1994). Comparing naive with econometric market share models when competitors' actions are forecast. International Journal of Forecasting, Vol. 10, 287-294.

Day, G. S., Shocker, A. D. & Srivastava, R. K. (1979). Customer-oriented approaches to identifying product-markets. Journal of Marketing, Vol. 43, Fall, 8-19.

Debreu, G. (1960). Review of R. D. Luce's individual choice behavior: A theoretical analysis. American Economic Review, Vol. 50, 186-188.

Decker, R. (1994). Analyse und Simulation des Kaufverhaltens auf Konsumgütermärkten: Konzeption eines modell- und wissensorientierten Systems zur Auswertung von Paneldaten. Frankfurt am Main: Peter Lang.

de Leeuw, J. & Pruzansky, S. (1978). A new computational method to fit the weighted euclidean distance model. Psychometrika, Vol. 43, December, 479-490.

Dempster, A. P., Laird, N. M. & Rubin, D. B. (1977). Maximum likelihood from incomplete data via the EM algorithm. Journal of the Royal Statistical Association, Series B, 1-38.

DeSarbo, W. S., Carroll, J. D., Lehmann, D. R. & O'Shaughnessy, J. (1982). Three-way multivariate conjoint analysis. Marketing Science, Vol. 1, 323-350.

DeSarbo, W. S. & Hoffman, D. L. (1987). Constructing MDS joint spaces from binary choice data: A multidimensional unfolding threshold model for marketing research. Journal of Marketing Research, Vol. 24, February, 40-54.

Dorfman, R. & Steiner, P. O. (1954). Optimal advertising and optimal quality. The American Economic Review, Vol. 44, 826-836.

Eckart, C. & Young, G. (1936). The approximation of one matrix by another of lower rank. Psychometrika, Vol. 1, 211-218.

Ehrenberg, A. S. C. (1959). The pattern of consumer purchases. Applied Statistics, Vol. 8, 26-41.

Elrod, T. (1988a). Choice map: Inferring a product-market map from panel data. Marketing Science, Vol. 7, Winter, 21-40.

Elrod, T. (1988b). Inferring an ideal-point product-market map from consumer panel data. In: Gaul, W. & Schader, M. (Eds.), Data, expert knowledge and decisions, Berlin: Springer-Verlag, 240-249.

Elrod, T. & Keane, M. P. (1995). A factor-analytic probit model for representing the market structure in panel data. Journal of Marketing Research, Vol. 32, February, 1-16.

Erichson, B. (1992). Elektronische Panelforschung. In: Hermanns, A. & Flegel, V. (Hrsg.), Handbuch des Electronic Marketing, München: Beck, 183-215.

Escoufier, Y. (1973). Le traitment des variables vectorielles. Biometrics, Vol. 29, 751-760.

Escoufier, Y. (1977). Operators related to a data matrix. In: Barra, J. R. (Ed.), Recent developments in statistics, Amsterdam: North-Holland.

Fader, P. S., Hardie, B. G. S. & Walsh, J. W. (1994). Modeling consumer choice among SKUs. Wharton Marketing Department Working Paper, No. 94-007, February.

Foekens, E. W. (1995). Scanner data based marketing modelling: Empirical applications. Capelle aan den Ijssel: Labyrint Publication.

Foekens, E. W., Leeflang, P. S. H. & Wittink, D. R. (1992). Asymmetric market share modeling with many competitive items using market level scanner data. Research momorandum, No. 471, Institute of Economic Research, Faculty of Economics, University of Groningen.

Foekens, E. W., Leeflang, P. S. H. & Wittink, D. R. (1994). A comparison and an exploration of the forecasting accuracy of a loglinear model at different levels of aggregation. International Journal of Forecasting, Vol. 10, 245-261.

Fraser, C. & Bradford, J. W. (1983). Competitive market structure analysis: Principal partitioning of revealed substitutabilities. Journal of Consumer Research, Vol. 10, June, 15-30.

Frohn, J. (1995). Grundausbildung in Ökonometrie. Berlin: Walter de Gruyter.

Gabriel, K. R. (1971). The biplot graphic display of matrices with application to principal component analysis. Biometrika, Vol. 58, 453-467.

Gabriel, K. R. (1981). Biplot display of multivariate matrices for inspection of data and diagnosis. In: Barnett, V. (Ed.), Interpreting multivariate data, Chicester, UK: Wiley, 147-173.

Gaver, K. M., Horsky, D. & Narasimhan, C. (1988). Invariant estimators for market share systems and their finite sample behavior. Marketing Science, Vol. 7, Spring, 169-186.

Gensch, D. H. (1985). Empirically testing a disaggregate choice model for segments. Journal of Marketing Research, Vol. 22, November, 462-467.

Gensch, D. H. (1987). Empirical evidence supporting the use of multiple choice models in analyzing a population. Journal of Marketing Research, Vol. 24, May, 197-207.

Gensch, D. H. & Javalgi, R. G. (1987). The influences of involvement on disaggregate attribute choice models. Journal of Consumer Research, Vol. 14, June, 71-82.

Ghosh, A., Neslin, S. & Shoemaker, R. (1984). A comparison of market share models and estimation procedures. Journal of Marketing Research, Vol. 21, May, 202-210.

Gijsbrechts, E. & Vanden Abeele, P. (1988). A general class of asymmetric market share models: Specification and estimation issues. Research Report No. 8803, Catholic University of Leuven.

Gönül, F. & Srinivasan, K. (1993). Modeling multiple sources of heterogeneity in multinomial logit models: Methodological and managerial issues. Marketing Science, Vol. 12, Summer, 213-229.

Goodhardt, G. J., Ehrenberg, A. S. C. & Chatfield, C. (1984). The Dirichlet: A comprehensive model of buying behavior. Journal of the Royal Statistical Society, Vol. 147, Part 5, 621-655.

Gower, J. C. (1975). Generalized procrustes analysis. Psychometrika, Vol. 40, March, 33-51.

Green, B. F. (1952). The orthogonal approximation of an oblique structure in factor analysis. Psychometrika, Vol. 17, December, 429-440.

Green, P. E. & McMennamin, J. L. (1973). Market positioning analysis. In: Henderson Britt, S. (Ed.), Marketing manager's handbook, Chicago: The Datnell Corporation, 543-554.

Grover, R. & Srinivasan, V. (1987). A simultaneous approach to market segmentation and market structuring. Journal of Marketing Research, Vol. 24, May, 139-153.

Grover, R. & Srinivasan, V. (1989). An approach for tracking within-segment shifts in market shares. Journal of Marketing Research, Vol. 26, May, 230-236.

Grover, R., & Srinivasan, V. (1992). Evaluating the multiple effects of retail promotions on brand loyal and brand switching segments. Journal of Marketing Research, Vol. 29, February, 76-89.

Grover, R., Rao, V. R. (1988). Inferring competitive market structure based on a model of interpurchase intervals. International Journal of Research in Marketing, Vol. 5, 55-72.

Gruvaeus, G. T. (1970). A general approach to procrustes pattern rotation. Psychometrika, Vol. 35, December, 493-505.

Guadagni, P. M. & Little, J. D. C. (1983). A logit model of brand choice calibrated on scanner data. Marketing Science, Vol. 2, Summer, 203-238.

Gupta, S. (1988). Impact of sales promotions on when, what, and how much to buy. Journal of Marketing Research, Vol. 25, November, 342-355.

Härdle, W. (1990). Applied nonparametric regression. Econometric Society Monographs No. 19, New York: Cambridge University Press.

Hakstian, A. R. (1971). A comparative evaluation of several prominent methods of oblique factor transformation. Psychometrika, Vol. 36, June, 175-193.

Hanssens, D. M., Parsons, L. J. & Schultz, R. L. (1990). Market response models: Econometric and time series analysis. Boston, Massachusetts: Kluwer Academic Publishers.

Hardie, B. G. S., Johnson, E. J. & Fader, P. S. (1993). Modeling loss aversion and reference dependence effects on brand choice, Marketing Science, Vol. 12, Fall, 378-394.

Harman, H. H. (1976). Modern factor analysis. Chicago: The University of Chicago Press.

Harris, C. W. & Kaiser, H. F. (1964). Oblique factor analytic solutions by orthogonal transformations. Psychometrika, Vol. 29, December, 347-362.

Harshman, R. A. (1970). Foundations of the PARAFAC procedure: Models and conditions for an "explanatory" multi-modal factor analysis. UCLA Working Papers in Phonetics, 16, 1-86 (University Microfilms No. 10,085).

Harshman, R. A. & Berenbaum, S. A. (1981). Basic concepts underlying the PARAFAC-CANDECOMP three-way factor analysis model and its application to longitudinal data. In: Eichorn, D. H., Clausen, J. A., Haan, N., Honzik, M. P. & Mussen, P. H. (Eds.), Present and past in middle life, New York: Academic Press, 435-459.

Harshman, R. A. & DeSarbo, W. (1984). An application of PARAFAC to a small sample problem, demonstrating preprocessing, orthogonality constraints, and split-half diagnostic techniques. In: Law, H. G., Snyder, Jr. C. W., Hattie, J. A. & McDonald, R. P. (Eds.), Research methods for multimode data analysis, New York: Praeger, 602-642.

Harshman, R. A. & Lundy, M. E. (1984a). The PARAFAC model for three-way factor analysis and multidimensional scaling. In: Law, H. G., Snyder, Jr. C. W., Hattie, J. A. & McDonald, R. P. (Eds.), Research methods for multimode data analysis, New York: Praeger, 122-215.

Harshman, R. A. & Lundy, M. E. (1984b). Data preprocessing and the extended PARAFAC model . In: Law, H. G., Snyder, Jr. C. W., Hattie, J. A. & McDonald, R. P. (Eds.), Research methods for multimode data analysis, New York: Praeger, 216-284.

Harshman, R. A. & Lundy, M. E. (1994). PARAFAC: Parallel factor analysis. Computational Statistics & Data Analysis, Vol. 18, August, 39-72.

Haugh, L. D. (1976). Checking the independence of two covariance-stationary time series: A univariate residual cross-correlation approach. Journal of the American Statistical Association, Vol. 71, June, 378-385.

Hauser, J. R. & Shugan, S. M. (1983). Defensive marketing strategies. Marketing Science, Vol. 3, Fall, 327-351.

Hausman, J. A. & Wise, D. A. (1978). A conditional probit model for qualitative choice: Discrete decisions recognizing interdependence and heterogeneous preferences. Econometrica, Vol. 46, March, 403-426.

Haven, S. & ten Berge, J. M. F. (1977). Tucker's coefficient of congruence as a measure of factorial invariance: An empirical study. Working Paper, University of Groningen, July 1977.

Heidel, B. (1990). Scannerdaten im Einzelhandel. Wiesbaden: Gabler (Beiträge zur betriebwirtschaftlichen Forschung, Band 68).

Heiser, W. J. & Meulman, J. (1983). Constrained multidimensional scaling, including confirmation. Applied Psychological Measurement, Vol. 7, Fall, 381-404.

Henderson, H. V. & Searle, S. R. (1981). The Vec-permutation matrix, the Vec operator and Kronecker products: A Review. Linear and multilinear algebra, Vol. 9, 271-288.

Hildebrandt, L. (1994). Präferenzanalysen für die Innovationsmarktforschung. In: Forschungsgruppe Konsum und Verhalten (Hrsg.), Konsumentenforschung, München: Franz Vahlen Verlag, 13-28.

Hildebrandt, L. & Klapper, D. (1994). The analysis of three-way three-mode data: A program based on GAUSS. In: Faulbaum, F. (Ed.), SoftStat'93: Advances in Statistical Software 4, Stuttgart: Gustav Fischer, 527-534.

Hildebrandt, L. & Klapper, D. (1996). Incorporating prior knowledge into the analysis of competitive market structure. Marketing Studies Center, John E. Anderson Graduate School of Management, UCLA, Working Paper No. 260, April.

Hoerl, A. E. & Kennard, R. W. (1976). Ridge Regression: Iterative estimation of the biasing parameter. Communications in Statistics, A5, 77-88.

Horan, C. B. (1969). Multidimensional scaling: Combining observations when individuals have different perceptual structures. Psychometrika, Vol. 34, June, 139-165.

Hübler, O. (1989). Ökonometrie. Stuttgart: Gustav Fischer.

Hurley, J. R. & Cattell, R. B. (1962). The procrustes program: Producing direct rotation to test a hypothesized factor struture. Behavioral Science, Vol. 7, 258-262.

Ing, D. & Mitchell, A. A. (1994). Point-of-sale data in consumer goods marketing: Transforming the art of marketing into the science of marketing. In: Blattberg, R. C., Glazer, R. & J. D. C. Little (Eds.), The marketing information revolution, Boston, Massachusetts: Harvard Business School Press, 30-57.

Israelsson, A. (1969). Three-way (or second order) component analysis. In: Wold, H. & Lyttkens, E. (Eds.), Nonlinear iterative partial least-squares (NIPALS) estimation procedures, Bulletin of the International Statistical Institute, Vol. 43, 29-51.

Jain, D., Bass, F. M. & Chen, Y. (1990). Estimation of latent class models with heterogeneous choice probabilities: An application to market structuring. Journal of Marketing Research, Vol. 27, February, 94-101.

Jain, D. C. & Vilcassim, N. J. (1991). Investigating household purchase timing decisions: A conditional Hazard function approach, Marketing Science, Vol. 10, Winter, 1-23.

Jain, D. C., Vilcassim, N. J. & Chintagunta, P. K. (1994). A random-coefficients logit brand-choice model applied to panel data. Journal of Business & Economic Statistics, Vol. 12, July, 317-327.

Jedidi, K. & DeSarbo, W. S. (1991). A stochastic multidimensional scaling procedure for the spatial representation of three-mode, three-way pick any/j data. Psychometrika, Vol. 56, September, 471-494.

Jennrich, R. A. (1972). A generalization of the multidimensional scaling model of Carroll & Chang. UCLA Working Paper in Phonetics, 22, 45-47.

Jennrich, R. I. & Sampson, P. F. (1966). Rotation for simple loadings. Psychometrika, Vol. 31, September, 313-323.

Johnston, J. (1991). Econometric methods. Auckland: McGraw-Hill.

Judge, G. C., Hill, R. C., Griffiths, W. E., Lütkepohl, H. & Lee, T.-C. (1988). Introduction to the theory and practice of econometrics. New York: John Wiley.

Kahn, B. E., Kalwani, M. U. & Morrison, D. G. (1986). Measuring variety-seeking and reinforcement behaviors using panel data. Journal of Marketing Research, Vol. 23, May, 89-100.

Kahneman, D. & Tversky, A. (1979). Prospect theory: An analysis of decision under risk. Econometrica, Vol. 47, March, 263-291.

Kamakura, W. A. & Russell, G. J. (1989). A probabilistic choice model for market segmentation and elasticity structure. Journal of Marketing Research, Vol. 26, November, 379-390.

Kannan, P. K. & Wright, G. P. (1991). Modeling and testing structured markets: A nested logit approach. Marketing Science, Vol. 10, 58-82.

Keane, M. P. (1994). A computationally practical simulation estimator for panel data. Econometrica, Vol. 62, January, 95-116.

Kiers, H. A. L. (1991). Hierarchical relations among three-way methods. Psychometrika, Vol. 56, September, 449-470.

Kiers, H. A. L. (1992). TUCKALS core rotations and constrained TUCKALS modelling. Statistica Applicata, Vol. 4, 659-667.

Kiers, H. A. L. (1996). Three-way SIMPLIMAX for oblique rotation of the three-mode factor analysis core to simple structure. Working Paper, University of Groningen.

Kiers, H. A. L. & Krijnen, W. P. (1991). An efficient algorithm for PARAFAC of three-way data with large numbers of observation units. Psychometrika, Vol. 56, March, 147-152.

Kiers, H. A. L., Kroonenberg, P. M. & ten Berge, J. M. F. (1992). An efficient algorithm for TUCKALS3 on data with large numbers of observation units. Psychometrika, Vol. 57, September, 415-422.

Kiers, H. A. L. & ten Berge, J. M. F. (1994). The Harris-Kaiser independent cluster rotation as a method for rotation to simple component weights. Psychometrika, Vol. 59, March, 81-90.

Korth, B. & Tucker, L. R. (1976). Procrustes matching by congruence coefficients. Psychometrika, Vol. 41, December, 531-535.

Koschat, M. A. & Swayne, D. F. (1991). A weighted procrustes criterion. Psychometrika, Vol. 56, June, 229-239.

Krijnen, W. P. (1993). The analysis of three-way arrays by constrained PARAFAC methods. Leiden: DSWO Press.

Krijnen, W. P. & Kiers, H. A. L. (1995). An efficient algorithm for weighted PCA. Computational Statistics, Vol. 10, 299-306.

Krijnen, W. P. & Kroonenberg, P. M. (1995). Detecting degeneracy when fitting the PARAFAC model. Working Paper University of Groningen, December 19, 1995.

Krijnen, W. P. & ten Berge, J. M. F. (1992). A constrained PARAFAC method for positive manifold data. Applied Psychological Measurement, Vol. 16, September, 295-305.

Krishnamurthi, L. & Raj, P. (1988). A model of brand choice and purchase quantity price sensitivities. Marketing Science, Vol. 7, Winter, 1-20.

Krishnamurthi, L. & Raj, S. P. (1991). An empirical analysis of the relationship between brand loyalty and consumer price elasticity. Marketing Science, Vol. 10, Spring, 172-183.

Krishnamurthi, L., Raj, S. P. & Selvam, R. (1989). Statistical and managerial issues in cross-sectional aggregation. Working paper, Northwestern University.

Krishnamurthi, L., Raj, S. P. & Sivakumar, K. (1995). Unique inter-brand effects of price on brand choice. Journal of Business Research, Vol. 34, 47-56.

Krishnamurthi, L. & Rangaswamy, A. (1987). The equity estimator for marketing research. Marketing Science, Vol. 6, 336-357.

Krolak-Schwerdt, S. (1991). Modelle der dreimodalen Faktorenanalyse. Frankfurt am Main: Peter Lang.

Kroonenberg, P. M. (1983). Three-mode principal component analysis: Theory and application. Leiden: DSWO Press.

Kroonenberg, P. M. (1984). Three-mode principal component analysis: Illustrated with an example from attachment theory. In: Law, H. G., Snyder, Jr. C. W., Hattie, J. A. & McDonald, R. P. (Eds.), Research methods for multimode data analysis, New York: Praeger, 64-103.

Kroonenberg, P. M. (1994). The TUCKALS line. A suite of programs for three-way data analysis. Computational Statistics & Data Analysis, Vol. 18, August, 73-96.

Kroonenberg, P. M. & Brouwer, P. (1985). User's guide to TUCKALS2. version 4.0. Department of Education, Leiden University.

Kroonenberg, P. M. & Brouwer, P. (1993). TUCKALS3 user's manual: A program for three-mode principal component analysis. Department of Education, Leiden University.

Kroonenberg, P. M., de Leeuw, J. (1977). A principal component analysis of three-mode data. Working Paper. Leiden University.

Kroonenberg, P. M. & de Leeuw, J. (1980). Principal component analysis of three-mode data by means of alternating least squares algorithms. Psychometrika, Vol. 45, March, 69-97.

Kroonenberg, P. M., ten Berge, J. M. F., Brouwer, P. & Kiers, H. A. L. (1989). Gram-Schmidt versus Bauer-Rutishauser in alternating least-squares algorithm for three-mode principal component analysis. Computational Statistics Quarterly, 2, 81-87.

Kruskal, J. B. (1976). More factors than subjects, tests and treatments: An indeterminancy theorem for canonical decomposition and individual differences scaling. Psychometrika, Vol. 41, September, 281-293.

Kruskal, J. B. (1977). Three-way arrays: Rank and uniqueness of trilinear decompositions, with application to arithmetic complexity and statistics. Linear algebra and its applications, Vol. 18, 95-138.

Kumar, V. (1994). Forecasting performance of market share models: An assessment, additional insights, and guidelines. International Journal of Forecasting, Vol. 10, 295-312.

Kumar, V. & Heath, T. B. (1990). A comparative study of market share models using disaggregate data. International Journal of Forecasting, Vol. 6, 163-174.

Lattin, J. M. & Bucklin, R. E. (1989). Reference effects of price and promotion on brand choice behavior. Journal of Marketing Research, Vol. 26, August, 299-310.

Lavit, C., Escoufier, Y., Sabatier, R. & Traissac, P. (1994). The ACT (STATIS) method. Computational Statistics & Data Analysis, Vol. 18, August, 97-119.

Lawley, D. N. & Maxwell, A. E. (1964). Factor transformation methods. The Bristish Journal of Statistical Psychology, Vol. 17, November, 97-103.

Lawson, C. L. & Hanson, R. J. (1970). Solving least squares problems. Englewood Cliffs, New Jersey: Prentice Hall.

Leeflang, P. S. H. & Reuyl, J. C. (1984). On the predictive power of market share attraction models. Journal of Marketing Research, Vol. 21, May, 211-215.

Leone, R. P. (1995). Generalizing what is known about temporal aggregation and advertising carryover. Marketing Science, Vol. 14, Part 2 of 2, G41-G150.

Levin, J. (1966). Simultaneous factor analysis of several gramian matrices. Psychometrika, Vol. 31, September, 413-419.

L'Hermier des Plantes, H. (1976). Structuration des tableauy à trois indices de la statistique. Thése de 3ème cycle, Université Montpellier II.

Lingoes, J. C. & Schönemann, P. H. (1974). Alternative measures of fit for the Schönemann-Carroll matrix fitting algorithm. Psychometrika, Vol. 39, December, 423-427.

Little, J. D. C. (1970). Models and managers: The concept of a decision calculus. Management Science, Vol. 16, April, B466-B485.

Little, J. D. C. (1979). Aggregate advertising models: The state of the art. Operations Research, Vol. 27, Juli/August, 629-667.

Little, J. D. C. (1994). Modeling market response in large consumer panels. In: Blattberg, R. C., Glazer, R. & J. D. C. Little (Eds.), The marketing information revolution, Boston, Massachusetts: Harvard Business School Press, 150-172.

Little, R. J. A. & Rubin, D. B. (1987). Statistical analysis with missing data. New York: John Wiley.

Little, R. J. A. & Schluchter, M. D. (1985). Maximum likelihood estimation for mixed continuous and categorical data with missing values. Biometrika, Vol. 72, 497-512.

Lodish, L. M., Abraham, M. M., Livelsberger, J., Lubetkin, B., Richardson, B. & Stevens, M. E. (1995). A summary of fifty-five in-market experimental estimates of the long-term effect of TV advertising. Marketing Science, Vol. 14, Part 2 of 2, G133-G140.

Lundy, M. E., Harshman, R. A., Kruskal, J. B. (1989). A two-stage procedure incorporating good features of both trilinear and quadrilinear models. In: Coppi, R. & Bolasco, S. (Eds.), Multiway data analysis, Amsterdam: North-Holland, 123-130.

Malhotra, N. K. (1987). Analyzing marketing research data with incomplete information on the dependent variable. Journal of Marketing Research, Vol. 24, February, 74-84.

Massy, W. F., Montgomery, D. B. & Morrison, D. G. (1970). Stochastic models of buying behavior. Cambridge Massachusetts: The MIT Press.

MacCallum, R. C. (1976). Effects on INDSCAL of non-orthogonal perceptions of object space dimensions. Psychometrika, Vol. 41, June, 177-188.

McCulloch, R. & Rossi, P. E. (1994). An exact likelihood analysis of the multinomial probit model. Journal of Econometrics, Vol. 64, 207-240.

McFadden, D. (1973). Conditional logit analysis of qualitative choice behavior. in Zarembka, P. (Ed.), Frontiers in Econometrics, New York: Academic Press, 105-142.

McFadden, D. (1978). Modelling the choice of resitential location. In: Karlquist, A. (Ed.), Saptial interaction theory and residential location, Amsterdam: North-Holland, 75-96.

McFadden, D. (1989). A method of simulated moments for estimation of discrete response models without numerical integration, Econometrica, Vol. 57, September, 995-1026.

McGuire, T. W., Weiss, D. L. & Houston, F. S. (1977). Consistent multiplicative market share models. In: Greenberg, B. A. & Bellinger, D. N. (Eds.), Contemporary marketing thought, Chicago: American Marketing Association, 129-134.

Montgomery, D. B. (1988). Comment on negative binomial distribution [On: Morrison, D. G. & Schmittlein, D. C. (1988a). Generalizing the NBD model for customer purchases: What are the implications and is it worth the effort?]. Journal of Business & Economic Statistics, Vol. 6, April, 163-164.

Mooijaart, A. & Commandeur, J. J. F. (1990). A general solution of the weighted orthonormal procrustes problem. Psychometrika, Vol. 55, December, 657-663.

Morrison, D. G. & Schmittlein, D. C. (1988a). Generalizing the NBD model for customer purchases: What are the implications and is it worth the effort? Journal of Business & Economic Statistics, Vol. 6, April, 145-159.

Morrison, D. G. & Schmittlein, D. C. (1988b). Reply (On: Morrison, D. G. & Schmittlein, D. C. (1988a). Generalizing the NBD model for customer purchases: What are the implications and is it worth the effort?). Journal of Business & Economic Statistics, Vol. 6, April, 165-166.

Mosier, J. I. (1939). Determining a simple structure when loadings for certain tests are known. Psychometrika, Vol. 4, June, 149-162.

Mulhern, F. J. & Leone, R. P. (1991). Implicit price bundling of retail products: A multiproduct approach to maximizing store profitability. Journal of Marketing, Vol. 55, October, 63-76.

Naert, P. A. & Bultez, A. (1973). Logically consistent market share models. Journal of Marketing Research, Vol. 10, August, 334-340.

Naert, P. A. & Weverbergh, M. (1981). On the prediction power of market share attraction models. Journal of Marketing Research, Vol. 28, May, 146-153.

Naert, P. A. & Weverbergh, M. (1985). Market share specification, estimation, and validation: Toward reconciling seemingly divergent views. Journal of Marketing Research, Vol. 22, November, 453-461.

Nakanishi, M., Cooper, L. G. & Kassarjian, H. H. (1974). Voting for a political candidate under conditions of minimal information. Journal of Consumer Research, Vol. 1, September, 36-43.

Nakanishi, M. & Cooper, L. G. (1974). Parameter estimation for a multiplicative competitive interaction model - Least squares approach. Journal of Marketing Research, Vol. 11, August, 303-311.

Nakanishi, M. & Cooper, L. G. (1982). Simplified estimation procedures for MCI models. Marketing Science, Vol. 1, Summer, 314-322.

Olkin, I. & Tate, R. F. (1961). Multivariate correlation models with mixed discrete and continuous variables. Annals of Mathematical Statistics, Vol. 32, June, 448-465.

Peay, E. R. (1988). Multidimensional rotation and scaling of configurations to optimal agreement. Psychometrika, Vol. 53, June, 199-208.

Pierce, D. A. & Haugh, L. D. (1977). Causality in temporal systems: Characterizations and a survey. Journal of Econometrics, Vol. 5, 265-293.

Ramaswamy, V. & DeSarbo, W. E. (1990). SCULPTRE: A new methodology for deriving and analyzing hierarchical product-market structures from panel data. Journal of Marketing Research, Vol. 27, November, 418-427.

Ramsay, J. O., ten Berge, J. & Styan, G. P. H. (1984). Matrix correlation. Psychometrika, Vol. 49, September, 403-423.

Robert, P. & Escoufier, Y. (1976). A unifying tool for linear multivariate statistical methods: The RV-coefficient. Applied Statistics, Vol. 25, 257-265.

Rossi, P. E. & Allenby, G. M. (1993). A Bayesian approach to estimating household parameters. Journal of Marketing Research, Vol. 30, May, 171-182.

Russell, G. J. & Kamakura, W. A. (1994). Understanding brand competition using micro and marco scanner data. Journal of Marketing Research, Vol. 31, May, 289-303.

Sabavala, D. J. (1988). Comment [On: Morrison, D. G. & Schmittlein, D. C. (1988a). Generalizing the NBD model for customer purchases: What are the implications and is it worth the effort?]. Journal of Business & Economic Statistics, Vol. 6, April, 161-162.

Saunders, J. (1987). The specification of aggregate market models. European Journal of Marketing. Vol. 21, No. 2, 1-47.

Schönemann, P. H. (1966). A generalized solution of the orthogonal procrustes problem. Psychometrika, Vol. 31, March, 1-10.

Schönemann, P. H. & Carroll, R. M. (1970). Fitting one matrix to another under choice of a central dilation and a rigid motion. Psychometrika, Vol. 35, June, 245-255.

Schwartz, H. R., Rutishauser, H. & Stiefel, E. (1968). Numerik symmetrischer Matrizen. Stuttgart: Teubner.

Shocker, A. D., Stewart, D. W. & Zahorik, A. J. (1990.). Market structure analysis: Practice, problems, and promise. In: Day , G. S., Weitz, B., Wensley, R. (Eds.), The interface of marketing and strategy, Greenwich: JAI Press, 9-56.

Shugan, S. M. (1987). Estimating brand positioning maps using supermarket scanning data. Journal of Marketing Research, Vol. 24, February, 1-18.

Simon, H., Kucher, E. & Sebastian, K. H. (1982). Scannerdaten in Marketingforschung und Marketingentscheidung. Zeitschrift für Betriebswirtschaft, 52. Jg., Nr. 6, 555-579.

Snyder, C. W., Law Jr., H. G. & Hattie, J. A. (1984). Overview of multimode analytic methods. In: Law, H. G., Snyder, Jr. C. W., Hattie, J. A. & McDonald, R. P. (Eds.), Research methods for multimode data analysis, New York: Praeger, 2-35.

Snyder, C. W. (1988). Multimode factor analysis. In: Nesselroade, J. R. & Cattell, R. B. (Eds.), Handbook of Multivariate Experimental Psychology, New York: Plenum Press., 289-316.

Srivastava, R. K., Alpert, M. I. & Shocker, A. D. (1984). A customer-oriented approach for determining market structures. Journal of Marketing, Vol. 48, Spring, 32-45.

Srivastava, R. K., Leone, R. P. & Shocker, A. D. (1981). Market structure analysis: Hierarchical clustering of products based on substitution-in-use. Journal of Marketing, Vol. 45, Summer, 38-48.

Takane, Y., Kiers, H. A. L. & de Leeuw, J. (1995). Component analysis with different sets of constraints on different dimensions. Psychometrika, Vol. 60, June, 259-280.

Takane, Y. & Shibayama, T. (1991). Principal component analysis with external information on both subjects and variables. Psychometrika, Vol. 56, March, 97-120.

ten Berge, J. M. F. (1977). Orthogonal procrustes rotation for two or more matrices. Psychometrika, Vol. 42, 267-276.

ten Berge, J. M. F. (1986a). Some relationships between descriptive comparisons of components from different studies. Multivariate Behavioral Research, 21, 29-40.

ten Berge, J. M. F. (1986b). Rotation to perfect congruence and the cross-validation of component weights across population. Multivariate Behavioral Research, 21, 41-64, 262-266.

ten Berge, J. M. F. (1993). Least squares optimization in multivariate analysis. Leiden: DSWO Press.

ten Berge, J. M. F., de Leeuw, J. & Kroonenberg, P. M. (1987). Some additional results on principal components analysis of three-mode data by means of alternating least squares algorithms. Psychometrika, Vol. 52, June, 183-191.

ten Berge, J. M. F. & Kiers, H. A. L. (1989). Convergence properties of an iterative procedure of ipsatizing and standardizing a data matrix, with applications to PARAFAC/CANDECOMP preprocessing. Psychometrika, Vol. 54, June, 231-235.

ten Berge, J. M. F. & Knol, D. L. (1984). Orthogonal rotations to maximal agreement for two or more matrices of different column orders. Psychometrika, Vol. 49, March, 49-55.

ten Berge, J. M. F. & Nevels, K. (1977). A general solution to Mosier's oblique procrustes problem. Psychometrika, Vol. 42, December, 593-600.

ter Braak, C. J. F. (1986). Canonical correspondence analysis: A new eigenvector technique for multivariate direct gradient analysis. Ecology, Vol. 67, 1167-1179.

Trommsdorff, V. (1975). Die Messung von Produktimages für das Marketing. Köln: Heymann.

Tucker, L. R. (1951). A method for synthesis of factor analysis studies. Personnel Research Section Report No. 984, Washington, D. C.: Department of the Army.

Tucker, L. R. (1963). Implications of factor analysis of three-way matrices for measurement of change. In Harris, C. W. (Ed.), Problems in Measuring Change. Madison: University of Wisconsin Press, 122-137.

Tucker, L. R. (1964). The extension of factor analysis to three-dimensional matrices. In: Frederiksen, N. & Gulliksen, H. (Eds.), Contributions to mathematical psychology, New York: Holt, Rinehart & Winston, 110-127.

Tucker, L. R. (1966). Some mathematical notes on three-mode factor analysis. Psychometrika, Vol. 31, September, 279-311.

Tucker, L. R. (1972). Relations between multidimensional scaling and three-mode factor analysis. Psychometrika, Vol. 37, March, 3-27.

Tucker, L. R. & Messick, S. (1963). An individual differences model for multidimensional scaling. Psychometrika, Vol. 28, December, 333-367.

Urban, G. L. & Hauser, J. R. (1980). Design and marketing of new products. Englewood Cliff, New Jersey: Prentice-Hall.

van der Kloot, W. A. & Kroonenberg, P. M. (1985). External analysis with three-mode principal component models. Psychometrika, Vol. 50, December, 479-494.

van IJzendoorn, M. H. & Kroonenberg, P. M. (1990). Cross-cultural consistency of coding the strange situation. Infant Behavior and Development, Vol. 13, 469-485.

Vanden Abeele, P., Gijsbrechts, E. & Vanhuele, M. (1990). Specification and empirical evaluation of a cluster-asymmetry market share model. International Journal of Research in Marketing, Vol. 7, 223-247.

Verboon, P. & Gabriel, K. R. (1995). Generalized Procrustes analysis with iterative weighting to achieve resistance. British Journal of Mathematical and Statistical Psychology, Vol. 48, 57-73.

Vilcassim, N. J. & Jain, D. C. (1991). Modeling purchase timing and brand-switching behavior incorporating explanatory variables and unobserved heterogeneity. Journal of Marketing Research, Vol. 28, February, 29-41.

Waarts, E., Carree, M. & Wierenga, B. (1991). Full information maximum likelihood estimation of brand positioning maps using supermarket scanning data. Journal of Marketing Research, Vol. 28, November, 483-490.

Walters, R. G. (1991). Assessing the impact of retail price promotions on product substitution, complementary purchase, and interstore sales displacement. Journal of Marketing, Vol. 55, April, 17-28.

Weesie, J. & van Houwelingen, H. (1983). GEPCAM - User's manual: Generalized principal components analysis with missing values. Technical report, Institute of Mathematical Statistics, University of Utrecht.

Wildner, R. (1994). Die Grenzen von Single Source. planung & analyse, Nr. 1, 22-27.

Winsberg, S. & Ramsay, J. O. (1981). Analysis of pairwise preference data using integrated B-splines. Psychometrika, Vol. 46, June, 171-186.

Wittink, D. R. (1987). Causal market share models in marketing: Neither forecasting nor understanding? International Journal of Forecasting, Vol. 3, 445-448.

Wittink, D. R., Addona, M., Hawkes, W. & Porter, J. C. (1988). SCAN*PRO: The estimation, validation and use of promotional effects on scanner data. Working Paper Johnson Graduate School of Management, Cornell University, February.

Wittink, D. R., Porter, J. C. & Gupta, S. (1993). Dangers in using market-level data for determining promotion effects. Marketing Science Institute Working Paper, No. 93-115, September.

Wrigley, C. & Neuhaus, J. O. (1955). The matching of two sets of factors. Contract Memorandum Report A-32, Task A. Urbana: University of Illinois.

Zellner, A. (1962). An efficient method of estimating seemingly unrelated regressions and tests for aggregation bias. Journal of the American Statistical Association, Vol. 57, 348-368.

Zentes, J. (1992). Computergestütztes Handelsmarketing. In: Hermanns, A. & Flegel, V. (Hrsg.), Handbuch des Electronic Marketing, München: Beck, 877-892.

Wirtschaftswissenschaftliche Beiträge

Band 138: P. Zweifel et al., Elektrizitätstarife und Stromverbrauch im Haushalt, 1997, ISBN 3-7908-0994-2

Band 139: M. Wildi, Schätzung, Diagnose und Prognose nicht-linearer SETAR-Modelle, 1997, ISBN 3-7908-1006-1

Band 140: M. Braun, Bid-Ask-Spreads von Aktienoptionen, 1997, ISBN 3-7908-1008-8

Band 141: M. Snelting, Übergangsgerechtigkeit beim Abbau von Steuervergünstigungen und Subventionen, 1997, ISBN 3-7908-1013-4

Band 142: Ph. C. Rother, Geldnachfragetheoretische Implikationen der Europäischen Währungsunion, 1997, ISBN 3-7908-1014-2

Band 143: E. Steurer, Ökonometrische Methoden und maschinelle Lernverfahren zur Wechselkursprognose, 1997, ISBN 3-7908-1016-9

Band 144: A. Groebel, Strukturelle Entwicklungsmuster in Markt- und Planwirtschaften, 1997, ISBN 3-7908-1017-7

Band 145: Th. Trauth, Ein Beitrag zur Theorie des endogenen Wachstums in interdependenten Volkswirtschaften, 1997, ISBN 3-7908-1019-3

Band 146: E. Lübke, Ersparnis und wirtschaftliche Entwicklung bei alternder Bevölkerung, 1997, ISBN 3-7908-1022-3

Band 147: F. Deser, Chaos und Ordnung im Unternehmen, 1997, ISBN 3-7908-1023-1

Band 148: J. Henkel, Standorte, Nachfrageexternalitäten und Preisankündigungen, 1997, ISBN 3-7908-1029-0

Band 149: R. Fenge, Effizienz der Alterssicherung, 1997, ISBN 3-7908-1036-3

Band 150: C. Graack, Telekommunikationswirtschaft in der Europäischen Union, 1997, ISBN 3-7908-1037-1

Band 151: C. Muth, Währungsdesintegration – Das Ende von Währungsunionen, 1997, ISBN 3-7908-1039-8

Band 152: H. Schmidt, Konvergenz wachsender Volkswirtschaften, 1997, ISBN 3-7908-1055-X

Band 153: R. Meyer, Hierarchische Produktionsplanung für die marktorientierte Serienfertigung, 1997, ISBN 3-7908-1058-4

Band 154: K. Wesche, Die Geldnachfrage in Europa, 1998, ISBN 3-7908-1059-2

Band 155: V. Meier, Theorie der Pflegeversicherung, 1998, ISBN 3-7908-1065-7

Band 156: J. Volkert, Existenzsicherung in der marktwirtschaftlichen Demokratie, 1998, ISBN 3-7908-1060-6

Band 157: Ch. Rieck, Märkte, Preise und Koordinationsspiele, 1998, ISBN 3-7908-1066-5

Band 158: Th. Bauer, Arbeitsmarkteffekte der Migration und Einwanderungspolitik, 1998, ISBN 3-7908-1071-1

GPSR Compliance

The European Union's (EU) General Product Safety Regulation (GPSR) is a set of rules that requires consumer products to be safe and our obligations to ensure this.

If you have any concerns about our products, you can contact us on ProductSafety@springernature.com

In case Publisher is established outside the EU, the EU authorized representative is:

Springer Nature Customer Service Center GmbH
Europaplatz 3
69115 Heidelberg, Germany

Batch number: 10815974

Printed by Printforce, the Netherlands